냄비 속의 예수와 신

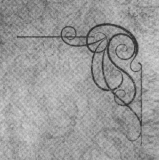

과학은 신이 지나가신 발자취를 따라 쫓는 것이요.

철학은 신이 가시는 방향을 바라보는 것이다.

내가 누구인지 깨달은 자의 눈물과 간절한 기도만이

신과 대면할 수 있는 유일한 길이다.

지혜는 나침반이요, 믿음은 길이며, 기도는 열쇠라.

그 하나라도 없다면 우리는 천국의 문을 열 수 없다.

프롤로그

한 무리의 새끼 하이에나들이 제법 거칠게 구덩이를 파고 있다.

이내, 무엇인가 물은 듯 힘을 주며 주둥이를 흔들자, 겁에 질린 미어캣 새끼의 공포 절은 비명은 어둠 속의 적막을 깨우듯 주변에 울려 퍼졌다.

미어캣 어미인 리사는 반사적으로 끌려가는 새끼의 한쪽 팔을 물었다.

새끼는 두려움에 하얗게 질린 얼굴로 어미를 바라보았다. 새끼의 발버둥으로 이는 먼지 속에서 리사도 그런 새끼를 절대 보내지 않겠다는 듯 애절하게 바라보며 안간힘을 썼다. 그러나, 자신보다 큰 새끼 하이에나들의 완력에 리사까지 굴 밖으로 딸려 나가는 상황이 되자, 곧 죽음을 앞둔 어린 새끼의 고통을 줄이기 위해서인지, 아니면 남은 새끼들의 목숨이라도 살리기 위함인지, 새끼를 문 리사의 눈빛이 조금씩 흔들리며 입에서 힘이 풀리기 시작했다.

산 채로 갈기갈기 찢기는 새끼의 악에 받친 비명은 새벽 공기의 울림과 섞이기도 전에 뼈를 으깨는 먹방의 즐거움 속으로 사그라져 갔다.

하이에나 무리의 우두머리인 에이미는 열심히 영양가를 채우고 있는 새끼들을 흐뭇하게 바라보고 있다. 점점 사냥 실력이 늘어 가는 새끼들을 바라보며, 그녀의 시선은 삶의 그 어느 때보다 따뜻함과 애정이 흘렀다.

굴 안의 다른 그녀의 공포와 분노, 좌절의 시선은 남은 새끼들과 굴 밖을 번갈아 응시하고 있었다.

'망할 하이에나 년!'

그녀는 자신도 모르게 반복적으로 중얼거렸다.

사냥감을 깔끔하게 먹어 치운 새끼하이에나들은 또 다른 먹이를 잡기 위해 또 열심히 굴을 파기 시작했다. 미어캣 새끼들은 세상 처음 겪어 보는 죽음의 공포에 굴 안쪽 벽에 모여 어미가 잡아 온 메뚜기들도 먹지 못하고 오돌오돌 떨고만 있었다.

아직 숨이 붙어 있는 메뚜기는 미어캣 새끼의 거대한 발에서 벗어나 보려 버둥거려 보았지만 이미 날개 한 쪽이 떨어져 나가 뒤뚱거리며 발버둥만 칠 뿐이었다.

굴 밖에도 사랑이, 굴 안에도 사랑이, 그리고 그곳 주변에도 다른 이들의 비슷한 사랑이 있다.

지금 도시 한복판, 우리가 사는 이곳에도 그런 사랑이 넘친다.

그러나, 나는 이 사랑들 속에서 내가 그토록 찾아 헤매던 '예수아가 말한 사랑'을 찾을 수가 없다.

차례

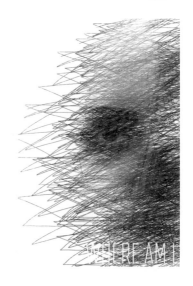

그의 이야기를 시작하기에 앞서

우린 지금 정말 행복하기는 한 걸까?

오늘 한없이 나를 행복하게 했던 것들이 내일은 당연하게 되고, 모레는 나를 불행하게 만드는 씨앗이 되지는 않을까?

길거리에 쭈그려 앉아 배고파 우는 새끼를 먹일 수 있다는 것이 행복의 전부였던 시대도 있었다. 지금의 우리가 누리는 풍요가 순수하게 우리 자신이 이룬 것이든, 아니면 이 작은 별의 패권을 쥐고 흔든다는 저들이 필요에 의해 던져 준 것이든 간에, 우리는 그 기회를 현실로 만들어 내었고, 외형적으로는 꽤 성공적인 반전을 이루었다.

그러나 유럽으로 대표되는 서구 문명이나 세계의 생존권을 쥐고 흔드는 미국에서도 그들이 추구해 왔던 물질 지상주의의 길 끝에서 헤매는 사람들이 하루가 다르게 늘어 가고 있다. 그들과 같이 그 누구보다 빠르게 적응하고 변화해 왔던 우리도 그동안의 맹목적 삶의 가치가 독이 되어 더 이상 자신을 치유할 수 없는 비교의 모래 구덩이 안으로 뛰어들어 버리는 형국이 되어 버렸다. 개미가 자신들이 만들어 낸 소용돌이 안에서 영문도 모르고 죽어 가는 것처럼, 우리도 우리가 만들어 낸 욕망의 소용돌이 안에서 삶을 고통 속으로 몰아넣고 있었다는 증거가 여러 사회 현상으로 나타나고 있다.

지금의 우리에게 필요한 것은 이 끝없는 욕망의 모래 구덩이를 빠져나가 맑고 시원한 계곡으로 인도해 줄 안내자이다. 그는 변하지 않는 기쁨을 알고, 유혹당하지 않으며 자애로 가득한 존재이자 기쁨과 슬픔의 윤회에서 벗어나 신의 세계와 가장 가까이 있는 생명이다.

그렇기 때문에 우리는 인류의 생존 역사 속에서 지금의 우리를 이끌어 줄 그러한 선지자를 찾아야만 하고, 그 이유로 2천 년 전 동서양의 경계선에서 생을 마쳤던 한 사람의 결심을 다시금 바라보아야만 한다.

그가 전하고자 했던 신의 말씀을 다시 한번 되짚어, 우리 삶의 진정한 충만을 위해서 내 인생에 가장 중요한 가치가 무엇인지 깨달아야 하기 때문이다. 그 깨달음 속의 가치는 나침반이 되어 망망대해 속의 우리를 기쁨이 충만한 신의 세계로 인도해 줄 것이다.

모두가 쉽게 추측할 수 있는 것처럼, 지금 우리가 돌아보아야 할 '그'는 '예수'다.

필자는 이 세상에 살았던 그 어떤 존재보다도 신의 의도에 부합하였던 존재이자, 삶과 죽음의 과정을 통해 인류가 향해야 할 방향을 인도해 주는 선지자로서의 그가 지금의 우리에게 필요하다고 확신한다. 단지 신앙으로서 그를 추앙하는 것이 아닌, 우리가 긍정적 발전이라고 확신하는 인류의 인식 변화와 그 발전에 맞추어 그의 의도와 의지를 재확인하자는 것이다.

그것을 위해 성서에 기재되어 있지 않은 예수의 사생애에 대한 추적과 가설을 정립해 보는 것은 그가 당시 민중들을 통해 전하고자 했던 신의 뜻을 파악하는 데 있어 매우 중요한 논점이 된다.

그것은 신약에 포함되어 있는 그의 말씀이 접하는 사람마다 다른 해석이 가능하도록 비유로 가득 차 있기 때문이고, 우리 모두가 그 본의를 정확하게 이해할 만큼 선하지 않기 때문이기도 하다. 그러나 불행하게도 2천 년이 넘게 흐르는 시간 동안, 인간의 욕망과 집착의 역사가 사유해 온 예수의 말씀이 정말 그 본의대로 해석되고 유지되어 왔는지 의심 없이 받아들이기에는 우리가 보아 온 종교사는 그 흠결이 너무나도 많았다.

이제 우리는 우리 개개인이나 집단이 가지는 욕망, 선입관, 종교의 지역과 교리 해석의 차이를 넘어, 수만 년 동안 이어진 인류의 폭력과 죽음의 역사에서 지금의 세상으로 인도한 그의 본의를 찾는 여러 가지 시도를 다시 한번 해 볼 필요가 있다.

인류는 지난 2천여 년 동안 성서의 신약에 기술되지 않은 예수의 약 18년간의 시간에 대한 갖가지 전설과 추측을 만들어 냈다. 각자의 공동체가 신의 아들이라 믿어지는 예수와 특별한 관계가 있는 것처럼 이야기를 만들어 내었고, 이를 증명한다는 자료를 찾아내어 신의 권세와 지배의 명분을 자신들의 것으로 소유하려 하였다.

그러나, 예수의 삶과 그의 사역에 대한 자료는 너무나 부족하고, 역사적으로 인정된다는 예수의 무덤이나, 그의 인생 마지막 날 걸었던 고난의 길조차, 예수 사후 300여 년이나 지난 뒤, 독실한 예수 추종자였던 로마 황제의 어머니와 그녀의 지지자들의 추측에 의해 급조된 것임을 감안할 때, 지금의 우리 세대에 예수의 삶과 그의 말씀이 온전히 전해졌는지 계속해서 확인해 볼 필요가 있다.

사도들에게 전달된 예수의 삶과 말씀이 그 중요성에 합당하게끔 신약성서에 반영되어 있는지, 각 말씀에 해당하는 당시의 상황을 역사적 사료를 바탕으로 합리적으로 재현하여 그 말씀의 본의가 무엇이었는지 끊임없이 추론하여야 한다.

또한, 외경 중에서 시대적 제약에서 벗어나 예수의 말씀을 이해하는 데 도움이 되는 것이 있다면, 신학적 고정관념에서 벗어나 활용할 수 있는 자세가 필요하다.

'예수'는 30세 즈음 공생애를 시작하기 전까지 '나사렛'에 살며 신의 아들로서의 준비를 했을 수도 있고, 그의 설교나 대화에서 표현된 것으로 유추해 볼 때, 상당 부분 교차되는 교리와 규율을 가지는 '쿰란'[1] 지역의 '에세네파'[2]의 몇몇 수도자들과 함께 생활했을 수도 있다.

또한, 알렉산더 이후 개발되었던 인도 무역로 중 인도 남부에서 홍해를 거쳐 지중해로 연결되는 루트가 로마의 '아우구스투스' 시대부터 가장 많이 이용된 점을 보아, 예수의 미성년 시기와 때를 같이하는 '헤롯 안티파스'[3]의 '세포리스'[4] 재건에 따른 물자 및 문화 유입 경로가 그의 사상에 영향을 미쳤을 수도 있다.

---

1 예루살렘 동쪽 사해 부근의 광야지대

2 레반트 지역 종교세력의 하나로 세속적 욕망에서 벗어나 율법의 정도를 추구하였다.

3 로마에서 자라난 헤롯의 아들로 예수시대 갈릴리 일대를 다스렸던 분봉왕

4 갈릴리의 수도. 주후 6년(추정) 민중들의 봉기로 로마군에 의해 폐허가 되었으며, 이후 안티파스에 의해 재건되었다.

당시, 상당한 양의 인도 무역물과 문화가 갈릴리 북부로 반입되었다는 것이 여러 자료를 통해 증거되었고, 그 루트를 세포리스를 통해 자연스럽게 접했던 예수가 타 지역에서 세상의 종교와 철학의 뿌리를 다졌다고 추측할 수도 있다.

예나 지금이나, 혹은 시대의 특성을 떠나, 인간은 비슷한 환경 조건에서 행하는 선택의 방향이 크게 다르지 않다는 경험적 판단 하에, 지금까지 발굴되었거나 가능성이 높다고 여겨지는 사실들로 당시 예수의 발자취를 따라가 보고자 한다.

그리고, 주후 73년 5월 예루살렘 남부의 요새 마사다에서 생을 마감한 한 사람의 삶을 통해 그를 관통한 시대적 예수운동이 단지 갈릴리 북부 한 젊은이에 의해 신화적으로만 이루어진 것이 아닌, 레반트 전역을 포함한 상당히 복잡한 세력의 격렬한 활동 속에서 예수를 중심으로 한 믿음과 신념의 처절한 결과였음을 가정해 보려고 한다.

대부분 저자의 사상에서 되살아난 이야기이니 픽션일 뿐이지만, 예수께서 가르치고자 했던 그곳을 찾고자 하는 이들에게 작은 이정표라도 될 수 있기를 바랄 뿐이다.

우선 시작은 예수의 사생애 시절 추측 가능한 그의 삶을 조망해 보는 것으로 하자. 저자는 각 복음서에 공통적으로 언급된 당시 사건들을 통해 가장 일상적으로 유추가 가능한 상황들로 당시를 재현해 볼 것이다.

첫 번째, 예수가 나사렛에서 계속 거주하다가 그의 영적인 운명을 통해 공생애를 시작했을 경우다.

우리에게 가장 익숙한 가설이며, 예수에 대한 자료가 거의 없다시 피 한 시절이므로, 누가복음이나 마태복음에 일부 인용된 구절로 인 해 가장 오랫동안 대체할 수 없는 정설로 인정된 가설이기도 하다.

그러나, 그를 추적하는 수많은 역사학자나 신학자들 사이에서 마 태, 누가복음의 지필 특성상 학술적으로 인정하거나 배제해야 할 문 항들 중에서 예수의 사생애에 대한 부분은 그 당시 해당 복음서의 전 도 대상과 시대적 특성을 감안해 받아들여야 한다는 것이 중론이다.

예수와 나사렛공동체와의 관계를 살펴보기 위해서는 공관복음서 에 기술되어 있는 사건과 당시 정치적 배경을 조금 더 포괄적으로 연 결해서 살펴보는 것이 도움이 된다.

공생애 초기 1년 예수가 상당 시간을 예루살렘 전도에 힘쓸 무렵, 유대 지역 전도의 정신적 파트너라고 할 수 있는 세례 요한의 투옥과 이후 벌어진 안티파스에 의한 살해 사건은 이해관계가 조금씩 다른 당시 레반트[5] 지역 세력들에게 모종의 힌트를 제공하는 계기가 된다.

당시 세례 요한의 주장이 예루살렘의 종교 및 정치체계의 기존 질 서를 다분히 공격하는 경향이 강했고, 이를 불편하게 여겼던 사두개 인[6]이나 바리세인[7] 등 기득권 세력이 그를 제거하기 위해 여러 면에서

5 서아시아의 동지중해를 가리키는 용어로, 가장 좁은 의미의 레반트는 지금의 이스라엘, 팔레스타인, 요르단, 시리아 등의 지역이다.

6 종교세력의 하나로 성전을 중심으로 한 기득권세력

7 가장 대중적인 종교세력으로 율법을 중시하였고, 지역사회의 종교지도자 역할을 하였다.

기회를 엿보고 있었던 것으로 보인다. 반면, 이스라엘 통치의 기술적인 면에서 사두개인 세력을 불편하게 여겼던 로마 파견 통치자들은 유대 민중에게 높은 인기와 존경을 받던 세례 요한의 등장을 약간은 관조하듯이 바라보고 있었던 듯하다. 이는 당시 세례 요한의 가르침과 주장이 로마에 관한 정치적 내용보다는 유대인 자체의 종교적 삶의 자세에 국한되어 있었기 때문이다.

대중의 인기를 감안했을 때, 어떠한 명분도 없이 세례 요한을 제거한다면 큰 소요 사태가 일어날 수 있다는 우려는 당시 민중의 성향을 여러 번 겪었던 그들에게는 너무나 당연한 것이었고, 세력들 사이에서 상당한 눈치를 보며 정치적으로 복잡한 계산을 하고 있었을 것이다.

그때, 로마에서 자라다 돌아온 정치적 욕망이 강하고, 이스라엘 내부의 사회적 감각에서 벗어나 있던 안티파스에 의한 세례 요한의 급격한 구금과 투옥은 사두개인이나 종교 지배계층, 로마파견통치자들에게 적잖은 충격을 주었을 것이다. 그러나 그보다 더 충격적인 것은 당시 민중이 어떠한 소요도 일으키지 않았다는 것이다. 이는 에세네파를 기반으로 하는 종교 개혁가들의 제거가 민중 봉기로 연결되지 않는다는 힌트, 내지는 교묘한 방법을 당시 종교 기득권자들에게 제공하는 단초가 되었으며, 이러한 변화를 감지한 예수는 급하게 예루살렘을 떠나 그들의 세력이 미치지 못하는 갈릴리 동북부로 이동하는 결과를 초래한다.

이러한 정치적 배경 속에서, 아직 명성이나 세력의 기반이 확실하지 못했던 예수는 갈릴리 이동 중 들린 고향에서 재앙에 가까운 배척을 당하게 된다.

　누가복음에 따르면, 예수가 갈릴리 지역으로 돌아온 지 얼마 되지 않아, 고향인 나사렛에 방문하여 회당에서 이사야서를 읽는 장면이 있다. 당시 이사야서에서 민족적 한계에 해당하는 부분을 모두 제하고 읽는 예수의 모습에 크게 분개한 주민들이 '이 사람이 요셉의 아들이 아니냐!'라며 나사렛 군중들 서로 예수가 누구인지 추정하고, 소리치며 끌어내 절벽에서 죽이려 하는 장면이 나온다.

　또한 공생애 중기, 어느 정도 명성과 세력을 형성 한 후 다시 방문한 나사렛에서 전도하려고 했을 때에도 가구수도 얼마 되지 않던 나사렛의 이웃들이 '예수'를 표현함에 있어 약간의 거리감이나 기억을 더듬어 확정 지으려 하는 것을 알 수 있다. 만일, 우리가 매일 만나고, 매일 대화하는 어떤 이웃이 매번 이해하지 못할 이야기를 하거나, 종교적으로 상당히 불쾌한 이야기를 한다면, 그들의 반응은 '이 인간이 또 미친 소리를 하네!' 하고 무시하거나, 당시 유대인들의 분위기로 볼 때 이미 오래전에 그 가족을 공동체에서 쫓아냈을 것이다.

　그러나, 나사렛 공동체는 예수가 공생애 기간에 방문하는 회당에서의 설교로 인해 매우 격분하는 모습을 보인다. 그리고 그가 누구인지 알아보기 위해 예수의 모친과 형제들을 나열하며, '마치 옛날에 알았던 사람'이거나, '잘 기억나지는 않지만 지금 우리와 살고 있는 이 가족의 일원이 아닌가?'라며 되묻는 모습을 보인다.

　(마태, 마가복음에 따르면, 당시 유대 가정의 통념상 부친인 '요셉'의 이름 언급 없이 '목수'나 '목수의 아들', 그리고 모친인 '마리아'의 아들로 언급

되는 것으로 보아 일부 학자들의 추정처럼 '요셉'은 상당 기간 이전에 생을 달리했을 수 있다. 요한복음 6장 42절의 "저 사람은 요셉의 아들 예수가 아닌가"라는 문구는 가버나움에서 예수의 신성에 대한 논쟁으로, 상황상 세포리스에서 그의 아버지와 예수의 석공활동을 기억하거나, 지역사회였던 만큼 '가나'등 집안 행사 등으로 연결된 주변 마을에서 그의 가족을 기억하는 군중이었을 가능성이 높다.)

또한, 추종자들과 머무는 중에 모친과 형제들이 예수를 말리러 오는 상황이 있는데, 이는 공동체에서 상당한 비난이 있었고, 가족들이 그 상황을 견디기 어려워했던 것으로 추정할 수 있다. (아니면, 가족들의 평소 종교관에 비해 예수의 소문을 받아들이기 어려웠을 수도 있다.)

이는 나사렛 회당사건 이후로, 소형 공동체에서 매번 반복되었던 일이라기보다 갑자기 일어난 꽤 충격적인 사건에 대한 반응으로 보이며, 예수가 나사렛에서 계속 거주했고, 이웃들에게 조금이라도 그의 사상과 철학을 표현했다고 보기에는 확률이 떨어지는 반응이다.

이후 유월절에 유대로 가는 시기를 두고, 형제들과 이견을 나누는 모습도 있으나, 그 장면은 공생애가 어느 정도 지난 시기로, 예루살렘까지 예수의 이름이 주목될 정도로 알려진 것으로 보아, 예수의 형제들 중 '야고보'와 같이 예수를 추종하거나 마음이 변화하고 있는 인물이 '가버나움' 같은 다른 장소에서 나눈 모습일 수도 있다.

즉, 저자는 당시의 정치적 배경 속에서 두 차례에 걸친 나사렛 방문 당시 공동체의 반응으로 보아, 예수가 공생애 이전 나사렛에서 계속 거주하였을 가능성을 낮게 판단한다.

두 번째, 에세네파와 같이 쿰란지역에서 교리와 수행을 하였을 경우다.

당시, 에세네파는 사두개인이나 바리새인과 달리 물질적 풍요나 관습을 멀리하고, 구약의 인위적 해석이나, 인간의 의지를 덧붙인 교리를 배제한 채 순수한 핵심 교리만을 추구하려 했다는 점에서 '예수'의 철학과 가르침에 상당 부분 교차점이 있다.

또한, '세례 요한' 역시 소유나 행위, 종교적 철학, 주요 활동 지역의 범위 등에서 에세네파와 밀접한 관련이 있었을 것으로 추정되며, 예수가 공생에 초기 '세례 요한'을 찾아왔고, '세례 요한'이 객관적 관계의 전제하에서 예수를 바로 인지한 것으로 보아 직접적이거나 가까운 관계는 아니지만, 일정 공동체에서 '이런 사람이 있다' 정도로 들었던 것으로 생각할 수 있다. (누가복음에 언급된 것처럼 세례 요한의 어머니인 '엘리사벳'과 예수의 어머니인 '마리아'와의 인척설은 그 진위 여부를 따지기 전에 세례 요한과 예수와의 대화를 통해 당시 그 둘의 관계를 정의함에 있어 큰 영향이 없음을 확인할 수 있다.)

그렇다고, 예수가 사생애의 상당 기간을 쿰란 지역에서 수도했다고 보기에는 에세네파의 종교관과 예수의 그것은 차이가 존재한다.

당시 에세네파는 모세 이후로 내려오는 유대의 전통적 규율과 신앙은 지키되, 그 형식보다는 원론적 의미를 해석하고, 뜻을 존중하는 방향으로 운영되었다. 정갈하고 검소한 생활을 유지하고, 종교적 지성과 철학의 완성을 추구하는 것이었다. 즉, 겉으로 보기에는 불교의 수도승의 생활과 비슷하였다. 허나, 그들은 구약적 한계를 벗어난 것은 아니어서, 유대 선민사상으로 대표되는 민족적 한계 내에 있었다.

그에 반해, 예수의 사상은 쿰란공동체의 생활과 사상적 토대는 인정하면서도, 그 한계는 완전히 부수어 버린다. (필자는 이러한 예수의 사상적 전환에 기인한 사도 바울과 도마의 활동이 고타마 시타르타[8] 사후 600년경 인도 북부 카슈미르 지역에서 태동한 것으로 추측되는 대승불교의 번성에도 영향을 미쳤을 가능성을 완전히 배제하지는 않는다.)

아마 추정컨대, 예수는 요셉 사망 후, 일정 기간 종교적 진리의 갈망을 기존 유대교에서 풀지 못한 채, 자연스럽게 쿰란 공동체를 접했을 수도 있다. 허나, 쿰란 공동체는 예수사상의 완성 과정에 일정 부분 영향을 주었을지언정, 그의 독특하고 신비로운 종교적 철학을 담아 내지는 못했을 것이다. 굳이, 쿰란 공동체와 예수의 사상을 비교하자면, 쿰란공동체는 소승불교와 예수의 사상은 대승불교 이상의 것으로 표현할 수 있겠다.

세 번째, 예수가 시리아 지역 이외의 제3의 장소와 문화를 접하며 그의 독특한 사상과 능력을 형성했다는 가설이다.

당시 예수가 살았던 나사렛과 안티파스에 의해 재건 중이었던 세포리스는 직선거리로 6km밖에 되지 않았고, 예수의 직업으로 성경에 기재된 '테크톤'은 '석공'으로 해석됨이 가장 일반적인 학설이다. 당시 로마풍으로 재건되던 세포리스에서 가장 많이 필요로 했던 분

---

8 부처라 불리는 인도의 종교지도자. 불교의 창시자이다.

야의 기술자였다.

세포리스는 서쪽에서는 그리스와 로마, 이집트에서 물건들을 들여와 로마식으로 도시를 구축하고 있었으며, 당시 로마와 인도가 상당량의 교역을 하고 있었고, 안티파스 역시 로마의 한가운데서 그러한 문화를 즐기며 성장하였으므로, 세포리스에도 인도 문명을 자연스레 접목하려 했을 것이라고 추측할 수 있다.

또한, 세포리스가 인도와 로마의 홍해 루트나 캐라반 루트의 중간지역에 위치하고 있어, 이러한 가설의 지리적 이점을 더해 준다.

따라서, 예수는 세포리스를 통해 자연스럽게 헬라, 이집트, 로마, 인도 문명을 접했을 것이고, 이후 그의 설교에서 많은 부분 교차되는 '브라만 베다[9]'와 '불교'의 세계관은 당시 교역루트를 통해 인도문화와 접하는 과정에서 일부 영향이 있었다고 가설을 세울 수 있겠다.

당시, 시리아 지역의 남쪽의 홍해루트를 이용하면, 2~3달이면 인도 남부에 도착할 수 있으니, 그 가능성이 불가능한 것은 아닐 것이다.

결론적으로, 필자는 예수가 어린 시절 아버지 요셉과 함께 세포리스에서 동서양의 문화와 철학, 종교를 복합적으로 접했으며, 요셉 사후, 쿰란 지역에서 그의 사상적 토대를 기초했을 가능성이 가장 높을 것으로 추정한다.

이후, 공생애가 시작되기 일정 시간 전까지 캐라반 루트를 따라 인

---

9 고대 인도 지역에서 형성된 종교. 불교나 힌두교의 뿌리라 할 수 있고, 넓은 관점에서 조로아스터교를 통해 유대교에도 영향을 주었다 할 수 있다.

도 및 티벳 지역에서 구약의 한계에 묶여 있던 유대교가 완성하지 못한 세상의 원리와 신의 뜻을 깨닫고, 그에게 주어진 의무를 완성하기 위해 시리아 지역으로 돌아와 공생애를 보냈을 가능성도 배제하지는 않는다.

Via Crucis

고난의 길

1장. 요새

엘르아잘은 요새의 서쪽, 부숴진 성벽 한 모퉁이에 앉아 로마군과 그들의 포로들이 쌓아 올리고 있던 흙더미를 바라보았다.

그의 시선은 무덤덤했으며, 마치 이웃집 정원 공사를 바라보는 것처럼 관조적인 느낌마저 있었다.

이미 해가 지기 전 이곳에서 '실바[10]'와 눈이 마주쳤었다.

그는 조금 더 즐거운 식사를 하기 위해서 마치 공복을 즐기듯, 성벽 바로 아래에서 공사하던 유대인 노예들을 오후부터 철수시켰다. 그리고는 돌아가는 길에 성벽 위의 엘르아잘을 바라보며, 약간은 재미있는 웃음을 지어 보였다.

엘르아잘은 다시 시선을 돌려 건너편 사해 쪽을 바라다 보았다.

달빛에 비쳐 반짝거리는 모습이 오늘따라 더없이 아름답게 보였다.

"이 풍경을 보는 것도 오늘이 마지막이겠군."

그는 나지막이 중얼거렸다.

그렇게 멍하니 먼지 가득한 벽 넘어 세상을 바라보던 그의 뒤로 누군가 다가오는 것이 느껴졌다.

---

10 1차 유대반란 당시 로마 10군단을 이끌던 장군(차기 황제였던 티두스 휘하의 장수)

뒤를 돌아보니 서쪽 수비대장 시몬의 아들 요한이었다.

"어쩐 일이냐. 이 시간에. 오늘 초소 순번이 아닐 텐데."

"아까 이쪽으로 나오시는 것을 봤습니다. 방해가 되지 않는다면, 잠시 여쭙고 싶은 것이 있어서요."

엘르아잘은 잘 접혀지지 않는 다리를 성벽에 지탱하며 어렵사리 벽에 기대어 앉았다.

"그래. 얘기해 보거라."

요한은 잠시 머뭇거리더니 조심스럽게 말을 이어 나갔다.

"모두들 몹시 불안해하고 있습니다. 내일이면 로마군이 이곳으로 넘어온다고도 하고, 더 이상은 막을 방법이 없다고도 합니다. 선생님. 이제 정말 마지막인가요? 우린 어떻게 되는 건가요?"

엘르아잘은 말없이 요한을 한참 동안 바라보았다.

그의 눈빛에는 어느 때보다 자애와 사랑이 넘치고 있었다.

"시몬의 아들 요한아."

"네. 랍비시여."

"두려우냐?"

요한은 엘르아잘의 시선을 피해 고개를 숙였다. 잠깐의 침묵이 흐르고 아직 어린 티를 벗지 못한 청년은 작은 목소리로 대답했다.

"네. 부끄럽지만 두렵습니다. 여자들과 아이들도 모두 겁에 질려 있습니다."

엘르아잘은 그런 요한을 지긋이 바라보다가 말했다.

"그렇겠지. 두려울 것이다. 그리고 그 두려움에 자애로움은 기대하기 어려울 것이다."

요한은 잠시 머뭇거리더니 다시 말을 이어 나갔다.

"당신께서는 우리의 지도자이십니다. 혹시 여자들과 아이들을 위한 방책을 가지고 있지 않으십니까?"

엘르아잘은 고개를 돌려 말없이 사해 쪽을 바라보다가 조용한 목소리로 이야기했다.

"미안하구나. 지금은 내 자신도 홀로 이 시간을 맞이하기가 버겁구나."

요한은 그의 뒷모습을 말없이 바라보다가 고개를 숙여 예를 표했다.

"그렇습니까. 알겠습니다. 잠시 후에 모두 모이기로 했습니다."

"알겠다."

요한이 돌아가고, 엘르아잘은 한동안 노을이 지는 하늘을 멍하니 바라보았다.

오랜 세월 풍파에 거칠어진 고목나무처럼 그는 성벽의 한 모퉁이에 뿌리내리려는 듯 오랜 시간 움직이지 않았다.

노을이 지고 별빛이 반짝이기 시작할 때 즈음, 그는 눈앞의 누군가에게 이야기하듯 중얼거렸다.

"바라보고 계십니까."

불어오는 바람결에 흔들리는 그의 머릿결 사이로, 회한에 흔들리는 듯한 그의 눈이 조금씩 붉게 충혈되더니 촉촉하게 젖어 들어갔다.

"당신을 만난 후 단 한 번도 잊어 본 적이 없습니다. 당신의 눈빛과 당신의 미소와 당신의 말씀과 당신의 뒷모습을 단 한 번도 잊지 않고, 그렇게 사랑하며 살아왔습니다. 그런데 이 멍청한 놈이 세상을 헤매다가 이렇게 늙은 몸을 이끌고 결국 이곳에 와 있습니다."

엘르아잘은 고개를 숙이고 한참을 움직이지 않았다.

노쇠한 그의 몸이 달빛에 비치기 시작하자 그는 더욱 작아 보였다.

그의 어깨가 조금씩 흔들렸다.

삶의 마지막이 다가오는 이 시간에 그는 그의 인생 전체를 부정해야 할지 모르는 고뇌에 쌓여 있었다.

"진정, 당신이 가신 길이 진리입니까? 그 길을 걷기에 저들은 너무 연약합니다. 이 늙어 버린 몸뚱이 속의 저 또한 그 길이 두렵습니다."

엘르아잘은 고개를 떨구고 어깨가 들썩일 정도로 흐느껴 울었다.

그리고 흙을 한 줌 쥐어 그의 얼굴에 문질렀다.

그는 그의 눈물이 섞인 흙을 성벽에 문지르며 어린아이처럼 울었다.

2장. 나인

문틈 사이로 눈을 간질이는 햇살 때문에 엘르아잘은 한쪽 눈을 찡 긋거리며 몸을 반쯤 일으켰다. 여느 때처럼 엄마도 아빠도, 형들도 보이지 않았고, 동생 요나한만이 새근새근 잠들어 있었다.

어제 탈릿[11]에 묻혀 온 이방인들의 냄새 때문에 양털 먼지 털듯이 혼이 난 뒤 엄마가 빨아 널어 버린 터라, 엘르아잘은 덮고 있던 천을 돌돌 만 채로 집 앞으로 걸어 나갔다. 아직 물기를 머금은 풀들이 발목을 간질였다. 언뜻 보니, 아빠는 큰형인 유다와 일을 나갈 공구를 챙기고 있었고, 엄마는 아빠와 형이 먹을 빵에 올리브를 말고 있는 듯 했다.

집 앞 둔덕에서 돌을 가지고 놀던 형 요한 옆에 앉았다. 점심 때는 되야 옷이 마를 테니, 그 전에는 놀러 나갈 수도 없는 노릇이었다. 한 참을 앉아 있었지만, 요한은 눈길조차 주지 않았다. 무릎 사이에 얼 굴을 묻고 멍하니 마을 입구 쪽을 바라보고 있다가, 다시 몸을 일으켜 아빠에게 향했다. 엘르아잘을 본 아빠는 씩 웃으면서 머리를 '슥슥' 쓰다듬고는 큰 손으로 엘르아잘의 양 볼을 잡고 이야기했다.

---

11 당시 유대인들의 겉옷, 일반적으로 아마포(린넨)나 양털을 이용해 만들었다.

"오늘은 안 돼! 아마 엄마한테 크게 혼날 거야."

옆에 있던 큰형 유다도 키득키득 웃으면서 어깨를 '툭' 쳤다. 한숨이 절로 나왔다. 돌 조각과 풀, 나무 몇 그루밖에 없는 이 작은 마을은 이제 어느 돌 아래 무슨 벌레가 있는지까지 모두 알 정도로 뻔했고 재미있는 일도 없었다. 사실 얼마 전까지 이 마을이 무척 크다고 생각해 왔지만, 갈릴리 수도로 새로 건설 중인 '세포리스'를 다녀 온 뒤로는 한없이 초라해 보일 뿐이었다. 오늘도 하루 종일 이곳 '나인'에 있을 생각은 없었지만, 무서운 얼굴로 손짓하는 엄마 때문에 조금은 갈등이 생겼다.

친구 요한이 집밖으로 나왔다. 같이 움직일 수 있는지 확인하려는 듯, 한참 동안 이쪽을 바라보다가 야고보네 집 쪽으로 뛰어갔다. 아무래도 자기들끼리 나갈 모양새였다. 조급해진 마음에 집 뒤로 뛰어가 널려 있는 옷을 만져 보았다. 물이 떨어지지는 않았지만, 아직은 꽤 축축했다.

은근 슬쩍, 부엌으로 가 벽에 기대어 최대한 애처롭고 귀여운 모양새를 취해 보았지만, 돌아온 것은 "오늘은 안 돼! 가면 진짜 혼날 줄 알아!" 하는 단호한 경고뿐이었다.

"하~" 하고 한숨을 쉬는 엘르아잘의 눈에 어제 그 동방에서 왔다는 신기한 물건들이 눈에 아른거렸다.

이곳과는 비교할 수 없는 화려한 대리석 거리와 아빠가 일하는 목욕탕이라는 곳은 엘르아잘의 집이 10개는 들어갈 정도로 크고 신기한 무늬로 가득했다. 바닥에 반듯한 돌을 깐 거리에는 서쪽과 동쪽에서 왔다는 이상한 색의 사람들이 무리 지어 바쁘게 다녔다. 처음에는 정신이 하나도 없었지만, 이제는 곧잘 먹을 것을 얻기도 하고, 구경을 다니기도 했다.

요한과 야고보가 이쪽으로 왔다.

"못 가는 거야?"

"몰라. 어제 엄마가 난리가 났었어."

야고보가 요한의 얼굴을 잠깐 바라보다가 말했다.

"그러게. 몰래 잡아간다는 소문도 있잖아. 엘르아잘 너는 그 동방 사람한테 안기기도 하고. 용감한 건지……"

"그래도 그 사람들 신기한 것을 엄청나게 많이 가지고 있었는데."

"하여간, 우리는 지금 갈 거야. 넌 안 되겠지?"

요한과 야고보는 안타깝다는 듯 뒤를 몇 번 돌아보더니, 마을 아래로 내려가 버렸다. 엄마도 우리가 쑥덕거리는 소리를 들으셨는지, 부엌에서 나와 엘르아잘이 있는 것을 확인하고는 다시 들어가셨다.

집 앞에 멍하니 앉아 온몸이 바위가 될 정도로 따분한 아침이 지나고 온기가 가득한 오후가 되자 옷은 대충 입어도 될 정도로 말라 있었다. 이리 저리 살펴보다가 '툭툭' 털어 몸을 집어넣어 보았다. 까칠한 느낌에 튜닉[12] 밖으로 드러난 팔 부위를 '슥슥' 문질러 보았다.

"엘르아잘!"

엄마가 부르는 소리가 났다. 한 손으로는 통 밀을 넣고, 다른 손으

---

12 유대인들의 속옷. 길이가 긴 티셔츠와 유사하고 일반적으로 아마포를 이용해서 만들었다.

로는 맷돌을 돌리는 엄마는 여전히 바빠 보였다.

"엘르아잘. 가서 양을 좀 치고 오렴."

"요한은?"

"형은 보이지 않는구나. 오늘은 네가 좀 다녀오렴."

이미 도시에 가기도 늦은 시간이었고, 딱히 할 일도 없었다. 더구나, 내일이라도 다시 자유를 찾으려면 지금 엄마에게 점수를 따 놓는 편이 유리했기 때문에 군말 없이 양들을 데리고 집을 나섰다.

마을 문 입구를 지나면 좁고 가파른 길이 나오고, 길 양쪽으로 무덤으로 쓰이는 굴이 여러 개가 있다. 그곳을 지나 북쪽으로 30분 정도 올라가면 양들이 먹을 풀이 제법 많이 있는 언덕이 나온다. 이곳은 나사렛의 '시몬'도 가끔 양들을 몰고 오는 곳으로, 무료한 시간 말 동무가 되는 동갑내기였다.

언덕 쪽에 다가가니 양 몇 마리가 풀을 뜯고 있었다. 오늘은 운이 좋게도 '시몬'이 양을 치러 나오는 날인 모양이었다.

"야~ 시몬!"

"응. 엘르아잘. 늦었네?"

시몬 말대로 양치기에는 조금 늦은 시간이었다.

"응. 엄마가 동방인들 냄새 묻혀 왔다고 탈릿을 빨아 버리는 바람에."

"하하! 너 또 도시에 갔다 왔구나?"

엘르아잘은 언덕 중간에 앉아 있는 시몬의 옆에 털썩 주저앉았다.

"응. 덕분에 잔뜩 혼나기는 했지만 말이야. 하여간 요즘 이방인들이 더 늘어난 것 같아. 헬라인이나 로마인들도 많은데, 요즘은 부쩍 동방인들이 많이 늘어났어."

시몬은 재미 있다는 듯이 엘르아잘을 바라보았다.

"특이한 냄새가 나는 물건도 있고, 빙글빙글 도는데, 정신이 하나도 없는 것도 있고. 하여간 시간 가는 줄 모르게 된다니까? 정말 이런 풀밭에 없는 동네랑은 완전히 달라. 그런데 시몬! 너는 도시에 놀러 안 가?"

"응. 나는 너무 복잡해서 정신이 하나도 없더라고. 로마인들도 무섭고. 그리고 그 쪽 얘기는 형이 항상 자세히 해 줘서 굳이 가 보지 않아도 알 것 같아. 형이 그러는데 얼마 전에 죽은 사람도 있다지?"

"응. 막달라 출신이라는데 부자들 돈을 관리하는 사람이었대. '얀네우스' 쪽 재산을 안티파스에게 바치기로 했다나 봐. 그래서 칼에 찔렸다는데?"

엘르아잘은 잘난 체하고 싶은 마음에 세포리스에서 어른들이 하던 이야기를 마치 자신이 잘 아는 냥 떠들어 댔다.

"그럼 로마 병사들이 가만히 있지 않을 텐데. 그런 데 가면 위험하지 않아?"

시몬이 겁에 질려 이야기하자 엘르아잘은 걱정 없다는 듯 시몬의 어깨를 툭툭 치며 말했다.

"공사가 워낙 크게 벌어져서, 그런 일들은 눈에 띄게 난리가 나거나 그렇지는 않아. 이런 촌구석하고는 완전히 다른 세상이라니까."

시몬은 그런 엘르아잘과는 달리 생각만 해도 싫다는 듯 고개를 내저었다. 양들은 두 사람의 이야기에는 관심 없다는 듯 평화롭게 풀을 뜯었고, 시몬과 이런저런 이야기를 하다 보니 엘르아잘도 금세 배가 고파졌다.

허리춤에 감은 포대를 풀어 엄마가 싸 주신 보리떡을 반으로 쪼개 시몬에게 건넸다. 둘은 말없이 양들을 바라보며 보리떡을 씹었다. 잠시 후, 시몬도 품에 있던 보리떡을 꺼냈다. 보리떡을 내미는 시몬에게 엘르아잘은 '씨익' 웃어 보였다.

집에 돌아와 양들을 넣고 앞마당으로 나오니 큰형 유다가 있었다.

"늦었네?"

"응. 늦게 나가기도 했고, '나사렛 시몬'하고 얘기하다 보니 생각보다 시간이 오래 걸렸어."

"그 아이네 집도 도시에서 일한다고 하지 않았니?"

"응. 우리랑 같은 석공 일을 한다나 봐. 아버지랑 큰형이랑. 형 이름이 '예수아'라던가? 혹시 도시에서 만난 적 있어?"

"아니. 일을 하다 보면, 다른 사람에게 신경 쓸 여유가 없어. 아마 우리랑 비슷한 일을 하겠지. 근처 마을 사람들이 대부분 일하러 나오고 있으니."

"오늘은 무슨 일 없었어?"

"별로. 세리 일을 하는 다니엘 아저씨가 웬 낯선 사람들이랑 말다툼을 하기는 했는데. 분위기가 좀 이상했어. 요즘 들어 싸움이 많아지는 것 같기도 하고."

"형. 저번에 야고보에게 들었는데, 동방에서 온 사람들을 따라서 가는 사람들도 있다면서? 그곳에서 가져온 물건들로 꽤 큰 돈을 벌수 있다던데."

"나도 그 얘기는 들었는데, 굉장히 위험한 일이래. 얼마나 걸리는지 알지도 못하고, 병으로 죽거나 중간에 강도들한테 살해당하기도 한다고 하더라고. 이쪽에 오는 동방 사람들도 원래 그곳에 사는 사람들이 아니고, 중간에 물건만 전하는 사람들이라던데?"

한참을 얘기하던 중 문이 열리고 엄마가 나왔다.

"너희들 뭐 하니. 어서 손 씻고, 들어와서 저녁 먹어야지."

"네. 가자. 엘르아잘"

형은 엘르아잘의 등을 토닥거리고는 자리에서 일어났다.

3장. 그의 뒷모습

엘르아잘은 일찍 눈을 떴다. 조심스레 몸을 일으켜 주변 상황을 살핀 뒤 살금살금 걸어 나왔다. 아침 해가 뜨지 않은 이른 새벽이었지만, 아빠는 벌써 회당에 가고 없으셨다. 부엌에 가서 빵 조각 몇 개를 탈릿 포대에 감아 묶고, 곧장 마을 입구로 내려갔다. 약속대로 요한과 야고보도 이미 나와 있었다.

"새벽에 없어진 걸 아시면 엄청 뭐라 하실 텐데……"

야고보가 걱정스레 투덜거렸다.

"그래도 어떡하냐! 오늘도 못 가게 하려고 무슨 심부름을 시키실지 몰라."

"그래. 조금 일찍 돌아오면 별일 없을 거야."

나름 서로 의지도 하고, 위안도 하면서 아직은 어두운 길을 막대기로 '툭툭' 치면서 걸었다. 이미 돌부리가 어디에 있는지, 웅덩이의 위치도 다 알고 있었지만, 언덕을 오를 때, 막대기는 여러 면에서 쓸모가 있었다. 한 시간 정도를 걸어, 나사렛을 지나 세포리스에 거의 다다를 즈음 아련히 떠오르는 햇살에 몇 사람이 보였다. 낯이 익은 사람은 나사렛 '시몬'의 형 '요셉'이었다. 예전에 '시몬'과 함께 양을 치러 왔을 때 두어 번 본 적이 있었다.

"요셉!"

요셉이 돌아보고는 엘르아잘을 보고 밝게 웃었다.

"엘르아잘. 도시로 구경가는 모양이구나."

"응. 요즘은 거의 매일 가. 형은?"

"나도 오늘은 우리 형 따라서 구경가는 거야. 형한테 항상 말로만 들었지. 직접 보지는 못했거든."

"그럼 같이 다닐래요? 내가 이곳 저곳 많이 알고 있는데."

"그럴까? 나도 아버지랑 형 일하는 곳에 종일 있기도 그러니. 잘됐다."

말하는 중에 요셉의 앞에 있는 어른들을 쳐다보았다.

"오늘 일 나가시는 어른들이야. 바로 앞이 우리 형이고."

바로 앞에 걷는 사람이 시몬의 큰형인 '예수아'인 모양이었다.

거칠게 짜진 천으로 길게 늘어져 흔들리는 예수아의 탈릿은 헤질 대로 헤져 있었지만, 그걸 바라보며 걸어가는 엘르아잘은 왠지 모르게 기분이 들뜨는 듯했다.

뒤돌아보며 은은하게 미소 짓던 예수아가 허리를 숙여 엘르아잘의 머리를 쓰다듬고는 이름을 물어보았다.

바싹 마르고 잘 생기지는 않았지만, 윤기가 흐르는 흑갈색 머리가 그의 눈빛과 잘 어울린다는 생각이 들었다.

엘르아잘은 세포리스로 향해 걷는 동안, 전에 한 번도 느껴 보지 못한 신기한 즐거움에 신이나 깡총깡총 뛰며 걸었다. 전에는 빨리 도시로 가고 싶은 마음에 가는 길을 재촉할 뿐이었지만, 지금은 도시의 화려함은 아무 상관없이 흔들리는 예수아의 탈릿을 따라 걷는 이 시간이 마냥 즐겁게 느껴졌다.

그렇게 신이 나서 요한과 장난을 치며 걷다 보니, 어느새 목적지인 도시에 다다르고 있었다.

'세포리스!'

이곳은 항상 별천지처럼 느껴졌다.

곧게 뻗은 도로와 대리석기둥, 로마인들과 헬라인들, 이집트인들이 곳곳에 보였고, 허리띠를 튜닉 밖으로 길게 늘어뜨린 바리세인이나, 방황하는 철학자들, '리브가'나 '임마우스', '벳세다'에서 온 물고기 판매상들이 분주히 움직였다.

오늘도 동방에서 온 상인들이 안티파스 궁을 향해 진기한 물건들을 나르고 있었다. 궁에 드나드는 사람들 이야기로는 반짝이는 유리와 보석, 도자기나 진주라고 불리는, 한 번도 본 적이 없는 물건들이 대다수라고 했다.

엘르아잘 일행은 시몬의 형 요셉과 함께 어른들과 헤어져 극장이라는 큰 건물이 있는 곳으로 갔다. 서쪽에서 왔다는 사람들이 돌을 다듬어서 처음 보는 모양을 만들어 내는 모습이 무척 신기한 곳이었다.

엘르아잘은 마치 자기 집을 소개하는 양 아는 척을 하며 다녔고, 나사렛의 요셉은 눈이 휘둥그래져서 벌어진 입을 다물 줄 몰랐다. 신이 난 엘르아잘은 조금 더 대담하게, 이야기를 나누고 있는 동방인들에게 다가가 그들의 옷자락을 잡아당겼다. 피부가 검고 이마가 넓은 동방인이 무심히 내려보자 엘르아잘은 '씨익' 하고 웃어 보이며 입으로 무언가를 씹는 흉내를 내었고, 이내 동방인들로부터 '육포' 비슷한 것을 얻어 냈다.

나무 뒤에 숨어서 이를 지켜보던 요한과 야고보, 그리고 요셉은 기대에 찬 표정으로 엘르아잘이 가지고 온 육포를 나누어 입에 집어넣었다. 특이한 향이 나는 마른 고기가 씹을수록 고소함이 더 묻어 나왔다.

그렇게 이곳 저곳을 한참 돌아다니다가 '가나' 방향 언덕 올리브나무 아래로 올라가 각자 가져온 보리빵을 꺼내 둘러앉았다. 번화가가 한눈에 내려다보여 좋기도 했지만, 간혹 불어오는 산들바람이 더 없이 시원한 곳이었다.

"엘르아잘. 너는 이곳에 대해서 모르는 것이 없구나?"

요셉이 놀라워하며 이야기하자, 엘르아잘은 조금은 으쓱대며 대답했다.

"형. 내가 세포리스 간다고 엄마한테 두들겨 맞은 매수가 저 아래 보이는 사람들 머릿수만큼은 될걸!"

모두 깔깔대며 웃고 떠드는 동안, 바람은 여전히 나뭇잎을 흔들며 시원하게 불어왔고, 해는 어느새 어른들이 일을 끝낼 부근으로 가 있었다.

4장. 젤롯데[13]

　'안티파스'의 폭정은 날이 갈수록 심해졌다. 세리들이 찾아와 인두세 형식의 세금으로 벌이의 3할을 가져갔다. 이외에 보리를 거래할 때나, 아마포를 거래할 때도 세금이 붙었다.

　매일 눈을 뜨면 닥치는 대로 일을 했지만, 형편이 나아지기는커녕 배부르게 저녁을 먹는 날이 하루가 다르게 줄어 갔다. 아버지도 형도 점점 웃음을 잃어 갔다.

　유월절이 다가오자, 마을회당에서 공공연히 불만이 터져 나왔다.

　사람들은 이집트의 폭압에서 벗어난 걸 기념하는 날, 로마의 폭정에 신음하는 현실을 견디기 힘들어 했다. 빈틈없이 짜낸 고혈로 로마 황제에게 아부하고, 그들의 세상을 만들어 로마식 건축물과 목욕탕에서 로마인들과 유흥을 즐기면서, 이번에는 게네사렛 남쪽에 새로운 로마식 도시로 만든다고 선포했다.

　'세포리스'는 이방인들과 세상을 탄식하는 철학자, '안티파스'에게 아첨하려는 지역 유지들, 로마인들과 탈릿을 길게 늘어뜨리고 잘난 척하는 바리세인들, 그리고 칼을 숨기고 다니는 열심당원들이 섞여

---

13 1세기 갈릴리 북부를 중심으로 한 레반트 전역의 무장투쟁 독립운동

겉으로는 번성하는 도시처럼 보였지만, 갈릴리 사람들의 눈에는 언제 터질지 모르는 일촉즉발의 상황처럼 위태로워 보였다.

바람이 좀 불던 어느 날, 집에 낯선 사람들이 찾아왔다.

아버지와는 이미 아는 사이처럼 눈인사를 하는 듯했지만, 그들을 맞이하는 아버지의 표정은 그리 밝아 보이지는 않았다.

한참 동안 고개를 숙이고 계시던 아버지는 형을 포함한 어머니까지 모두 밖으로 나가라고 하고는 그 남자들과 집 안으로 들어가 버렸다. 엘르아잘은 집 뒤로 뛰어가서 부엌 쪽 연기 구멍에 귀를 가져다 대었다. 무슨 일인지 궁금하기도 했지만, 그 남자들을 바라보는 아버지의 표정은 엘르아잘이 처음 보는 낯선 모습이었기 때문이었다.

처음에는 나지막하게 나누는 대화라 잘 들리지 않았지만, 아버지의 목소리가 점점 더 커져서, 조금씩 무슨 이야기인지 들리기 시작했다.

"야이르! 이대로 다 버릴 생각입니까?"

"이것 보시오! 나는 이미 죽은 사람이잖소. 내가 형님 곁을 떠날 때! 그 순간부터!"

아버지께서는 감정이 조금 격해지셨는지 한동안 말을 잇지 못하셨다.

"우린 한 번도 '유다' 님의 유훈을 잊은 적이 없소. 당신의 형님께서는 죽음을 당하실 때까지 그 뜻을 이루기 위해 최선을 다하셨단 말이오!"

"수많은 동지들이 가족들의 목숨까지 내어놓고 엘라[14]와 고혈을 빼앗기는 형제들을 위해 투쟁하고 있소. 당신의 형님이신 '유다' 님께서

---

14 '신'을 뜻하는 아람어. 남부 유대어와도 파생의 차이는 있지만 크게 다르지 않다.

는 그렇게 모든 것을 걸고 동지들을 이끄셨단 말이오!"

"우린 모두 야이르 당신의 형님을 존경해 왔지. 그의 죽음이 너무 가슴 아프지만, 그분이 돌아가신 후 조직 내부가 급격하게 와해되고 있소. 죽음을 맹세했던 조직원들은 떠나가고, 곳곳에서 배신자들이 생겨나고 있는 상황이오. 지금의 이 혼란을 정리해 줄 적임자는 '유다' 님의 혈육인 당신뿐이라는 것이 우리 모두의 의견이오!"

"이보시오. 야이르. 우린 아직도 눈이 부시게 빛나던 당신이 민중들을 이끌었던 그 순간들을 잊지 못하고 있소. 당신의 형님께서도 누구보다 당신을 아끼셨고, 비록 실패로 끝나기는 했지만 수많은 형제들이 당신을 기억하고 있단 말이오."

한동안 침묵이 흐른 후, 아버지의 목소리가 들렸다.

"새벽녘 아무도 몰래 형님께서 형을 당하신 곳을 가 본 적이 있습니다."

그 사람들은 대답하지 않고, 한동안 다시 침묵이 흘렀다.

"이미 짐승들이 많이 뜯어 먹은 후였지만, 모진 고문을 당하시다가 껍질이 벗겨지고, 내장이 꺼내지는 고통 속에 가셨다는 걸 쉽게 알 수 있었습니다. 그 옆에 형수님과 아이들도 십자가에 매달려 까마귀 밥이 되어 있더군요."

"우리도 마음이 아프오. 허나 죽음을 각오하지 않으면 우리 아이들에게 이 비참한 세상을 또다시 물려주어야 하기 때문이오. 당신의 아이들이 로마와 이두매인들의 노예로 평생을 짐승처럼 살아도 좋단 말이오?"

"나는 어릴 적부터 수많은 죽음을 보아 왔습니다. 아니, 항상 죽음과 함께 살아왔지요. 장렬하게 죽는 것만이 '엘라'를 위한 것인지 항상 의문을 품어 왔단 말이오. 난 아직 내 자신이 그 답을 얻지 못했소. 다시 말하지만, 내가 형님을 떠날 때, 형님께서는 '유다의 동생 야이르'의 죽음을 인정하셨소. 아시겠소? 나는 죽음이 두렵소. 아니! 나의 죽음은 아무것도 아니오! 그러나 나를 사랑해서 목숨을 걸었던 저 여자와 철없는 아이들이 받을 고통은 상상만 해도 두려움으로 온몸이 떨리오. 그러니 제발 더 이상 이곳에 오지 말아 주시오."

"이두매인들이 '유다' 님의 혈육을 찾고 있소. 당신이 아무리 조용히 숨어 지낸들 결국 그들에게 발각될 것이오. 그렇게 허무하게 '유다' 님의 유훈을 끝내지 말고, 차라리 조직의 보호 속에서 지도자의 혈육으로서 살아가시오."

"돌아가시오! 그리고 부탁하건대, 형님께서 맹세하신 대로 나에 대한 비밀을 지켜 주시오."

"일단 당신의 뜻은 잘 들었소. 허나, 무슨 일이 생기면 '헤브루'로 돌아오시오. 그곳의 동지들은 항상 당신을 기억하고 있소."

엘르아잘은 잽싸게 집 앞으로 돌아 나왔다. 그 남자들은 고개를 흔들며, 무언가 이야기를 나누는 듯하더니, 어머니에게 인사를 하고 마을을 떠나갔다. 어머니는 우리를 집 앞에 있으라고 하고는 아버지께 들어가서 한참을 나오지 않으셨다.

엘르아잘은 한 번도 들어 본 적 없는 아버지 가족들의 이야기가 잘 이해되지는 않았지만, 무엇인가 다가오는 불안감에 두근거리는 가슴을 진정시키려 마당 한 귀퉁이에 쪼그려 앉았다.

아버지는 언제부턴가 도시로 일을 나가지 않으셨다.

오로지 큰형인 유다만이 건축 일을 해, 식구들이 먹을 보릿가루를 구해 왔고, 아버지는 나인성 안에서 일거리를 찾으시는 듯했지만 집에서 쉬는 날이 더 많으셨다.

14살이 된 엘르아잘도 도시로 일거리를 찾아 돌아다녔다. 물건을 나르는 일이며 잡일에 심부름까지 가리지 않고 동냥을 하듯 일을 구하러 다녔지만, 아직 어리고 서툴다는 이유로 일을 맡기는 사람은 별로 없었다. 그냥 하루 종일 돌아다니면서 나무 열매나 다른 사람이 먹다 버린 부스러기라도 닥치는 대로 먹고, 집안에 입이라도 하나 줄이는 것이 그가 할 수 있는 전부였다.

그럼에도 세리들은 어김없이 인두세를 받으러 나타났고, 큰형이 어렵게 구해 온 보릿가루조차 가차없이 가져갔다. 저녁 식사로 빵 대신 풀을 묽게 쑤어 나누어 먹는 날이 많아졌다. 혈기 왕성하던 엘르아잘은 이런 상황을 말없이 받아들이는 아버지가 이해되지 않았다. 저녁을 먹기 위해 가족들이 모여 있는 자리에서 아버지의 감사 기도가 끝나자 엘르아잘은 고개를 숙인 상태에서 자신도 모르게 중얼거렸다.

"더 이상 이렇게는 못 살겠어요."

"엘르아잘, 지금 뭐라고 했니?"

엘르아잘은 결심한 듯 고개를 들고 소리쳤다.

"이렇게는 못 살겠다고요! 배가 고파서 더 이상 걸어 다닐 힘도 없어요. 갈 곳도 없고 나무 뿌리만 씹고 다니니 하루 종일 설사만 한다고요."

아버지는 고개만 숙인 채 말씀이 없으셨다. 대신 어머니가 엘르아잘을 나무라듯 말씀하셨다.

"엘르아잘. 그래 힘든 것 안다. 그렇지만 네가 아직 이해하지 못하는 상황이라는 것도 있는 거야. 우리 모두 최선을 다하고 있고, 네 형이나 동생들도 참고 있지 않니."

"이렇게 사는 것은 노예로 사는 것과 다를 것이 없어요!"

"목소리가 너무 크다. 엘르아잘."

유다가 엘르아잘을 제지했다.

"언제까지 말도 못 하고, 바보처럼 다 뺏겨 가면서 이렇게 살아야 합니까?"

참고 있던 아버지가 조금은 언성이 높아진 목소리로 말하셨다.

"그럼, 어쩌자는 거냐! 열심당 활동이라도 하겠다는 거야? 체포되면 가족들까지 어떻게 되는지 잘 알지 않니!"

"굶어 죽는 건 뭐 다르나요? 다 뺏기고 남은 돈 모아서 성전에 비둘기 바친다고, '엘라에게 할 도리 다했다.' 말하며 이렇게 비참하게 살기는 싫어요!"

"엘르아잘. 말이 지나치다."

어머니가 다급히 엘르아잘을 제지했다.

더 이상 부모님에게 대들 수 없었던 엘르아잘은 먹던 것을 멈추고 밖으로 뛰어나갔다. 한참을 달려 마을의 가장 높은 곳, 회당의 돌부리에 걸터앉았다. 답답함이 가슴 안쪽에 돌부리를 막아 놓은 듯해서 주먹으로 가슴을 여러 번 내려쳤다.

무력하기만 한 아버지, 마을 사람들, 같은 생각인 것은 알지만 별다른 말이 없는 형도 모두 나서기를 두려워했다. 물론, 엘르아잘도 로마인들에게 저항하면 어떤 일을 겪는지 잘 알고 있었다. 어릴 때부터 체포된 열심당원들이 생살이 찢기는 온갖 고문을 받다가 십자가에 걸려 새 밥이 되는 것을 여러 번 보아 왔다. 가족까지 모두 십자가에 걸리는 일도 있었다.

두렵다!

자신도 그렇게 되는 것이 두려웠다.

그렇다고, 이렇게 비참하게 평생을 살고 싶지도 않았다.

엘르아잘은 별이 무수히 빛나는 밤 하늘을 보며, 비명에 가까운 고함을 여러 번 지르고 나서 길게 한숨을 내쉬었다.

5장. 방황

    몸이 커져 갈수록 아버지에 대한 반감 또한 커져 갔다. 무기력한 아버지에 대한 분노는 꽤 오랜 시간 모든 가족들을 벼랑 끝에 서 있는 사람들처럼 위태롭게 보이게 만들었고, 이런 자신의 분노에 걷잡을 수 없이 휩싸여 버린 어느 날 엘르아잘은 아무 말 없이 집을 나와 돌아가지 않았다.

    엘르아잘은 생각이 흐르는 대로 돌아다녔다.

    갈릴리 바다를 떠돌며 배를 타기도 했고, '게네사렛'에서 돌을 다듬기도 했다. 일을 할 때는 그럭저럭 잠자리가 생겼지만, 그마저도 끊기면 바위틈에 움막을 만들어 체온을 유지했다. 방랑자처럼 떠돌아다니니, 로마나 바리세인들의 더러운 꼴은 안 봐도 되었지만, 그렇다고 가슴속의 혼란이 가라앉은 것은 아니었다.

    그나마, 자기 전에 밤 하늘을 멍하니 바라볼 때에만 조금은 평온이 찾아오는 듯했다. 그렇게 우울함과 차분함이 공존하는, 이 세상에서 오로지 혼자인 시간이 되면, 다가온 평온과 자신의 분노와 혼란이 어디에서 시작되었는지를 고민하곤 했다.

    그는 '엘라'에 대한 자신의 믿음이 확고한지 자기 자신에게 묻고 또

물었다.

고통과 죽음이 가득한 이 세상이 정말 신의 뜻에 의해 만들어진 것인지, 그것이 진실이라면 자신은 앞으로 어떻게 살아야 하는지 자문했다. 그러나 짐승들의 그것과 다르지 않은 세상에 대한 거부감은 그를 다시 사람들 속으로 돌아가지 못하게 얽어 매고 있었다.

엘르아잘은 끊임없이 질문하고 답을 찾아 가면서 자신이 쫓고 있는 것이 무엇인지 알아내려 했다.

자신이 느끼는 이 괴로움이 불합리함에 대한 괴리임을 어렴풋이 느끼기는 하였으나, 엘르아잘 자신의 욕망이 불합리한 세상의 그것과 다르지 않다는 자괴감이 더욱 그를 괴롭혔다.

그는 자신의 욕망에 맞서 뼈가 앙상하게 보일 때까지 굶어 보기도 하고, 추위에 따뜻한 곳이 그리울 때면 더 추운 곳에 몸을 뉘였고, 비가 내려 몸이 젖을 때면, 굴 밖에 나가 비를 맞았다.

그러나, 이러한 고달픈 행위에도 그의 마음속에 얻어지는 뚜렷한 해답은 없었다. 그런 고행이 지속되면 지속될수록 엘르아잘의 몸은 모든 뼈가 드러나 보일 만큼 말라 갔다.

어느 날, 몸이 극도로 약해져 '라못' 부근의 산 중턱 바위틈에서 며칠을 앓았던 엘르아잘은 지친 몸을 일으켜 벳세다로 향했다. 몸에 일어난 고통과 본능적으로 되살아난 삶의 의지는 그에게 무엇이든 먹으라고 강요했고, 그나마 버려진 생선 조각이라도 구하려면 벳세다만 한 곳이 없었다.

갈릴리 바닷가의 자갈 해변에 간신히 도착해 반쯤 쓰러진 채로 밀려오는 파도를 바라보았다. 밀려오고 또 밀려오는 파도를 바라보며 정신을 차리려 노력하고 있을 때, 타들어 가는 갈증이 그를 괴롭히기 시작했다. 눈앞에 보이는 파도를 향해 조금씩 몸을 움직이자, 뒤에서 누군가의 목소리가 들렸다.

"나 같으면 다른 걸 찾아볼 것 같은데."

천천히 뒤를 돌아보니 수염이 덥수룩한 사내가 서 있었다.

엘르아잘이 고개를 돌리려 하자, 사내는 가던 길을 가려는 듯 발걸음을 옮기며 엘르아잘을 향해 소리를 질렀다.

"저 앞에 배 있는 곳으로 오면 마실 물은 얻을 수 있을 게야! 일을 하면 먹을 것도 좀 얻을 수 있어. 죽으려면 산으로 가서 죽어! 시체 뜯어 먹는 물고기는 잡아도 재수가 없으니!"

엘르아잘은 사내가 사라질 때까지 움직이질 않았다. 죽음이 자신의 곁에 와 있다는 것을 다른 사람의 눈을 통해 확인하고서는 마음이 더욱 먹먹해졌다. 그렇게나 답답하고 싫어했던 '나인'과 아버지와 집이 눈에 아른거렸다.

한참을 그 자리에 앉아 바다를 바라보던 엘르아잘은 아까 그 사내가 일러준 방향으로 몸을 일으켜 조금씩 걷기 시작했다. 평소 같으면 얼마 되지 않는 거리였지만, 워낙 천천히 걷다 보니 해가 머리맡에 오르고서야 배들이 모여 있는 곳에 다다를 수 있었다.

그물이 잔뜩 쌓여 있는 창고 옆에 주저앉아 있는데, 누군가가 물병을 들이댔다.

쳐다보니 아까 그 사내였다.

"뭐야. 새파란 젊은 놈이었구먼. 머리가 덥수룩해서 노친네가 죽으러 온 줄 알았더니."

엘르아잘은 대답도 하지 않고, 그가 주는 물병을 받아 정신 없이 마셨다. 사래가 들려 몇 번을 기침을 하면서도 물을 목구멍에 집어넣었다.

"안 뺏어 갈 테니 천천히 마셔라."

"고맙…쿨럭 쿨럭!"

그는 뒤돌아 서서 배 위에서 그물을 정리하는 사람들에게 소리를 질렀다.

"아비브! 생선 먼저 절이라고 얘기했잖아!"

"매번 신경 쓰게 하니. 멍청한 놈들."

그는 불평하듯 중얼거렸다.

배쪽을 바라보던 그가 다시 엘르아잘을 내려다보더니 왼쪽에 있는 낮은 건물을 가리켰다.

"한 시간 뒤 즈음 저쪽으로 오너라. 밥을 먹는 시간이니 먹을 것을 조금은 나누어 줄 수 있을 거야."

엘르아잘이 고개를 끄덕이자, 이내 물통을 들고 배들이 묶여 있는 곳으로 사라졌다.

한 시간 정도 지나자 배 위에서 작업을 하던 사람들이 아까 그 남자가 가리켰던 곳으로 하나둘 움직이기 시작했다.

엘르아잘도 부들부들 떨리는 몸을 일으켜 사람들이 가는 곳으로 가서는 나무 판들이 쌓여 있는 곳에 몸을 숨기고 건물 안을 바라보았다. 입구에는 손을 씻을 물통이 하나 있었고, 안쪽의 큰 탁자에 사람들이 둘러앉아 보리떡과 올리브를 먹고 있는 것이 보였다. 탁자의 안쪽에 아까 그 수염이 덥수룩한 남자가 떡을 먹다가 엘르아잘과 눈이 마주치더니 오라는 손짓을 했다.

엘르아잘은 입구로 걸어가 손을 씻고는 눈치를 보며 안으로 들어갔다. 뱃사람들은 왁자지껄하며 각자 떡을 먹기에 바빴고, 주변에 얼쩡거리는 병약한 이방인 따위는 신경 쓰지 않는 것처럼 보였다. 그 남자는 탁자 위의 바구니에서 떡을 하나 꺼내 반대쪽 탁자 구석으로 '툭' 하니 던져 놓고는 엘르아잘에게 앉으라는 듯한 눈짓을 했다.

엘르아잘이 주저하다 자리에 앉아 떡을 향해 손을 내미는 순간, 옆에 있던 선원이 거칠게 떡을 낚아채 갔다. 그는 말없이 무섭게 쳐다보았고, 식사를 하던 사람들도 이야기를 멈추고 그와 엘르아잘을 주시했다. 엘르아잘이 그런 그를 잠시 바라보다가 힘없이 자리에서 일어나려는 순간, '푸하하하!' 하며 모두 박장대소를 했고, 떡을 뺏어 갔던 사내는 '낄낄'거리며 엘르아잘을 주저앉히고는 떡을 다시 툭 던져 놓았다.

몸이 정상이었다면, 그들이 장난쳤다는 것을 금세 눈치챘겠으나, 지금의 엘르아잘은 한참 동안 눈치를 보고서야 떡에 손을 가져갈 수 있었다. 목이 메일 정도로 허겁지겁 먹는 엘르아잘에게 앞자리의 사내가 물을 한 잔 건네 왔다. 떡과 물을 허겁지겁 먹고 나서, 시간이 좀 지나자 떨리던 몸이 조금씩 나아졌고, 어지럽던 머리도 조금씩 괜찮아지는 것 같았다.

선원들이 모두 나가고, 식탁에는 수염이 덥수룩한 사내와 엘르아 잘 둘만 남아 있었다.

"뭐 하는 놈이기에 그 몰골을 하고 여길 돌아다니는 거냐."

"…"

"아직 어린놈이 혹시 쫓기는 것은 아니겠지?"

엘르아잘은 고개를 저었다.

"어디 출신이냐?"

"나인입니다."

"멀지 않은 곳이구먼. 가족들은?"

엘르아잘은 말없이 고개를 숙였다.

"그냥 집을 나온 놈인지, 죄인 집안의 떠돌이인지는 모르겠다만, 바라네아로 들어왔다고 안심하지는 마라. 여기서 잡은 물고기는 대부분 '막달라'로 가기 때문에 갈릴리 쪽 세리들하고 업자들이 자주 들어오니."

"죄를 지은 것은 없습니다. 그냥 굶어 죽기 싫어 떠돌던 중이었습니다."

"그럼 됐다. 예전에 여기 선원들 중에 그렇게 숨어들었다가 나중에 문제가 된 녀석들이 꽤 있었거든. 그늘에서 조금 쉬다가 괜찮아지면 가라. 우리도 일을 해야 하니."

남자가 나가고, 엘르아잘은 벽에 기대앉아 무릎 사이에 고개를 묻었다. 잠시 어지럼증만 가라앉으면 떠날 작정이었다.

"어? 이놈. 아직도 이러고 있네?"

누군가의 말소리에 고개를 들었다.

밖이 어두워진 것이, 자신도 모르게 깜박 잠이 들었던 모양이었다. 벌떡 일어서서 나가려는데, 사내들이 불러 세웠다.

"지금 그리로 나가 봤자 멀리 못 갈 거야. '세베데' 어른께서 죽지 말라고 부르신 것 같으니, 괜히 시체 치우게 만들지 말고 오늘은 여기서 있다가 내일 가도록 해."

갈 곳이 없었던 엘르아잘은 그들의 말에 다시 구석에 쭈그려 앉았다. 차가운 바람이 스며들어 오자 다시 몸이 떨리기 시작했다. 본능적으로 몸을 웅크리고, 고개를 파묻었다. 눈물이 왈칵 쏟아졌다. 아버지도, 어머니도 그리고 형도 눈에 아른거렸다.

그렇게 뼛속까지 시린 밤이 지나고 있었다.

어제 무언가를 먹은 탓인지, 아침에 몸 상태는 꽤 괜찮아졌다.

부둣가로 나오자 벌써 많은 배들이 고기잡이 준비에 분주해 보였다. 앞에 어제 수염이 덥수룩했던 사내가 배 위에 있는 것이 보였다. 엘르아잘이 다가가자 그 사내는 만지던 그물을 다른 선원에게 던져주고는 묶여 있던 배 아래로 내려왔다.

"이제 조금 낯빛이 돌아왔구먼. 그래도 우리 배들에는 너 같은 약골 녀석이 일할 자리는 없어. 다른 일거리를 찾아봐."

엘르아잘이 힘없이 고개를 숙이자, 그는 휑하니 돌아서서 배 위로 돌아가 버렸다. 그러던 그가 돌아서서 엘르아잘에게 소리를 질렀다.

"이 녀석아! 저 쪽 부두 끝 쪽에 가면, 네 나이 또래가 모는 배가 하나 있을 거다. '아닐' 아들놈인 '아론'이라는 녀석이 모는 배야. 그 배면 혹시 받아 줄지도 모르겠다."

엘르아잘은 고개를 숙여 고맙다는 인사를 하고, 그 '세베데'라는 사람이 알려 준 방향으로 천천히 걸어갔다. 이리저리 수소문하던 중, 그리 어렵지 않게 '아론'이라는 사람의 배를 찾을 수 있었다. 배 안에서 그물을 손질하고 있는 몇 명의 사내가 있었다.

"혹시, '아론'이라는 분이 계십니까?"

그들은 말없이 엘르아잘을 바라보다가 고개를 돌려 배 뒤쪽을 가리켰다. 그곳에는 엘르아잘 또래로 보이는 젊은 청년이 있었는데, 훨씬 키가 크고 덩치도 있는 사람이었다. 엘르아잘은 천천히 배 위로 올라가 그 '아론'이라고 하는 청년에게 다가갔다.

"일 자리를 찾고 있습니다. 사람이 필요하지 않으신가요?"

그 청년은 고개를 돌려 엘르아잘을 위아래로 훑어보더니, 금세 밝은 표정으로 물어 왔다.

"그물 당길 힘은 있기는 해?"

"보기보다 힘은 셉니다. 일시켜 보시고 결정하셔도 됩니다."

"그럼 됐어. 마침 한 명 필요하던 차였는데 잘됐네. 봉급은 일하는 거 보고. 저기, '아미르' 아저씨! 이 친구랑 밧줄 감는 거 같이 하세요!"

엘르아잘이 탄 배는 5명이 타는 작지 않은 배였다.

'아론'이라는 이름의 배 주인은 확실히 엘르아잘 또래로 보였고, 오히려 일꾼으로 탄 사람들이 훨씬 나이가 많았는데, 선원들 이야기로는 그 젊은이의 아버지 배가 여러 척이라 그중의 한 척을 물려받은 것이라 했다. 엘르아잘은 번듯한 외모에 아무 걱정 없는 표정으로 밝게 웃으며 조업을 지휘하는 그 젊은이를 한참 동안 멍하니 바라보았다. 자신이 살아왔던 세상과는 완전히 다른 곳에 있는 듯한 그를 동경하듯 바라보며, 열심히 노를 젓고 그물을 끌어올렸다.

쏟아지는 햇빛에 어지러움을 느꼈지만 이를 악물고 참았다. 그가 가진 풍요의 언저리에서 조금 더 있고 싶었기 때문이었다.

6장. 아론

아론의 배에서 일을 시작한 지도 어느새 몇 주가 지났다.

그동안 같은 또래라는 동질감이 있었던 아론하고는 말을 편안히 놓을 만큼 친해졌고, 저녁 식사를 하고는 같이 주변 언덕에 누워 시간을 보내기도 했다.

아론은 엘르아잘이 어떻게 살아왔는지, 왜 떠돌아 다니게 되었는지에 대해서는 굳이 캐묻지 않았지만, 벳세다 이외의 세상에 대해서는 궁금한 것이 많은 듯 보였다. 어릴 때부터 배를 타기 시작한 아론에게는 생선 판매를 위해 아버지와 함께 가는 막달라가 거의 유일한 여행이었고, 성전을 다녀오는 길에도 다른 곳에 눈 돌릴 여유가 없었다고 했다.

"엘르아잘. 정말 사마리아 사람들은 저주를 옮기고 다니냐? 여자들도 얼굴이 험상궂다는데."

"나도 어릴 적에 그렇게 들었었는데, 막상 가 보니 꼭 그렇지만은 않았던 것 같아. 외지인들에게 친절하지는 않아. 그래도 특별히 못되게 굴거나 하는 사람들은 없었어. 오히려 나바테아 쪽 사람들이 더 거친 느낌이랄까?"

"아. 부럽다. 나도 홀홀 떠나서 세상 여행 한번 해 보고 싶다."

"내가 여기 나타날 때 꼴을 보고도 그런 소리가 나오냐?"

"하하. 너야 사정이 있어서 그런 것이고. 물론 나는 좀 챙겨서 떠나야지."

"주머니 두둑이 채우고 아론 너 혼자 돌아다니면 십중팔구 강도들 손아귀에 들어간다."

"얘는 또 무서운 소리를 하고 그래. 알았어. 내가 떠날 때는 꼭 너랑 같이 갈게."

"그러자. 그래도 내가 이곳저곳 많이 떠돌아다닌 덕에 '두로'에서 '이두매'까지 안전한 길을 대충 알고 있기는 해."

"그래? 엘르아잘 너는 도대체 안 가 본 곳이 없구나. 나는 '시돈'에 한 번 가 보는 게 소원인데."

"지난 몇 년간 하루에 보리떡 하나 못 먹는 날이 수두룩했어. 여기서 먹을 것을 못 얻으면, 다른 곳으로 가야 했고. 나는 여기 왔을 때, 부잣집 아들인 네가 참 부러웠거든."

"아론! 어디 있는 게냐!"

집 쪽에서 아론의 아버지가 소리치는 소리가 들렸다.

"으이그. 꼰대가 또 찾네. 뭘 시키려고. 봐라! 네가 부러워했던 부잣집 아들이 어떻게 사는지."

아론은 부리나케 일어나 투덜거리며 집 쪽으로 뛰어갔다.

엘르아잘은 벳세다의 파도 소리를 들으며 밤하늘을 바라보았다.

매일 일을 하고 끼니를 거르지 않으면서, 지난 몇 년 동안 떠돌이 생활을 하며 몸에 익숙해진 고통이 어떤 것이었는지 희미해져 갔다. 고통이 희미해진 만큼 엘르아잘의 머릿속을 가득 채웠던 수많은 고민들도 잘 기억나지 않게 되었다. 바위틈에서 배고픔과 추위를 견디며 날카롭게 날이 서 있었던 그의 생각들이 따뜻한 잠자리 속에서 함께 녹아든 느낌이었다. 엘르아잘은 이렇게 좀 더 오래 살 수 있다면 좋겠다는 생각을 했다.

"여어! 여기 있었네."

엘르아잘이 깜짝 놀라 돌아보자, 웬 사내가 성큼성큼 다가왔다.

"이봐. 엘르아잘이라고 했던가?"

"아… 네."

어떤 일인지 그 사내는 엘르아잘의 이름을 알고 있었다.

"아론 녀석 배에서 일을 한다는 얘기는 들었고. 얼굴을 보니 등 뒤에 붙어 있었던 사신은 떠나간 모양이군."

엘르아잘은 그의 거침없는 행동에 그저 멍하니 바라볼 뿐이었다. 그러다 문득, 그가 세베데가 던져 준 떡을 가지고 무섭게 장난을 쳤던 사내라는 것을 알 수 있었다.

"잠깐 앉아도 되지?"

엘르아잘이 뭐라 할 것도 없이 그는 털썩 주저앉았다.

"아론에게 할 얘기가 있어 왔는데, 아까 보니 지아비가 부르는 모양이더군. 하여간 저 영감탱이는 아들놈 노는 꼴을 못 본다니까."

엘르아잘은 말없이 그를 쳐다보았고, 사내는 상대가 자신을 모른다는 것을 알아차린 듯 말을 이어 나갔다.

"너한테 여기서 죽지 말라고 떡 쪼가리 던져 준 늙다리가 우리 꼰대다. 아론네 영감하고는 아주 오래된 친구지."

"아… 네."

무뚝뚝했지만 내심 다정해 보였던 그 수염이 덥수룩한 사람이 이 사내의 아버지였다는 얘기였다.

"제 이름은 어떻게…"

"아론이 내 동생한테 네 얘기를 잔뜩 했던 모양이야. 네가 오기 전까지는 그 녀석이 내 동생을 많이 따랐거든."

"네… 그랬군요."

사내는 잠시 말을 멈췄고, 한동안 갈릴리 바다의 파도 소리만 출렁거렸다. 멍하니 바다를 바라보던 그 사내가 아론네 집 쪽을 힐끗 쳐다보더니 자리에서 일어나서 말했다.

"아론 녀석 나오면 내일 오전에 정어리 조업이 있다고 전해라. 그렇게 말하면 알아들을 거야."

"알겠습니다."

사내는 나타났을 때처럼 성큼 일어나 가 버렸다.

엘르아잘은 한참 동안 그의 뒷모습을 바라보다가 한숨을 한 번 쉬고는 무릎을 끌어당겨 머리를 괴고 끊임없이 밀려오는 물결을 바라보았다.

그 사내의 얘기대로 다음 날 오전에 정어리 조업이 있었다. 배 두 척이 함께 그물을 펴기도 하고, 여러 대의 배들이 위치를 맡아 각자 조업을 하기도 했다. 총 9대의 배가 함께 움직였는데, 그 중에는 세베데의 배도 있었다. 조업이 끝나고 아론이 세베데의 배로 올라가 어떤 사내와 이야기하는 것이 보였다. 어제 그 사내에게 들었던 친하게 지낸다는 그의 동생인 듯했다. 한참을 재미있는 듯 얘기를 나누던 아론이 반쯤 뛰듯이 돌아와서는 엘르아잘의 귀에 대고 속삭이듯 말했다.

"엘르아잘. 오늘 저녁에 형들하고 한잔하기로 했으니까 그렇게 알고 있어. 다른 사람들한테는 얘기하면 안 돼!"

엘르아잘은 알겠다는 듯 아론 아버지의 눈치를 보며 고개만 끄덕였다.

약속한 시간이 되자 엘르아잘은 숙소로 쓰는 오두막을 조용히 빠져나왔고, 아론은 이미 집 앞 모퉁이에 나와 있었다. 아론과 함께 향한 곳은 조업한 물고기를 담는 나무 상자를 쌓아 두는 창고 뒤쪽의 또 다른 작은 창고였다. 그곳에는 이미 서너 명의 남자들이 나무 상자를 두어 개 쌓아 상을 만들고, 그 위에 훈제된 생선과 포도주를 마시고 있었다.

"어어! 아론. 어서 와라."

사내들은 손짓을 하며 아론과 엘르아잘에게 자리를 권했다. 그들은 모두 서로를 잘 아는 듯했고, 이런 모임이 자주 있었던 듯 자연스럽게 대화를 이어 나갔다. 어제, 아론의 집에 찾아왔던 사내가 엘르아잘의 옆에 앉았고, 앞쪽으로 조업 때 아론과 이야기를 나누었던 사내가 앉았다. 가까이서 보니 무척 자상해 보이는 인상이었다.

"이 친구가 아론 네가 그렇게 자랑했던 엘르아잘인가?"

"응. 형. 핍박받는 나의 삶에 한줄기 빛처럼 생긴 친구야. 하하."

아론의 너스레에 사내들이 모두 공감한다는 듯 한바탕 웃어 댔다. 앞에 앉은 자상한 인상의 사내가 엘르아잘의 잔에 포도주를 따르면 소개했다.

"엘르아잘. 난 요한이라고 한다. 네 얘기는 아론에게 귀가 따갑게 듣고 있지."

"처음 뵙겠습니다."

"옆은 우리 형 야고보야. 생긴 건 아무나 두들겨 패게 생겼는데 마음은 우리 중에서 제일 순박한 남자야."

"요한. 너는 오늘 두들겨 팰 마음이 생기는걸!"

야고보의 장난에 사내들은 재미있다는 듯 껄껄거렸다.

'모간'과 '사라스'라고 소개한 남자들은 모두 이곳 벳세다 출신들로 어릴 적부터 함께 해 온 사이들이라 했다.

"요한. 요즘 너네 꼰대에게 품삯은 넉넉히 받냐?"

"말도 마라. 처음에는 주지도 않던 것을 우기고 우겨서 받기 시작했는데, '라반' 아저씨 품삯의 딱 절반 주더군. 기가 막혀서."

"차라리 다른 배 타는 게 낫겠다."

"그렇지 않아도 그렇게 얘기해 봤는데, 다른 배 타란다. 내 참."

"선주들끼리 다 아삼륙 친구들인데 잘도 태워 주겠다."

"그러게. 정말 이곳을 떠나기라도 해야지. 그리고 모간. 너네 '가버나움'으로 이사한다는 얘기가 있던데?"

"우리 꼰대가 그러는데, 세금 때문에 못 버티겠나 봐."

"가버나움 통관세가 더 올랐다지?"

"카슈룻트[15]때문에 우리 고기가 잘 팔리는 건 좋은데, '막달라'가 아니면 사러 오지를 않으니."

"우리 숙모님 친정이 가버나움인데, 큰아버지에게 얘기해서 자리를 알아보고 있나 봐. 조업은 어떨지 몰라도 통관세만 줄일 수 있으면 좀 덜 일해도 괜찮을 것 같다고."

"이러다가 전부 그쪽으로 옮기는 건 아닌가 몰라."

"그럼 가버나움 쪽 물고기는 씨가 마르는 거 아냐?"

"그러게. 차라리 여기서 버티는 게 나을 수도 있겠어."

그들이 한참 동안 이야기를 주고 받다가, 조용히 듣고 있던 엘르아잘에게 시선이 모아졌다.

"잠깐만. 이 친구 '나인' 출신이라고 하지 않았나?"

"네."

"거리는 멀지 않은데, 그쪽으로는 영 갈 일이 없단 말이야."

"그러게. 우리야 사마리아 때문에 베레아 쪽으로 다니니 나인 쪽으로는 한 번도 가 보지 못했는걸."

요한이라는 남자가 팔꿈치에 턱을 괴고 물어 왔다.

"엘르아잘. 그쪽은 사는 게 좀 어때? 우리가 '빌립' 욕을 좀 하긴 하지만, 갈릴리 쪽에서 온 사람들 얘기로는 '안티파스'에 비하면 '빌립'은 양반이라고 하던데."

엘르아잘이 아무 말도 못 하자 '사라스'란 남자가 재미있다는 듯 재

---

15 유대교의 음식에 따르는 율법

차 물어 왔다.

"우리 물건이 세포리스로 꽤 넘어가는데, 가 본 사람들은 그곳이 갈릴리인지 로마인지 모르겠다고 하더라고."

야고보라는 남자도 맞장구를 쳤다.

"엎드려서 하인이 주는 육포에 포도주를 마시고, 토하기를 반복한다는데. 도대체 무슨 정신인지."

모간이란 남자는 약간 흥분해서 분노 섞인 말투로 소리쳤다.

"이두매 자식놈이 지가 로마 놈인 줄 알고 천지 분간을 못 하고!"

모간의 목소리가 좀 컸는지 야고보가 자리에서 일어나서 문 밖을 한 번 살피더니 자리로 돌아왔다. 야고보가 엘르아잘을 한 번 쳐다보더니, 약간은 핀잔 섞인 말투로 모간에게 말했다.

"모간! 내가 항상 얘기하잖아. 제발 흥분 좀 하지 마라. 내가 불안해서 술이 안 취한다니까!"

모간이라는 남자는 이런 일이 여러 번 있었던 듯, 바로 알았다는 손짓을 했다.

"그나저나 형들. 언제까지 나만 벳세다 촌놈으로 봐둘 생각이야?"

분위기를 바꾸려는 듯 아론이 투덜거리자 모두 장난끼 어린 표정으로 아론을 바라봤다.

"아론. 네가 어른이 되어야지 형들하고 예루살렘도 가고 쿰란도 가고 할 것 아니냐."

"어른이 되었다는 증표가 필요해. 증표!"

"그럼. 어른이 되려면 여자를 알아야지. 그 전에는 애기야."

형들이 놀려 대자, 아론이 얼굴이 빨개져서 투덜거렸다.

"아. 이럴 때는 진짜 이 형들 한 배에 태워서 어디로 보내 버리고 싶다니까!"

엘르아잘은 그런 그들을 멍하니 바라보며 이들 속에서 이렇게 그대로 안주하면 얼마나 좋을까라는 생각을 했다.

그렇게 벳세다의 밤은 깊어 가고 있었다.

다음 날, 엘르아잘은 조업 중에도 일에 집중하지 못하고 멍한 사람처럼 보였다. 간혹, 아론이 자신을 바라보는 것조차 전혀 눈치채지 못할 만큼 그의 시선은 먼 바다에 걸쳐져 있었다. 조업이 마무리될 때 즈음 아론이 다가와서 엘르아잘의 어깨에 손을 얹고 얘기 했다.

"엘르아잘. 오늘 일 끝나고 언덕에서 얘기나 하지 않을래?"

전날 마신 술에 아직 속이 울렁거렸지만, 엘르아잘은 마다하지 않고 고개를 끄덕였다.

조업이 끝나고 아론 아버지의 집 식탁에서 그의 가족들과 인부들이 식사를 즐기고 있을 때, 아론이 빠져나와 언덕으로 엘르아잘을 데리고 갔다. 툭 트인 전망에 잔잔한 바람이 부는 꽤 괜찮은 곳이었다.

"어제는 창고에서 형들하고 마시니까 좀 어려웠지?"

"그런데, 아론. 너 식사 시간에 빠져나와도 돼?"

"야. 얘까지 날 무시하네. 내가 그래도 우리 집에서 그 정도 어린애 취급받는 사람은 아니다."

"어제 그분들하고는 친하게 지내는 것 같아 보이더라."

"응. 어릴 때부터 이곳에서 같이 살았어. 너도 어제 봐서 알겠지만, 진짜 편한 형들이야. 일도 많이 도와주고."

"그래 보이더라."

"남들하고 다르게 이 집에는 아들이 나 하나잖냐. 모두 우리 꼰대 성격 때문이라고는 하는데, 내 입장에서는 형이 없다 보니까 그 형들을 친형처럼 생각하면서 살았어."

"내 앞에 앉아 있었던 그 요한이라는 분하고 친하게 지낸다면서."

"응. 요한은 나한테는 좀 특별한 사람이야. 진짜 친형이나 다를 바 없거든. 어릴 때, 놀 사람이 없어 혼자 돌멩이 가지고 놀고 있으면, 요한이 항상 데리고 다니면서 챙겨 줬었어. 사라스나 야고보도 정말 잘 해 주는데, 요한 만큼 자상하지는 않아."

"모간은 사람은 좋은데, 한 번 꼭지가 돌면 물불 안 가리는 성격이라 사고도 많이 쳤지. 그래도 야고보가 많이 해결을 해 줘서 그런지 그 형 말은 잘 듣는 편이야."

"아 참. 그리고 요한이랑 절친이 있어. 안드레아라고. 그 형은 다른 일 때문에 이번 조업에는 빠졌는데, 원래 항상 같이 하거든. 아마 다음 조업에는 너도 볼 수 있을 거야."

아론은 엘르아잘에게 동네 형들에 대해 설명해 주느라 쉴 새 없이 이야기를 해댔다. 그런 아론을 보며 엘르아잘은 불현듯 나인의 친구들이 떠올랐다. 몇 년 동안 어떻게 지내는지 근황도 알지 못하던 터였다.

"엘르아잘. 무슨 생각해?"

엘르아잘의 시선이 멍한 것을 눈치챘는지, 아론이 물어 왔다.

"미안. 그냥 너랑 형들을 보니까, 나도 나인에 있는 내 친구들이 문득 생각이 나서."

"아. 그래 엘르아잘. 너 고향 얘기 좀 해 주라. 그곳에 친구들도 많이 있지?"

"응. 어릴 때부터 벌레도 같이 잡으러 다니고, 양을 치러 같이 가는 친구들이 있어."

"형제는 많니?"

아론이 처음으로 엘르아잘의 가족에 대해 물어 왔다.

"응. 위로 형이 둘 있고, 남동생이 하나 있어."

가족 이야기가 나오자 엘르아잘의 표정이 어두워졌고, 둘은 한동안 말없이 바다만 바라보았다.

"너 성전에는 많이 가 봤어?"

"나인에 있을 때는 절기에 몇 번 갔었지. 상황에 따라 빠질 때도 더러 있었고."

"여기 사람들은 유월절 때도 성전에 잘 가질 않아. 어제 본 형들 있잖아. 죄다 쿰란으로 간다니까."

"거기 뭐가 있어?"

"그러게. 딱 한 번 따라간 적이 있는데, 흙 밭 광야에 랍비 할아버지들만 토굴 같은 곳에서 살아. 나는 형들이 왜 예루살렘 성전을 놔두고 쿰란에서 두더지처럼 지내는지 이해가 되지 않는다니까."

아론이 팔베개를 하고 뒤로 누워 버리고는 하늘을 보며 크게 한숨을 내쉬었다.

"아. 큰 배 하나 끌고 여기저기 다니면서 물건이나 팔고 다녔으면 좋겠다. 로마도 한번 가 보고."

엘르아잘은 그런 아론을 보며 웃음 머금은 표정으로 아론 옆에 누워 하늘을 바라보았다.

"나도 그랬으면 좋겠다. 동방이라는 곳에 가서 진귀한 물건을 사 가지고 오면 큰돈을 벌 수 있다고들 하던데."

"그래? 동방이라는 게 진짜 있긴 한 거야?"

"그런가 봐. 내가 세포리스에서 동방에서 왔다는 사람들을 많이 봤어. 그 사람들이 가지고 온 물건들도."

"세포리스? 그 안티파스가 있다는 곳 말이야? 난 한 번도 못 가 봤는데, 모간은 무슨 일인지 자주 갔다 오더라고. 물론 다녀와서는 어제처럼 성질만 버럭버럭 내기는 했지만."

아론과 이런저런 이야기를 생각나는 대로 떠들다 보니 엘르아잘은 어느새 자신이 이곳의 일부가 된 듯한 느낌이 들었다.

"엘르아잘."

"응?"

아론은 엘르아잘을 한참 동안 쳐다보다가 말을 이어 나갔다.

"혹시, 네가 거북하다면 얘기하지 않아도 되는데 말이야. 너 어릴 때 너희 마을 얘기 좀 해 줄 수 있어?"

아론은 자신과는 다른 삶을 살았던 엘르아잘에게 더 많은 호기심을 느끼는 듯했다. 엘르아잘은 바다에서 불어오는 바람 쪽으로 얼굴을 돌렸다.

"별 곳 아니야. '모레'라는 산기슭에 있는 크지 않은 마을이야. 먹을 것이 많지 않아서 마을 사람들 대부분 근처로 양을 치러 다니거나, 올리브나무를 키우거나 돌을 다듬어서 먹고살아."

"그곳에서 사는 게 너무 답답했어. 배고프고 무기력하고. 하루하루가 너무 힘들 때가 있었는데. 뛰쳐나와 보니 더 힘드네. 하하."

자괴감에 웃는 엘르아잘과 달리 아론은 계속 심각한 얼굴이었다.

"어제 형들이 그러더라. 너는 이곳에 그리 오래 있을 애 같지가 않다고."

엘르아잘은 말없이 아론을 바라보다가 대답했다.

"아마도. 그렇게 되겠지."

아론은 엘르아잘이 그렇게 대답할 것이라는 것을 이미 알고 있었다는 듯 담담하게 말했다.

"그럼 어디로 갈 거야?"

"아직 아무 계획도 없어. 그냥 막연히 로마 놈들 피해서 동방이라는 곳으로 가볼까, 아니면 페니키아로 가서 무역 일이나 배워 볼까 생각만 하고 있어."

"거기라고 이곳이랑 다르겠냐. 이 세상에 로마 놈들 없는 곳이 없다잖아."

"나도 잘 모르겠어. 먼 곳으로 가 본들 어디에나 늑대 같은 인간들이 넘쳐 날 텐데, 이곳과 다르리란 보장은 없겠지."

"야. 엘르아잘. 네가 무슨 생각을 하는지는 잘 모르겠지만, 아버지가 그러는데 곳곳에서 강도들이 넘쳐 난다니까 웬만하면 여기서 자리잡는 것도 생각해 봐."

"고마워 아론. 하지만 아직 나도 내가 왜 이렇게 헤매는지 잘 모르겠어."

"그래. 임마! 너는 자유롭게 떠나가라. 나는 죄인처럼 이곳에 갇혀 살 테니."

"예. 선주님! 그래도 항상 내가 너한테 고마워 한다는 것만 기억해 줘라."

"얘가 왜 또 갑자기 거북스럽게 구나."

그렇게 즐겁게 웃으면서 점점 푸근해져만 가는 아론과의 저녁이 또 저물어 갔다.

Abundance and sin

7장. 인간에게 행복이라는 건

아론과 친해지지 않았으면, 이곳에서 그저 며칠 끼니 걱정만 해결할 요량이었다. 그랬던 것이 어느새 6개월이 다 되어 가고 있었다. 그동안 아론과는 더 친해져서 이제는 거의 죽마고우처럼 지냈고, 벳세다에서의 뱃일도 조금씩 더 익숙해져 갔다. 아론이 이것저것 자세히 얘기해 준 덕분에 이곳 일이 어떻게 돌아가는지 감을 잡을 수 있었고, 그와 잘 알고 지내던 동네 사람들과도 조금씩 친해져 갔다.

그날그날 잡은 물고기는 바로 먹는 것을 제외하고는 일단 소금에 절이거나 볕에 말려 벳세다 마을 입구에 형성된 시장에서 판매하거나, 필요한 물건으로 교환을 했다. 다른 마을의 사람들이 올리브나 보리떡, 맷돌 등 각자 지역에서 만든 물건들을 가지고 와서는 생선으로 교환해 가고는 했는데, 조업하는 배가 늘어나면서 물고기의 상당량은 막달라로 가지고 갔다.

막달라에는 생선을 대량으로 염장하고, 훈제하는 시설들이 많아서 항상 배와 생선을 싣고 온 마차들로 북적이었다. 막달라의 업자에게 생선을 팔기 위해서는 육로로는 가버나움에서, 배로 싣고 가면 막달라 안에 있는 세관에서 통관세를 내야만 했다.

아론네 집에서 잡아 올린 생선들은 주로 육로를 통해 막달라로 이동했는데, 가버나움에서 통관세를 내고 증명서를 받아 이동했다. 아론의 아버지는 가버나움을 벗어나면 증명서에 침을 뱉으며 안티파스 욕을 하고는 했다. 막달라에 다다르면 제일 먼저 뿌연 연기와 매캐한 냄새가 인상적이었다. 곳곳에 있는 훈연소에서는 가지고 온 생선을 훈연하려고 기다리는 사람들이 즐비했다.

예수시대 갈리리호수 및 주변도시

일부 예루살렘 쪽 상인과 연줄이 닿아 있는 사람들은 직접 훈연해서 거래를 하기도 하지만, 대부분의 어부들은 이곳 상인들에게 생선을 넘기는 정도의 이윤만 남기고 돌아갔다. 아론의 아버지도 이미 오랫동안 거래해 온 이곳의 상인에게 가져온 생선을 넘기고는 바로 숙소로 이동했다.

숙소라고 해 봤자 작은 방에 아론아버지와 아론, 그리고 엘르아잘까지 셋이 자야 했기 때문에 엘르아잘 입장에서는 무척 불편함을 느낄 수밖에 없었다. 그도 이런 불편한 공기를 참을 수 없었던지, 아론의 아버지는 술이나 한잔하고 온다고 나갔고, 방에 남은 아론과 엘르아잘은 자리에 누워 천장을 바라보며 잠을 청할 수밖에 없었다.

"엘르아잘."

"응?"

"피곤하냐?"

"아니."

"우리도 동네 구경이나 하고 들어올까?"

아론의 제안에 두 사람은 막달라 숙소의 어두운 골목길을 돌아 연기냄새 가득한 항구 앞쪽으로 걸었다. 소금돌이 산처럼 쌓여 있는 항구 앞 창고를 지나자 해안선을 따라 길게 늘어선 상점들이 보였고, 그중의 몇은 아직까지 불을 밝히고 있었다. 해안가 바로 뒤에 있는 산 때문인지 막달라 항구는 벳세다보다 훨씬 아늑한 느낌이었다.

"엘르아잘. 여긴 중개업으로 돈을 많이 번 사람들이 꽤 있다나 봐."

"무슨 중개업?"

"우리 같은 어부들한테 고기를 사서 훈제를 잘하기만 하면 예루살렘에 꽤 많은 마진을 남기고 팔 수 있는 모양이야."

"잡아 온 물고기를 훈제만 하는데 비싸게 팔 수 있단 말이야?"

"그러게. 나도 형들한테 듣고는 뭐 이런 경우가 다 있나 했다니까. 죽자고 그물 던져서 물고기 잡는 건 우리인데, 돈은 여기 사람들이 다 번다니."

"그럼 우리가 직접 팔 수는 없는 거야?"

"나도 그렇게 생각해 봤는데, 형들 말로는 우리가 훈제나 염장을 해도 예루살렘 상인들이 벳세다로 오지를 않는데. 그리고 이곳처럼 대량으로 하지 않으니 맛도 좀 틀리고 그런가 봐."

"형들도 여기 자주 오나 봐?"

"대부분 사라스 형이 물건을 모아서 와. 세베데 아저씨네 생선하고 몇몇 집 생선들을 가지고 한꺼번에 팔아 돈을 나누는데, 우리 꼰대는 꼭 자기가 직접 와서 아까 그 업자한테만 판다니까."

이런저런 이야기를 하며 해안가를 걷고 있자니 잔잔한 막달라의 파도 소리가 마치 잔칫집 음악 소리처럼 엘르아잘의 뒤를 따랐다.

"아 참. 엘르아잘. 여기서 너네 마을이 멀지 않지 않아?"

"응. 길이 '가나'로 돌아가야 해서 그렇지 산을 넘어가면 멀지 않은 편이야. 그래도 반나절은 넘게 걸릴 거야."

"언젠가 시간이 되면 너네 마을도 한번 가 봤으면 좋겠다."

엘르아잘은 왠지 아론에게 할말이 없어 고개를 숙이고 터벅터벅 걸었다.

다음 날 아침 막달라에서 돌아와서 다시 벳세다에서의 일상이 시작되었다.

벳세다의 어부들도 이제 아론과 엘르아잘을 한 묶음으로 보기 시작했고, 엘르아잘도 그들과 꽤 편안한 관계가 되었다. 모간이 몰래 젤롯 활동을 한다는 것을 안 것도 그 즈음이었다. 물론 사람을 죽이고 다니거나 하지는 않았지만, 꽤나 중요한 역할을 맡기도 한다고 했다. 아론은 엘르아잘이 그걸 안다는 것을 야고보가 알면 난리가 날 거라며 절대 형들 앞에서는 티를 내지 말라고 신신당부했다.

어느 날, 평소보다는 조금 더 멀리 나와서 조업을 했다. 출발하기 전 아론이 이 계절에는 '무슈트[16]'가 해안가보다는 조금 더 깊은 곳에서 더 잘 잡힌다고 알려 주었다. 아론의 아버지는 수염이 긴 잉어인 '비니'보다 막달라에서 조금 더 가격을 받을 수 있는 '무슈트'를 더 선호했다.

두 번 정도 그물을 내렸다가 올렸을 때, 멀리서 조업을 하는 배가 한 척 보이자, 아론이 반갑게 손을 흔들며 말했다.

"엘르아잘. 내가 일전에 얘기한 적 있지? 시몬의 배야. 오늘은 안드레아도 보이네. 아마도 쿰란에서 돌아온 모양이야."

"형들이 어려워한다는 그분 말이구나?"

"응. 성질이 나면 말을 좀 세게 해서 그렇지 은근히 잘 챙겨 주는 사람이야. 안드레아도 돌아왔으니 다음 모임에는 볼 수 있을 거야."

---

16 갈릴리바다에서 잡히는 대표적인 어종으로 등 지느러미가 '빛' 모양이라 붙여진 이름이다.

그렇게 다시 조업을 이어 가고 있을 무렵, 아론의 옆에서 그물을 끌어올리던 아미르 아저씨의 표정이 오늘따라 좋지 않아 보였다. 원래 말수가 많지 않았지만 엘르아잘이 아론의 배를 타기 시작하면서부터 곁에서 일을 배웠던 사람이라 그의 표정이 심상치 않음을 금방 알 수 있었다. 그는 걱정스레 다가온 엘르아잘에게 손을 내저으며 괜찮다는 표시를 했다. 그러나 시간이 지날수록 그물을 끌어올리는 아미르의 속도가 눈에 띄게 느려지더니, 급기야 배 밖으로 머리를 내밀고 먹었던 것을 게워 내기 시작했다. 수십 년 동안 배를 탄 사람이 멀미를 한다는 것이 말이 안 되는 것이기에 아론이 아미르에게 달려가 그를 부축해다가 배의 가장자리에 눕혔다. 다른 사람들은 그물을 잡고 있어야 해서 움직일 수가 없었다.

　상황이 심상치 않아 당황하는 빛이 역력하던 아론이 품속 아미르의 눈이 돌아가는 것을 확인하고는 벌떡 일어나 손을 흔들며 소리를 지르기 시작했다. 엘르아잘도 그물을 잡고 있던 손을 놓고 아미르에게 달려갔다. 얇게 뜬 눈은 흰자위만 보였고, 벌린 입은 혀가 말려 들어가고 있었다. 엘르아잘은 급하게 손가락을 아미르 입속으로 집어넣어 말려 들어가고 있는 혀를 끄집어내려 노력했다.

　얼마 지나지 않아 근처에 있던 시몬의 배가 다가와 사람들이 넘어왔다. 시몬이라는 사람이 아미르의 상태를 살피더니 자신의 배에서 칼과 낚시용 대바늘을 가져오라고 했다. 시몬은 칼 끝으로 아미르의 뒷목 쪽의 한 부분을 찔렀고 피가 분수처럼 쏟아져 나왔다. 그리고 목의 여러 군데와, 손과 발을 바늘로 찔러 피를 내었다. 겁에 질려 아무것도 하지 못하는 아론이나 엘르아잘과는 달리 시몬은 침착하게 아미르의 상태를 살피면서 사람들을 시켜 배의 뱃머리 쪽으로 아미르의 머리가 향하도록 눕히게 했다.

"당장 그물을 챙겨서 벳세다로 돌아가. 그늘진 곳에 푹신한 것으로 머리를 높여 눕혀 놓아라. 물도 먹이면 안 돼! 그냥 놓아둬. 그때부터 살고 죽는 것은 아미르가 할 몫이다."

시몬의 옆에 있던 남자도 당황해하고 있는 아론의 어깨를 감싸며 안심시켰다.

시몬의 말대로 그물을 걷고 바로 벳세다로 돌아왔다. 아미르를 업고 아론의 집으로 내달렸다. 힘이 빠진다 싶으면 아론과 엘르아잘이 번갈아 업고 달렸다. 아론의 집에서도 피투성이가 된 아미르를 보고 난리가 났지만, 아론이 침착하게 시몬이 시킨 대로 아미르를 눕혔다. 그의 호흡이 한층 안정된 것을 확인한 아론은 어머니에게 절대 아무것도 먹이면 안 된다고 신신당부를 하고는 엘르아잘과 밖으로 나왔다. 바다가 보이는 마당의 한구석에 걸터앉은 두 사람은 두근거리는 가슴이 진정되지 않아 한동안 아무런 말도 하지 못했다.

"나는 아미르가 죽는 줄 알았어."

"나도 아직까지 두근거리는 게 진정이 안 돼. 그때 시몬이 없었으면 아저씨는 정말 죽었을지도 몰라. 난 진짜 어찌해야 할지 머리가 하얗더라고."

"시몬 그분은 이런 일을 많이 겪어 보신 것처럼 거침이 없으시던데?"

"모르겠어. 항상 느끼는 거지만 못하는 게 없는 그런 사람이야. 그래서 형들도 무슨 문제가 생기면 시몬한테 부탁하고는 하거든."

"그럼 아까 옆에 있던 사람이 안드레아야?"

"응. 내가 언젠가 너한테 소개한다고 말했지? 시몬 동생인데, 한참 동안 이곳을 떠나 있었거든."

이런저런 이야기를 하며 해가 조금씩 넘어갈 때 즈음, 아론의 어머니가 문을 열고 아미르가 눈을 떴다고 알려 왔다. 두 사람은 급하게 집으로 들어가 아미르의 상태를 살폈다.

그 일이 있은 후, 며칠이 지났을까. 조업의 뒷일을 마치고, 해가 저물어 갈릴리바다에 붉은 노을이 깔리는 시간에 엘르아잘은 벳세다 항구를 천천히 걷고 있었다. 아미르는 손을 움직이는 것이 부자연스러운 것을 제외하면 상태가 많이 호전되어 가고 있었다. 엘르아잘 자신도 아론 집에서의 안정된 생활에 칼날 위를 걷던 것 같던 고뇌의 깊이도 많이 무뎌지어 가고 있는 느낌이었다. 그저 반복적으로 철썩 이는 파도소리와 뭍에 묶인 배들이 내는 나무 꺾이는 소리를 들으며 고개를 숙인 채 한 발 한 발을 내디뎠다.

아버지 생각이 났다.

다들 잘 지내고 있는지, 형들과 동생, 하루도 거르지 않고 함께 돌아다녔던 요한과 야고보는 어떤 모습으로 변했을지 밀려오는 옛 생각에 마음이 착잡해졌다. 고개를 들어 수평선 쪽을 바라보는데, 저 앞쪽에 누가 앉아 있는 것이 보였다. 멀리서는 누구인지 잘 보이지 않았지만, 발길을 옮겨 가까워지자 그가 안드레아라는 것을 알 수 있었다.

　다부진 체격에 강한 인상이었지만, 바다를 바라보는 그의 눈빛은 보이지 않는 무엇인가를 갈망하는 것처럼 보였다. 엘르아잘은 조용히 그의 곁에 앉았다. 안드레아가 그런 엘르아잘을 힐끗 쳐다보더니, 다시 바다를 바라보며 말했다.

　"여기서 파도 소리를 듣고 있으면, 마음이 편안해진다. 하루 종일 배에서는 들리지 않는 소리가 들리지."

　"그래서 저도 가끔 나오는 편이에요."

　"아론에게 가끔 이야기를 들었다. 남들 하지 않는 세상 고민 전부 이고 사는 녀석이 있다고. 아론 이야기로는 그냥 배만 타기는 아까운 친구라던데."

　"아닙니다. 잡다한 생각이 많다 보니 제가 아론에게 쓸데없는 얘기를…"

　"아미르는?"

　"많이 좋아졌습니다. 예전처럼 움직이지는 못하지만 조금씩 좋아지고 있습니다."

　"다행이다. 뱃일이라는 것이 워낙 힘겨운 일이다 보니 가끔 그런 증상을 보이는 사람들이 있기도 해. 형은 어릴 때부터 어른들을 따라 배를 타서 그런지 여러 가지 대처를 잘하는 편이야."

　"감사했습니다. 그날 저희는 당황해서 어찌할 바를 모르고 있었는데, 두 분 아니었으면 정말 큰일 날 뻔했어요."

　"내가 뭘 했나. 그래도 근처에 있어서 다행이었어. 보통 그 증상이 나타나면 열에 아홉은 살아서 땅을 밟지 못하거든. 아미르가 그렇게 죽을 운명이 아니었던 거지."

"항상 선하셨던 분이세요. 분명 신께서 두 분을 통해 지켜 주신 걸 겁니다."

안드레아가 잠시 동안 고개를 돌려 엘르아잘을 바라보다가 물었다.

"그나저나 너는 고민이 많아 보이는 얼굴이구나."

엘르아잘은 잠시 머뭇거리다가 한숨을 내쉬며 말했다.

"오랫동안 머릿속을 떠나지 않던 생각에 빠져 허우적거리면서 살아왔는데, 아론네 집에서 생활이 편해지니 조금씩 흐릿해져 가는 기분이에요."

안드레아는 희미한 미소를 띠며 이야기했다.

"사람이라는 것이 원래 그렇다. 몇 년 전까지만 해도 사람들이 심심치 않게 이곳으로 흘러 들어왔지. 다들 금방이라도 무슨 일을 낼 사람들처럼 날이 서 있다가, 시간이 지나고 조금씩 다른 사람들처럼 살게 돼, 그러다 다시 가족을 이루고, 그렇게 또 살아가지."

"사람이란 어떤 상황에서도 자신의 행복을 추구하는 존재일까요?"

"어려운 이야기구나. 그렇지만 그 행복이라는 것이 모두 같지는 않을 거다. 사람마다 생각하는 행복이 다르기도 하니."

"뭐가 행복한 걸까요. 고생하면서 떠돌아다닐 때는 정확하지는 않지만 그래도 제가 원하는 무언가와 마주보고 있는 느낌이었는데, 지금은 그게 무엇이었는지 잘 기억도 나지 않습니다."

푸념 같은 이야기에 안드레아는 엘르아잘의 얼굴을 힐끗 바라보았다.

"사람은 풍요로워지면 신의 말씀에서 멀어진다고 하지 않니. 그래서 내가 아는 많은 랍비 분들이 일부러 검소하고 금욕적인 생활을 하고 계시지."

"지금처럼 살 수만 있다면 얼마나 좋을까 생각하는 때도 있었습니다. 다시는 그 시절로 다시는 돌아가고 싶지 않은데, 지금은 그때 간신히 다가갔던 신의 말씀에서 다시 멀어져 버린 느낌이 들어 불안합니다."

한동안 두 사람은 말없이 바다만 바라보았다.

반복적으로 밀려오는 파도를 바라보며 엘르아잘이 중얼거리듯 말했다.

"괴로움이 없는 세상이 있을까요?"

"모르겠다. 나 역시도 그 질문 속에 살고 있으니. 그래서 난 그런 세상을 여실 분을 기다리고 있단다."

"신께서 메시아를 보내 주실까요?"

"그렇게 믿고 있다. 그때가 언제인지는 모르겠지만……"

"메시아가 오시면, 세상을 어떻게 바꾸어 주실까요? 제가 원하는 세상도 그분께는 부정한 것일 텐데요."

안드레아는 말없이 한참 동안 엘르아잘을 바라보았다.

"엘르아잘. 너는 사람들과는 조금은 다른 마음을 가지고 있구나."

안드레아가 다시 바다를 바라보며 말했다.

"다음 달 초 어드레 난 선생님을 만나러 유대 지역으로 간다. 혹시 그분이라면 네 질문에 답을 주실 수도 있을지 모르겠다. 너도 생각이 있으면 같이 가도 된다."

며칠 뒤, 예전에 모였던 창고에서 다시 모임이 있었다.

일주일에 한두 번 이렇게 모여 이야기를 나누었고, 서너 번에 한 번은 사라스가 포도주를 가지고 왔는데, 오늘은 조금 다른 술이라며 맥주라는 것을 꺼내 놓았다.

"야. 이거 정말 맛없다!"

"우와. 이집트 놈들은 이걸 어떻게 마시냐!"

모두들 맛이 없는 술이라며 고개를 절래 절래 흔들었다.

"야! 사라스. 너는 이걸 어디서 구했냐?"

"세포리스에 들어온 근동 상인들이 최근에 게네사렛에도 자주 들어오거든. 그 사람들이 마시고 있길래 조금 얻어 왔지."

"야. 그냥 포도주 꺼내라. 이거 도저히 못 마시겠다."

"하하! 알겠다. 그래도 우리 조상들이 고생할 때 마시던 거니까 한 번 느껴는 보자고 가져온 거야."

"차라리 네놈 오줌을 먹는 게 낫겠다."

"그럼 이거 어떻게 하지. 그래도 힘들게 얻어 온 것인데 버리면 아까운데."

형들이 모두 엘르아잘을 쳐다보자 아론이 장난끼 어린 표정으로 맥주잔을 엘르아잘 앞으로 밀어 놓았다. 술잔과 주변을 번갈아 둘러 보던 엘르아잘은 결심한 듯 눈을 질끈 감고 손가락으로 코를 막고는 잔에 있던 맥주라는 것을 전부 마셔 버렸다. 그렇게 독한 술은 아니었지만, 한꺼번에 털어 넣어서 그런지 오줌 냄새 같은 구역질과 함께 얼떨떨해지며 취기가 올라오기 시작했다.

"야. 야! 저거 봐라. 엘르아잘 얼굴 빨개지기 시작했다."

"이 녀석. 술 잘 마시는 줄 알았더니 아직 애기였네."

형들이 놀려 대자 엘르아잘은 얼굴이 더 화끈거리는 것 같았다.

"여어! 모두 여기 모여 있었네."

그때 문이 열리더니 안드레아가 들어왔다.

안드레아와는 이미 여러 번 이야기를 나눈 적이 있지만, 필요한 얘기 말고는 농담도 잘하지 않는 성격이라 어떤 면에서는 야고보보다도 어려운 느낌이었다. 그래도 오늘은 취기 때문인지 엘르아잘이 자리에서 일어나 먼저 인사를 했다. 안드레아는 붉어진 엘르아잘의 얼굴을 한 번 보더니 씩 웃는 표정으로 야고보에게 손가락을 장난스럽게 까닥이면서 자리에 앉았다.

"이제 술들 좀 끊고 신실하게 좀 살아 봐."

"안드레아. 매일 힘든 뱃일에 지친 몸 유일한 낙인데 너무 빡빡하게 그러지 마라. 하하!"

"그나저나 요한. 나는 내일 랍비 뵈러 갈 생각인데 너는 어떻게 할 거야?"

요한이 눈치를 보는 듯하자, 야고보가 손을 내저으며 얘기했다.

"다녀와. 여기 일은 내가 알아서 하고 있을 테니."

그렇게 벳세다 사내들의 밤이 무르익어 갈 무렵 술이 얼큰하게 취한 엘르아잘이 모간에게 친근감을 표현한다며 갈릴리 도시에 대해 이야기를 꺼내 놓았다.

"형. 혹시 세포리스에 가면 큰 종려나무 숲 앞에 목욕탕이라는 곳 보신 적 있어요?"

모간은 갑작스러운 엘르아잘의 얘기에 조금은 당황한 듯하더니 이내 얼버무리듯 얘기했다.

"목욕탕은 잘 모르겠는걸. 그저 일 때문에 가는 곳이라 여기저기 둘러볼 여유는 없어서."

"아. 그러셨구나. 그곳에 자주 가신다고 얘기를 들어서 혹시 어떻게 변했나 궁금해서요."

"엘르아잘. 너는 자주 가 본 모양이구나."

"예. 어릴 때는 완전히 거기서 살다시피 했죠. 아버지랑 형이랑 그곳에서 일을 하셔서 저도 자주 갔었어요."

"가족 분들이 재건 때 거기서 일을 하신 모양이구나."

"네. 아버지도 형도 석공 일을 하셨거든요."

"엘르아잘. 아버지하고 형이 석공 일을 하셨으면 사는 것이 그렇게 어렵지는 않았을 텐데, 너는 왜 그렇게 떠돌아 다닌 거야?"

"그러게. 솔직히 나는 이 녀석이 천하에 고아 녀석이거나 동네에서 사고 치고 도망친 녀석인 줄 생각했다니까. 그런데 천천히 보니까 사고 같은 거 치고 도망이나 다닐 놈은 아닌 것 같고."

엘르아잘이 한숨을 한 번 쉬고는 말했다.

"언제부턴가 아버지가 일을 나가지 않으시고 집이 어려워지기 시작했어요. 저는 어려서 돈을 벌 수도 없었고. 매일매일이 답답하고 힘든 날들이었거든요."

"왜. 아버지가 어디 아프셨니? 다치기라도 하신 거야?"

"저도 잘 모르겠어요. 특별히 다른 건 모르겠는데, 언젠가 헤브루에서 웬 사람들이 와서는 아버지랑 만나고 난 뒤부터 세포리스로 일 나가시는 걸 그만두시더니 집 안에서만 계셨어요."

"헤브루?"

"예. 그렇다고 들었는데. 잘은 모르겠어요. 하여간 벌이는 없는데 인두세랑 각종 세금은 내야하고 먹을 게 없으니 이곳저곳 돌아다니게 되다가……"

엘르아잘은 그때 사라스의 표정이 살짝 변했다는 것을 눈치채지 못했다.

한참을 모여서 이런저런 얘기를 하다가 엘르아잘은 너무 취했다고 생각했다.

밖으로 나와 부두 쪽 나무 상자에 걸터앉아 벳세다의 시원한 바람을 맞으며 하늘의 별빛을 바라보았다.

"어이. 엘르아잘!"

사라스였다.

"네."

"많이 취했냐? 오늘 좀 마시는 것 같던데."

"그러게요. 형. 아까 맥주라는 걸 한꺼번에 마신 뒤로 저도 모르게 이렇게 되어 버리네요."

"원래 그런 거야. 너도 어른이 되면 조금씩 익숙해질 거다."

잠시 동안, 침묵이 흐르다가 사라스가 독백하듯 이야기했다.

　"난 이곳에서 태어나서 계속 이 바다만 보고 살았다. 지금이야 조금 살기 좋아졌지만 예전에는 물고기가 안 잡히면 끼니를 거르기 일쑤였지."

　"…………."

　"지금은 조업도 괜찮고, 잡은 물고기도 팔 곳이 많으니 사람들도 많이 모여들고는 해."

　"그러다 보니 갈릴리에서 도망쳐서 숨어드는 사람들 때문에 골치 아픈 일들도 간혹 벌어지거든."

　사라스가 하려는 말이 무엇인지 바로 짐작할 수 있었다.

　그러나 지금의 입장에서 적당한 대답이 떠오르지 않아 아무런 말도 하지 못하자 이내 사라스가 어깨를 툭 치면서 말했다.

　"알아. 네가 좋은 녀석이라는 것은 처음 볼 때부터 알고 있었어. 어찌 보면 나랑 비슷한 점도 많고 말이야."

　잠시간의 침묵이 흐르고, 사라스가 땅에서 조약돌을 하나 들어 앞으로 툭 던지고는 말했다.

　"그런데 이 세상이나 사람들하고의 인연이라는 것이 나 혼자 어떻게 살아왔냐는 것과 상관없이 흘러갈 때가 더러 있더라. 아까 얘기했던 네 아버지처럼 말이다."

　아버지 얘기가 나오자 왈칵 눈물이 나오려 했지만 엘르아잘은 꾹 참고 간신히 대답했다.

　"아버지도 무슨 사정이 있으셨을 거예요."

"가끔은 찾아 뵈어도 되지 않니?"

"모르겠어요. 언제부턴가 아버지가 너무 답답하게 느껴졌는데, 그런 아버지와 사는 게 너무 힘들어졌어요. 가족들도 많이 힘들어 했고요. 지금 생각해 보면 아버지한테 참 못되게 굴고 뛰쳐나왔는데, 그냥 이런 몰골로 돌아가기가."

"그랬지. 네가 이곳에 처음 나타났을 때 그 몰골이 참 대단했지. 하하. 그런데 말이다. 그렇게 집을 나온 녀석들이 다 너 같은 몰골로 돌아다니지는 않아. 내가 느끼기에 너는 음! 뭐랄까. 마치 일부러 죽을 고생을 하고 다니는 녀석 같았다고나 할까?"

엘르아잘은 말없이 고개만 숙였다.

"여기서 열심히 해서 돈도 좀 모으고, 자리를 잡으면 나인에 한번 다녀와라. 이렇게 번듯한 남자로 큰 널 보면 아버지도 다 용서하실 거다."

사라스는 엘르아잘의 어깨를 다시 한번 툭 치고는 다시 안으로 들어갔다.

그의 말 몇 마디가 휘저어 놓고 간 마음에 갈릴리의 파도 소리만 반복해서 출렁거렸다.

8장. 운명의 반복

조금씩 세겔[17](돈)이 모였다.

아론이 품삯을 넉넉히 챙겨 주는 이유도 있었지만, 사라스와 이야기를 나눈 밤 이후로 더욱 악착같이 세겔을 모았다. 조업이 끝나면 시장에서 일을 돕거나, 막달라로 가는 일에 자진해서 나서기도 했다. 아론도 그런 엘르아잘의 마음을 짐작했는지 같이 못 논다고 투덜거릴 뿐 오히려 일자리를 알아봐 주기도 했다.

시장에서 새 튜닉(옷)과 아버지에게 선물할 허리띠도 샀다. 며칠을 고민하고서 어머니의 선물로는 발을 모두 가리는 신발을 선택했다.

마음으로 부끄럽지 않은 인생을 살겠다며 뛰쳐나온 그에게 돈을 조금 모아서 돌아온 자신이 인생의 정답을 찾았다고 말할 수는 없었지만, 그래도 이런 식으로나마 아버지와 어머니, 그리고 형제들에게 용서를 구하고 싶었다.

선물을 준비한 지 며칠이 지나고, 물고기를 담는 자루를 부둣가 자갈밭에 널고 있는데, 사람들이 회당 근처에 모여 웅성거리는 것이 보

---

17 당시 레반트 지역에서 일반적으로 유통되던 화폐의 단위. 지중해 두로에서 만든 세겔이 통용되었으며, 성전세를 비롯한 각종 상업에 사용되었다.

였다.

심각한 얼굴로 모여 있던 사람들 중에 사라스와 야고보, 모간도 보였다.

사라스가 힐끔 엘르아잘을 쳐다보는 듯하더니 성큼성큼 걸어왔다.

그러더니, 엘르아잘의 팔을 붙들고는 나무 창고 뒤쪽으로 끌고 갔다.

"어이. 엘르아잘. 하나만 물어보자!"

엘르아잘은 놀란 눈을 하고는 아무 말도 못 하고 서 있었다.

"너. 나인 출신이라고 했지."

"네……"

"너 그럼 그 마을에 야이르란 사람을 알고 있나?"

엘르아잘은 깜짝 놀라 사라스 얼굴만 쳐다보고 있었다.

'사라스가 어떻게 아버지 이름을 알고 있는 거지?'

아무런 말을 하지 못하고 있는 엘르아잘의 어깨를 그가 강하게 밀쳤다.

"야이르란 사람을 아냐고!"

"예? 예. 저기. 저희 아버지이신데요."

그 얘기를 들은 사라스가 머리를 감싸더니 뒤로 돌아섰다.

그러더니 엄청 화가 난 사람처럼 혼자 중얼거리더니 무서운 얼굴로 엘르아잘을 벽으로 밀쳤다.

"다시 묻는다! 정신 바짝 차리고 대답해! 만약 조금이라도 거짓을 말하면 가만두지 않겠다!"

엘르아잘은 그런 사라스가 너무 무서워 굳은 표정으로 눈만 깜빡이고 있었다.

"네 아버지 이름이 '야이르 벤 에제키아스[18]'가 맞냐고 묻고 있는 거다."

겁에 질려 머뭇거리다가 침을 꿀꺽 삼키고는 간신히 대답했다.

"할아버지에 대한 이야기는 한 번도 들은 적이 없어요. 나인에서 야이르라는 이름은 아버지밖에 없으세요. 그런데 아버지는 그냥 석공이신데요."

엘르아잘은 사라스가 갑자기 이렇게 무섭게 구는지, 도대체 무슨 이야기를 하는지 알아들을 수 없었지만, 불안감에 미친 듯이 뛰는 심장 소리가 그의 귀에 들리는 듯했다.

"무슨 얘기인지 설명을 좀 해 주서야…… 갑자기……"

사라스가 엘르아잘의 멱살을 잡고 손가락을 얼굴에 들이밀며 낮지만 무서운 목소리로 소리쳤다.

"네 녀석이 그동안 유다의 핏줄인 건 잘도 속였다고 처도 더 이상 우릴 속일 생각은 하지 마라."

"아니에요. 속인 적 없습니다. 무슨 얘기를 하시는 거예요? 유다의 핏줄이라니. 그리고 아버지 이름은 어떻게 아신 거예요?"

그가 엘르아잘의 입을 거칠게 막더니, 고개를 내 밀어 주변을 살피고는 다시 말을 이었다.

"제 아버지가 누군지도 모른다니……믿을 수가 없군."

사라스는 엘르아잘의 눈을 한동안 뚫어져라 바라보더니, 양손으

---

18 당시 비슷한 이름이 많았던 이유로, 구분이 필요할 경우 이름에 아버지의 이름을 합쳐 불렀다. (에제키아스의 아들 야이르)

로 미간을 감싸면서 뒤로 물러났다. 그리고 다시 주변을 살핀 후 엘르아잘을 주저앉히고는 낮은 목소리로 말했다.

"잘 들어라. 이 동네에 19년 전 그 일로 가족이 죽지 않은 집이 없다. 그 뒤로도 고문과 감시로 여러 번 끌려가서 죽거나 반병신이 되어서 간신히 돌아온 사람들이 태반이다."

"네 아버지라는 사람이 그때 혁명군의 중심이었던 유다의 측근이자 바로 아래 동생이다. 로마 놈들이 불을 켜고 찾고 있던 사람이란 말이다."

엘르아잘은 순간 집에 찾아왔던 낯선 남자들의 일이 생각났지만, 아직까지 혼이 빠진 사람처럼 멍하니 사라스의 말을 듣고 있었다.

"그런데, 아버지를 어떻게……"

그는 잠시 뜸을 들이더니 결심한 듯 말을 이어 나갔다.

"며칠 전에 안티파스의 병사들이 나인에 쳐들어갔다는구나. 아마도 누군가 밀고를 한 것이겠지. 네 아버지와 식구들을 모두 잡아갔는데, 달아난 아들놈을 찾고 있는 모양이야."

엘르아잘은 머릿속이 하얗게 변했다. 무슨 말을 하고 있는 건지, 지금 나쁜 꿈을 꾸는 것은 아닌지, 그저 다리에 힘이 풀리면서 조금씩 주저 앉았다.

"그 아들놈이 네 녀석이겠지. 알겠냐! 네가 계속 여기 있다가는 아론 집은 물론이고 우리까지 전부 위험하게 된다."

"잘 들어! 엘르아잘. 지금부터 너는 바로 짐을 챙겨서 이곳을 떠나라. 충고하건대 다시 돌아올 생각은 하지 말고 가급적 숨어 살아야 해!"

"형. 여기서 뭐 해?"

아론이었다.

사라스는 엘르아잘을 남겨 둔 채 아론을 데리고 창고 안쪽으로 들어갔다.

한참 후에, 창고 앞으로 나온 아론이 사라스에게 뭐라고 소리지르는 것 같았다. 사라스도 화가 난 듯 손을 몇 번 하늘로 휘졌더니 아론을 밀치고 회당 쪽으로 돌아갔다.

아론은 창고 문턱에 앉아 있었다.

얼마를 앉아 있었는지 해가 어느덧 창고 뒤쪽 언덕으로 기울고 있었다.

모간과 야고보가 다가와서 창고 뒤쪽의 엘르아잘을 살펴보는 듯하더니, 아론의 옆에 앉았다.

그리고는 한참 동안 이야기를 나누는 듯했다.

아론이 일어서서 엘르아잘에게 다가왔다. 그리고는 말없이 그의 옆에 쭈그리고 앉았다.

"엘르아잘……"

"…………"

"일단……살고 보는 것이 맞는 것 같아."

"…………"

"형들이 그러는데 달아난 아들을 찾겠다며 주변 마을들을 전부 수색하고 다니나 봐. 시간이 없대."

"모두 죽었다는 거야?"

"…………"

"아버지도, 어머니도? 동생도?"

"아직은 몰라. 일단 체포해 갔다는 얘기만 전해졌다는데."

"형들에게 부탁해 봤는데, 일단 라바나 쪽으로 피하고, 조만간 널 받아 줄 만한 곳을 알아봐 줄 모양이야."

엘르아잘은 아무 말 없이 듣고만 있었다.

"형들 얘기로는 쿰란 쪽 수도사들 중에 연이 닿는 사람들이 있나 봐. 자기가 먼저 가서 얘기를 해 놓을 테니 라바나에서 출발하면 거라사까지는 알아서 와야 한대. 거라사부터는 형들이 도와줄 거야."

"아론……"

"응."

"내가…… 내가 지금 정신이 없어서 그러는데…… 어떻게 해야…"

정신이 나간 듯 같은 말만 반복하자, 아론은 한참을 하늘을 바라보다가 말없이 고개를 숙였다.

"잠깐 여기 앉아 있어. 내가 들어가서 먹을 것하고 짐 좀 챙겨 나올게."

아론이 가고 엘르아잘은 혼란스러움 속에서 정신을 차리려고 노력했다.

잘은 모르겠지만, 자신이 태어나기 전에 이곳에서 큰 사건이 있었고, 아버지가 그 일에 연루되었던 사람이라 체포되어 지금 생사를 알 수 없다는 것이었다. 어머니도 형제들도 모두 잡혀 갔다는 그런 이야기였다.

엘르아잘은 눈앞이 깜깜해졌다. 도무지 현실 감각이 없어서 아무

것도 느껴지지 않았다. 슬픔도 두려움도 공포도 없이 그저 멍하니 바다만 바라보고 있었다.

9장. 도주

풀 한 포기 없는 광야와 같은 산길을 하루 종일 걸어 그나마 듬성
듬성이라도 나무들이 있는 땅에 이르러서야 짐을 내려놓았다. 걷는
동안 아론이 싸 준 짐 중에서 물만 조금 마셨을 뿐 하루 종일 아무것
도 입에 넣지 않았다. 가족들 생각만 멍한 머릿속에 가득할 뿐 그냥
넋이 나간 사람처럼 발을 옮겼다.

나무에 등을 기대고 저물어 가는 하늘을 바라보고 있자니 이내 눈
물이 글썽거려 시야가 뿌옇게 변했다. 삶의 끝까지 갔던 고난에서 이
제 조금 남들처럼 평안하게 살아 보는가 했는데, 그렇게 가족들도 다
시 만날 생각에 들떠 있었는데, 신의 저주를 받은 인생처럼 한순간에
모든 것이 지옥과도 같은 상황으로 변해 버렸다.

원망했다. 엘르아잘은 엉엉 울면서 하늘을 바라보고 차라리 내 목
숨마저 가져가라고 소리질렀다. 한참을 소리지르던 엘르아잘은 거칠
게 짐을 다시 짊어 매고, 오던 길을 다시 돌아 걸었다. 나인으로 가서
가족들을 찾아보겠다고 중얼거렸다. 그리고 모두 죽임을 당했으면
자신도 죽겠다고 했다.

해가 지고 길이 어두워지자 앞이 잘 보이지 않아 걷는 것이 어려워

졌다.

두어 번 돌 뿌리에 걸려 넘어졌다. 무릎에서 피가 나고 손도 찢어
졌다.

엘르아잘은 분노와 추위와 배고픔에 몸을 사시나무 떨듯이 벌벌
떨었다.

벳세다를 떠나기 전 모간이 한 말이 생각이 났다.

"엘르아잘. 아마도 나인에 있는 네 가족뿐 아니라 주변 사람들도
상당한 고초를 겪었을 거야. 지금은 네가 피해 주는 것이 가장 현명한
일이다. 이후에 좀 조용해지면 다른 방법을 통해서 소식을 알아보자."

자신으로 인해 나인의 친구들까지 위험해질 수 있다는 생각에 엘
르아잘의 얼굴은 심하게 일그러졌다. 바닥에 돌을 집어 계속 땅을 내
려쳤다. 찢어진 손에서 나온 피가 돌에 묻어 나와 땅에 조금씩 떨어
졌지만 엘르아잘은 행위를 멈추지 않았다.

한동안 그렇게 앉아 있다가 다시 방향을 바꾸어 라바나 쪽으로 향
했다.

다시 아까 나무가 있었던 곳에 다다르자 지팡이가 될 만한 나무 막
대를 하나 꺾었다. 엘르아잘은 그 지팡이로 앞을 더듬거려 가며 계속
걸었고, 달빛에 익숙해지자 넘어지거나 비틀거리는 일도 없어져 갔다.

그렇게 아침나절이 되어서야 라바나에 도착했다.

모간이 일러준 대로 중심부로 들어가지 않고 외각으로 돌아 라바
나 산 중턱 아래에 포도밭이 넓고 일곱 집이 모여 있는 작은 마을로
들어갔다. 그곳에서 마당에 작은 우물이 있는 집이 핀하스라는 사람

의 집으로, 도착해서 모간이 보내서 왔다고 하면 방을 내어 줄 것이라
했다. 엘르아잘은 마당으로 들어가서 주변을 살펴보고는 문을 조심
스럽게 두드렸다.

조금 있다가 안에서 인기척이 나더니 문이 열리고 덩치 큰 중년 남
성이 나와서 엘르아잘을 위아래로 쳐다보았다.

"모간이 보내서 왔습니다."

그러자 남자는 엘르아잘에게 따라오라는 손짓을 하고는 마당에 있
는 우물에 가서 물을 한 동이 뜨더니 허리를 숙여 따르는 시늉을 했
다. 순간 엘르아잘은 자신의 손이 피로 범벅이 되어 있다는 것을 깨닫
고 바로 양손을 내밀어 그가 따라 주는 물에 손과 무릎, 발을 씻었다.

손의 상처에서는 더 이상 피가 나지 않았다.

핀하스라는 남자는 엘르아잘을 데리고 집 안으로 들어가 창 쪽의
작은 테이블에 앉히더니, 이내 따뜻한 물을 한 그릇 가져왔다.

"이름은?"

"엘르아잘입니다."

"벳세다 출신인가?"

"벳세다에서 오기는 했는데, 다른 곳에서 자랐습니다."

"얼마나 있으면 된다 하던가?"

요한과 안드레아가 쿰란으로 가서 방법을 찾아보고는 알려 준다
했으니 족히 보름은 넘게 걸릴 상황이었다.

"적어도 보름은 신세를 져야 할 것 같습니다."

남자는 알았다는 듯 고개를 끄덕이고는 한쪽 방을 가리켰다.

"저 방에서 지내면 돼. 알겠지만 가급적이면 나오지 말고."

남자는 이런 일을 여러 번 겪었던 것처럼 아무것도 묻지 않았다.

엘르아잘은 따뜻한 물을 모두 마시고 그가 일러준 방으로 들어갔다.

빛이 잘 들어오지 않아서 어두운 방에 쭈그리고 누웠다. 밤새 걸어서인지 괴롭고 혼란스러움 속에서도 잠이 쏟아졌다. 차라리 자고 나서 이 모든 일이 꿈이었다고 한다면 얼마나 좋을까 하는 생각을 했다. 엘르아잘은 손으로 얼굴을 가리고 잠 속으로 도망치고 싶었다.

보름이 다 되어 갈 때까지 엘르아잘은 방에서 나오지 않았다. 모두 잠이든 새벽에 집 뒤편에 파 놓은 구덩이에 볼일을 보았다. 물도 빵도 거의 먹지 않아서인지 살이 말라 가는 것이 눈에 보일 정도였지만, 핀하스라는 남자는 엘르아잘이 없는 사람인 것처럼 말 한마디 건네지 않았다.

보름이 조금 지나서 사람이 찾아왔다.

요한이었다.

"이 녀석 살 빠진 것 봐라. 아무것도 못 먹은 모양이구먼."

"혹시 무슨 소식 들으신 것이 있나요?"

"나도 네 문제 상의하느라 쿰란에 갔다가 이곳으로 바로 오는 길이다. 일단 그곳에 있으면 소식을 접하는 대로 알려 줄게."

염치 없는 걸 알면서도 가족의 소식을 기다리던 엘르아잘은 실망감에 고개를 숙였다.

"쿰란에 안드레아가 남아 있다. 그곳의 랍비께 상황은 설명을 드렸고, 널 한 번 보자는 말씀을 받았다. 지금 바로 짐을 싸서 남쪽으로 내려가."

"상황이 좋지 않아서 거라사부터 동행하려고 했던 계획이 취소되었어. 힘들겠지만 쿰란까지 알아서 가야 한다. 그곳에 도착하면 사비드라는 랍비를 찾아. 그곳에 안드레아가 있을 거야."

일어나려던 엘르아잘이 비틀거리자 요한이 손을 뻗어 넘어지려는 것을 막았다.

요한은 엘르아잘을 잠시 바라보다가 한숨을 한 번 내쉬고는 말했다.

"안 되겠다. 오늘은 나랑 여기서 있다가 내일 저녁에 출발하자."

그러고는 어디서인지 모르지만 보리죽을 가지고 와서 엘르아잘에게 건냈다.

"여기서 쿰란까지는 적어도 열흘은 걸어가야 된다. 그런데 넌 지금 이 마을도 벗어나지도 못할 것처럼 보이니……"

엘르아잘은 눈물이 촉촉한 눈빛으로 그가 건네는 보리죽을 받았다.

밤이 늦어지자 집안에 어둠이 깔렸고, 요한과 엘르아잘은 자리에 누웠다.

엘르아잘은 벽을 바라보고 웅크린 자세였고, 요한은 팔베개를 하고 천장을 바라보고 있었다. 둘 사이에는 어둠과 숨을 쉬는 작은 소리만 시간을 따라 흐르고, 그러한 고요는 엘르아잘의 불안과 공포를 감싸듯 덮어 왔다.

요한이 어둠 속의 침묵을 깨고 혼자 얘기하듯 중얼거렸다.

"서운하지?"

엘르아잘은 아무런 말도 없이 웅크린 자세로 눈만 깜박였다.

"사라스도 야고보도 모두 속마음은 똑같아. 모간은 말할 것도 없고."

다시 한동안의 침묵이 흘렀다.

"그때 우린 수영이나 하고 몰려다니면서 막대기 싸움이나 하던 철없는 놈들이었지."

"친구 아버지나 형들 눈에 그렇게 생기가 돌았던 걸 본 적이 없었던 것 같아. 우린 그냥 멋있다고 생각만 했었어. 시간이 지나 우리도 어른이 되면 저렇게 멋진 표정을 하고 싶다고 얘기하곤 했지."

"안티파스가 유대로 도망쳤다는 소문이 돌았을 때, 정말 새로운 세상이 되는 줄 알았어. 모두들 신이 났었지."

"그 로마 놈들이 들어오기 전까지는 말이야."

요한은 신음 소리 같은 한숨을 쉬었다.

"나도 얘기로만 들었다. 아버지가 세포리스 쪽으로는 발길도 못 하게 했으니까."

"들리는 얘기로는 십자가가 2천 개나 세워졌다고 했어. 세포리스로 들어가는 두 길가에 시체 썩는 냄새가 나무에 베일 정도였다고."

요한은 다시 한번 한숨을 길게 내쉬었다.

"벳세다에서도 매일 인사를 나누고 얼굴을 알던 꽤 많은 어른들이 보이지 않게 되었지. 그때 십자가에 걸린 가족이나 친척이 없는 집이 없을 정도였거든."

"내 기억으로는 한동안 벳세다 사람들은 말이 없었다. 서로 웃지도 않았고, 싸우지도 않았지."

"그렇게 시간은 조금씩 흐르고, 다시 사람들 얼굴에 표정이라는 것이 돌아왔을 때에도 다들 마음속에 그때 실패의 상처나 분노, 미안함 뭐 그런 감정들이 꽤 오랫동안 지워지지 않고 남아 있었던 것 같아."

"아무도 그때 얘기는 하지 않거든."

"사라스를 너무 서운하게 생각하지 마라. 그 일로 고아처럼 자란 녀석이니."

벌레 소리도 들리지 않는 새벽, 어두운 방 안에 흩어지는 요한의 이야기가 이슬처럼 차분히 내려앉았다.

다음 날 저녁에 요한과 같이 핀하스의 집을 나섰다.

핀하스는 엘르아잘이 올 때처럼 아무런 표정의 변화도 없었지만 그와 요한에게서 눈을 떼지 않았다.

라바나 마을 남쪽의 갈림길에서 요한과 헤어지게 되었다.

"요단강 건너 베다니에서 조금만 내려가면 된다. 너 정도면 길을 잃지 않을 거야."

엘르아잘은 요한이 일러 준 대로 거라사를 통과해 유대 지역 작은 베다니를 지나 광야 지대인 쿰란으로 향했다.

쿰란으로 가는 도중에도 여러 가지 일들이 있었지만, 지금의 엘르아잘에게는 세상의 그 어떤 것도 눈과 마음에 들어오지 않았다. 오로지 모간이 준 단검을 가슴 안쪽에 숨기고 정신 없이 걷기만 했다.

이제 청년이 다 된 엘르아잘의 눈에서는 가족을 잃은 슬픔과 괴로움, 삶을 포기하고 싶은 마음에서 뿜어져 나오는 살기만이 가득했다. 그래서인지 쿰란까지 가는 긴 여정에 시비를 거는 이방인들도, 강도들도 보이지 않았다.

여리고 쪽으로 건너가지 않고 계속 남쪽으로 내려가서 작은 개울물이 흐르는 베다니에 다다랐다. 이곳에서 요단강의 작은 줄기를 건너 언덕만 넘어가면 광야 속 쿰란에 도착할 터였다. 풀 한 포기 없는 황갈색 계곡을 따라 언덕을 올라가니 눈앞에 멀리 사해가 펼쳐지며 곧 그곳에 도착한다는 것을 알려 주었다.

절벽처럼 가파른 언덕 아래 흙과 돌로 만들어진 물길과 망루가 눈에 들어왔다. 넘어질 듯 위태롭게 더듬거리며 언덕을 내려가 망루 옆 문으로 다가갔다. 망루 위를 향해 사비드 랍비를 찾아왔노라 소리를 지르니 잠시 후 문이 조금 열리더니 날카로운 인상의 사내가 엘르아잘을 살펴보았다.

"사비드 선생을 찾아왔다고 했나?"

"네. 뵙기로 약속이 되어 있습니다."

사내는 문을 열어 엘르아잘이 들어오게 해 주었고, 그를 따라 안쪽 길로 걸어 들어갔다. 그 사내는 조심스러운 발걸음으로 왼쪽 계단을 내려가 좁고 어두운 길을 따라 들어갔고, 그를 따라가던 엘르아잘의 눈에 계단 아래 오른쪽 석실 안에서 여러 명의 사람들이 모여 있는 것이 보였다. 사내는 석실을 지나 한 칸 더 안쪽 방 앞에서 걸음을 멈추고 무릎을 꿇는 자세로 방 안쪽에 속삭이듯 얘기했다.

"선생이시어. 손님이 찾아오셨습니다."

한참 동안 방 안에서는 아무런 인기척이 없었고, 그때, 아까 지나왔던 그 석실에서 안드레아가 나와 엘르아잘의 옆에 섰다.

잠시 후, 방 안에서 작은 키에 다부져 보이는 노인이 문을 열고 나왔고, 엘르아잘과 안드레아를 보고는 반대편의 작은 문을 열고 안으로 들어갔다.

안드레아는 엘르아잘의 왼쪽 팔을 잡고 안으로 들어가자는 듯 끌어당겼다. 어두운 방 안에 작은 창으로부터 들어오는 빛은 한쪽 모퉁이의 평상 같은 돌 위를 비추고 있었고, 노인은 그 돌 안쪽에 앉아 있었다.

안드레아는 노인의 앞쪽에 무릎을 꿇고 앉아 고개를 숙였다. 엘르아잘도 그를 따라 안드레아 오른쪽 뒤편에 무릎을 꿇었다.

"선생님. 제가 말씀드린 사람입니다."

노인은 말없이 엘르아잘을 바라보다가 안드레아에게 말했다.

"네가 짐을 나누어질 생각이냐."

안드레아가 잠시 머뭇거리더니 대답했다.

"자신의 핏줄조차 모르던 자입니다. 승냥이 떼 가운데 던져 놓을 수는 없었습니다."

노인이 다시 물었다.

"어떤 짐을 지게 될 줄은 알고 있더냐?"

"사실 그렇게 깊게 생각하지는 못했습니다. 단지 사정을 아는 까닭에 급한 마음 마땅히 생각나는 곳이……"

"알겠다. 유다의 핏줄이 네게 온 것도, 네가 그 핏줄을 이곳으로 데려 온 것도 신의 뜻일 테니 받아들여 보자꾸나. 요나한에게 데리고 가서 이곳 생활에 대해 안내받도록 해라."

"선생님. 감사합니다."

안드레아가 고개를 숙여 감사를 표하자, 뒤에 있던 엘르아잘도 깊이 고개를 숙였다.

안드레아와 함께 방에서 나와 들어왔던 길을 조금 되돌아 나오다가 왼쪽 골목을 조금 지나자 물이 흐르는 통로가 있었고, 그쪽으로 계단이 있는 낮은 석실이 눈에 들어왔다. 안드레아는 그곳을 지나 옆쪽 계단을 내려가서 아까 석실을 통해 물이 빠져나오는 곳의 평평한 돌 위에 앉더니 엘르아잘에게 옆에 앉으라는 듯 손바닥으로 돌의 먼지를 털었다.

엘르아잘이 옆에 앉자 안드레아가 손을 내 밀었다.

무슨 뜻인지 몰라 한참 동안 멍하니 바라보고 있는데, 안드레아가 빙그레 웃으며 무언가를 달라는 듯 엘르아잘의 가슴 앞에 손을 내밀었다. 엘르아잘은 순간 그의 의중을 파악하고, 가슴속에 있던 단검을 꺼내 건냈다. 안드레아는 단검을 천에 싸서 가슴속에 넣고는 엘르아잘의 어깨에 손을 올리고 말했다.

"눈에 살기부터 없애야 되겠다. 일단 씻고, 요기를 때운 다음 오늘은 한숨 자도록 하자. 요나한 사제는 내일 만나는 것으로 말씀드리마."

안드레아는 엘르아잘의 옷에 묻은 먼지를 털고 씻는 것을 자상하게 도와주었다. 그리고는 처음 들어올 때 봤던 여러 사람이 모여 있던 석실의 한 쪽으로 가서 엘르아잘이 앉도록 했고, 보리떡과 올리브를 가져다주었다.

엘르아잘이 눈치를 보며 먹는 동안, 안드레아가 옆에 있어 주었고, 식사가 끝나자 엘르아잘을 데리고 공동체가 있는 곳 근처의 토굴로 데려가 쉬도록 해 주었다. 자신은 공동체에 있을 테니, 내일 아침에 일어나면 아까 그 석실로 오라고 했다.

안드레아가 돌아가고 엘르아잘은 어두워져 가는 토굴의 안쪽에 웅크리고 누웠다. 벌레 소리도 들리지 않는 적막한 시간이 지난 뒤 눈에서 하염없이 눈물이 흘렀다. 온몸에 쥐가 나서 경련에 몸을 뒤틀면서도 소리가 나지 않게 이를 악물고 울었다.

다음 날, 엘르아잘이 다시 공동체를 찾아 안드레아가 있는 석실로 들어서자, 그곳에서는 안드레아가 사제 복장의 어떤 사내와 이야기를 나누고 있었다.

안드레아는 엘르아잘을 보고 이쪽으로 오라고 손짓을 했다.

엘르아잘이 가볍게 목례를 하고 자리에 앉자, 안드레아가 엘르아잘을 인사시켰다.

"이 친구가 말씀드린 자입니다. 앞에 분이 요나한 사제이시다. 앞으로 이곳에서 생활하는 규칙이나 방법들에 대해서는 사제님께서 설명해 주시는 대로 행하면 된다."

이후, 안드레아는 요나한 사제와 석실에서 나와 몇 명의 랍비에게 더 인사를 한 후, 한 수도승처럼 보이는 사람과 한참을 이야기를 나누더니 엘르아잘에게 가까이 오라고 손짓을 했다.

"사제님. 이 친구입니다. 생각하는 것이 여느 젊은이들과는 다르니 가르침을 주시면 좋은 재목으로 성장할 것입니다."

그 수도승은 부리부리한 눈으로 엘르아잘을 한참 바라보다가 알았다는 듯 고개를 끄덕이더니 뒤돌아 걸어갔다. 안드레아는 엘르아잘에게 요나한 사제를 따라가라고 일러주고는 자신은 벳세다로 돌아간다고 말했다.

"엘르아잘. 잘 알겠지만 이곳에서도 너의 이야기는 일절 하지 말아야 한다. 수행하시는 분들의 대부분이 유대나 갈릴리로 돌아가시는 분들이시니 어떤 일이 있어도 네 존재가 다른 곳으로 새어 나가면 안 된다는 말이다. 그리고, 아까 뵌 분이 요한 사제이시다. 나와 요한이 스승으로 모시는 분이니 말씀 잘 듣고."

엘르아잘이 물었다.

"언제까지 이곳에 있어야 될까요? 저희 가족은……"

안드레아는 주변을 둘러보고는 나직이 말했다.

"모간이 조심스럽게 알아보고 있으니, 소식이 들리면 전해 주마. 너는 아무 생각 말고 이곳에 조용히 있으면 된다. 다른 좋은 방법이 있는지는 일단 천천히 생각해 보자."

안드레아는 뒤쪽에서 기다리던 요나한 사제에게 엘르아잘을 맡기고 벳세다로 돌아갔다.

10장. 쿰란

쿰란에서의 생활은 지극히 단순했다.

해가 뜨기 전 일어나서 몸을 청결히 하고, 랍비들의 필기도구와 양피지를 정성껏 준비하는 것이 하루의 시작이었다. 이후에 먹을 것을 준비하거나, 공동체 중간에 마련된 세례지의 청소를 담당하기도 했다. 주어진 일을 시간 내에 꼼꼼하게 하지 않으면 공동체 사람들에게 피해가 되기 때문에 엘르아잘은 정신을 바짝 차리고 있어야 했다.

요나한 사제는 새벽부터 저녁 늦은 시간 잠을 잘 때까지 엘르아잘에게 조금의 틈도 주지 않고 업무를 주었고, 엘르아잘은 그런 요나한 사제의 뜻을 잘 이해하고 있었으므로 오로지 주어진 일에만 몰두했다. 이곳에서 수행하는 대부분의 수도자들은 각자의 고향이나 도시에서 일상적인 생활을 하였고, 수도기간이 되면, 공동체가 필요로 하는 식량과 재화를 기부하고, 필요한 일을 각자 나누어 맡았다.

연륜과 지식이 높은 랍비들은 쿰란에 상주하며 예배와 세례, 성서를 필사했다. 수백 년 전부터 쓰여져 내려온 성서를 그대로 필사하는 것은 상주하는 랍비로 인정받은 지 5년 이내의 랍비들이 주로 행했고, 위경이나 외경의 필사는 더 연륜이 있는 랍비들의 권한이었다.

예루살렘의 산헤드린[19]과 같이 지도자로 인정받는 7명의 랍비들이 일주일에 3번 회의를 해 필사되는 성서의 문맥과 단어를 수정하는 것도 이곳의 중요한 행사 중 하나였다.

그래도 이곳에서의 반복되는 생활은 가족을 잃은 슬픔, 죽음에 대한 공포, 그동안 살아온 세상에서의 거짓과 부조리와 억압에서 잠시나마 벗어나 있는 느낌이었고, 너무 척박한 이곳은 로마와 지독한 세리들조차 관심을 두지 않는 것처럼 보였다.

이곳에 온 지 한 달 즈음 되어 가던 어느 날, 식수를 구하러 가던 중 회당 옆 사본 창고 앞에서 몇몇 수도자들이 수군거리는 소리가 들렸다.

"저러다 죽는 것은 아닌지 모르겠소."

"그러게 말이요. 조언을 해 줘도 들은 척도 하질 않으니……"

"이제 한 달은 족히 되어 가는 것 같은데, 물 한 모금 마시러 내려오질 않아."

"사귀에 빠져 정신이 이상해졌다는 이야기도 있더군"

수도자들은 공동체 언덕 높은 곳의 토굴을 바라보며 걱정스러워하는 듯했다.

"무슨 일이 있나요?"

엘르아잘의 조심스러운 물음에 수도자들은 잠시 머뭇거리더니, 그중에 키가 작은 수도자가 입을 가리고 이야기했다.

"이곳에 온 지 3년 정도 된 수도자인데 조금은 특별한 자요. 온 지

---

19 고대 유대사회의 최고재판권한을 가진 종교적, 정치적 자치조직

몇 개월도 되지 않아 글 쓰는 것을 익혀 버리더니, 랍비들에게 '예레미야'의 수난을 써 보였다지!"

바로 옆의 수도자도 말을 거들었다.

"그뿐인가. 어느 날 밤은 '의의교사[20]'에게 찾아가 '이사야'서에 대해서 밤새 이야기를 나누었다고 하네. '의의교사'가 누군가! 우리들도 제의에서나 말씀을 들을 수 있는 분이 아닌가!"

"정결예식에 나타나지 않은 지도 오래되었는데, 랍비들께서는 저 자에 대해 아무 말씀도 하지 않으시지."

"그런데, 한 달 전부터 저 위 토굴 앞에서 저리 앉아만 있네. 혹시 무슨 일이 생긴 것은 아닌지 걱정이 되어서, 당번 교사가 올라가 봤는데 아무 이야기가 없는 것으로 보아서는 죽지는 않은 모양이야."

"그냥 앉아서 하늘만 보고 있다고 하네. 쯧쯧! 미쳐 버린 것은 아닌지."

한참을 이야기를 나누는 사이, 뒤에서 낮지만 우렁찬 듯한 목소리가 들렸다.

"자기 인생도 챙기지 못해 여기까지 왔으면서 아직도 남의 이야기만 하는가!"

뒤를 돌아보니 요한 사제였다.

엘르아잘은 급히 고개를 숙여 그에 대한 예를 표했고, 떠들던 수도자들은 고개를 절레절레 흔들고는 회당으로 들어가 버렸다. 요한 사제는 부리부리한 눈으로 회당으로 들어가는 수도자들은 바라보더니,

---

20 쿰란공동체의 지도자에 해당하는 랍비로, 창시자에 준한 권위를 가지고 있었으며, 공의회 회원의 자격이 있었다고 추정된다.

다시 엘르아잘에게 시선을 돌렸다.

"너는 벳세다의 안드레아가 말한 그가 맞지?"

"네. 안드레아와 요한 덕분에 이곳에 신세를 지게 되었습니다. 선생님. 많은 가르침을 부탁드립니다."

요한 사제는 별다른 말 없이 엘르아잘을 바라보다가 이내 회당 쪽으로 걸어갔다. 엘르아잘은 요한 사제의 뒷모습을 바라보다가, 어깨에 지고 있던 물통을 내려놓고, 그 수도자가 있다는 토굴 쪽을 올려 보았다. 햇빛이 눈에 부서 손으로 가리고 얼굴을 찡그리자, 어렴풋이 사람의 형체가 보이는 듯했다. 얼마 전에 요나한 사제에게서 공동체의 엄격한 규율에서 예외를 허용받은 수도자가 한 명 있다는 이야기가 기억이 났다.

아마도 저 사람인 듯했다.

이상한 일이었다.

토굴 쪽을 한참 올려다보다가, 갑자기 울컥 울음이 터져 버렸다.

당황스러움에 놀라 주변을 둘러보다가 급히 옷소매로 눈물을 훔쳐 닦고는 아무렇지 않은 듯 물지게를 다시 어깨에 매었다. 그동안 잊은 듯 가슴속에 억누르고 있던 설움이 한꺼번에 터진 것처럼 눈에서 눈물이 계속 흘러내렸다. 고개를 숙이고 급히 발걸음을 옮겼지만, 왠지 모를 감정에 엘르아잘은 몇 번이고 고개를 돌려 그 수도자가 있다는 토굴을 올려다보았다.

저녁 예식이 끝나고 모두 각자의 숙소로 돌아갔다. 그러나 엘르아잘은 마지막까지 뒷정리를 하고는 회당 앞을 떠나지 못했다. 바위에 기대 앉아 한참을 고민하던 그는 숙소 반대편인 회당의 동쪽으로 걸어갔다.

그곳은 아까 그 이상한 수도자가 있다는 토굴 쪽이었다.

수도자가 있다는 곳까지는 비탈진 언덕을 한참을 돌아 조금은 위험해 보이는 절벽 부근을 조심조심 넘어가야 했다. 밝은 낮에 걷기에도 위험해 보이는 길이라 돌아갈까 생각도 했지만, 어차피 이대로는 잠을 잘 수 없을 거란 생각이 들었다. 그나마 달빛이 밝아 사람이 밟고 다니는 곳을 알아볼 수 있었다.

길은 토굴 뒤쪽으로 나 있었고, 왼쪽으로 돌아 입구로 들어갈 수 있었다.

토굴 앞쪽에는 두 사람 정도 누울 수 있을 법한 작은 평지가 있었는데, 그 수도자는 절벽 쪽 끝에 앉아서 등을 보이고 있었다. 크지 않은 체구에 보기에도 앙상하게 마른 그의 뒷모습은 말라 버린 무화과나무처럼 가냘퍼 보였다.

조용히 토굴 앞 구석에 앉았다.

무릎 사이에 얼굴을 기대고 그 수도자의 뒷모습을 멍하니 바라보았다. 바짝 마른 듯했지만 엉키지 않는 그의 머리는 가끔씩 불어오는 바람에 흔들리다 제자리로 돌아갔고, 그럴 때면 어디선가 종려나무 물 내음이 은은히 풍겨 오는 듯했다. 그 수도자가 고개를 돌리는 듯했지만, 이내 원래 바라보던 모습으로 돌아갔다. 살짝 보였던 그의 옆모습이 어딘가 낯설지 않다고 느껴졌다.

그냥 그렇게 아무런 말도 없이 엘르아잘은 한참 동안 그곳에 앉아 있었다.

그 수도자 역시도 마치 다른 세계에 있는 사람처럼 하늘 한 곳만을 응시하고 있는 듯했다.

그렇게 같은 공간에 있지만 마치 다른 세계의 존재하는 이들처럼, 서로 말 한마디 하지 않는 시간이 흘렀고, 이상하게도 엘르아잘은 그 어느 순간보다 마음이 편안해지며 그동안 그를 감싸고 괴롭혔던 고통에서 잠시나마 벗어난 느낌이 들었다.

새벽이 다가올 무렵, 조용히 자리를 일어나 왔던 길로 되돌아 나왔다. 이런 자신이 낯설게도 느껴졌지만, 무언가가 엘르아잘의 가슴속 깊은 곳의 매듭 한 부분을 끊어 놓은 듯 마음이 차분해졌다.

다음 날 저녁에도 엘르아잘은 그의 토굴을 방문했다.

혹시 몰라 그에게 주어졌던 보리빵과 물을 조금 가져갔으나, 수도자에게 내밀지는 못했다. 어제처럼 토굴 입구에 기대어 그의 뒷모습을 바라보았다.

얼마의 시간이 흘렀을까. 금방이라도 꺾여 버릴 듯 야윈 그가 조용히 뒤돌아 엘르아잘을 바라보았다.

엘르아잘은 흠칫 놀라고 말았다.

마치 지옥에서 온 듯 푹 꺼진 두 눈에 얼굴의 모든 뼈가 드러나 보일 듯 말라 버린 모습은 방금 무덤에서 돌문을 열고 나온 것 같았다.

그는 말없이 엘르아잘을 바라보았다.

엘르아잘 역시 말없이 그 수도자를 응시했다. 밝게 빛나는 그의 눈빛은 모든 것을 알고 있다는 듯 엘르아잘을 응시했다.

달빛이 그의 얼굴을 비추자, 엘르아잘은 깜짝 놀라고 말았다. 모습은 많이 변했지만, 어디서 본 듯한 익숙한 얼굴이었다.

그리 오래지 않아 엘르아잘은 그가 '예수아'라는 것을 기억해 냈다. 같이 양을 치던 나사렛 시몬의 큰형으로, 세포리스 가는 길에 시몬의 형인 '요셉'과 함께 길을 같이 한 적이 있었다.

"엘르아잘. 구하는 것이 있나."

"제 이름을 기억하시는군요"

한동안 정적이 흘렀다. 살짝 미소를 머금은 듯한 예수아의 눈빛은 변함없이 엘르아잘을 바라보고 있었다.

"아직 무엇을 구하는지도 알지 못합니다. 그냥 하루하루 목숨을 부지하며, 시간만 보내고 있습니다."

"마음에 치장함이 없구나. 계속 구하거라. 그러면 찾게 될 것이다."

예수아는 다시 고개를 돌려 원래의 그 모습으로 돌아갔다.

엘르아잘은 그의 뒷모습을 바라보며, 그에 대한 기억을 떠올렸다.

단 한 번뿐이었지만, 그의 뒤를 따르며 그의 낡은 외투의 끝자락에서 느껴졌던 왠지 모를 행복한 마음, 세상의 모든 것에서 벗어난 듯한 자유로운 기분은 오랜 시간 동안 엘르아잘에게 잊혀지지 않는 그런 느낌이었다. 엘르아잘은 가져간 물과 보리빵을 토굴 입구에 놓아두고는 조용히 내려왔다.

이후, 엘르아잘은 언덕 아래에서 매일 예수아를 바라보며 생각에 잠기곤 했다.

그를 바라보고 있으면, 자신이 가지고 있는 의문들에 대한 해답을 찾을 수 있을 것만 같았다. 아니, 끊임없이 자신을 따라다니며 괴롭히는 이 세상의 모든 괴로움에서 벗어날 수 있을 것 같다는 것이 그의 솔직한 마음이었다.

엘르아잘은 자신에게 주어진 일과에 틈이 나거나 하루를 마치는 시간이 되면 어김없이 예수아의 곁에서 시간을 보냈다. 그를 방해하지 않으려고 그의 토굴에서 멀찌감치 떨어진 길가에 앉아 있기도 하고, 예수아가 토굴 안에서 잠이 들거나 절벽 끝에 앉아서 사해를 바라보고 있을 때는 그의 토굴 왼쪽에 쭈그려 앉아 무릎 사이에 턱을 괴고 예수아를 바라보곤 했다.

그의 곁에서 시간이 지날수록 엘르아잘의 마음속에 깊이 자리잡았던 괴로움의 무엇인가가 점점 사라지며, 저녁 해가 뉘엿뉘엿 지는 노을 진 하늘에 떠가는 구름처럼 평온함이 퍼지기 시작했다.

엘르아잘은 할 수만 있다면 이 시간들 속에 오랫동안 머물고 싶다는 생각을 했다.

그러던 어느 날, 그의 토굴에 예수아가 보이지 않았다.

토굴 안에는 어제 저녁 엘르아잘이 놓고 간 물과 보리빵이 그대로 있었고, 양피지 두 개만이 가지런히 놓여 있었다. 주변을 한 번 둘러보고는 예전에 자신이 앉아 있던 토굴 왼편에 앉아 예수아를 기다렸다.

한참을 기다렸지만 예수아는 나타나지 않았다.

몸을 천천히 일으켜, 예수아가 앉아 있던 절벽 끝자락에 가서 똑같이 앉아 보았다. 연갈색 언덕들이 황량하게 이어지는 풍경 속에서 저 멀리 어렴풋이 푸른 숲이 보였다.

살며시 불어오는 바람에 눈을 감았다. 그리고 예수아가 그랬던 것처럼 불어오는 바람을 느끼듯 턱을 들어 숨을 힘껏 들이마셨다.

그렇게 며칠을 그가 없는 토굴에 올라 예수아가 알려 준 대로 해답을 찾기 위해 명상을 이어 가던 어느 날 예수아가 조용히 옆에 앉았다.

"어디에 가셨었습니까?"

그는 아무 말 없이 엘르아잘의 얼굴을 바라보았다.

그러고는 "찾았느냐" 하고 되물었다.

"아직입니다. 혼란과 의문만 가득할 뿐, 지금 말을 하고 있는 저 조차 무엇인지 모르겠습니다. 저는 그저 당신을 기다리고만 있었습니다."

예수아는 말없이 미소 띤 얼굴만 하고 있었다.

"멈추지 말거라. 나는 길을 떠날 것이다. 너는 답을 얻을 때까지 이곳을 지켜라."

"어디로 가십니까?"

"내가 둘일 때 보았던 자들을 만나러 간다."

엘르아잘은 돌아앉아 무릎을 꿇고 그의 손을 잡고 입을 맞추며 부탁했다.

"저도 함께 하면 안 되겠습니까?"

"그곳은 내가 시작된 곳이다. 너는 아직 준비되지 않았다. 네가 답을 찾으면 너는 너의 길이 열릴 것이니 그곳이 네가 가야 할 곳이다."

"혼자 찾기에 저는 세상의 이치도, 사람의 도리도 모르는 것이 너무 많습니다. 솔직히 지금 하시는 말씀도 어떤 뜻으로 하시는 것인지 하나도 모르겠습니다."

예수아는 잠시 대화를 멈추고 초원 넘어 예루살렘 쪽을 바라보았다.

"엘르아잘."

"네."

"너는 네가 무엇이었는지를 알아야 한다. 그리고 앎이란 무엇인지, 그것의 의미를 찾아야 한다. 그러면 믿음이 네게 올 것이고, 기도하게 될 것이다."

"예수아. 지금 당신과 이야기하고 있는 저 이외의 다른 제가 있습니까? 지금 당신을 보고, 바람을 느끼며, 사랑을 느끼는 저 말고 또 다른 자신이 있을 수 있습니까?"

"너의 간절함이 계속 진실을 찾는다면, 지금 바람을 느끼는 자신보다 긴 시간 세상을 느껴 온 너를 찾게 되리라. 그때가 되어야 이 말의 의미를 알게 될 것이다."

"만약 찾지 못하면 저는 어찌 합니까?"

"이 하늘 아래 찾지 못하면, 다음 하늘이 있으니 너무 걱정하진 말거라. 허나, 네가 찾은 것이 네가 나에게서 본 것인지를 항상 생각하거라. 그렇지 못하면 그 불이 너를 삼키게 될 것이다."

수수께끼 같은 그의 말에 묻고 싶은 마음이 넘쳐 났지만, 예수아는 이내 토굴 안으로 들어가 누워 버렸다. 엘르아잘은 그런 그의 모습을 한참을 바라보다가 조용히 언덕을 내려왔다.

다음 날 예수아는 아침 조례에도 참석하고, 수도자들과 식사도 같이 했다.

대부분의 수도자들은 그를 경계하는 듯했지만, 의의교사를 비롯해 쿰란을 이끄는 랍비들은 그를 관대히 대해 주는 것 같았다. 의례에 따른 의무를 지지는 않았지만, 필요한 일이 눈에 보이면 마다하지 않고 낮은 일도 함께 했다.

엘르아잘은 자신의 의무를 행하면서도, 항상 예수아를 바라보는 것을 멈추지 않았다.

공동체의 모든 의무가 멈추는 해가 지는 시간이 되면, 예수아의 토굴로 찾아가 그와 이야기를 나누는 것에 빠짐이 없었다. 그의 이야기는 수수께끼와 같았지만, 그 안에서 엿보이는 진실이 엘르아잘을 끊임없이 이끄는 듯했다. 그가 떠날 것을 아는 엘르아잘에게 이 시간들은 무척이나 빨리 지나갔다. 자신의 토굴로 돌아가지 않고 예수아의 토굴 뒤편에서 밤을 지새우기 시작한 것이 이 무렵부터였다.

두 달 정도 시간이 흐르면서, 앙상했던 예수아의 몸과 얼굴에 살이 올라 조금씩 예전의 모습을 되찾고 있었고, 생활 또한 랍비들과 간혹 이야기를 나누는 것을 제외하면, 어느 수도자들과 다름 없는 모습이었다. 예수아가 예전의 모습을 찾아갈수록, 엘르아잘은 그가 떠나는 때가 다가오는 것을 느꼈다.

그의 곁에서 멀어지게 되면 예전의 그 지옥 같은 삶의 기억과 괴로운 생각들이 다시 자신을 덮쳐 올 것이라는 불안감에 조바심이 일었다. 그가 떠나기 전에 오랫동안 자신을 괴롭히고 있는 이 혼란에 대한 작은 조각이라도 얻어야 한다는 조급함이었다.

따지는 한이 있더라도 선문답 같은 이야기 말고, 제대로 물어보고 싶었다. 그러나, 오전에 세례지를 청소해야 하는 중요한 일과가 있었기 때문에, 엘르아잘은 터벅터벅 두루마리 보관용 항아리를 만드는 곳을 지나 세례지 쪽으로 걸어갔다. 세례지에는 이미 요한 사제가 청소를 하고 있었다. 엘르아잘도 급히 낡은 탈릿을 자른 천을 들고 세례지 안으로 들어갔다.

요한 사제는 엘르아잘을 힐끗 한 번 보더니 다시 고개를 돌려 닦던 벽을 계속 닦았다. 엘르아잘도 말없이 반대편 벽을 닦기 시작했다.

요한 사제는 쿰란의 수도자들이 가장 어려워하는 사제였다. 부리부리하게 커다란 눈에 항상 입을 꽉 다문 다부진 인상이었고, 수도자들이 조금이라도 흐트러지는 모습을 보이면 가차없이 불호령이 떨어지고는 했다. 그렇지만 항상 궂은일을 도맡다시피 했고, 모든 수도자들을 공정하게 대했기 때문에 그를 존경하는 이들도 많았다.

한참 동안 벽의 아래쪽을 물때를 치우던 사제가 말했다.

"물에 잠겨 있는 계단을 특히 잘 닦도록 해. 간혹 미끄러지는 자들이 있으니."

"알겠습니다."

예수시대 쿰란공동체

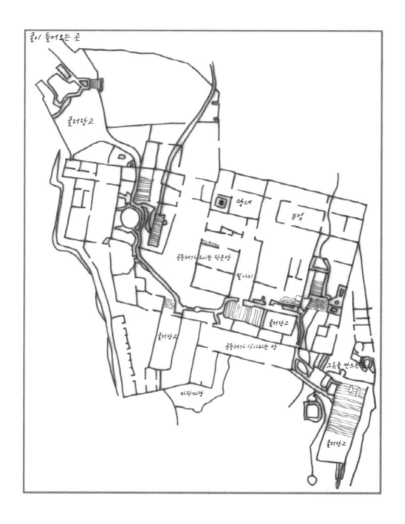

엘르아잘은 사제가 시키는 대로 몸을 숙여 물속에 잠겨 있는 계단을 정성껏 닦아 나갔다. 계단을 서너 개 내려가자 손이 닿지 않아 엘르아잘은 숨을 깊게 들여 마시고 물속으로 얼굴을 집어넣듯 계단을 청소했다. 한참을 닦고 있는데 누군가 엘르아잘을 일으켜 세웠다.

얼굴의 물 때문에 눈을 뜨기 어려웠지만, 자신을 일으켜 세운 사람이 요한 사제라는 것을 쉽게 느낄 수 있었다. 굳은 살이 가득한 사제의 손은 마치 바위로 만든 사람처럼 느껴졌다.

사제는 엘르아잘의 손에 들고 있던 탈릿 천을 두세 번 접더니 물속에 몸을 넣어 엘르아잘의 발 밑에 끼워 주었다. 엘르아잘은 금방 사제의 의도를 이해할 수 있었다. 힘들게 숨을 참고 하지 말고, 발에 천을 끼고 닦으라는 의미였다. 그냥 말로 해도 되었을 것인데, 아무 말 없이 '이 녀석아. 이렇게 하는 거야.'라고 몸을 숙여 알려 주는 사제의 모습에서 순간 어릴 적 아버지가 어설펐던 자신에게 해 주었던 일들이 생각나 울컥 눈시울이 붉어졌다. 얼굴이 물 범벅이라 눈물이 티가 나지는 않겠지만 자신도 모르는 사이에 고개를 돌렸다. 사제도 잠시 바라보더니 다시 등을 돌려 닦던 벽을 계속 닦아 나갔다.

세례지의 청소가 끝나고 둘은 밖으로 나가 하늘이 보이는 복도 중간에 앉았다.

"잠을 잘 자 두어야 한다."

사제의 갑작스런 말에 엘르아잘이 바라보자 사제는 고개를 돌려 하늘을 보며 말했다.

"여기 온 사람들 대부분 사연이 없는 자들이 없다. 그래서 금식이나 몸을 혹사할 정도로 일을 하는 것이 때로는 도움이 될 때도 있지. 그래서 대부분 취침 시간이 되면 누가 뭐라 하지 않아도 금세 잠에 곯아떨어지곤 한다."

엘르아잘은 사제가 무슨 말을 하려는지 알 것 같아 고개를 무릎 사이에 묻었다.

"너처럼 잠까지 자지 않으면 이곳에서 얼마 버티지 못해."

"네."

엘르아잘은 작은 목소리로 짧게 대답했지만, 사제에 대한 고마움에 마음이 따뜻해지는 것을 느꼈다.

다음 날, 엘르아잘은 점심 조례에 주어진 일을 마치고는 예수아를 쫓아갔다.

"예수아!"

그가 말없이 돌아보았다.

"물어보고 싶은 것이 있습니다. 잠시만 시간을 내어 주시겠습니까?"

예수아는 조금 더 걸어가 필사지 옆 그늘진 작은 둔덕에 앉았고, 엘르아잘은 그의 옆 바닥에 벽을 기대고 앉았다.

엘르아잘은 무릎에 얼굴을 기대고 바닥을 바라보다가 입을 열었다.

"떠나실 때가 다가옴을 알겠습니다."

예수아는 아무 대답 없이 옅은 미소만 지은 채 하늘을 응시하고 있었다.

"오늘은 꼭 확인하고 싶은 것이 있습니다. 예수아 당신이 떠나기 전에 말씀을 듣지 못한다면 오랜 시간 후회할 것 같습니다."

"당신이 말씀해 주신 것처럼, 제가 가진 세상에 대한 의문들 중에 아무리 생각해 보아도 알 수 없는 것들이 있습니다."

예수아가 자신을 바라보고 있다는 것을 느낀 엘르아잘은 자신도 모르게 커져 버린 목소리에 놀라 잠시 말을 멈추었다.

"괴로움이 무엇인지 알고 싶습니다. 세상에 고통이 존재하는 이유가 무엇인지, 왜 우리는 괴로움과 고통 속에 죽어 가야 하는지……"

"살아남는 다는 것은 누군가에게 고통을 준다는 것입니다. 저 또한 그 사슬에서 벗어날 수 없고, 그 사슬이 너무 길어 벗어나 보려 아무리 생각해 보고, 명상을 이어 나가도 이 세상의 고통의 사슬을 벗어날 방도가 없습니다."

"예수아. 당신은 그 사슬에서 벗어나 계신 겁니까?"

한참 말이 없던 예수아가 살며시 미소 띤 얼굴로 입을 열었다.

"네가 이제 참된 생각의 시작에 섰다. 또한 그 방향이 틀리지 않았다."

"오늘만큼은 어리석은 제가 이해할 수 있는 말씀을 구해도 되겠습니까?"

"네 자신의 어리석음을 안다면, 이해하지 못함도 알 것이나, 오늘 너의 명상에 씨앗을 하나 뿌릴 것이니 네가 비바람과 따가운 햇살을 피할 수 있는 큰 나무로 키워 보거라."

예수아는 하늘을 보며 나직하게 이야기했다.

"고통이 없는 세상을 우리는 엘라의 세상이라 부른다. 고통이란 이 세상의 모든 존재가 이곳에 존재하기 위해 불가피하게 다른 존재에게 가하는 것이다. 따라서 이 세상에 살아가기 위해서는 고통에서 벗어날 수 없다. 마치 뜨거운 솥 안에서 서로 열기를 피하겠다고 서로를 밟고 올라서는 것과 같은 것이다."

"그럼 엘라께서는 왜 이런 세상을 만드신 겁니까?"

"엘라가 만드신 것이 아니다. 이 세상의 존재들이 만들었다. 모든 존재는 아담에게서 시작되었고, 그 고통의 시작을 숙명으로 이어 가고 있다. 허나 고통을 너무 괴로움으로만 받아들이지 마라. 솥의 밑바닥에 살이 녹아내리는 고통에 있는 자들은 이곳이 끓는 가마솥인 것을 알고, 벗어나기 위한 기도를 드리리라. 그렇지 않은 자들은 모두 취해 있으니……"

엘르아잘은 예수아의 옷자락을 잡고 간절한 표정으로 물었다.

"예수아. 지금 당신 앞에서 당신을 바라보고 있는 저는 무엇입니까?"

"너는 네가 무엇이라고 생각하느냐? 지금의 너는 나를 보고 내 말을 듣는 네가 너의 모든 것이라고 느낄 것이다. 그러나 그것은 너의 전부가 아니다. 네가 둘일 때에, 혹은 셋일 때에 너를 만난다면 너는 감당할 수 있겠느냐."

엘르아잘은 예수아의 이야기에 말문이 막혀 버렸다.

엘르아잘이 멍한 표정으로 아무런 말도 못 하고 있자 예수아가 미소 지으며 말했다.

"오늘 내가 너에게 한 말을 잘 기억하거라. 훗날 네가 이 말이 무엇이었는지를 이해할 때, 너는 진실로 기도하게 될 것이다."

예수아는 조용히 자리에서 일어났다. 그리고는 가던 발걸음을 멈추고 돌아서서 말했다.

"엘르아잘. 언젠가 너는 저 하얀 구름이 떠다니는 하늘과, 반짝이는 별과, 푸른 숲을 바라보며 이곳이 어디임을 깨닫게 될 것이다. 그 깨달음이 너를 엘라의 세상으로 인도하게 될 것이다."

예수아는 시선을 돌려 하늘을 잠시 바라보다가 자신의 토굴 쪽으로 돌아갔다. 엘르아잘은 그를 쫓아가고 싶었으나, 예수아가 남긴 말들을 기억하고 싶어 그 자리에서 그가 남긴 단어들을 되뇌어 보았다.

예수아가 던진 이전의 말들은 여전히 그 의미를 정확하게 알 수는 없었으나, 오늘 그의 이야기에서는 무엇인가 실마리를 찾을 수 있을 것도 같았다.

며칠 뒤, 예수아는 쿰란을 떠났다.

인사 한 마디 없었지만, 엘르아잘은 서운함을 느끼지 않았다.

요나한 사제에게 부탁하여 거처하던 토굴을 예수아가 지내던 곳으로 옮기도록 허락을 받았다. 그리고, 매일 저녁 예수아가 바라보던 사해와 숲과 하늘을 보며 명상에 잠겼다. 그 시간만이 하루 종일 엘르아잘을 휘감고 있던 거친 마음에서 벗어날 수 있게 해 주었다.

바람이 살짝 시원해졌다고 느낄 무렵 요한이 찾아왔다.

그릇을 만드는 방 쪽에 있는 작은 계단에 앉아 이야기를 나누었다. 요한은 항상 그러했듯 자상한 눈빛으로 엘르아잘의 얼굴을 살피고는 어깨에 손을 얹었다.

"녀석. 그래도 제법 이곳에 잘 적응하고 있었던 모양이구나. 이제 조금은 수도자 모양이 나는데?"

"요나한 사제께서 세심하게 도와주십니다."

"요한 사제는 좀 어렵게 느껴지지?"

"아니에요. 아버지처럼 느껴질 때가 많아요. 다른 사람들은 어려워하는데, 저는 오히려 그분과 함께 있으면 마음이 편안해집니다."

"모두들 네 걱정을 한다. 요즘 아론 녀석은 축 처져서 다니고, 창고에서 한 잔씩 할 때면 그 녀석답지 않게 성질도 부리곤 한다니까."

"모두 별일은 없는 거지요? 저 때문에."

"걱정하지 마라. 우리 말고는 모두 상상도 못 하고 있으니 말이 새어 나갈 일은 없다. 너에게는 좀 미안한 말이지만 마을에는 네가 아론 집에서 돈을 훔쳐 달아난 것으로 해 두었어. 그렇게 하는 게 제일 말이 없을 것 같아서 말이야."

요한이 가족들과 관련한 어떠한 소식을 가져왔을지 몰라 엘르아잘은 심장이 두근거리는 것이 멈추질 않았다.

"모간이 네 부모님과 형제들의 소식을 은밀히 알아보았는데……"

엘르아잘은 숨이 막히는 것 같았지만, 요한은 쉽게 말을 이어 가지 못했다.

"안티파스가 로마 놈들에게 넘겼다는 소식만 들어왔고, 그다음은 소문만 돈다고 한다."

"무슨 소문이……"

"너도 알다시피, 로마 놈들 손에 넘어갔다면 살아남기는 힘들다는 거 아니겠냐. 평소 놈들이라면 길목에 십자가로 매달아 경고를 하겠지만, 아직 세포리스 부근에서 그런 일이 없었다고 하니 추가로 연관된 사람을 찾기 위해 살려두고 있다는 소문이 도는 게지."

잠시 침묵했던 요한이 말했다.

"사실은 그게 더 고통스러우실 거다."

엘르아잘도 생각하지 않은 바는 아니었지만, 막상 요한의 말을 통해 소식을 들으니 왈칵 눈물이 쏟아졌다.

"나는 요한 사제를 뵙고 다시 돌아가도록 하마. 조만간 다시 올 테니 잘 버티고 있어. 이번에는 일이 있어 혼자 왔는데, 다음에는 안드레아도 함께 오도록 할게."

요한은 엘르아잘과 깊은 포옹을 하고 헤어졌다.

매일 같은 일이 반복되는 쿰란의 일상이 계속되었다.

쳇바퀴처럼 돌아가는, 어찌 보면 지루할 정도로 안정적인 쿰란의 생활과 언제든 죽을 수 있다는 불안감이 뒤섞인 이질적인 상황은 매 순간 깊은 고뇌의 늪에서 빠져나오지 못하게 붙잡는 듯했다. 매일 예수아가 던져 놓은 답을 찾는 자신과 가족들의 생사를 그리며 분노의 실현을 이루고자 하는 자신이 마치 두 개의 인격처럼 공존하며 살고 있었다.

그러던 어느 날, 식수를 채우기 위해 물지게를 나르고 있는데, 공동체 손님방의 청소를 담당하던 수도자가 손님이 왔다고 해서 나가 보았다. 모간이었다. 모간은 예전에 비해 살이 많이 빠졌고 단단해 보여, 언뜻 보면 못 알아볼 정도였다. 그가 부모님의 소식을 알아보기 위해 목숨을 걸고 얼마나 고생을 했을지 아는 터라, 그를 보는 순간 눈물이 왈칵 나서 꼭 껴안았다. 모간도 친형제처럼 엘르아잘을 꼭 안아 주었다.

"미안하다. 너무 늦게 찾아왔지."

엘르아잘은 그저 모간을 붙잡고 어깨를 들썩이며 울었다.

한참을 울던 엘르아잘이 간신히 마음을 진정하고 고마움을 전했다.

"이렇게 도와주셔서 감사해요. 살려 주셔서 고맙습니다."

"아니야. 내가 부족해서 미안하다. 네 부모님들이 우릴 위해서 어떤 희생을 하신 분들인데, 그분들의 소식도 제대로 알지 못한다니 부끄럽다. 여기저기 우리 동료들을 통해서 수소문하고 있으니 조만간 어떤 소식이라도 들을 수 있을 거야."

그때, 모간의 뒤에 어떤 사내가 둘을 바라보고 있다는 것을 알았다.

엘르아잘이 그를 경계하듯 바라보자 모간이 안심시키듯 말했다.

"괜찮아. 엘르아잘. 우리와 뜻을 함께 하시는 분이야. 예루살렘 부근에 계신 분이라 이쪽 일을 도와주고 계셔."

엘르아잘이 다가가 감사의 인사를 하자 수염이 길고 인상이 강한 전형적인 유대인의 이미지인 그 사내는 매우 자상하게 엘르아잘의 손을 잡고 자신을 소개했다.

"헤브론의 유다라고 하네."

"처음 뵙겠습니다. 많은 도움을 주신다 들었습니다."

"도움은 무슨. 어디서 주워 들은 소식이나 전하는 거지. 자네 선친께서 하신 노력에 비하면 난 발 아래 벌레만도 못하다네."

"그런 말씀 하지 마십시오. 오갈 데 없는 저를 거두어 주신 형님들께도, 이렇게 도와주시는 선생님께도 갚지 못할 은혜를 받고 있습니다."

"자네 선친께서 목숨 바치신 신념이 우리에게 남아 지금까지 세상에 뿌리내리고 있네. 그 일로 인해 자네가 위태로운데 이를 모른 척한다면 우리가 어찌 죽어 신을 뵐 수 있단 말인가!"

엘르아잘은 모간과 유다를 자신의 토굴로 안내했다. 토굴까지 올라온 모간은 멀리 보이는 사해와 숲의 풍경에 감탄을 했다.

"이곳에 이런 경치가 있는 줄은 몰랐는걸. 너 이곳에서 무슨 특별 대우를 받는 거냐?"

"아니에요. 전에 이 토굴을 쓰던 수도자가 있었는데, 그 수도자가 떠난 뒤로 아무도 이곳을 쓰려고 하지 않아서 제가 쓰고 있어요."

"그래? 어떤 사람이었기에. 하여간 내가 보기에는 마음 수련하기에 이만한 곳은 없어 보인다."

세 사람은 토굴 앞 공간에 앉았다.

유다가 먼저 말을 열었다.

"안티파스가 아버님을 가이샤라로 보냈다는 소문하고, 마케루스로 이동시켰다는 소문이 있다네. 우리 쪽에서 가이샤라 쪽을 알아볼 방법은 없고, 마케루스는 음식을 공급하는 자가 우리와 연이 있는 사람이라 은근히 알아보고는 있는데 아직 특별한 소식은 없는 상태야."

모간이 심각한 얼굴로 말했다.

"헤브루에서 가이샤라로 넘어가는 곡물을 운송하는 상인들 중에 우리 사람들이 좀 있어서 은밀히 알아보라고 부탁해 놓기는 했어. 그런데 가이샤라에서 그들이 접근할 수 있는 곳은 항구뿐이라, 그라투스가 머무는 총독거처나 요새 쪽은 알아보기가 쉽지 않아."

"내 생각에는 안티파스가 자기 손으로 복수하고 싶은 마음에 마케루스에 감금했을 가능성이 크다고 봐. 바로 일을 치지는 않을 테니까, 조금 더 희망적으로 생각하고 알아보자고."

모간과 유다는 밤이 늦도록 여러 이야기를 하다가 돌아갔다.

이후에도, 쿰란의 하루는 한치의 빈틈도 없이 흘러갔다. 매일 반복되는 일이 처음에는 적응하기 힘들다가 시간이 지나 지루해지는 듯하더니 이제는 그러한 모든 느낌마저 없어지고 몸이 자동으로 움직였다.

그러던 어느 날, 몸이 으슬으슬 떨리는 듯하더니 어지러움에 주저앉고 말았다. 얼굴이 화끈거리고 벽이 빙글빙글 도는 것 같아 입을 벌리고 벽에 기대어 힘겹게 숨을 쉬고 있었다.

얼마간의 시간이 지났을까. 누군가 잡아 일으키더니 자신의 등에 엘르아잘을 업었다. 눈을 뜰 수가 없어 누구인지는 보지는 못했지만 엘르아잘은 그가 요한 사제라는 것을 느낌으로 알 수 있었다. 바위처럼 거친 손이며 거침없이 걷는 걸음걸이는 숨을 헐떡이며 등에 기대어 있었지만 그가 요한 사제라고 말해 주는 듯했다. 엘르아잘은 그의 등에 얼굴을 기대고 힘겹게 숨을 쉬어 나갔다.

다시 정신이 들었을 때는, 공동체가 모이는 작은방에 누워 있었다.

요나한 사제의 이야기로는 꼬박 이틀을 누워 있었다고 했다. 그동안 요한 사제가 틈틈이 와서 보리 가루를 간 죽을 입에 떠 먹여 주었다는 이야기를 전해 들었다. 엘르아잘은 몸을 일으키려고 했지만, 다시 어지럼증이 몰려와 자리에 누워 있을 수밖에 없었다.

며칠을 더 누워 있었고, 다른 수도자들이 하루 두 번 가져다주는 보리죽으로 연명했다. 간혹, 요한 사제가 방에 들어오긴 했지만, 엘르아잘에게는 눈길조차 주지 않았다. 엘르아잘은 죄스러운 마음에 감사하다는 말도 하지 못하고 천장만 바라보고 누워 있었다.

며칠이 더 지나 몸은 많이 회복이 되었고, 다시 쿰란의 일상이 반복되었다. 엘르아잘은 자신에게 주어진 일을 빈틈없이 처리하기 위해 최선을 다해 노력했다. 그러다가 잠시간의 휴식이 주어지면 어김없이 예수아의 토굴로 올라가 명상에 잠기고는 했다. 저녁 일과를 마치면 예수아가 앉아 있던 토굴의 절벽 끝에 앉아 그와 같이 사해 쪽을 바라보며 생각을 정리했다.

그러나, 이러한 행동은 예수아가 그랬던 것처럼 금세 다른 수도자들의 입방아에 올랐다. 사실 그것은 지금의 엘르아잘에게 있어서는 하지 말아야 할 행동이기도 했다.

수도자들의 쑥덕거림이 지속되자 요한 사제가 직접 엘르아잘에게 수도자들이 가장 꺼리는 일들을 하도록 지시했다. 분뇨를 처리하는 일은 원래 수도자들이 돌아가며 하는 일이었으나, 이때부터는 거의 엘르아잘이 도맡아 하게 되었다. 간혹 요한 사제도 분뇨 치우는 일을 함께했다. 성경과 위경의 정리와 집필에 참여하고 세례를 맡고 있는 존경받는 사제가 수도자들의 분뇨를 치우는 일까지 하자 뒤에서 험담을 하거나 말을 지어내던 일부 수도자들도 조금씩 모습을 감추었다.

그러나 각 도시에서의 경제활동과 쿰란의 수도 생활을 병행하는 많은 사람들의 입에 오르내린 결과는 생각보다 빨리 찾아왔다.

석 달 즈음 지났을 무렵 모간이 갑자기 방문했다.

"엘르아잘. 간단한 짐만 챙겨라. 급히 가야 할 곳이 있다."

"지금요? 점심 의례 준비를 해야 하는데요?"

"요나한 사제께는 이미 말씀드렸어. 다른 분들께는 인사드릴 것도 없다. 어서 가자!"

무척 서두르는 모간의 등살에 영문도 모르고 쿰란을 빠져나왔다.

모간은 예루살렘 방향으로 길을 잡더니 갈림길에서 남쪽으로 내려갔다. 본래 짐이랄 것도 가지고 있지 않았지만, 워낙 급하게 나오느라 거의 빈손으로 나온 탓에 엘르아잘은 모간이 향하는 목적지가 더욱 궁금했다. 더구나 내일은 외부 손님들이 많이 방문하는 날이라 자신이 빠지면 다른 수도자들이 곤욕을 치를 것이 걱정되었다.

"모간. 대체 어디를 가자는 거예요? 내일은 돌아올 수 있는 거예요?"

모간이 가던 길을 멈추고 돌아섰다. 그리고는 담담한 표정으로 말했다.

"당분간 쿰란에는 돌아가지 않는다. 북부에 너로 의심되는 자가 쿰란에 있다는 첩보가 들어왔어. 안티파스가 고용한 추적자들이 분명 확인하려고 할 거야."

엘르아잘은 말문이 막혔다. 쿰란에서 적응하며 지내는 동안 쫓기고 있는 자신의 처지를 어느새 잊고 있었기 때문이었다.

"저 때문에 사제분들이 위험해지시지는 않을까요?"

"요나한 사제께서 적당히 둘러대실 거다. 쿰란이야 워낙 견디지 못하고 도망치는 수도자들이 많지 않니. 그래도 저들의 의심이 수그러들려면 꽤 오랜 시간 쿰란하고 거리를 두어야 할 것 같다."

"그럼 저는 이제 어디로 가야 되나요? 더 이상 숨을 곳도 없는데."

"엘르아잘. 너무 비관하지는 마라. 아직 이 땅에 너를 돕고자 하는 사람들은 많아."

엘르아잘은 벳세다를 떠나올 때처럼 다시 쿰란을 떠나야 한다는 것이, 언제 끝날지 모르는 이 도망자의 삶이 저주스럽게 느껴졌다.

그러나 지금은 그저 모간의 등만 바라보고 걸을 수밖에 없었다.

11장. 드고아 모의

유다를 다시 만난 건 쿰란을 떠나 남쪽으로 조금 이동해서 드고아에 도착했을 때였다.

오전에 음식을 사러 간 모간과는 드고아 도착 전 로뎀나무가 듬성듬성 난 계곡 아래의 갈림길 커다란 아카시아나무 아래에서 만나기로 했고, 반나절 정도 기다리다가 그를 만났다.

모간은 유다와 요새에 가기 전 계곡 중간의 석굴에서 만나기로 했다고 했다. 그와 함께 가파른 언덕을 구비 돌아가다 보니, 길가에 석굴 두 개가 보였고, 그 석굴을 지나 왼쪽 절벽 쪽으로 돌아 들어가자, 낭떠러지에 사람 하나 다닐 수 있는 돌길과 그 위에 몇 개의 석굴이 더 보였다.

모간이 두 번째 석굴 앞에서 '마카'라고 조용히 말하자 동굴 안에서 '마타'라는 답이 돌아왔다.

모간은 엘르아잘에게 따라오라는 손짓을 하고는 동굴 안으로 들어갔다. 엘르아잘이 동굴 안에 들어가자 어두운 안쪽에 돌로 만든 작은 의자와 탁상이 있고 그 위에 작은 불빛이 보였다.

가까이 가자 유다가 일어서서 두 사람을 맞았다.

모간은 유다와 반갑게 포옹한 뒤 자리에 앉았고, 유다는 엘르아잘과 가볍게 손을 잡고 모간의 옆자리를 권했다.

"그래. 어찌 지냈나."

"나야 뭐 답답해하면서 지내고 있지. 그나마 가끔 세리놈들 뒷조사해서 세겔이라도 뜯어내는 게 유일한 낙이라고나 할까!"

"하하. 여전하군. 이 친구도 이제 일에 동참하는 건가?"

유다가 엘르아잘에게 살짝 눈길을 줬다가 모간에게 물었다.

"아직 위험해. 한풀 꺾이기는 했지만, 아직도 이 녀석을 찾는 놈들이 이것저것 묻고 다니나 봐. 여태 쿰란에 잘 숨겨 놨었는데, 얼마 전에 벧엘에 사는 시몬에게 엘르아잘을 찾는 문의가 있었나 보더군. 쿰란에 이름과 나이가 비슷한 녀석이 있는지 물었다는 거야."

"그래? 녀석들이 어떻게 알았지?"

"뭘 알고 하는 건 아닌 것 같고, 오랫동안 못 찾겠으니까, 아마도 우리 쪽이랑 연결되었으면 어디다 숨겼을까 하고 추측하는 정도 같아."

"그래도 혈안이 돼 있기는 한 모양이네."

"안티파스가 그때 오죽 당했어야지. 이 녀석 목에 돈을 좀 걸었다고 해도 이해가 돼."

"그렇긴 하지. 그놈 입장에서는 그 당시 꽁무니 빠지게 도망칠 정도였으니."

"그나저나 예루살렘 쪽은 분위기가 어때?"

"여전해, 나이들이 들어서 그런지 노친네들은 생각이 변하지를 않아. 성전만 지킬 수 있다면 이두매 놈이나 로마 놈이나 견뎌 보자는 생각인 것 같아."

"그거야 지들은 먹고살 만하니까 그러겠지."

"그것도 틀린 말은 아니지만, 그 노친네들이 버티고 있어 주는 바람에 로마 놈들도 이곳에서 함부로 못 하는 것도 있어."

"그라투스는 가이샤라에서 움직이지 않고 있나?"

"유월절과 초막절 이외에는 예루살렘에서 눈에 띄진 않는 것 같다네. 이제는 산헤드린의 자치권을 어느 정도 인정하는 것이 아닌가 해. 우리 입장에서는 좋은 방향이기는 한데."

"총독 입장에서는 고혈만 제대로 짜낼 수 있다면 산헤드린 말고 사마리아인에게도 자치권을 주겠지."

"그렇겠지. 그래서 나는 적어도 그런 부분에 있어서는 산헤드린의 역할을 긍정적으로 본다네."

"솔직히 얘기하면 자네 입장에서는 그렇게 생각할 지 몰라도, 우리 쪽에서 그들을 바라보는 시선이 곱지만은 않아."

"알고 있어. 하지만 그들이 자신들의 기득권을 지키는 것에 혈안이 돼 있는 것처럼 보여도, 결과적으로 우리 민족은 성전을 통해서 하나가 되지 않나. 언젠가 왕국을 재건할 때 가장 중요한 것이 우리를 하나로 만드는 힘이라 믿네."

"자넨 산헤드린을 중심으로 왕국이 재건될 수 있다고 보나?"

"쉽진 않겠지. 그러나 적어도 저들의 협력과 도움 없이는 절대 불가능하다는 것은 자신하네. 마카비 혁명[21] 때에도 하시딤[22]의 협조가 없었으면 성공하기 어려웠을 것이라는 건 쿰란에서도 어느 정도 인정하고 있는 것 아닌가!"

모간은 무엇인가 반론을 제기하려다가 한숨을 쉬며 참는 듯하며 말했다.

"알겠네. 유대 쪽 형제들이 성전 측과 적당한 관계를 유지하는 것은 특별히 반대하지는 않겠네. 하지만, 북부조직들을 설득하기는 쉽지 않을 걸세!"

"불행한 일이지만 그럴 거야. 퀴리니우스[23]에게 당할 때, 유대와 성전이 외면했던 것에 대한 원한이 많겠지."

"자식과 아버지가 십자가에 걸려 까마귀 밥이 되는 걸 보면서 자란 사람들에게, 성전에서 배나 불리던 저들과 손을 잡으라는 건 불가능에 가까운 이야기야."

"인정하네. 정말 어려운 일이야. 그러나 우리는 현실적으로 냉정하게 생각해야 하네. 그래야 뜻을 이룰 수 있어."

"뭐. 구체적으로 생각하고 있는 것이 있나?"

"남부 유대조직에서는 그리 탐탁하게 생각하고 있는 것 같지는 않지만, 난 북부와의 연합전술을 생각하고 있다네."

"연합? 열심당 전체가 힘을 합친다고 군인들을 상대할 수 있는 것

---

21 헬라제국에 맞선 유대혁명. 이로 인해 하시몬 왕조가 수립됨
22 '경건한 사람들'이라는 뜻으로 초기 마카비 혁명에 협조한 종교세력
23 세포리스를 중심으로 한 유대반란을 무력으로 진압한 로마 총독

이 아니지 않나!"

"물론 잘 알고 있네. 우리에게는 조직된 정규군도 없고, 저들과 맞설 무기도 없네. 그렇기 때문에 총독이나 헤롯의 자식놈들이 아무런 거리낌 없이 폭정을 일삼는 것이 아닌가."

모간이 흥미로운 듯 유다의 이야기를 경청했다.

"지금까지 우리 열심당은 지역별로 활동하기는 했지만, 그 때문에 별다른 정치력은 발휘하지를 못했네. 중앙 정치에서 완전히 배제되어 왔단 말이야. 그래서 이제는 우리 쪽에서도 중앙에 영향력을 행사할 수 있는 사람이 나와야 하네."

"대략 자네의 생각이 무엇인지는 이해가 가지만, 어떻게 그것이 가능하겠나. 성전세력이나 바리세들조차 우리를 얼마나 경계하는지 잘 알지 않나."

"민중을 움직일 수 있는 누군가가 나타난다면 남북조직이 하나가 되어서 그를 추대하는 걸세. 민중들이 그를 추대하는 것이지만, 보이지 않는 곳에서 우리가 사람들을 움직이면 되는 것이야. 성전이나 산헤드린은 민중들의 움직임에 민감하니, 그들의 지지를 등에 업고 그가 중앙 정치로 스며들어 가서 조금씩 우리의 세력을 확장하는 전략이네."

"자네는 자네가 말하는 그가 저들과 동화되지 않을 거라고 장담할 수 있나?"

"지금 상태에서 거기까지 염려한다면 아무런 일도 할 수가 없네. 일단 그런 상황을 조성하기 위해서는 남북이 조금 더 밀접하게 연계하고 있어야 해. 그래야 그가 세상에 모습을 드러냈을 때, 기회를 놓치지 않고 일을 진행할 수 있네."

"그래서, 자네와 내가 그 밑 작업을 하자는 이야기구먼."

"바로 보았네. 단지 좀 묵은 감정이 있을 뿐이지, 우리가 추구하는 것은 결국 왕국의 건립 아닌가. 그러니 자네와 내가 주축이 되어서 작은 인적 교류부터 시작하세. 그러다 보면 함께할 수 있는 일들이 자연스럽게 만들어질 거야."

두 사람의 얘기에 엘르아잘은 깊이 빠져드는 것 같았다.

약간은 흥분조로 이야기하는 모간에 비해, 유다는 차분했고 조리 있게 이야기를 끌고 나갔다. 그가 사용하는 단어와 말투에서 많은 학식을 가진 지식인임을 느낄 수 있었다.

유다가 엘르아잘을 가리키는 손짓으로 모간에게 물었다.

"그래. 그럼 이 친구는 앞으로 어떻게 할 생각인가."

"요즘 이방 쪽에 더 첩자들이 많아. 죽었다는 소문을 믿지 않는다면, 오히려 저들에게 멀리 도망간 것처럼 정보를 흘리고 유대 가까운 곳에 숨기는 것이 어떤가 해."

"그래서?"

"그래서 자넬 찾아온 것이 아닌가!"

"이 친구가 어째서 질색을 하는 유대까지 내려오나 했더니 다 이유가 있었구먼."

"도와주게. 유다 님의 피를 이은 이 친구가 훗날 우리의 일에 큰 역할을 할 걸세."

"북부의 형제들에게 그분의 유훈이 어떤 것인지 잘 이해하고 있네. 우리 쪽 정보로는 아들이 한 분 살아 있다는 이야기가 있던데."

"동생이신 야이르께서 이번에 체포를 당하셨고, 당시 나이가 어렸던 무나헴이라는 아들이 도망친 것으로 이야기가 돌고는 있는데, 아직 생사는 확인하지 못하고 있네."

"얼마나 숨겨야 하겠는가? 알다시피 이쪽도 외부인에 대한 궁금증이 많은 사람들이라."

"한 반년만 부탁하겠네. 이후에는 다시 쿰란이나 데가볼리에서 자리를 찾아볼 테니."

"알겠네. '아도라임'에 우리 쪽 친구들이 좀 있네. '암니아' 출신이라고 둘러대고, 내 조카라고 하겠네. 이름도 바꾸는 게 좋겠군. 뭐라고 하면 좋겠나."

유다가 엘르아잘에게 물어 왔다.

엘르아잘이 머뭇거리고 있는데, 모간이 생각해 놓은 것이 있다는 듯 말했다.

"유대 지역 출신으로 해야 하니까, 이름은 야곱으로 하고 아버지는 요한이라고 하세. 가장 눈에 띄지 않을 거야."

"나쁘지 않군. 그렇게 하세."

유다가 엘르아잘을 바라보며 말했다.

"자네도 실수하면 안 돼."

"알겠습니다."

엘르아잘이 조금은 힘이 빠진 목소리로 대답하자, 유다가 엘르아잘의 어깨에 손을 얹고 말했다.

　"조금만 참고 견뎌 보게나. 분명 자네의 힘으로 저 이두매 자식놈들의 목숨을 거둘 날이 올 걸세."

12장. 유다의 생각

아도라임에 도착하자 유다는 요새의 뒷길로 돌아가 수풀 사이에 보이지 않았던 작은 틈으로 들어갔다. 이곳은 가파른 언덕에 자리잡고 있어 오르기 어려웠지만, 막상 마을 내부의 경사는 그리 심하지 않았다.

유다는 마을의 가장 가파른 언덕 끝에 자리잡은 작은 돌집으로 가문을 두드렸다. 잠시 후, 집안에서 나온 사람과 반갑게 포옹하더니, 마당의 한쪽으로 가서 이야기를 나누는 듯했다.

이후, 집주인은 집 왼쪽의 작은 창고로 두 사람을 안내해 주었다.

유다와 함께 자리에 앉아 잠시 휴식을 취하고 있는데, 집주인이 물과 보리떡을 가지고 들어왔다.

"인사 드려라. 이곳 아도라임에서 우리를 도와주고 계시는 시몬이라는 분이시다."

통통한 체격에 서글서글한 인상의 집주인은 엘르아잘과 간단한 인사만 하고 자리를 떴다.

밤새 걸어서인지 다리가 저리고 금방이라도 잠이 쏟아질 것처럼 피곤했다.

유다는 떡을 하나 집어 엘르아잘에게 권했다.

두 사람은 떡을 하나씩 먹고는 물을 들이키고 바로 자리에 누웠다.

"나는 해가 지면 바로 돌아가야 한다. 가끔 들를 테니 여기 집주인을 도와 일이나 하면서 조용히 지내면 된다."

유다가 눈을 감고 중얼거리듯 말했다.

"이렇게 도와주셔서 고맙습니다."

엘르아잘도 그제서야 오는 동안 정신이 없어서 하지 못했던 감사의 인사를 건넸다.

"메시야가 오신다는 걸 믿나?"

유다가 눈을 감은 채로 중얼거렸다.

"잘 모르겠습니다. 아직은 확신이 없습니다만, 그래도 그랬으면 좋겠습니다. 그분께서 오셔서 우리를 이 고통에서 구원해 주셨으면 좋겠습니다."

"난 믿는다. 그래서 적어도 그분이 오실 때, 우리가 준비되어 있어야 한다고 믿는다. 너 또한 그 준비 중의 하나이니 자신을 너무 가볍게 생각하지 말아라."

엘르아잘은 대답을 하지 못했고, 두 사람은 금방 잠이 들었다.

다음 날 유다가 떠나고, 시몬은 엘르아잘을 밀밭으로 데리고 가 일을 가르쳤다. 시몬은 서글서글한 웃음으로 주변 사람들에게 엘르아잘을 먼 친척의 조카라고 소개하면서 사람들 앞에서는 '야곱 벤 요한'이라고 부르곤 했다.

유다는 두 달에 한 번 꼴로 찾아왔고, 올 때마다 엘르아잘에게 많은 것을 가르쳐 주었다. 어린 시절부터 떠돌아다닌 엘르아잘은 민족의 역사에 대해 잘 알지 못했다. 유다는 그런 엘르아잘에게 민족이 이 땅에 정착하게 된 이야기부터 하시몬왕조에 이르기까지 오랜 시간 동안의 이야기를 자세하게 해 주었고, 엘르아잘은 유다의 해박한 지식에 놀라면서도 그의 이야기를 빨아들이듯 머릿속에 넣었다.

유다는 유대인에 대한 자부심이 상당했다.

이스라엘 민족 중 야훼와의 언약을 지키고 있는 유일한 지파이며, 유대의 염원으로 쌓아 올린 성전이 그 강력한 증거이고, 새로운 세상은 유대 지역을 중심으로 이루어질 것이라는 강한 믿음이 있는 듯했다.

엘르아잘도 오랫동안 가지고 있었던 세상에 대한 여러 고뇌들을 풀 수 있는 힌트가 유다의 이야기 속에 있는 듯 느꼈고, 그의 이야기를 하나도 놓치지 않으려 노력하며 궁금한 점은 빼놓지 않고 물었다. 유다도 그런 엘르아잘의 눈빛에 힘을 얻어서인지 밤이 새도록 엘르아잘과 이야기를 나누었고, 어떤 때는 나흘을 넘게 머물다 가곤 했다.

유다가 엘르아잘에게 글을 가르치기 시작한 것은 아도라임에 자리를 잡고 석 달 정도가 지날 무렵이었다. 글을 읽는 것은 꽤 빨리 익혔지만, 쓰는 것은 읽는 것과는 차원이 다른 문제였다. 일단 필기 도구는 엄두도 못 낼 정도로 비쌌다. 양피지는 회당에 가지 않으면 구경조차 못 하는 물건이었기에 그렇다고 쳐도 파피루스 한 장 구하는 것도 여간 어려운 일이 아니었다.

유다는 자신이 가지고 있던 파피루스를 가지고 와 읽는 연습을 시켰고, 쓰는 것은 숯을 이용해서 나무판자에 쓰고 지우게 했다.

어느새 모간과 약속한 반년이 훌쩍 지났지만, 유다는 모간과는 이미 이야기를 했다며 몇 개월 더 이곳에 있어도 된다고 이야기를 해 주었다.

엘르아잘은 글을 읽을 수 있게 되면서 오랫동안 고민해 왔던 문제의 해답을 유다와의 대화와 그가 가지고 오는 여러 파피루스에서 찾으려 노력했다.

유다와 논쟁을 하다 보면, 예수아와의 대화와는 다르게 손에 닿을 듯한 해법과 진실이 눈앞에 있는 듯했다. 유다는 신의 가장 충실 된 종이자 세상에서 가장 완성된 민족인 우리가 우리의 종교적 신념과 철학을 중심으로 독립된 국가를 세우고, 그 국가가 세상의 질서를 호령하게 되면, 그때서야 진실된 신의 세상이 완성될 것이라고 했다.

엘르아잘이 염원해 왔던 세상도 유다가 말한 세상에서는 가능할 것 같았다.

유다가 오지 않는 기간에는 시몬이 매일 엘르아잘에게 역사와 로마의 전투 방식에 대해 교육을 했다. 시골 촌부로만 알았던 시몬이 전쟁의 역사와 전투 방법에 대해 해박하게 알고 있다는 것은 참으로 놀라운 일이었다. 그러나 시몬은 엘르아잘이 놀라고 있을 틈조차 주지 않고 매일 엄청난 양의 지식과 훈련을 쏟아부었다.

그렇게 2년 하고도 4개월을 더 머물다가 엘르아잘은 쿰란으로 돌아갔다.

13장. 변화의 시작

엘르아잘은 이름을 숨기고 데가볼리 지역을 돌아다니며 곳곳에서 일품을 하며 생활하고 있었다. 어릴 적부터 워낙 많은 경험을 했던 터라 석축일에서 뱃일까지 못하는 일이 없었기에 더 이상 일자리를 찾아 헤매는 일도 줄어들었다. 일을 하며 받은 돈은 정성껏 모아서 6개월에 한 번씩 쿰란을 방문에서 공동체에 헌납했다.

쿰란에 도착하면 제일 먼저 사비드 선생께 예를 다해 존경을 표했고, 요나한 사제와 요한 사제를 찾아 인사를 드리는 것에 거름이 없었다. 그러나 그곳에 오래 머무르지 않고 다시 길을 떠났다. 그들에 대한 존경이 깊어질수록 자신의 존재를 알고도 받아 준 사비드 선생과 사제들에게 자신으로 인해 어떠한 부담도 드리고 싶지 않았기 때문이었다.

오랜 시간 고난을 통해 단련된 성향과 지식, 많은 사람들을 만나면서 자연스럽게 늘어난 화법들로 쿰란 안에서 엘르아잘을 따르는 젊은 무리들이 생겨났다. 그들은 젊고 개혁적이면서도 지식이 풍부한 엘르아잘을 선생님이라 부르며 따랐고, 그를 추종하는 무리들이 쿰란에 이어 다른 지역에서도 조금씩 생겨나기 시작했다. 물론 각 지역에 있는 젤롯단원들이 시작의 주춧돌 역할을 하였으나, 이들을 통해 다른 젊은이들이 모여들었고, 엘르아잘은 시간이 날 때마다 그들과 토론하며 밤을 지새우곤 했다. 엘르아잘은 자신처럼 분노하고 방황하는 젊은이들에게 잠시나마 안식처가 되고 싶었다.

모간은 엘르아잘을 따르는 무리가 합치면 뵈레아지역 전체 단원 수와 같을 거라며 흐뭇해했다. 유다 또한 엘르아잘을 대할 때 하대하는 말투를 조금씩 바꾸었다.

엘르아잘은 주로 데가볼리와 뵈레아 지역, 빌립의 행정구역에서 활동했고, 대중 연설보다는 눈에 띄지 않는 소규모 집회를 통해 그 지역 청년들과 소통을 이어 나갔다. 그의 활동은 매우 비밀스러웠고, 점 조직 형태로 이루어져 있어서 쿰란에서조차 전혀 인식하지 못하고 있었다.

엘르아잘은 앞으로 뜻을 이루기 위해서는 정보를 누가 먼저 알아내고 빠른 시간에 전파하는 가가 상대적으로 힘이 약한 혁명 세력에게 중요한 수단이 될 것이라 판단하고, 각 도시와 마을 단위로 정보를 전달하는 조직과 확산시키는 조직으로 나누어 운영되도록 훈련시켰다.

엘르아잘을 따르는 지지자들이 대부분 일상 생활을 이어 나가는 평범한 젊은이들이었으므로, 며칠이나 걸리는 먼 거리를 이동하고 소식을 전하는 것은 현실적으로 어려움이 있었다. 그러나 뛰어갈 수 있는 가까운 옆 마을까지 가서 본인에게 정해진 조직원에게 정보나 간단한 문서 따위를 전달하고 돌아오는 일은 가능했다.

엘르아잘은 각 마을이나 도시별로 소규모 조직들을 만들어 놓고,

긴급한 정보나 전파가 필요한 소식이 들어오면 이들을 통해 유대 지역과 갈릴리 북부 지역으로 전달하거나 확산하게 했으며, 시간이 지날수록 이런 엘르아잘의 조직은 강력한 힘을 가지게 되었다.

각 지역의 젊은이들도 목숨을 걸고 혁명 운동을 하는 위험한 일은 아니지만, 자신이 혁명 세력의 한 축으로서 역할을 한다는 자부심을 가지고, 주변의 청년들을 포섭해 자체적으로 세력 확산에 나서기도 했다. 일부 혈기가 왕성한 이들이 세리나 부역자들을 공격하는 일도 있었지만, 지역의 작은 다툼 정도로 치부되어 크게 문제화되지는 않았다. 그러나 이러한 소규모 공격 활동에 대한 소식들이 예전과 달리 청년층에 신속하게 전달, 확산되면서 조직 가입이 유행처럼 번졌다. 특히, '크비어(젊은 사자)'라는 모임이 베들레헴을 중심으로 급속하게 성장했다.

그들은 엘르아잘에게 자신들의 도시에 방문하여 비밀 모임에서 연설해 주기를 원했고, 엘르아잘은 기꺼이 그들의 요청에 응했다. 엘르아잘의 연설과 토의 과정에서, 청년들은 격렬한 저항 의식을 드러내기도 하고, 주변국의 정세나 다른 도시들의 상황에 대해서 듣기도 했다.

남부의 유대, 베레아, 이두매 북부 지역에서 엘르아잘의 조직이 폭발적으로 늘어났지만, 엘르아잘은 이를 북부의 모간이나 헤브론의 유다에게 알리지 않았다. 아직 엘르아잘 자신도 이러한 확산이 얼떨떨한 점도 있었지만, 만약 유다가 이를 안다면, 이들의 욕망을 어디로 끌고 가야 하는지에 대해 관여할 거란 생각 때문이었다.

그러나 이렇게 엘르아잘의 활동이 강화되며 그의 점 조직이 형성된 도시들의 수가 늘어나자, 남부 유대 지역과 북부 갈릴리에서 활동하고 있는 혁명가들의 정보 교환이 예전에 비해 눈에 띄게 신속해졌고, 이러한 변화를 유다가 눈치채지 못했을 리 없었지만, 그는 별다른 내색을 하지는 않았다.

엘르아잘이 지역 청년들의 요청에 의해 '욥바' 부근의 여러 마을을 돌며 비밀 모임을 진행하던 중 엠마오와 베들레헴에서 세 사람이 엘르아잘을 찾아왔다.

조금 느슨해지기는 했지만, 안티파스의 추격자들에게 쫓기는 입장이었기에 엘르아잘은 여러 개의 가명을 사용했다. 일을 하거나 일상의 생활에서는 모간이 지어 준 '요한의 아들 야곱'으로 생활했고, 혁명 세력 내부에서는 '에디온'이라는 가명으로 활동했다. 그를 엘르아잘이라는 이름으로 부르는 사람은 벳세다와 쿰란의 몇 명이 전부였다.

엘르아잘의 조직은 정기적으로 암호를 바꾸어 사용하고 있었기에, 남부 유대에서 온 사람들은 욥바의 청년들에게 이번 암호를 말한 후에야 엘르아잘에게 안내를 받을 수 있었다. 자신들을 각각 '에밀', '야고보', '바라바'라고 소개한 사람들은 우선 엘르아잘의 나이가 자신들이 생각한 것보다 훨씬 젊다는 것에 놀라는 눈치였다. 수염 덥수룩한 중년의 남자가 앉아 있을 거라고 생각했는데, 자신들과 비슷한 청년에게 인도되자 처음에는 믿지 못하는 눈치였다가, 엘르아잘과 이야기를 나눌수록 오히려 비슷한 연배라 여러 면에서 기뻐하는 듯했다.

에밀이 말했다.

"그동안 당신이 어떤 분인가 꼭 만나 보고 싶었습니다. 오늘 '예디온'을 뵈니 무척 큰 동지를 얻은 것 같아 힘이 납니다."

엘르아잘이 미소를 머금은 채 세 사람을 돌아보며 이야기했다.

"남부 지역의 활동이 쉽지 않다 들었습니다. 로마군의 감시가 삼엄할 텐데, 이렇게 큰일을 해 주시는 분들이 이곳까지 와 주시니 제가 진심으로 감사드립니다."

담소를 나누던 네 사람은 금세 오래된 친구들처럼 마음속 이야기를 꺼내 놓기 시작했다.

야고보가 말했다.

"사람들이 점점 더 무기력해지고 있어요. 그들의 마음속에 신에 대한 믿음이 있는지 의심이 들 정도예요."

'바라바'도 엘르아잘을 바라보며 강한 어조로 이야기했다.

"세리들이 돈을 뜯어 가는 곳에서도 잘난 척을 해대는 종교인들을 보면 정말 배알이 뒤틀리는 듯합니다. 언제까지 그런 꼴을 보며 살아가야 하는지 하는 답답한 마음에 분노가 치밀어 오릅니다."

"돈을 갚지 못해 자식을 노예로 보내는 부모들이 늘어나고 있습니다. 이런 상황이니 그리스 상인들까지 우리를 우습게 보고 우리 지역의 일거리들을 뺏어 가고 있지요."

그들은 울분을 토하듯 현재의 유대 지역 상황을 설명했다.

엘르아잘이 심각한 표정으로 물었다.

"총독을 타고 들어온 그리스 상인들의 침탈이 어느 정도입니까?

가야파는 신임 총독에게 이런 부분에 대해서는 전혀 이야기하지 않나요?"

"가야파 본인은 사람들 앞에 서서 나름 총독에게 강하게 어필하고 있다고 말하고는 하지만, 빌라토스는 가야파를 아예 무시하는 것 같습니다. 전혀 바뀌는 것이 없이 이방 상인들이 판을 치고 있습니다."

"빌라토스는 주로 가이샤라에 있지 않습니까. 가야파가 가이샤라까지 가서 그를 붙들고 늘어질 것 같지는 않은데요."

"가야파는 예루살렘을 벗어나는 일이 없습니다. 1년에 두 서너 번 빌라토스가 예루살렘에 올 때, 그와 만나기 위해 백방으로 노력하는데도 빌라토스가 잘 만나 주지 않는다는 소문입니다."

"그쪽의 각 마을 별로 유사시에 동원할 수 있는 믿을 만한 인원이 얼마나 됩니까?"

에밀이 답했다.

"중요한 일을 맡길 수 있는 신앙심이 강하고 믿음직한 청년들은 마을 별로 열명이 넘지 않습니다. 그러나 위험하지 않은 일에 동참할 수 있는 자들은 수십 명씩 있습니다."

"작고 큰 일을 가리지 않고, 우리가 해야 할 일이 도처에 있습니다. 그러기 위해서는 최대한 많은 사람들의 지지와 소통의 창구, 구심점이 필요합니다. 여러분께서 그 역할을 맡아 주시어 지역별로 조직을 굳건히 만들어 주십시오. 저도 조만간 남부의 각 지역을 방문하도록 하겠습니다."

네 사람은 각자 깊게 포용하고는 추후에 남부 도시들에서 만난 것을 약속하고 헤어졌다.

　이런 방식으로 엘르아잘은 기존 혁명 조직과 다른 비밀 정보 조직 형태의 점 조직을 확산시켜 나갔다. 같은 마을 내에서도 모임을 여러 개로 나누어 누가 어떤 활동을 하는지 모르게 했다. 문서를 전달할 때에도 직접 전달하지 않고, 정해진 위치에 숨겨 놓음으로써 대면하지 않고도 정보 확산이 가능하게 만들었다.

　이렇게 1년 정도가 더 지나자 엘르아잘의 청년 조직은 남북부의 혁명 세력도 존재만 알고 있을 뿐, 그 크기를 예측하지 못하는 세력으로 발전했다.

　조직은 대부분 자율적으로 관리되었기 때문에, 일부 과격한 성향의 청년들은 자체적인 소규모 모임을 만들어서 폭력적 활동을 전개해 나가기도 했다. 엘르아잘의 연결망은 로마군의 이동이나 사병들의 움직임까지 정보화되어 자율적으로 공유되었기 때문에, 이들의 활동은 그 정보망 토대 위에 점점 더 대범해져 갔다. 중부 '베델'과 서부 '리따', 남부 '베들레헴'에서 주로 그러한 현상이 두드러지게 나타났다.

　엘르아잘은 이 세 곳을 중점적으로 돌며, 그들이 자신의 통솔권하에서 체계적으로 활동하도록 설득했다. 자잘한 지역의 토호들이나 세리들을 향한 폭력 행위가 잦아지자 지역 관리들이 뭔가 조금씩 눈치를 채는 듯한 모습을 보였기 때문이었다.

　엘르아잘은 그들의 왕성한 혈기와 호전적인 성향을 억누르기 위해 게릴라 전술에 맞는 산악이동훈련과 무기사용법 등을 교육하고 훈련시켰다. 또한 일부 지지자들을 상인으로 위장시켜 예루살렘과 가이사랴에서 활동하게 하기도 했다. 그들이 취합한 로마군의 정보는 그 누구보다도 빠르게 엘르아잘에게 전달되었다.

이러한 정보들이 차곡차곡 쌓여 나가자 엘르아잘은 조금 더 대담하게 조직을 변화시켰다.

기존의 정보 체계는 유지하되, 지역별로 수십 명 단위의 공격조를 편성하여 야간공격훈련 등 다양한 작전을 연습했다. 비록 실제 전투는 아니었지만 훈련에 참여하는 청년들의 자부심과 열정은 실제와 같이 뜨거웠다. 유대 남부 4개 도시, 베레아 지역 2개 도시에서 눈에 보이는 결과들이 나타나기 시작했다.

그러한 훈련들이 자리를 잡아갈 무렵, 해안도시 '아폴로니아'의 한 부역자가 지독한 수탈 행위로 빈민들의 고혈을 짜내고 관리와 로마인에게 기생하고 있다는 소문이 전해졌다. 일부 농민들은 그의 수탈을 견디다 못해 자식을 노예로 보내고 자살하기도 했으며, 일부는 도적이 되기도 했다.

엘르아잘은 베들레헴의 '에밀'을 주축으로 20명의 인원을 선발했다. 이들에게 아폴로니아에서 외부로 이동하는 부역자의 선박을 탈취하고, 남부의 '아스칼론'으로 몰고 오게 했다. 모두 두건으로 얼굴을 가리고 일부 몇 명에게 기본적인 헬라어와 콥트어를 익히게 해 이집트계 해적의 소행으로 꾸몄다. 예상치 못한 기습에 공납물의 탈취는 성공했고, 그 과정에서 부역자의 아들 하나가 크게 다치기는 하였지만 사상자는 없었다.

막대한 공물을 탈취당한 부역자는 우선 자신의 사비를 털어 로마 공물을 대체하였고, 어떤 식으로든 물건을 받은 로마군은 사건 현장에서 형식적인 조사만 했을 뿐, 이집트까지 가서 선박을 조사하는 수고를 하지는 않았다. 결국 부역자만 대부분의 재산을 잃는 큰 손해를 보는 선에서 마무리되었다.

아스칼론으로 들어온 공물과 현금은 육로를 이용해 베델로 이동했다. 공물은 주변 암시장에서 서서히 현금화해서 추적을 피했다. 이런 식으로 마련된 현금은 각 지역 조직 내 가난으로 어려움을 겪고 있는 청년들을 지원하거나 무기를 구매하는 데 사용되었다.

북부 갈릴리와 데가볼리의 열심당 활동에서 모간이 점점 자신의 역할을 확대해 나간다는 소식이 들려왔다. 최근 모간의 활동은 주로 남쪽 '나바테아'와의 교역을 담당하는 무역업자와 친분을 쌓아 자연스럽게 나바테아 쪽에 안티파스가 그들의 왕을 무시하고 있다는 소문을 퍼트리는 것이었다. 또한 그를 따르는 북부 열심당 소속의 청년들이 서너 명씩 한 조가 되어 지역에서 지독하게 구는 세리들에게 린치를 가하고는 했는데, 신고를 받은 안티파스의 사병이나 로마군 입장에서는 직접 연관이 있는 자들의 알리바이가 확실했고, 피해를 보았다는 세리들조차 자신을 폭행한 사람을 지목하지 못하는 바람에 그냥 넘어가기 일쑤였다.

그저 혈기 왕성한 젊은이들의 일탈 같은 작은 일들이었으나, 억압과 가난에 찌든 청년들에게는 이런 작은 소식들이 입소문으로 퍼져나가 자신들 지역의 관리나 세리들에게도 그런 일이 벌어지기를 바라는 눈치였다.

엘르아잘은 직접 북부에 갈 수 없었으므로, 남부에 비해 청년 조직을 밀도 있게 구축하지는 못했지만, 남부의 조직구성방법을 배워 간 청년들이 자체적으로 정보 조직을 만들었고, 모간과 그와 오랫동안 활동해 왔던 동지들이 그런 청년들의 활동을 지원하면서 엘르아잘의 정보망 구축을 대신했다.

엘르아잘이 그런 북부의 청년들을 지원하기 위해 알렉산드리움에 머무르고 있을 때, 뜻밖의 반가운 손님들이 찾아왔다. 요한과 안드레아였다. 지지자의 집 작은방에 머무르고 있던 엘르아잘은 두 사람과 깊이 포옹한 후 자리에 앉았다. 모처럼 엘르아잘의 얼굴에 밝은 웃음이 번졌다.

"형님들. 제가 이곳에 있는 것은 어찌 아셨습니까?"

안드레아가 웃으며 말했다.

"모간이 일러주더군. 내려가는 길에 알렉산드리움에 들리면 네가 있을 거라고 말이야."

"쿰란에 가시던 길이십니까?"

오래 걸어 다리가 아픈 듯 요한이 손으로 등을 기대고 다리를 뻗으며 대답했다.

"응. 사제를 뵈러 가는 길이야. 훈제한 생선들하고 동네에서 거둔 기부금을 전달하려고."

"모두들 잘 계시지요?"

"그렇지 뭐. 아론은 그 집 아버지가 아프셔서 아론이 배 여러 대의 조업에, 막달라 판매에 정신 없이 바쁘게 살고 있고, 모간은 요즘 얼굴 보기도 힘들어. 사라스는 여전히 인상 팍 구기고 다니고, 네가 지금 보다시피 우리 둘은 이렇게 잘 지내고 있다."

"세베데 아저씨는 건강하시지요?"

"야. 말도 마라. 우리 꼰대는 어떻게 혈기가 점점 더 왕성해지냐. 성질도 점점 더 세지고 이젠 우리 어머니도 완전히 포기했다니까. 하하!"

"그나저나 엘르아잘 넌 요즘 어떠냐? 갈릴리 부근에서 널 찾으러 돌아다니는 놈들이 안 보인 지는 꽤 되었는데."

"제가 워낙 어릴 때 나인을 떠나서인지 제 인상착의를 아는 사람이 형들 말고는 없어요. 여기서야 가명을 쓰니까 오히려 저를 유대 출신으로 아는 사람들이 더 많고요."

"다행이다. 한동안 네가 어떻게 되는 것은 아닌지 불안했었는데 이제야 좀 안심이 되는구나."

"이 모든 것이 다 형님들 덕분입니다. 벳세다의 형님들 아니었으면 진작에 까마귀 밥이 되었을 운명이었는데요."

요한이 웃으며 말했다.

"얘가 참 사리 분별이 똑 부러져요. 아론하고는 완전히 반대야. 하하. 자 그러면 형님들이 훈제한 생선은 가지고 왔으니 맛있는 포도주나 좀 가지고 와 봐라. 모처럼 셋이 한잔해야지?"

다음 날, 요한과 안드레아가 쿰란으로 떠나고, 엘르아잘은 조금 더 북부인 '살렘'으로 이동해서 지지자들을 만난 후 데가볼리의 암만을 경유해서 메드바로 돌아왔다. 엘르아잘이 메드바로 돌아온 지 채 며칠이 되지 않았을 때, 모간에게서 연락이 도착했다. 자신이 이틀 후 도착할 테니 자리를 지키고 있으라는 내용이었다.

엘르아잘은 평상시 같지 않은 모간의 연락에 불안감이 엄습해 왔지만 지금은 기다리는 방법밖에 다른 방도가 없었다. 그렇게 초조하게 이틀을 기다리던 저녁, 모간이 엘르아잘이 있는 숙소로 찾아왔다.

모간의 표정은 매우 심각했다. 엘르아잘의 손을 잡고 자리에 앉아 몇 번이나 입을 열려다 고개를 숙이기를 반복했다.

엘르아잘은 심장이 미친 것처럼 뛰는 것을 진정시키고 떨리는 목소리로 물었다.

"가족에게 무슨 일이 생긴 겁니까?"

모간은 고개를 숙인 채 살며시 끄덕였다.

모간의 손을 잡고 있는 손에서 피가 모두 빠져나가는 것 같은 느낌이 들었다. 엘르아잘은 모간의 어깨를 잡고 물었다.

"전부 다요? 아버지, 어머니, 형, 동생까지요?"

모간은 말이 없었다.

엘르아잘은 바닥에 무릎을 꿇고 두 손을 모아 기도하며 오열했다. 고통에 그의 울음 소리조차 목 밖으로 나오지 않았다. 벙어리처럼 괴한 소리를 내며 우는 엘르아잘의 어깨를 감싸며 모간도 함께 울었다.

새벽녘이 되어 창 밖을 멍하니 바라보고 있던 엘르아잘이 모간에게 물었다.

"어디에 계십니까?"

"티베리아 남쪽 길이네."

"그 어린아이까지 모두 죽었답니까?"

모간은 괴로운 듯 말을 잇지 못했다.

"제가 가 봐야겠습니다."

"가지 말게. 자네가 나타나기를 노리는 무리들도 있네. 그리고, 가족 분들 모두 형체도 알아보기 힘드네. 지금쯤 내려졌을 수도 있고."

"시신은 수습해야 하지 않습니까."

"형제들에게 얘기해 놓았어. 그렇지만 병사들이 손을 대면 가만히 두지 않겠다고 엄포를 놓았다고 하네."

엘르아잘은 분노로 손이 떨려 주먹을 꽉 쥐었지만 피가 통하지 않아 하얗게 변해 가는 주먹마저 부르르 떨고 있었다.

"왜 갑자기 이렇게 된 겁니까?"

"현장을 먼저 본 친구들에 의하면 십자가에 걸리기 전에 아버지는 이미 돌아가신 듯하네. 어머니께서도 간신히 숨은 붙어 계셨지만 팔목에 못이 박히는 순간에 신음 소리도 내지 못하신 것으로 보아 이미 돌아가신 것이나 마찬가지였던 것으로 보이네. 아마 오랫동안 고문을 당하셨겠지. 그러다 돌아가시니 아이들까지 모두 그렇게 한 것 같아."

엘르아잘은 그 오랜 시간 살을 베이는 고통 속에 있었을 부모님과 형제들을 생각하며, 괴로움과 분노로 땅바닥에 엎드려 울부짖었다.

모간은 무릎을 꿇고 엎드려 있는 엘르아잘의 어깨를 잠시 감싸고 있다가 조용히 밖으로 나갔다.

엘르아잘은 3일 동안 그 방에서 나오지 않았다.

모간이 걱정이 되어 방 안을 들여다볼 때마다 마치 정신이 나간 사람처럼 멍하니 앉아 있거나, 울부짖거나 어딘가를 노려보고 있었다.

14장. 암살

한동안 엘르아잘은 일을 하지 않았다. 그다지 먹지도 않아 돈이 필요하지도 않았고, 유기적으로 움직이는 정보의 흐름을 그저 관조적으로만 바라보고 있었다. 주변 도시들에서 그의 방문을 요청하는 정보들이 끊임없이 올라왔지만, 잠시만 기다려 달라는 회신으로 정중히 거절했다.

사실 엘르아잘의 마음은 살의로 가득 차 있었다.

어떻게 해서든 안티파스의 목에 칼을 꽂아 그의 괴로워하는 모습을 내려다보고 싶다는 욕망에서 헤어 나오지 못했다. 아니, 할 수만 있다면 그를 납치해 최대한 천천히 이 세상의 모든 고통을 느끼게 하고 아주 천천히 죽이고 싶었다. 그렇게, 남부의 한 시골 동네에 숨어 망상만 하고 있는 자신의 현실에 괴로워하면서도, 매일 밤마다 안티파스와 그의 가족을 도륙하는 꿈을 꾸었다.

석 달 정도 침묵하며 은둔해 있던 엘르아잘은 어느 날 돌연 집을 나서 미루어 두었던 도시들을 방문하며 청년들을 만나기 시작했다. 길을 나서는 그의 얼굴은 살짝 상기된 듯 보였고, 상대방을 바라보는 눈빛은 유난히 반짝였다.

그는 각 도시에서 만나는 추종자들의 이름을 모두 외웠고, 그들이 어떤 어려움을 겪고 있는지 파악했다. 그들의 삶처럼 밑바닥부터 끓어 올라오는 그의 연설은 두려움과 분노로 가득 찬 청년들의 가슴에 불을 붙이기 충분했다. 이전과 다른 것은 그의 연설이 묘하게 선동적으로 바뀌었다는 점이었다. 이전의 엘르아잘이 해방의 때를 위해 준비하자는 입장이었다면, 지금의 엘르아잘은 믿음을 지키기 위해 목숨을 걸고 행동하자는 입장으로 바뀐 것이었다. 로마와 헤롯의 아들들, 그리고 율법으로 억압하는 종교인들에게 불만이 가득했던 도시의 평범한 청년들에게 엘르아잘의 강렬한 눈빛과 피를 토하는 듯한 연설은 그들의 마음을 들끓게 했다.

시간이 갈수록 정보 유통이 주된 목적이었던 엘르아잘의 조직은 점점 무력단체로 변해 갔고, 그만큼 각 지역에서 발생하는 폭력사건의 건수도 늘어 갔다. 세리들이나 관리들이 불안함을 호소하자 예루살렘의 산헤드린에서 조사관을 파견하기도 했지만, 워낙 점 조직화되어 있던 엘르아잘의 조직까지는 파악조차 하지 못하고 돌아갔다.

엘르아잘은 엠마오와 베다니, 힐가니아와 얌니아에서 각각 대표를 뽑아 별도의 전문적인 무장단체를 조직하게 했다. 힐가니아는 베들레헴의 에밀이 맡도록 했고, 나머지는 해당 도시에서 자체적으로 관리하도록 했다. 각 도시별로 10명에서 20명 정도의 규모로 운영했으며, 구성원은 가급적 고아나 가족과 떨어져 산 지 오래된 청년들 위주로 선발하게 했다.

엘르아잘은 정기적으로 4개 도시를 방문해서 그들과 같이 먹고 자며 유대감을 강화했다. 특히, 몇 번의 탈취로 얻은 재화를 그들을 위해 아낌없이 사용했기 때문에, 조직의 결속력은 날이 갈수록 단단해졌다. 낮에는 일을 그대로 하고 시간이 날 때마다 삼삼오오 모여 훈련을 했다. 전투를 아는 전문가도 없었으므로, 예상되는 게릴라전에 대비해 산악 이동 훈련과 나무로 만든 검을 들고 싸우는 백병전 훈련이 전부였다. 그렇다 해도, 아무런 힘도 없이 핍박과 무시만 받으며 살던 젊은 청년들에게 엘르아잘의 조직은 그들의 삶에 가족의 의미와 신념이 되어 갔다.

약 6개월 정도 지나 여름이 다가오자 엘르아잘은 베들레헴의 에밀을 메드바로 불렀다.

"제가 가야 하는데, 이렇게 오시라고 해서 미안합니다."

"무슨 말씀을요. 선생께서 부르시면 갈릴리까지라도 달려가겠습니다."

비슷한 나이 또래였지만 에밀은 엘르아잘을 선생이라고 깍듯이 불렀다.

밤늦게까지 엘르아잘은 에밀과 돌아가는 정세와 민족의 미래에 대해서 논의했다. 엘르아잘은 특히 헤롯가문의 반민족적 행위에 대해서 신랄하게 비판했고, 에밀도 이에 동조했다.

"이대로 헤롯의 아들들이 형제들의 고혈을 빨아 로마식 도시를 세우고, 그들에게 아부하며 우리 민족의 정신을 더럽히는 행위를 묵과해서는 안 됩니다."

"동감입니다. 선생님. 누군가가 이 세상을 변화시키기 위해서 행동하지 않으면 안 됩니다. 그 부역자들의 편에 붙어 호의호강을 누리는 자들도 모두 색출해 신의 정의를 보여 줄 필요가 있습니다."

평도 다혈질이면서 저항 정신이 강했던 에밀은 엘르아잘의 말에 기다렸다는 듯 동의했다.

"형제들은 어느 정도 적응하고 있습니까? 아무래도 전문적인 훈련을 받지 못하니 어려움이 많겠지요."

"이 아니면 잇몸으로 하는 것 아니겠습니까! 나무막대로 검술연습을 하고 무릿매(물맷돌) 연습도 열심히 하고 있습니다. 말씀하신 대로 돌아가면서 도축장에서 일도 하고요. 아직은 어설픈 면이 있지만 조금씩 눈빛들이 달라지는 것을 느낍니다."

"그럼 실전훈련 삼아 적당한 일을 도모해 볼 필요가 있겠군요."

"어떤 일입니까?"

"야르곤 강 옆 얌니아에 꽤나 지독한 관리가 하나 있답니다."

"얌니아면 우리 형제들이 있는 곳 아닙니까? 저번에 우리가 욥바에서 거사한 뒤로 경비가 꽤 강화되었다고 들었는데요."

"예. 그래요. 그 때문에 주둔하고 있는 로마 병사들의 경비도 삼엄하고, 그 관리의 집에도 사병들이 항상 10여 명 상주한다고 합니다."

"로마군만 아니라면 별거 아니군요. 새벽에 기습하면 쉽게 장악할 수 있습니다."

"문제는 로마군을 피해 거사를 할 수 있냐는 겁니다. 그 관리의 집을 강탈하는 것은 어렵지 않겠지만, 일을 마치고 얌니아를 빠져나오는 것이 쉽지 않을 겁니다. 관리의 신고를 받은 로마군이 금방 추격해 올 테니까요."

"신고를 못 하게 만들면 되지 않겠습니까! 우리 형제들의 피를 빨아먹는 놈들이면 그 족속들을 모두 죽여 길거리에 걸어 놓아야 하지 않겠습니까!"

"그래도 어쩝니까. 그들도 아브라함의 자손인 것을요. 가급적이면 죽이지 않고 방법을 찾아볼 생각입니다. 관리는 눈알만 파 내 죄인으로 세상을 살아가게 하는 것이 적당할 듯합니다."

"우리 형제들의 목숨을 걸고 그럴 필요가 있겠습니까?"

"뭐. 꼭 그래서만은 아니고요. 사실 이번 일의 중요한 목적은 로마군의 추격을 따돌리는 겁니다. 형제들에게 그들의 추격을 따돌릴 수 있다는 자신감이 생긴다면 앞으로 거사를 진행함에 있어 큰 무기가 될 겁니다."

"무슨 좋은 방책이라도 있으십니까?"

"얌니아에서 베들레헴이나 예루살렘 쪽은 바로 산과 계곡으로 연결되지요. 전 유다 벤 맛다디아[24] 님의 전술을 적용해 볼 생각입니다."

"여러 곳으로 흩어졌다가 다시 모이는 것 말입니까?"

"예. 바로 그겁니다. 로마군은 그들이 만든 길 위에서 기병이나 전차를 이용해 빠르게 추격하지만, 도로가 없는 산에서 그들의 기마는 무용지물이 됩니다. 또 그들이 입고 있는 로리카[25]는 무게가 있기 때문에 산속에서 우리를 따라오기 힘들 겁니다. 더군다나 우리가 베들레

---

24 마카비 혁명의 주도자. 맛다디아의 셋째 아들로 혁명을 가장 크게 이끌었다.

25 로마군이 입는 갑옷

헴, 헤브론, 브엘세바 방향으로 흩어져 버리면 갈피를 잃게 될 겁니다."

"그렇군요. 그런데 만약 저들이 한쪽만 쫓으면 어떻게 합니까?"

"그래서 속도가 필요한 겁니다. 어두운 밤길에도 낮에 이동하는 것처럼 지리를 훤히 알고 있어야 합니다. 밤새 이동해도 지치지 않을 체력도 필요하구요. 지금부터 얌니아에서 이동하는 훈련을 해야 합니다. 한 번은 낮에 이동하면서 길을 익히고, 다음에는 밤에 이동하면서 연습을 해야 합니다."

"알겠습니다. 이제야 좀 이해가 되는군요. 이렇게까지 깊게 생각하시다니 참 대단하십니다."

"앞으로 해야 할 일이 많습니다. 이런 것은 작은 시작일 뿐이지요."

에밀은 잠시 엘르아잘의 눈치를 보는 듯하더니 말을 이었다.

"그래서 말입니다. 선생님. 혹시 제가 뭐 하나 여쭈어봐도 되겠습니까?"

"뭐든지 말씀하십시오."

"이번 일이 연습이라 하시니 그렇다면 선생께서 하고자 하시는 것이 무엇인가요?"

에밀의 질문에 잠시 당황했으나, 엘르아잘은 숨을 고르고 에밀을 바라보며 결심이 섰다는 듯 나지막이 얘기했다.

"항상 말해 왔듯이 더 이상 뺏고 빼앗기는, 죽고 죽이는 세상을 없애고 싶은 것이지요."

에밀이 다시 물어 왔다.

"혁명을 이끄시겠다는 겁니까?"

에밀의 물음에 엘르아잘은 잠시 말을 멈춘 뒤 고개를 저으며 말했다.

"난 그럴 인물이 못 됩니다. 난 그저 그 길로 가기 위한 과정일 뿐입니다."

"그렇다면 무엇을 하시려 하는 겁니까."

엘르아잘은 에밀을 한참 동안 바라보다가 얼굴색이 붉게 변했다. 무엇인가 끓어오르는 것을 참는 것처럼 그의 눈가에 물기가 맺혔다. 그리고 살며시 미소 짓는 표정으로 조용히 이야기했다.

"나는 안티파스를 죽이려고 합니다."

엘르아잘의 말에 에밀도 깜짝 놀라는 눈치였다. 한참 동안 적막이 흘렀다.

에밀이 엘르아잘의 손을 잡고 목소리를 낮춰 물었다.

"가능하겠습니까? 저들은 훈련된 군사들이고 경비가 철저합니다. 우리는 그저 젊은 애들뿐인데요."

"때를 잘 맞추면 불가능한 것도 아니겠지요. 문제는 성공한다 하더라도 살아남지는 못할 겁니다. 정해진 죽음을 받아들일 수 있는 형제들이 있어야 가능하겠지요."

에밀은 두 손을 모으고 생각에 잠겼다. 갑작스런 엘르아잘의 이야기는 같이 죽으러 가자는 말이었고, 자신은 그렇다 치더라도 다른 조직원들의 생각을 확신할 수 없어서였다.

"어려운 일일 겁니다. 우리 형제들도 막상 죽음의 선택을 한다면 주저하게 될 겁니다."

에밀은 말없이 엘르아잘을 바라보고 있었지만, 그의 눈빛은 두려움으로 흔들림이 역력했다.

"아직 먼 훗날의 이야기입니다. 더 많은 준비도 해야 하구요."

"구체적인 계획은 있으십니까."

"먼 훗날의 이야기라 하지 않았습니까."

"제가 아는 선생님은 계획 없이 이런 말씀을 하실 분이 아닙니다. 저도 그것을 알아야 준비를 할 것이 아닙니까!"

엘르아잘은 어쩔 수 없다는 듯 조용히 말했다.

"내가 알고 있는 한 우리가 안티파스를 제거할 수 있는 유일한 방법은 그가 티베리아스를 떠나 마케루스로 이동하는 중간에 습격하는 겁니다."

"대동하는 병사들 수가 많을 텐데요."

"그렇죠. 그도 자신이 지은 죄의 무게를 알기 때문에 상당수의 병사들을 대동하고 이동합니다. 그렇지만 티베리우스 황제의 뒷배를 믿는 거만함 때문에 경계가 느슨한 것도 사실입니다. '나는 로마 황제의 친구다. 이 땅에서 누가 나를 건드릴 수 있단 말인가!'라는 거만함이죠."

"그와 함께 이동하는 병력이 어느 정도 되는지 알고 계십니까?"

"보통 관리들과 하인들이 먼저 이동해 준비를 하고, 안티파스와 그의 가족은 70~80명의 병력과 함께 이동합니다."

"병사들의 수가 너무 많군요."

"이동 중에 아마두스와 에스부스에서 하루씩 머뭅니다. 둘 다 요새화되어 있지만, 에스부스는 경계가 약한 편입니다."

"기습을 생각하고 계신 건가요?"

"전체적으로 우리가 열세이니 기습밖에 없겠지요. 그러나 기습 이후, 에스부스에서는 추격대를 따돌릴 방법이 없다는 것이 문제입니다."

"다른 형제들을 위해서라도 그곳에서 죽는 방법밖에 없겠군요."

"만약에 말입니다."

"네. 선생님."

"결사대가 기습으로 뚫고 들어가서, 안티파스를 생포한다면 어떻겠습니까?"

"생포해서 인질로 끌고 나오자는 말씀이신가요?"

"아니요. 생포해서 그를 인질로 잡는 겁니다. 그의 목에 칼을 들이대고 추격을 방해한다면 형제들이 돌아갈 방도가 생기지 않겠습니까?"

"병사들의 수가 충분한데 추격대가 포기하겠습니까?"

"절대로 포기하지 않을 겁니다. 그래서 안티파스를 잡고 있는 사람은 천천히 이동하며 추격대와 대치해야 합니다. 그 틈에 형제들이 신속하게 후퇴한다면 저들은 안티파스의 때문에 다른 형제들을 추격할 생각을 하지 못할 겁니다."

"그렇다면 남는 자는 어찌합니까? 언제까지 그를 붙잡고 있을 수만은 없는 것 아닙니까!"

"남는 자는 목숨을 내어놓아야지요. 형제들이 탈출에 성공하면 안티파스를 죽이고, 바로 자결해야 합니다."

엘르아잘이 소풍 계획을 이야기하듯이 무덤덤한 표정으로 하는 말에 에밀은 적잖이 당황해 물었다.

"예디온. 말씀은 알겠습니다. 그러나 저도 이렇게 당황스러운데 다른 형제들 또한 그들의 반응이 어떨 것이라 도무지 말씀을 드릴 수가 없군요."

엘르아잘이 나직한 목소리로 천천히 말했다.

"그러겠지요. 살아 돌아올 가능성이 없는 길을 가라 하면, 나설 사람이 누가 있겠습니까? 그리고, 아마도 안티파스에게 도달하는 과정에서부터 많은 사상자가 날 겁니다. 그러니 내가 죽는 한이 있어도 원한을 갚겠다는 형제들로 구성해야 합니다."

"혹시 그래서 각 지역의 고아들을 선발하신 겁니까?"

"저도 고아입니다. 아마 각자 사정은 다르지만 우리 형제들도 거의 비슷할 겁니다. 가족이 모두 살해당했거나 벼랑 끝까지 몰려 팔려 왔거나, 감당하지 못할 상처를 가슴에 안고 살아왔을 겁니다. 전 형제들에게 그 응어리를 풀 기회를 줄 생각입니다. 선택은 그들이 하면 됩니다."

에밀은 한동안 생각에 잠겨 있다가 고개를 들어 물었다.

"그럼 마지막에 안티파스와 함께 산화할 사람은 누구를 생각하고 계십니까?"

"에밀. 무슨 생각을 하는 겁니까. 그건 당연히 내 역할이지요."

"그 말씀은 예디온께서 안티파스와 함께 죽으려 하신다는 것 아닙니까! 그럼 나머지가 살아남는다 해도 앞으로 누가 우리를 이끌어 준다는 말씀이십니까?"

"그래서 제가 지금 에밀 당신과 이야기를 나누고 있는 것 아닙니까. 당신이 가련한 우리 형제들을 이끌고 왕국으로 나아 가셔야지요."

"그건 안 됩니다. 선생님. 저는 그럴 자신도, 인물도 되지 못합니다. 안 되겠어요. 아무래도 이 일에 대해서는 더 이상 질문 드리지 않겠습니다. 조금 더 많은 형제들과 우리의 힘이 더 커졌을 때, 상황을 보고 논의하시죠."

"저도 지금 당장 일을 도모하자는 것은 아닙니다. 그저 당신의 물음에서 진심을 느꼈기 때문에, 내 생각을 숨기지 않고 당신에게 전달하고 싶었어요. 당신은 내 생각을 이해해 줄 거란 믿음이 있었거든요."

"그렇게 믿어 주시니 고맙습니다. 그러나, 안티파스가 죽는다고 세상이 우리의 뜻대로 이루어지겠습니까? 분봉왕이 죽으면 또 다른 로마총독이 나타날 텐데요."

"그래요. 나도 고민이 많았습니다. 그래서 맛다디아 님이 혁명을 시작할 때를 생각하게 되었지요. 안티우크스[26]가 보낸 관리 하나에 그분의 뜻을 실현하면서 민족 전체를 움직이는 거대한 파도가 되지 않았습니까. 저는 그 물결의 시작을 로마의 앞잡이인 저 이두매 자식 놈부터 하려는 겁니다."

에밀은 엘르아잘의 말에 수긍하며 고개를 숙였다. 그러나 그러한 일이 정말 가능할 것인가에 대한 의구심의 표현으로 표정이 밝지는 않았다.

엘르아잘은 그런 에밀의 손을 꽉 잡으며 그의 눈을 바라보고 말했다.

---

26 헬라제국의 하나인 셀류쿠스 왕조의 왕으로 전체 이름은 '안티우크스 에피파네스 4세'이다. 유대교를 철저히 금지시켰고, 성전을 모독하고 우상숭배를 강요했다.

"염려하지 마세요. 당신이 가능하다는 확신이 설 때까지 형제들에게 이 계획이 알려지는 일은 없을 겁니다.

엘르아잘과 에밀은 몇 날 밤을 새우며 많은 이야기를 나누었다.

15장. 저항군의 불씨

예상했던 것보다 세 배의 인원이 훈련에 자발적으로 참여했다.

훈련 일시의 차이는 있었지만, 얌니아에서 사해 방향으로 연결되는 각 지역의 산악 구보 훈련과 집단 검술 훈련 참여자의 열기는 뜨거웠다.

얌니아에서 야르곤강을 따라 이어진 도로를 통해 로마 기병대의 연락병이 예루살렘 수비군에 도착해 후방 수색대가 편성되기 전에, 각 도시로 흩어져야 했으므로 쉬지 않고 뛰어서 산을 넘어야만 했다. 총 6번의 모의 훈련을 거쳐 4개 도시에서 총 50명의 인원을 선발했다.

50명 모두 산악 이동 훈련에 통과한 자들이었고, 이 중 30명은 본 작전에, 나머지 20명은 작전 시 주변 경계 및 로마군 동태를 파악하는 임무를 맡도록 했다. 얌니아의 형제들은 이번 계획에서 모두 제외시켰다.

작전 기일 해가 저물어 가는 시간에 50명의 결사대는 상인이나 농민으로 가장하고 자신이 거주하는 4개 도시에서 얌니아로 출발했다. 여러 번의 훈련을 거쳤으므로 밤길임에도 각 도시에서 도착하는 시간에 어김없이 얌니아 인근 산악 지역 결집 장소에 도착할 수 있었다.

엘르아잘은 집결한 형제들을 향해 나지막하지만 결의에 찬 목소리로 외쳤다.

"형제들이여. 오늘 우리의 이 발걸음이 훗날 우리 민족의 영광을 되찾는 첫걸음이 될 것이오! 지금이라도 두려운 자는 저 산을 넘어 돌아가도 좋소. 아무도 그들을 비난하지 않을 것이오. 그러나 나는 저 아래로 내려가 우리 형제들의 골육을 뽑아 먹는 그자의 두 눈을 뽑아 신의 심판이 살아 있다는 것을 온 세상에 알리고자 하오. 나와 함께 갈 형제들은 품속의 칼을 꺼내 내 눈앞에 보이시오!"

엘르아잘의 외침에 50개의 검이 고요 속에 산중에 번득였다.

밤이 깊어 얌니아의 모든 사람들이 잠이 든 어둠이 가득한 거리로 검은색 천으로 얼굴을 가린 결사대가 원래 존재했던 어둠인 것처럼 조용히 나타났다. 그들은 세 갈래로 나뉘어 관리의 집으로 접근했다. 예상보다 경계는 느슨했다. 두 명의 병사가 마당에서 벽에 기대 자고 있을 뿐 다른 병사들은 보이지 않았다.

에밀이 이끄는 선발대가 담을 넘어 마당에서 자고 있던 병사들을 제압했고, 무기조차 지니지 않은 채 무방비 상태로 자고 있던 다른 병사들도 손쉽게 제압당했다. 엘르아잘은 집 안쪽으로 들어가 자고 있던 관리를 끌어내고 그의 가족들을 묶어 창고에 가두었다.

관리는 입에 재갈을 물리고 손을 뒤로 묶어 마당에 꿇어 앉혔다.

엘르아잘은 아무 말도 하지 않고 왼손으로 관리의 머리를 잡고 서 있었다.

관리는 두려움에 벌벌 떨며 오줌을 지렸다.

"네 놈이 만든 고아가 몇 명인지 셀 수가 없더군. 다른 사람을 죽음으로 내몰 때, 넌 괜찮을 듯싶었더냐?"

관리는 무엇인가 말하려고 하는 것 같았지만, 입에 물린 재갈 때문에 애절하게 웅얼거릴 뿐이었다.

엘르아잘은 차가운 눈빛으로 단도를 꺼내 그의 두 눈을 파냈다.

피가 사방으로 튀고 관리가 괴로움에 발버둥을 쳤지만 엘르아잘은 무릎으로 그의 등을 찍어 누르고 눈꺼풀째 눈을 도려냈다.

관리의 가족들을 가두어 놓았던 창고 문을 느슨히 해 놓았기 때문에 얌니아 인근의 집결지에 도착했을 즈음 햇불이 밝혀지며 추격이 시작됨을 알 수 있었다.

일부러 나뭇가지들을 잔뜩 꺾어 놓고 나바테아에서 주로 생산하는 두건 모양의 터번을 흘려 놓았으므로, 로마군이 얌니아 시내를 확인하고 도주로가 산악 지대인 것을 확인하는 데까지는 반나절 정도 걸릴 터였다. 산을 넘어 도주했다는 것을 알면 후방 도시로 연락병들이 출발하고 추격이 시작될 것이었다.

엘르아잘이 이끄는 메드바 결사대는 남쪽 나바테아 쪽으로 이동하며 계속 흔적을 남겨 로마군을 유인했다. 나머지 형제들은 로마군이 상상하지 못하는 속도로 이동하여 다음 날 각 도시의 일상으로 복귀했기 때문에 그 누구도 눈치채는 자가 없었다.

메드바 결사대는 로마군의 추격을 멀찌감치 따돌리고 상인으로 분장해 사해의 남쪽을 돌아 메드바로 돌아왔다.

성공적이었다. 모든 것이 엘르아잘이 예상한 대로 흘러갔다. 로마 추격대는 일찌감치 추격을 포기하고 돌아갔으며, 연락병에게 소식을 들은 후방 주둔군과 각 도시 관리들의 사병들도 아무런 성과를 내지 못했다.

얌니아 관리의 눈을 파낸 신의 군대는 다시 하늘로 돌아간 것처럼 사라져 버렸다.

에밀은 이번 일의 성공에 무척이나 고무된 듯했으나, 습격소식은 이상하리만큼 퍼지지 않았다. 아마도 추격에 실패한 사실이 드러나지 않도록 철저히 함구시키는 모양이었다.

엘르아잘 역시 다시 한번 형제들에게 비밀을 유지하도록 상기시켰다. 아무래도 이 일에 참여한 모두 혈기가 왕성한 젊은 청년들이다 보니 언제 영웅심에 말이 새어나갈지 모를 일이었기 때문이었다.

이번 습격으로 엘르아잘은 자신의 전략과 로마군의 반응을 그의 계획하에 통제할 수 있다는 확인을 할 수 있었다. 에밀을 비롯한 남부의 형제들은 예디온에 대한 절대적인 신뢰를 표하며 조직의 결속은 더욱 강해져만 갔다.

엘르아잘은 남부의 도시들을 떠돌며 일을 했고, 어느 날부터 그가 직접 일자리를 찾아 나서는 일이 없어졌다. 도시의 지지자들이 그가 일할 곳을 미리 주선해 놓기 때문이었다.

그 날의 일과가 끝나면 어김없이 장소를 정해 비밀 모임을 가졌고, 외부로의 노출을 막기 위해 그 수는 열명을 넘지 않도록 했다. 보통

열흘이면 그 지역의 동지들을 거의 만날 수 있었으므로, 그 기일이 지나면 근처 도시로 이동했다.

매일이 쉴 새 없이 바쁘게 흘러 조금씩 살이 빠질 정도로 몸을 혹사했음에도 엘르아잘에게는 특이한 버릇이 하나 생기고 있었다. 어느 순간부터 한 줄기 빛이라도 있으면 잠을 이루지 못하기 시작했다. 옷으로 창문을 모두 가리기도 하고 뒤집어쓰고 엎드려 자기도 해 보았지만, 모직 틈새로 들어오는 그 실낱같은 여린 달빛에도 그는 잠을 이루지 못했다.

밤새 한숨도 자지 못하는 날이면, 쭈그려 앉아 벽을 노려보고, 남몰래 그의 마음속의 숨겨 놓았던 증오와 적의를 꺼내 천천히 벽에 펴 발랐다. 그러면 벽은 금세 핏빛으로 변해 그의 마음을 어루만져 주었지만 그렇게 벽을 매만지며 이내 울음을 터트리곤 했다. 증오가 커지면 커질수록 이상하리만큼 사해를 바라보던 예수아의 초췌한 얼굴과 그 속에서 반짝이던 그의 눈망울이 떠올랐다. 그를 떠올릴 때마다 엘르아잘은 자리에 주저앉아 엉엉 울었다.

허나, 해가 뜨고 세상의 하루가 시작되면 사람들은 일을 하고, 빼앗기고 울부짖고 죽어 갔다. 그들의 고통과 죽음 속에서 엘르아잘은 아버지와 어머니, 그리고 형제들의 죽음을 떠올리며 또다시 가슴속의 적의를 키워 갔다.

언제부턴가 엘르아잘은 혁명 동지들의 비밀 모임 연설에서 죽음에 대해 언급하기 시작했다. 로마의 끝없는 억압, 부당한 세상, 파렴치한 인간들, 억울하게 죽어 간 가족들에 대한 복수, 그리고 그 무엇보다 신의 세상을 이루어 내야 한다는 대의를 역설하며 죽음을 두려워하지 않는 전사들이 되어야 한다고 외쳤다. 그러한 전사들의 죽음이 쌓여 성벽이 되고 그 성벽을 시작으로 신의 나라가 건설될 것이라 했다. 그의 연설에 감명을 받은 청년들은 피의 의식을 거치고 전사가 되기를 맹세했다.

엘르아잘은 유대와 베뢰아 지역에서 예디온으로 활동하면서도 정기적으로 쿰란에 들러 그동안 일을 하며 모은 재화나 곡물을 공동체에 기부하는 것을 잊지 않았다.

엘르아잘의 남부 활동은 북부 갈릴리의 모간과 남부의 유다만이 살짝 눈치채고 있을 뿐 그들 역시도 엘르아잘의 세력이 어느 정도인지 가늠하지 못하고 있었기에, 쿰란에서는 엘르아잘이 그저 신실한 공동체의 일원임을 의심하지 않았다. 그는 공동체 안에서 그 누구보다 희생적이었고 겸손했다. 제례나 의식에 빠짐이 없었으며 맡은 일에 빈틈이 없었으므로, 가끔 그를 불러 따로 차를 마실 정도로 엘르아잘을 향한 사비드 선생의 신뢰는 두터워져만 갔다.

그러나, 쿰란을 나와 예디온으로 돌아간 엘르아잘은 매일 밤 자신을 온통 감싸고 있는 증오와 살의에 둘러싸여 피의 복수를 계획하고 있었다. 예디온에게 피의 맹세를 한 청년들의 수가 백여 명을 훌쩍 넘어갈 즈음, 그는 베들레헴으로 넘어가 에밀을 비밀리에 만났다.

"에밀. 나는 이번에 내가 계획했던 일을 하고자 합니다."

"올해 여름입니까?"

"갈릴리 쪽의 첩보에 의하면, 올해는 유월절 전에 이동한다고 합니다."

"무슨 특별한 이유라도 있는 겁니까?"

"그자 나름대로 골치 아픈 일이 있는 것이겠지요. 간혹 이렇게 시기를 앞당기는 경우가 있다고 들었습니다."

"이쪽에서도 나름대로 훈련을 하고 있었습니다만."

"실력도 중요하지만, 죽기를 각오하는 것만큼 강한 무기는 없습니다. 죽음을 각오한 자가 휘두르는 칼은 그 어떤 병사의 무기보다 강력한 법이니까요."

"인원은 충분한 겁니까? 다른 지역에서도 피의 맹세를 한 형제들이 많이 있습니까?"

"합치면 거의 이백에 달하는 형제들이 죽음을 각오해 주었습니다. 안티파스는 상상도 못 하고 있을 테니 계획대로라면 해 볼 만합니다."

"유월절 전이면 얼마 남지 않았군요. 그렇다면 제가 에디온께 마지막 계획에 대해서 여쭈어보지 않을 수 없겠군요."

에밀의 질문에 엘르아잘은 웃으며 그의 어깨를 양손으로 잡고 말했다.

"에밀. 당신은 내가 이곳에서 믿고 말할 수 있는 유일한 사람입니다. 당신과 내가 모두 죽는다면 벼랑 끝에서 버티고 있는 우리 형제들은 누가 이끈단 말입니까! 당신은 최대한 많은 형제들을 살려 돌아와야 하는 의무가 있습니다. 그리고 그들은 당신과 함께 새로운 세상을 살아갈 겁니다."

"에디온. 저는 그런 인물이 못 됩니다."

"내 마음은 이미 정해졌습니다. 저는 신께서 당신을 내 곁에 보내 주신 것을 감사하게 생각합니다. 그러니 결사의 시기가 되기 전까지 최대한 많은 형제들이 돌아올 수 있도록 당신이 노력해 주어야 합니다."

에밀은 무엇인가를 더 주장하고 싶은 듯했지만, 이내 고개를 숙이고 엘르아잘의 뜻을 받아들였다.

16장. 재회

여느 때처럼 도시 몇 군데를 경유하고, 쿰란에 도착했다.

사비드 선생께 인사를 드리고, 준비해 온 곡물을 요나한 사제에게 건넸다. 처음에는 엘르아잘에게 엄격했던 요나한 사제도 6년이 지난 지금은 그 누구보다 격이 없는 사이가 되었다. 요나한 사제는 엘르아잘이 건넨 곡물을 고개 숙여 감사함을 표하며 받았고, 엘르아잘도 깊이 머리를 숙이며 그에 대한 존경을 표했다.

공동체에서 상주하는 수도사 이상만 참가할 수 있는 점심 식사 의례에 엘르아잘의 참여가 허가된 건 1년 전 일이었다. 엘르아잘은 점심 식사에 참여하기 전에 몸을 청결히 하기 위해 세례지 뒤쪽 수로로 가 손발을 닦고 몸을 씻었다. 공동체 안에서 엘르아잘이 도착했다는 소식을 듣고, 그를 흠모하는 몇몇의 젊은 수도사들이 세례지 앞쪽에서 그를 기다리고 있었다.

"이 사람들. 어련히 만나러 갈까 봐 여기 와 있는 건가."

"저 혼자 오려고 했는데, 이 친구들도 같이 가겠다고 난리지 뭡니까."

"실없는 친구들 같으니라고. 예식 준비는 차질 없이 한 것인가?"

"오늘 오신다는 소식을 들어 이 친구들과 새벽처럼 일어나 빈틈없이 해 놓았습니다."

"하하. 이 친구들. 대단들 하구먼. 어서들 가세. 제례에 늦겠네."

엘르아잘은 점심 제례가 진행되는 석실의 입구에서 옷과 자세를 가다듬고 안으로 들어가 오른쪽 뒤 벽의 한 귀퉁이에 자리를 잡고 고개를 숙여 신께 감사의 인사를 올린 뒤 기도를 드렸다. 뒤에 앉은 수도사가 엘르아잘의 등을 두드리고 앞쪽을 가리키지 않았다면 본 예식이 시작될 때까지 고개를 들지 않았을 정도로 깊게 기도를 드리고 있었다.

고개를 들자 사비드 선생께서 엘르아잘에게 가까이 오라는 손짓을 하셨고, 엘르아잘이 조용히 일어나서 상석의 그에게 다가가자 선생께서는 좌측 여섯 번째 빈자리를 가리키며 손바닥을 펼쳐 그에게 권했다. 상석의 왼쪽 여섯 번째 자리는 세례교사 이상의 랍비를 위한 자리였으므로 엘르아잘은 한참을 머뭇거리며 사비드 선생을 바라보았지만, 선생은 인자한 미소를 띠며 그에게 권함을 멈추지 않았다.

난감한 일이었다.

이곳에서 엘르아잘의 정체를 아는 사람은 극소수에 불가했지만, 자신으로 인해 공동체에 어떠한 피해를 입힐까 봐 항상 눈에 띄지 않게 처신해 왔기 때문이었다. 이런 식으로 공동체의 가장 중요한 행사의 상석에 자리를 한다면 많은 추종자들의 눈에 띌 것이고 자칫하다가 엘르아잘의 존재가 그를 쫓는 무리들에게 흘러 들어갈 수도 있음이었다.

선생의 권유였기에 엘르아잘은 제례에 모여 있는 수도사들의 눈치를 보며 자리로 이동했고, 다행히 엘르아잘의 오른쪽 자리가 비어 있었으므로 당연히 오른쪽에 요나한 사제가 오실 거라 생각했다. 예상대로 요나한 사제가 들어와 엘르아잘의 오른쪽에 앉았고, 곧 의례가 시작되었다.

의례가 진행되는 동안 엘르아잘은 이 자리의 주인이 누구인지 생각해 보았고, 곧 요한 사제가 보이지 않는다는 것을 깨달을 수 있었다. 의례가 끝난 후 세례지로 이동하는 요나한 사제에게 살며시 다가가 요한 사제가 의례에 참석하지 않은 이유에 대해 물었지만 요나한 사제는 그리 밝지 않은 표정으로 아무런 대답도 해 주지 않았다.

간혹, 불가피하게 의례에 참석하지 못하는 경우 자리를 비워 놓는 것이 일반적인데, 오늘은 사제의 빈자리에 엘르아잘을 자리하게 한 것 또한 이상한 일이었다. 허나 그를 추종하는 젊은 무리들은 이러한 쿰란의 변화를 간파할 시간을 허락하지 않았다.

밤이 늦어 어느덧 달이 쿰란의 언덕에 접어들 무렵 엘르아잘을 괴롭히던 젊은 수도자들은 졸음을 참지 못하고 하나둘 그 자리에서 꾸벅꾸벅 졸거나 자신들의 토굴로 돌아갔다.

엘르아잘은 항상 그래 왔던 것처럼 공동체가 모이는 작은 방을 나와 왼쪽의 계단을 올라갔다. 물 저장고를 지나 위치한 뒷문을 나와 그 반대편에 있던 예수아의 토굴로 올라갔다. 예전과 다르게 미끄러지기도 하고 작은 돌부리에 걸려 넘어지기도 하면서 조심스레 토굴 뒤로 올라가 달빛에 반짝이는 사해를 바라보았다. 이곳은 여전히 머리카락이 흩날리지 않을 정도의 잔잔한 바람이 불고 있었고, 하늘에

촘촘히 빛나는 별빛은 어느 곳에서 보는 것보다 아름다웠다.

예전에 그랬던 것처럼 토굴의 입구 쪽에 등을 기대고 앉아 절벽의 끝 부분을 바라보았다. 창백한 얼굴의 예수아와 그의 눈빛이 어른거렸다. 그를 향한 그리움 때문인지 자신도 모르는 새 입가에 엷은 미소가 번지면서 눈물이 글썽거려졌다. 그가 자신에게 했던 이야기들의 의미는 아직도 이해하지 못했지만, 지금 자신이 가고 있는 길이 예수아가 말해 준 길과는 정반대라는 것만은 본능적으로 알 수 있었다.

오랜 세월이 지났지만, 엘르아잘은 그 자리에서 예전에 그랬던 것처럼 무릎 사이에 얼굴을 묻고 밤을 지새웠다.

다음 날 다시 메드바로 돌아가기 위해 채비를 하고 사비드 선생께 인사를 드렸다. 마지막이었기 때문에 평소답지 않게 선생에게 가까이 다가가 무릎 가까이에 이마를 대고 한참을 있었다. 이유를 알 리 없는 선생이 어깨에 올린 손에서 한없는 따듯함이 느껴졌다. 필사 중인 요나한 사제를 뵙고는 환하게 웃어 보였다. 잠시 그릇 만드는 곳에 들렀다가 요한 사제와 함께 청소를 하던 침례지와 용변을 처리하던 곳에서 한참을 앉아 멍하니 하늘을 바라보다가 자리를 털고 일어나 망대 쪽으로 나가는 차였다.

흙바람이 불어 눈을 가리고 시야가 흐릿해졌다고 느꼈을 때, 망대 아래 물 저장고가 있는 입구 쪽에 사람의 형체가 보였다. 늘 방문객들이 느나 드는 통로였으므로 그냥 지나칠 법했지만 엘르아잘은 왠지 그 자리에 얼어붙듯이 멈추고 말았다. 흙먼지 가득한 저 건너편에서 있는 사람에게서 느껴지는 무엇인가가 그의 모든 것을 멈추게 하였다.

엘르아잘은 자신도 모르게 "라보니[27]?"라고 중얼거렸으나, 상대방은 아무 말도 하지 않고 이쪽으로 걸어왔다. 엘르아잘은 그 자리에서 그저 다가오는 상대를 바라보았다. 헤질 대로 헤진 외투에 먼지를 뒤집어쓴 모습이었지만 그의 눈앞에 다가오는 사람은 예수아가 분명했다.

엘르아잘은 그 자리에서 무릎을 꿇고 그의 손을 잡아 입을 맞추었다. 너무 놀라 눈물조차 나오지 안았다. 예수아는 허리를 숙여 엘르아잘을 안고 일으켜 세웠다.

그는 아무 말 없이 미소 지으며 엘르아잘을 바라보았고, 그런 예수아의 얼굴을 보고 있는 엘르아잘은 마치 그가 예수아를 처음 만난 어린 시절 그때의 그 아이처럼 환하게 웃었다. 그제서야 바보처럼 웃고 있는 엘르아잘의 두 눈에서 눈물이 넘쳐 흘렀다.

엘르아잘은 소매로 흐르는 눈물을 닦으며, 한 손으로는 예수아의 손을 잡고 공동체가 모이는 작은 방으로 예수아를 안내했다. 방 안에 있는 사람들 중 예수아를 알아보는 사람은 거의 없었으나, 엘르아잘이 무릎을 꿇고 그를 따르는 수도자가 떠온 물로 손과 발을 닦고 있는 이 사람에 대한 호기심으로 힐끗 거리며 쳐다보고는 했다.

엘르아잘은 사비드 선생과 의의교사를 먼저 만날지에 대한 예수아의 의중을 파악하려 노력했다. 예수아는 밝게 웃으며 엘르아잘의 얼굴을 한 번 쓰다듬은 뒤, 자리를 일어나 곧장 필사지 방향으로 향했다.

---

27 히브리어. 일반적으로 유대교의 율법학자를 부르는 말로 '선생님'의 뜻을 지닌다.

엘르아잘은 예수아가 간 방향을 바라보고 석굴 복도의 한편에서 두 손을 모으고 그를 기다렸다. 몇 명의 젊은 수도자들이 몰려와 그가 누구냐며 물어 왔지만 엘르아잘은 웃으며 그들의 어깨를 어루만지고 다시 예수아가 걸어간 방향을 애처롭게 바라볼 뿐이었다.

예수아가 다시 돌아온 것은 저녁 무렵이 다 되어서였다. 물 저장고 옆 공동체가 식사를 하는 방에 모여 함께 저녁을 먹을 때까지 엘르아잘은 그에게 아무것도 묻지 못했다. 그가 돌아왔다는 믿기 힘든 사실과 그의 옆에 있다는 기쁨에 가슴이 두근거려 보리떡이 입으로 들어가는지 코로 들어가는지 구분도 못 할 지경이었다.

식사를 마치고 예수아는 엘르아잘에게 토굴을 잘 지키고 있었는지 물어 왔고, 엘르아잘은 긍정이나 부정의 대답을 하지 못한 채 그와 함께 예수아의 토굴로 올라갔다.

예수아는 오랜만에 돌아온 그의 토굴을 잠시 둘러보더니 항상 그랬던 것처럼 절벽 끝 쪽에 앉아 사해를 바라보았다. 엘르아잘은 어제처럼 토굴의 왼쪽에 등을 기대고 쭈그려 앉아 예수아의 뒷모습을 바라보았다. 어제는 그 자리에 기억 속의 예수아가 있었는데, 오늘은 숨을 쉬고 미소를 띠며 살아 있는 그가 있었다.

잔잔히 불어오는 시원한 바람에 종려나무 물 내음이 은은히 실려 왔다. 언제부턴가 한 번도 경험한 적 없는 느낌처럼 그의 삶과는 어울리지 않던 것이었는데, 지금 이 순간에는 '행복'이라는 감정이 그의 모든 것을 휘감고 있었다.

"여행은 모두 마치셨습니까?"

한참 동안 대답하지 않고 사해를 바라보던 예수아가 말했다.

"여행을 마치기 위해 이곳으로 돌아온 것이다."

"그럼 앞으로 이곳에 머무르시는 겁니까?"

예수아는 엘르아잘을 잠시 바라보았다. 그리고는 고개를 돌려 다시 사해 쪽을 보며 등을 돌렸다.

"저는 당신이 돌아오시지 않을 거라 생각했습니다."

"나는 하늘에 계신 아버지의 말씀을 따라 행했고, 다시 그분의 말씀에 따라 이곳으로 돌아왔다. 이 여행을 마치기 위해 출발한 곳으로 돌아왔기 때문에 너를 다시 만난 것이다."

"그럼 앞으로 당신과 함께 할 수 있을까요? 당신에게 듣고 싶은 것도, 묻고 싶은 것도 너무나 많이 쌓여 있습니다."

예수아가 엘르아잘을 잠시 바라보더니 대답했다.

"너는 내가 말했던 너의 길을 찾았나?"

엘르아잘은 잠시 말문이 막혔다. 무어라 대답할지 자신에게 급하게 되물었지만, 자신의 마음속에서는 길을 잃은 어린아이의 울음 소리만 들릴 뿐이었다.

다시 한동안의 적막이 흐르고, 엘르아잘이 조금은 침울해진 목소리로 물었다.

"예수아. 혹시 제가 당신을 위해 할 일이 있을까요?"

예수아가 답했다.

"너는 네가 무엇을 할 용기가 있는지 네 자신에게 먼저 되물어 보거라. 지금의 네가 나를 위해 할 일은 아버지의 말씀을 들으려 노력하는 것뿐이다."

엘르아잘은 침울해져서 고개를 숙이고 작은 목소리로 말했다.

"제겐 선생님께서 말씀하시는 하늘 아버지의 음성이 들리지 않습니다. 들으려 하지 않는 것이 아닙니다. 당신이 떠나고 매일 밤 하늘의 별과 달을 바라보며 엘라께 당신이 저를 이 세상에 보내신 의미를 알게 해 달라고 기도를 드렸습니다. 그러나 하루 종일 제 귀에는 죽음과 폭력의 외침만 들립니다."

"그 외침이 너에게 무어라 하더냐?"

엘르아잘은 주저하다가 이를 악물고 조용히 말했다.

"너의 가족과 세상의 힘없는 사람들을 노예로 만들고 살해하는 자들에게 신의 형벌을 내리라 합니다."

예수아가 측은한 눈빛으로 바라보다가 다시 고개를 돌려 먼 곳을 보며 말했다.

"길을 잃었구나."

예수아는 그 한마디만 하고 더 이상 말을 하지 않았다.

그의 뒷모습을 애처롭게 바라보던 엘르아잘이 물었다.

"저는 어찌해야 합니까! 제 인생의 마지막 순간을 위해 어떻게 해야 할지 알려 주실 순 없겠습니까?"

곧 다가올 자신의 마지막을 위한 축복의 말을 기대한 것은 아니었다. 어쩌면 어쩔 수 없는 삶의 굴레에서 그런 최후를 맞이할 수밖에 없는 자신의 인생에 대한 투정과도 같았다.

예수아가 고개도 돌리지 않은 채 말했다.

"마지막이 알고 싶으냐?"

"제 인생의 마지막은 정해진 것 같습니다. 그러나 제 자신이 아직도 이렇게 두려움에 떨고 있는 것은 제가 선택한 그 마지막이 옳은 것인지. 아니면 어떠한 의미가 있는 것인지 확신이 서지 않기 때문입니다."

"너는 마치 네 마지막을 알고 있는 듯이 이야기하는구나."

"저는 제 삶의 마지막이 어떨지 상상하지 못합니다. 그러나 저는 지금 제가 정해 놓은 마지막을 향해 가고 있습니다."

예수아가 고개를 돌리고 바라보며 말했다.

"그럼 너는 너의 시작을 알고 있나?"

"제 시작이요? 제가 태어난 것을 말씀하시는 겁니까? 제가 누구의 자식으로 태어난 것은 알지만 자신이 태어날 때 기억을 가지고 있는 사람이 있겠습니까?"

예수아는 엘르아잘을 애처롭다는 듯 바라보았다.

"네 고통이 너를 곪고 썩게 만들었을 것이다. 그러나 너의 마지막은 그 상처로 인한 것이 아닐 테니, 지금 네가 알고 있다는 그 마지막은 너의 마지막이 아니다. 왜냐하면 너는 아직 너의 시작을 모르고 있기 때문이지."

"예수아. 저는 당신께서 말씀하시는 저의 시작이라는 것이 무엇인지 모르겠습니다. 그저, 매일 밤 가슴을 저미는 고통에 시달립니다. 저들과 그의 일족들이 웃고 있는 모습을 보면 분노와 증오가 차오릅니다. 제 몸의 하반신은 지옥에 빠져 있고, 상반신이 저들을 제가 있는 세상으로 끌어들이고자 허우적거리고 있습니다. 저 혼자 이 지옥에 남기에는 까마귀 밥이 된 제 가족들과 제 자신의 억울함이 너무 큽니다."

"엘르아잘. 아직은 어리석음을 벗어나지 못한 여리고 어린 존재여. 아직 자신에게 주어진 짐의 무게를 감당하지 못하는구나. 그럴 것이다. 세상의 누구도 너의 짐을 감당치 못할 것이니. 그러나 너는 너의 고통을 이겨 낼 것이다. 그리고 너의 시작을 알게 되었을 때, 너는 네가 가야 할 곳이 어디인지를 깨닫게 되리라."

"예수아. 당신이 저를 구원해 주실 수 있다는 것을 알고 있습니다. 오직 당신 곁에서만이 저는 평화를 얻습니다. 제발 저를 이 지옥에서 꺼내 주실 수 없으시겠습니까? 그렇게 해 주신다면 저는 모든 원한을 잊고 당신만을 따를 수 있을 것 같습니다."

예수아는 엘르아잘을 바라보지 않았다. 그는 먼 하늘을 바라보며 어느 때보다 차분한 목소리로 말했다.

"엘르아잘. 이것이 너의 인생에 마지막 상처라고 누가 이야기하더냐. 만약 내가 지금 너의 상처를 낫게 한다면, 그다음은 누구에게 의지하지? 상처에 새로 살이 돋아나는 능력이 없다면, 그 사람은 다음 상처에 죽게 될 것이다. 그러니 네 상처에 살이 돋아나는 너의 능력을 믿어라. 아버지께서 너에게 그런 능력을 주셨느니라."

엘르아잘은 지친 자신의 삶에서 예수아에게 도피하려 하였으나, 예수아는 거부하였다.

엘르아잘은 그토록 기다리고 존경했던 예수아가 자신의 의탁을 거절하자 잠시나마 생겼던 삶의 희망이 순식간에 어둠 속으로 사라지는 것을 느꼈다. 자신이 예수아를 따르지도 못하는 부족한 사람이 자, 세상을 살아가지도 못하는 부적응자처럼 느껴졌다.

어차피 안티파스와 함께 던져 버릴 목숨이었다. 그런 엘르아잘 자신도 죽음의 순간이 하루하루 다가오자 두려움에 휩싸였었다. 하루에도 몇 번씩 죽음의 복수를 포기하고 숨어서라도 살고 싶다는 마음이 올라왔다. 그런 생각이 들 때마다 고통스럽게 죽어 간 부모님과 형제들을 떠올리며 돌을 들어 그의 허벅지를 내려쳤었다. 그러나 삶에 대한 욕망은 허벅지의 고통이 심해지면 심해질수록 더욱더 간절히 그의 마음을 흔들고 있었다.

마음이 너무 혼란스러워 죽기 전에 예수아의 토굴에서 그의 향기라도 느껴 보려고 마지막 방문 삼아 쿰란에 온 것이었다. 그런데 무슨 운명처럼 살아 있는 예수아가 지금 자신과 함께 이곳에 이야기를 나누고 있다니.

엘르아잘은 예수아와 함께라면 죽음을 포기할 수도 있다는 생각이 들었다. 예수아라면 증오와 고통, 피의 복수로 가득 찬 자신의 세상이 아닌 다른 어떤 세상으로 자신을 데려다줄 수 있을 것만 같았다.

엘르아잘은 한참 동안 침묵하다가 먼 곳을 바라보며 물었다.

"선생님. 제 시작은 무엇일까요?"

"네 시작은 아마도 울타리와 같았을 것이다. 너는 해하는 것보다 지키는 것이 어울리는 자이니라."

"시작이라는 것이 그렇게 중요한가요?"

"마지막을 알고자 하는 자는 시작을 알아야 하기 때문이다."

"예수아. 아무 의미도, 보잘것도 없는 삶이지만, 저도 제 마지막을 알 수 있겠습니까?"

예수아가 빙그레 웃는 얼굴로 돌아보았다.

"엘르아잘. 너와 세상을 창조하신 아버지께서 너를 고통스럽게 하심은 너의 하늘을 의미 있게 하려 하심이니, 고통의 기억이나 증오에 휩쓸리지 않아야 한다. 그것들에 휩쓸린다면 너는 세상에 버려지는 수많은 쭉정이들 중에 하나가 될 것이나, 이겨 내고 아버지의 말씀에 귀를 기울인다면 너는 풍요로운 곡식이 되어 많은 이들을 살리게 될 것이다."

엘르아잘은 아무 말도 하지 못했다. 예수아의 이야기에 반론을 제기하고자 숨을 크게 들이마셨지만, 가슴 어디선가 넘쳐 나는 증오로 막혀 있던 숨통이 트이듯 그의 마음이 가벼워 짐을 느꼈기 때문이었다.

다시, 한동안의 침묵이 흐른 뒤에, 엘르아잘이 예수아에게 물었다.

"어찌 하면 아버지의 말씀을 알 수 있습니까? 제 마음은 증오와 괴로움으로 가득 차 아무 말씀도 들리지 않는데 말입니다."

"그렇지 않다. 이미 아버지의 말씀은 너의 안에 있다. 너의 증오가 너를 완전히 삼켰다면, 너는 오늘 내 손을 잡고 내 발에 입을 맞추지 않았을 것이다. 단지 지금은 네가 네 마음을 돌아보고 싶지 않을 뿐이지. 엘르아잘. 지금 내 곁에 머물러 너의 증오가 버려진다면, 내가 아버지의 곁으로 돌아갈 때, 너의 증오가 다시 너를 삼킬 것이다. 네가 증오를 삼키던, 증오가 너를 삼키던 모두 너의 생각과 믿음에 달려 있으니 그 누구도 아닌 네 자신을 바라보아야 한다."

"신께서는 세상을 증오와 죽음으로 가득 차게 만드는 저들을 왜 가만히 봐 두시는 겁니까. 오히려 저들이 신의 축복을 받은 것처럼 평안함과 부귀를 누리고 있지 않습니까?"

"내가 길을 떠나기 전에 너에게 말하지 않았더냐. 네 상처가 너의 눈을 가리고 있어 그 말의 의미를 깨닫지 못함이라. 깨닫기 위해 노력해라. 그러나 그것이 너에게 주어진 사명일 수도 있을 것이니."

한참을 머뭇거리다 조심스럽게 말했다.

"예수아. 어디로 가실 생각이십니까?"

예수아는 고개를 들어 노을 속에 흐르는 구름을 바라보며 말했다.

"나는 알지 못한다. 나는 아버지의 말씀을 듣고 행하니, 아버지께서 가라 하시면 가고, 오라 하시면 오느니라. 내가 아버지의 뜻 안에 있듯이 너도 그렇게 하거라."

"제가 당신께서 말씀하시는 하늘 아버지의 뜻을 알고, 또 그렇게 살 수 있을까요?"

예수아는 그 어느 때보다 자상한 어조로 대답했다.

"넌 이미 엘라이신 아버지를 느끼고 있다. 만약 미움과 증오가 너를 삼키려 할 때마다 나를 기억해라. 아버지께서 나를 통해 너를 구원하실 것이다."

엘르아잘은 다시 고개를 무릎 사이에 파묻고 고뇌했다. 안티파스에 대한 일은 이미 되돌릴 수 없는 큰 흐름이 된 것이었다. 이백 여명이 넘는 청년들이 자신의 목숨을 내어놓고 이번 계획에 참여하고 있고, 다른 누구도 아닌 엘르아잘 자신이 그들을 이끌고 있었다.

엘르아잘은 아무 말도 하지 못하고 예수아의 뒷모습을 한참 동안 바라보다가 조용히 자리에서 일어서서 예의를 갖추고 인사를 했다.

고개를 숙이고 있는 그 짧은 순간에 엘르아잘의 마음속에는 많은 생각들이 스쳐 지나갔다. 너무나 사랑하는 스승인 예수아의 뜻을 따르지 못하는 미안함이나, 당신이 조금만 더 빨리 돌아왔다면 하는 아쉬움 같은 것들이었다.

예수아는 인사를 하는 엘르아잘을 측은한 듯 잠시 돌아보더니 다시 사해가 있는 방향의 하늘을 바라보았다.

토굴에서 내려와 흙 길을 걸어가며, 간신히 참았던 울먹임이 멈추질 않았다. 너무나 자상했던 아버지와 어머니, 그리고 형제들을 살해한 자에 대한 증오와 살의가 만들어 낸 엘르아잘 마음속의 지옥에서 바라보는 예수아는 더 이상 자신이 다가갈 수 없는 곳에 존재하고 있었다.

엘르아잘은 이런 삶을 준 신을 원망하는 마음을 품었다가 금세 길바닥에 엎드려 사죄의 기도를 드리기를 몇 번이고 반복했다. 그의 이런 행동은 마치 정신이 나간 광자의 그것과 비슷했다.

그렇게 흙 투성이가 되어 가며 새벽녘에 베들레헴에 도착했다.

아침나절까지 언덕 아래쪽에서 베들레헴 시내를 바라보며 멍하니 앉아 있었다. 새 한 마리가 혹시 죽은 시체인가 해서인지 머리 위를 한동안 돌다 사라졌다.

언덕과 언덕 사이에서 조금씩 해가 떠오르자 엘르아잘은 자리에서 일어나 베들레헴 시내 뒤편 언덕 꼭대기 부근에 있는 에밀의 집으로 향했다.

약속이 되어 있었기 때문에, 에밀은 이미 집 앞 길가에 나와 있었다.

에밀이 달려와 엘르아잘의 옷의 먼지를 털며 유난히 수척해진 안색을 살폈다.

"오시면서 무슨 일이 있으셨습니까?"

"아닙니다. 별일 아니에요. 준비는 잘되고 있습니까?"

"네. 무기들은 조금씩 마차에 숨겨 옮기고 있습니다만, 거사 전에 예디온께 긴히 상의드릴 것이 있습니다."

"무엇입니까?"

"집결지를 예리코에서 싯딤으로 변경하는 것이 어떨까 해서요."

집결지를 변경하는 것은 굉장히 중요한 일이었으나, 엘르아잘은 그저 멍한 표정으로 그에 대해 다시 물었다.

"갑자기 집결지를 변경하려는 이유가 있나요? 예리코로 옮겨 놓은 무기들도 다시 옮겨야 하는데."

"무기들을 숨기는 것이 예리코보다는 싯딤이 안전한 면이 있습니다. 그리고, 형제들 중 상당수가 거사 전에 쿰란을 방문하고 싶어 합니다. 아무래도 죽음을 각오해야 하는 일이다 보니 그런 것 같습니다."

엘르아잘은 잠시 흙 바닥을 바라보며 생각에 잠겼다.

"지금까지 이탈자는 얼마나 됩니까?"

"지금까지는 엠마오에서 2명이 포기한 것이 전부입니다. 단지 죽음이 두려웠던 것이지 배신을 할 형제들은 아닙니다."

"모두 죽음이 두렵겠지요. 제가 그들의 마음을 섬세하게 생각하지 못했군요. 맞는 말입니다. 쿰란에서 이동하기에는 예리코보다는 싯딤이 훨씬 안전한 동선이 되겠군요."

"그럼 쿰란에서 기도를 드릴 형제들은 3일 뒤에 먼저 출발하고, 나머지 형제들은 그로부터 이틀 후에 출발해서 싯딤 인근에 집결하도록 하겠습니다."

"주변 정리에 대해서는 형제들에게 잘 알려 주셨습니까?"

"네. 미리 다른 지역으로 이사를 가는 것으로 주변에 알리라 했습니다."

"실제로 일을 마치면 살아남은 사람들은 모두 정해진 곳으로 가서 생활하도록 해야 합니다."

"각 지역 형제들에게 미리 조치를 취해 놓았습니다. 거사를 마친 형제들이 도착하면 자연스럽게 그 지역에 녹아 들도록 금전적인 부분도 조치해 두었습니다."

"잘하셨습니다. 역시 빈틈이 없으시군요. 예리코에 무기는 얼마나 이동해 있습니까?"

"80기만 먼저 보내 놓았으니, 그것은 예리코 형제들이 가지고 와도 됩니다. 나머지는 저희가 예디온을 모시고 이동할 때 함께 가져가겠습니다."

"그럼 저는 예정대로 이곳에 머물며 안티파스의 동선을 확인하도록 하겠습니다."

엘르아잘은 베들레헴에 머물며 매일 들어오는 안티파스의 동선을 파악했다. 매년 같은 시기에 갈릴리에서 마케루스로 이동했기 때문에, 그의 일족과 병사들의 움직임은 매번 같은 곳을 거쳐 이동했다.

안티파스가 스키토폴리스를 떠나 아마두스요새로 향할 때, 엘르아잘과 에밀 일행도 베들레헴을 출발해서 싯딤으로 향했다. 다른 지역에서 출발하는 형제들과 쿰란에서 기도를 마친 형제들도 같은 일정에 집결하도록 약속이 되어 있었다. 예리코와 베들레헴의 일부 무기들은 이틀 전에 출발했으니 이미 도착해 있을 터였다.

베들레헴에서 쿰란으로 먼저 출발한 8명을 제외하고 엘르아잘을 포함해서 12명이 각자 단도를 가슴에 숨기고 이동했다. 출발하기 전에 모여 기도를 하고 서로의 의지를 다지는 의식을 치렀다.

시선을 피하기 위해 셋, 둘, 셋, 넷으로 나뉘어 일정 거리를 유지하고 걸었고, 가운데 두 명이 상인으로 위장해서 무기를 실은 수레를 움직였다. 예루살렘과 베다니아를 거쳐 예리코를 통과하는 길 대신에, 좁은 산길을 따라 이동했다. 좁은 산길이라 수레의 이동이 수월하지는 않았지만, 평소에도 쿰란으로 향하는 수레들이 다니던 길이라 무게가 있는 수레를 어떻게든 움직일 수는 있었다.

긴장한 탓에 모두 아무 말 없이 주변을 경계하며 걸었다.

그렇게 사해 북쪽에 커다란 언덕을 넘을 때 즈음, 언덕 너머에서 누군가가 이쪽으로 오는 것이 보였다. 맨 앞에서 걷던 엘르아잘은 그 사람의 형체만 보고도 자리에 얼어붙은 듯 멈추어 섰다.

하얗게 질린 사람처럼 홀로 걸어오는 이를 바라보는 엘르아잘과 그런 엘르아잘을 바라보던 일행들은 다시 그 나그네를 바라보았다.

예수아였다.

엘르아잘은 고개를 숙였다. 그를 똑바로 바라보지 못했다.

그런 엘르아잘을 예수아는 잠시 서서 쳐다보다가 그대로 지나쳐 버렸다.

엘르아잘은 체기가 올라온 듯 온몸에 피가 빠져나가는 느낌에 자리에서 움직이지 못했고, 한참이 지나서야 예수아가 지나간 뒤를 잠깐 돌아볼 뿐이었다.

무슨 일이냐고 묻는 에밀의 목소리가 멀리서 울리듯 들리는 듯했다. 그러나 그보다 먼저 예수아가 바라보던 눈빛이 그의 가슴을 찢어 놓고 있었다. 잠시 엘르아잘을 바라보던 예수아의 그 눈빛은 그가 험한 세상을 살아오면서 느꼈던 여러 가지 경멸의 눈빛들, 비천함, 가난함, 어수룩함에서 기인한 것이 아닌 지금의 자신에 대한 잔인한 평가였다.

정신이 나가 버린 엘르아잘의 귀에 조금씩 에밀의 고함 소리가 들려왔다.

"예디온. 무슨 일입니까! 저자가 누구입니까?"

엘르아잘이 간신히 정신을 차리고 주위를 둘러보다가 에밀에게 대답했다.

"에밀. 잠시만요. 잠시만 쉬었다가 갑시다."

에밀은 뒤에 손짓을 해 모두 쉬어 가자는 신호를 하고, 걱정스러운 눈빛으로 고개를 끄덕이며 엘르아잘의 어깨에 손을 얹고 기다려 주었다.

숨기고 싶었다.

적어도 예수아에게만큼은 지금의 자신의 모습을 숨기고 싶었다.

민족을 해방하는 한 주축인 예디온을 추종하는 청년들과, 지금 자신의 신념을 위해 목숨을 바치고자 하는 수많은 사람들을 이끄는 자신이 잠시나마 너무나 부끄러워 자신도 모르게 고개를 돌리고 숨어 버리려고 했었다.

사랑하는 가족을 잔인하게 살해한 살인마, 민족을 로마에 팔아먹고 그들의 앞잡이가 되어 고혈을 빨아먹는 기생충 같은 자를, 목숨을 걸고 처단하고자 하는 이 마음이 왜 예수아의 앞에서 숨고 싶을 만큼 부끄러운 것이 되는지 혼란스러웠다.

한동안 시간이 지나고, 자신을 바라보는 에밀의 얼굴이 시선에 들어왔다.

"에밀. 미안합니다."

"예디온. 깜짝 놀랐습니다. 어디 편찮으신 것은 아닌가 하고요. 그런데 아까 지나간 저자는 누구입니까? 누구인데 그렇게 놀라신 겁니까?"

"아닙니다. 아니에요. 괜찮습니다."

엘르아잘은 걱정하는 에밀에게 무엇인가를 설명하고자 했으나, 예수아에 대해서 이해시킬 적당한 말이 생각나지 않아 그냥 얼버무렸다.

"혹시, 아까 그분은 어느 쪽으로 가시던가요?"

"모르겠습니다. 저 아래쪽 갈림길에서 북쪽으로 가는 것을 보니까 '길갈[28]' 쪽 같던데요?"

---

28 쿰란에서 베다니로 가는 방향의 중간에 위치한 마을

"그래요. 알겠습니다. 출발하시죠."

일행들은 다시 짐을 꾸려 출발했다. 엘르아잘은 걷는 내내 자신의 내면에 휘몰아치고 있는 혼란에 사로잡혀 있었다. 예수아의 눈빛은 뜨거운 인장이 되어 그의 가슴속에 찍혀 있었고, 복수와 살의, 혁명의 명분으로 가득 찬 그의 마음속 안개를 뚫고 들어와 또렷하게 바라보고 있었다.

싯딤의 외각에 도착하자, 엘르아잘 일행은 서쪽 평야와 산기슭 계곡이 만나는 토굴로 향했다.

각 지역에서 출발한 형제들은 각자 모여 대기하고 있었고, 그들의 대표들과 이 토굴에서 만나기로 되어 있었다. 토굴에 도착하자 먼저 도착한 형제들이 자리에서 일어나 깊은 포옹으로 엘르아잘 일행을 맞이했다. 모두 긴장한 빛이 역력했다.

에밀이 각 지역 대표들에게 각자 이동할 경로와 시간을 정해 주고, 최종적으로 에스부스에서 집결할 장소를 알려 주었다. 예리코에서 온 무기와 엘르아잘 일행이 운반한 무기를 인원에 맞추어 나누어 주었다. 내일은 새벽에 산길을 따라 이동할 것이므로, 더 이상 무기를 숨길 이유가 없었기 때문이었다.

엘르아잘이 모두를 돌아보며 조용히 말했다.

"형제들이여. 마음의 준비가 되었습니까?"

모두 긴장된 표정으로 고개를 끄덕였다.

"내일 우리는 이 나라의 역사를 바꾸어 버릴 것입니다! 여러분들의 이야기는 이 나라에 살아 숨쉬는 사람들의 입으로 전해질 것이고, 이

나라는 이것을 기점으로 새로운 역사를 쓰게 될 것입니다!"

엘르아잘의 이야기는 혈기 가득한 젊은이들의 가슴을 뜨겁게 달구었다.

"물론, 희생도 상당할 겁니다. 우리들 중 많은 이들이 살아 돌아오지 못할 수도 있습니다. 그러나 그런 희생을 각오하지 않는다면 결코 성공할 수 없는 일입니다."

엘르아잘은 자신을 주목하고 있는 청년들과 하나하나 눈빛을 맞추고 작전을 설명했다.

"저들은 훈련된 병사들로 상당한 전력을 가지고 있습니다. 만약 정면으로 맞부딪친다면 우리는 이기기 어렵거나 돌이킬 수 없는 큰 희생을 치러야 할 것입니다. 그러나 저들은 매년 똑같은 이동에 방심하고 있습니다. 또한, 이렇게 대규모 인원이 공격해 올 것이라는 것은 상상도 못 하고 있을 것입니다."

"우리의 목표는 안티파스입니다. 이 작전은 그를 제거하기 위한 것입니다. 따라서 그를 제외한 다른 모든 병사들과의 교전을 최소화해야 합니다. 작전의 시작은 대부분의 병사들이 잠을 자고 있는 새벽에 에스부스 요새의 서쪽 낮은 담을 사다리를 이용해 넘는 것으로 시작합니다. 엠마오의 형제들이 최선봉에 서고 결사대가 그 뒤를 따릅니다. 서쪽 보초병들과 엠마오의 형제들의 교전이 시작되면, 헤브론의 형제들이 선봉으로 올라갑니다. 다른 교전이 발생되면 아도라임, 베들레헴의 순으로 결사대가 안티파스의 침실까지 최대한 빨리 침투할 수 있도록 교전에 참여하고, 결사대가 안티파스를 인질로 확보하면 작전은 종결됩니다. 대부분의 병사들이 잠을 자고 있기 때문에 무기를 챙겨 나오기까지 상당한 시간이 걸릴 겁니다. 그때까지는 우리의 수가 월등히 많으니, 그 상황에서 안티파스를 잡아야 합니다."

"결사대는 예디온께서 지휘하시는 겁니까?"

"그렇습니다. 저와 에밀, 그리고 베들레헴 형제 3명이 결사대를 구성할 겁니다."

"작전 이후에 퇴각에 대한 설명은 들었습니다만, 저들이 추격해 올 것인데 어떻게 벗어나 돌아올 수 있는 것입니까?"

"저들은 여러분들을 추격하지 못합니다. 여러분들이 네 갈래로 나뉘어 이동하는 이유도 있겠으나, 안티파스의 목에 칼이 겨누어져 있는 상황에서 그의 병사들은 에스부스를 벗어나지 못합니다."

"만약 안티파스를 잡지 못하면 어떻게 됩니까?"

"안티파스를 잡지 못하면 우리가 살길은 하나입니다. 그들 모두를 척살하는 것입니다."

"그것은 언제 결정되나요?"

"결사대가 신호를 보내면 퇴각을 포기하고 눈에 보이는 대로 죽여야 합니다. 특히 저들이 무장을 하기 전에 우리가 먼저 공격해야 하므로, 놈의 침실을 습격한 후 바로 신호를 보낼 것입니다."

"아예 처음부터 전부 공격하는 것이 어떻습니까? 무기를 가진 병사들의 수는 저들이나 우리나 비슷하지 않습니까?"

"저들은 훈련을 받은 자들입니다. 그리고 평생 전쟁터에서 많은 전투 경험을 쌓은 자들이라 전면적으로 맞붙는다면 우리의 사상자가 너무 크거나 아니면 이 작전은 실패할 가능성이 큽니다."

"부상자들은 어떻게 합니까?"

엘르아잘은 잠시 눈을 감고 침묵하다가 대답했다.

"이동이 가능한 부상자들은 함께 퇴각하지만, 부상의 정도가 심해 체포될 가능성이 있는 형제들은 살아 있는 것이 더 큰 고통이 될 것입니다. 형제들의 고통을 줄여 주는 것이 더 나은 선택이 될 것입니다."

엘르아잘의 이야기에 모두들 고개를 숙였다. 자신을 향하게 될지도 모르는 죽음의 공포가 현실이 되어 다가오기 있기 때문이었다. 지방에 있는 관리 하나를 공격하는 것과는 차원이 다른 이야기였다. 평생 억울한 일만 당해 오던 분노와 영웅심에 이를 악물고 훈련을 받고, 작은 전투에 참여하기도 했지만, 이들은 모두 동네에서 잡일이나 하는 평범한 젊은이들이었다. 이번 작전에 대해 사전에 대략적으로 알고는 있었지만, 막상 죽음의 순간이 다가오자 모두 공포에 휩싸이는 듯했다.

"두려우십니까?"

조용하게 울리는 엘르아잘의 질문에 아무도 대답하지 못했다.

"저도 두렵습니다. 그러나 이렇게 세상을 바꾸어 가지 못하면 우리는 평생 동안 저들에게 골육까지 빨리다 죽음을 맞이해야 합니다. 전 그런 세상을 살아갈 자신이 없습니다."

"결사대는 어떻게 되는 겁니까?"

엘르아잘이 자신을 바라보고 있는 형제들을 바라보고 나직이 말했다.

"안티파스의 목에 칼을 들이대는 것은 한 사람이면 족합니다. 전 지금 이 자리에 있는 형제들과 함께하면 감사히 그 사명을 받아들일 것입니다."

내일 작전에 대한 모든 설명이 끝나고, 토굴 안의 형제들은 서로 포옹을 하며 결의를 다졌다. 그들이 모두 매복해 있는 각자의 위치로 돌아가고 토굴에는 결사대인 엘르아잘과 에밀 등 다섯 명이 남았다. 모두 잠을 자기 위해 누웠지만 조금씩 뒤척이는 것으로 보아 아무도 자지 못하고 있는 듯했다.

엘르아잘은 토굴을 나와 풀이 듬성듬성 난 근처의 둔덕에 앉았다.

사실 살아 돌아가기 불가능했다. 저들은 이런 전투 경험이 전혀 없는 젊은이들에게 호락호락 당할 자들이 아니었다. 아마도 눈앞에 맞닥트리면 어린아이 다루듯 할 가능성이 높았다.

그나마, 새벽녘의 기습이라 운이 좋으면 안티파스의 침실까지는 갈 수 있을지는 몰라도, 아마 저 가련한 젊은이들의 대부분은 내일 인생의 마지막 하늘을 볼 것이 뻔했다. 엘르아잘 자신은 그것을 너무나 잘 알고 있었지만, 저들에게 살아 돌아올 수 있다는 희망을 심어 주기 위해 퇴각 계획을 세우고, 마치 작전이 계획대로 되면 지역 관리를 응징할 때처럼 대부분 살아 돌아와 아무일 없었다는 듯 지낼 수 있다는 믿음을 심어 준 것이었다.

로마에 나라를 팔아먹은 이두매 자식을 응징하는 영웅적인 일이기도 했지만, 어찌 보면 엘르아잘은 자신의 개인적인 복수를 하는 것에 저 순수하고 가련한 젊은 영혼들의 영웅심을 부추기는 것이기도 했다.

엘르아잘은 양손으로 머리를 쥐어 잡았다.

예수아가 돌아오지 않았더라면, 아니 이곳으로 오는 그 길목에서 예수아와 맞닥트리지 않았더라면 생기지 않을 갈등일지도 몰랐다. 그러나, 자신을 바라보는 예수아의 그 눈빛이 시간이 지날수록 더욱 더 깊숙이 파고 들어와 그를 바라보고 있었다.

무릎을 꿇고, 두 손을 모으고 엎드려 자신의 스승에게 기도하듯 질문을 던졌다.

"예수아여. 당신이 제게 말씀하신 그 길 안에도 제게 허락된 것이 있습니까!"

엘르아잘은 흙 바닥에 얼굴을 문지르며 거칠게 숨을 쉬었다.

거칠고 바싹 마른 흙에서 올라오는 먼지와 냄새가 그의 현실을 잔인하게 알려 주었으나, 예수아의 뒷모습은 그의 뇌리에서 지워지지 않았다.

엘르아잘은 밤이 깊어 가도록 흔들리는 자신의 신념을 다잡기 위해 노력했다.

아침이 되어 에밀이 토굴에서 나올 때 엘르아잘은 토굴 옆에 앉아 하늘을 바라보고 있었다.

"밤새 이러고 계신 겁니까. 조금이라도 주무시지 않으면 내일 이동하실 때 어려우실 겁니다."

"에밀."

"말씀하십시오."

"지금 우리와 함께하고 있는 형제들은 말입니다. 참 하나같이 어릴 때부터 온갖 고생이라는 고생은 다 하고 살아온 사람들이에요. 그렇죠?"

"그렇지요. 집에서 버려지거나 팔려 오거나, 가족이 모두 죽어서 혼자 떠돌아 다니던 이들이 많습니다."

"그런데, 이제 내가 저들에게 목숨을 내어놓으라 하고 있으니, 저들도 참 복이 없는 사람들이에요."

에밀은 말없이 엘르아잘의 옆에 앉았다.

그리고는 바닥의 마른 풀을 한 줌 뽑아 앞으로 휙 뿌렸다.

"다들 이런 세상에 대한 적개심이 가득하지요. 그렇다 해도 말씀처럼 운도 지지리도 없는 사람들이 맞는 것 같습니다."

엘르아잘이 바라보자 에밀은 슬쩍 웃어 보였다.

해가 떨어지는 늦은 오후가 되자, 각자의 토굴에 숨어 있던 각 지역의 형제들이 무장을 하고 집결하기 시작했다. 크게 네 갈래로 나뉘어 에스부스로 이동하기 때문에 집결도 네 곳으로 정해졌다.

무기를 챙기고 있을 때, 엠마오의 대표가 황급히 찾아왔다.

이동 시간이 다가오자 공포를 이기지 못한 엠마오와 얌니아의 형제들 중 6명이 추가로 이탈을 했다고 전해 왔다. 이탈에 대한 어떠한 제제도 없었기 때문에 엘르아잘은 알겠다고 말하고는 계획대로 이동하도록 지시했다.

에스부스까지는 도보로 6시간 정도 걸리는 거리였다.

밤에 산길을 이동하는 것을 감안하여 조금 더 여유 시간을 확보해 출발하였고, 각 조별로 선두에 2명이 앞서 이동해 만일의 사태에 대비하도록 했다.

밤이 깊어 아직 새벽이 오지 않는 시간에 맞추어 에스부스 인근에 도착했다. 요새가 있는 뒤편 계곡까지 오는 동안 8명이 더 이탈했다.

엘르아잘은 그들을 계곡에 앉혀 놓고 하나하나 얼굴을 마주 보았다. 모두 두려워하는 표정이 역력했고, 어떤 이는 눈물을 보이기도 했다. 엘르아잘은 사시 나무 떨듯 바들바들 떨고 있는 한 청년을 꼭 껴안았다. 그의 거친 숨결과 체온, 떨고 있는 몸에서 나는 체취가 살아 있는 생명이 되어 엘르아잘을 파고들었다.

두 손으로 그의 얼굴을 잡고 바라보았다.

이를 악물고 자신의 의지를 다잡고는 있었지만, 눈물이 가득 글썽인 그의 눈은 살고 싶다고 애원하고 있었다.

고개를 돌려 언덕 너머를 바라보았다.

저 요새 안에는 아버지와 어머니, 형제들을 살육하고 짐승의 먹이로 던져 버린 자가 세상 모르고 자고 있을 터였다. 당장이라도 달려가 사지를 찢어 죽이고 싶은 마음이 치솟아 올랐다.

그러나, 다시 고개를 돌려 눈앞에서 똑같이 죽음의 공포에 떨고 있는 사람들의 눈빛을 바라보았다.

엘르아잘은 한참 동안 쭈그려 앉아 바닥의 흙을 손으로 만지다가, 옆 둔덕의 언덕에 등을 기대고 하늘의 별빛을 바라보았다. 그의 시선은 마치 별 하나 하나를 세듯이 섬세한 듯하면서도 마음을 다 풀어 버린 듯 편안해 보였다.

엘르아잘에게서 아무런 명령이 떨어지지 않자, 전열을 정비하던 에밀이 다가왔다.

숨을 헐떡이는 에밀을 멍하니 바라보던 엘르아잘이 그에게 말했다.

"에밀. 난 오늘은 우리 형제들의 생명을 지켜야겠습니다."

에밀은 잠시 이해가 되지 않는 듯한 표정을 짓다가 '지금 무슨 말을 하는 거야?'라는 표정으로 바뀌었다.

"지금 당신의 심정이 어떨지 압니다. 이 놈이 갑자기 무슨 미친 소리를 하나 싶겠지요."

"예디온! 도무지 이해가 되지 않습니다. 갑자기 이러시는 이유가 뭡니까?"

"나도 모르겠습니다. 내 마음이 왜 이렇게 하염없이 흔들리는지 모르겠습니다. 그저 저는 지금 살고 싶어하는 내 눈앞의 불쌍한 청년들만 보입니다."

"안티파스가 바로 눈앞에 있습니다. 이대로 물러나신다는 말씀이십니까?"

"우리 형제들이 더 많이 살아 돌아갈 다른 방법이 있을 겁니다."

"이런 기회가 다시 없을 수도 있습니다. 보십시오. 서쪽은 경비의 움직임도 없습니다. 분명 방심해 졸고 있을 것이 뻔합니다. 지금 기습을 한다면 분명 안티파스의 목을 자를 수 있을 겁니다!"

엘르아잘은 갈등 어린 눈빛으로 다시 주변을 둘러보았다. 그리고는 잠시 눈을 감았다. 두근거리는 심장과 자잘한 소음들 속에서 예수아의 시선이 다시 떠올랐고, 자신의 마지막이 이번이 아니라는 그의 말과 함께 눈을 떴다. 눈앞에는 여전히 긴장한 수십의 젊은이들이 자신을 바라보고 있었다.

엘르아잘은 고개를 돌려 에밀에게 말했다.

"에밀. 미안하오. 당신은 항상 나의 뜻을 존중해 주었고, 따라 주었소. 그러니 참으로 면목이 없는 이야기지만 이번에도 나의 뜻을 이해해 주시오."

에밀은 이해할 수 없다는 듯 거칠게 손을 휘저었지만, 아무런 말도 하지는 않았다.

엘르아잘은 눈앞의 젊은 형제들을 바라보며 나직이 말했다.

"형제들이여. 오늘은 집으로 돌아가자. 돌아가서 말린 생선과 따뜻한 보리떡 하나를 먹고 포도주를 한 잔 마시고 편히 자자."

모두들 놀란 눈으로 엘르아잘을 바라보았다. 그러나 그들의 얼굴에서 조금씩 공포의 떨림이 사라지고 있었다.

"형제들이여. 나는 오늘 이곳에서 큰 깨달음을 얻게 되었다. 그것은 내 눈앞에 있는 내 형제들의 거친 숨소리와 심장의 두근거림이 저 산기슭 넘어 자고 있을 여우 같은 인간의 목숨보다 훨씬 더 가치가 있다는 것이다. 오늘 저 보잘것없는 영혼을 취하기 위해 너무나 소중한 것을 잃을 뻔했구나."

"돌아가자. 돌아가서 내 그대들과 함께 만찬을 즐겨야겠다. 저 여우의 목숨은 추후에 내가 다른 방법을 통해 꼭 취할 것이니 그대들은 오늘 나와 함께 돌아가자."

갑작스런 회군 이야기에 이곳저곳에서 술렁거림이 있었지만, 모두 아무런 말없이 왔던 길로 되돌아가기 시작했다.

다시 하루를 꼬박 걸어 대부분 예정된 퇴각지로 흩어지고, 예리코 외각의 거처에 팔십 여 명의 청년들이 자리를 했다. 돌아오는 동안 에밀은 엘르아잘에게 말 한마디 건네지 않았다.

크지 않은 거처에 많은 사람들이 자리를 잡고 앉다 보니 발 디딜 틈이 없었지만, 무엇에 흥이 났는지 모두들 왁자지껄 웃고 떠드는 것이 결혼식 피로연 같은 분위기였다. 예리코 형제들이 구해 온 술과 음식이 전달되자 마치 전쟁에서 이기고 돌아온 승전병들처럼 허겁지겁 마시기도 하고, 춤을 추며 분위기를 돋우기도 했다.

엘르아잘은 아무런 말도 하지 않는 에밀을 툭 치며 말했다.

"에밀. 그대가 실망한 것은 잘 알고 있소. 미안하오. 그런데 말이오. 나는 오늘만큼은 내 손에 안티파스의 머리를 들고 있는 것보다 저들의 웃음과 춤사위를 보고 있는 것이 더 행복한 것 같은데. 날 좀 이해해 줄 수는 없겠소?"

에밀은 환하게 웃는 엘르아잘을 바라보다가 앞에 있는 포도주 한 잔을 한꺼번에 입안에 털어 넣더니, 못 이기겠다는 듯 한숨을 내쉬었다. 그리고는 벌떡 일어서서 춤을 추는 엠마오 무리들과 섞여 어설프게 춤을 추었다.

17장. 갈림길

메드바로 돌아와 하루 종일 잠을 잤다. 이렇게 푹 자 본 것이 언제인지 기억이 나지 않을 정도로 잠을 잤다. 돌아올 때가 저녁 무렵이었는데 잠을 깨 보니 다시 저녁 무렵이었다.

마당으로 나와 밤하늘을 멍하니 바라보고 앉았다. 감정이 북받쳐 올라 고개를 숙이고 한숨을 크게 내쉬었다. 지난 며칠간의 시간들이 마치 긴 꿈속의 일인 것만 같았다.

엘르아잘은 예수아의 말을 이해하지는 못했지만, 지금 안티파스와 함께 죽는 것 말고, 다른 미래가 있다는 것을 믿어 보기로 했다. 죽음을 각오한다면 안티파스는 언제든 죽일 수 있었다. 문제는 그의 죽음이 자신의 개인적인 복수 이외에 진정 그의 마음속에 다른 의미가 없었기 때문이었다.

추적을 피하기 위해 각 지역의 연고를 버린 형제들을 다시 자리잡게 만드는 것은 미리 준비되어 있어 어려움이 없었지만, 며칠 동안 각 지역을 돌며 별다른 문제들이 없는지 직접 확인했다. 엠마오에서 형제들을 만나고, 바로 베들레헴으로 길을 떠났다. 에밀을 만나기 위해서였다. 미리 연락을 하지 않고 출발한 것이라, 그냥 에밀이 일하는 곳으로 갔다.

에밀은 깜짝 놀라며 달려 나왔고, 그의 안내에 따라 작업장 뒤편 나무 그늘 아래에 앉았다.

"예디온. 말씀도 없이 어떤 일이십니까."

"에밀. 당신에게는 정식으로 사죄도 해야 하고 해서, 미리 연락도 하지 못하고 이렇게 불쑥 나타났습니다."

"무슨 말씀을요. 그런 말씀 마십시오. 저도 예디온께서 어떤 마음으로 그런 결정을 하셨는지 많이 생각해 봤습니다. 제가 아직 당신의 마음을 잘 알지는 못하지만, 그래도 조금은 이해가 가기도 합니다."

"베들레헴 쪽으로 이주한 얌니아 형제들은 어찌 지냅니까?"

"이 친구들. 전투 한 번 하지 않고도 단단히 겁을 먹었던 모양입니다. 저한테는 코빼기도 보이지 않고 자기들끼리만 있습니다."

"그렇군요. 다른 지역들도 마찬가지입니다. 모두들 사기가 많이 꺾여 있어요. 그렇지만 예전과 다르게 모두 표정들은 좋더군요."

"얌니아 친구들도 마찬가지입니다. 생전 안 웃던 사람들이 장난끼까지 생겨 가지고. 그나저나 예디온께서는 괜찮으신 겁니까? 사실 그때 많이 힘들어 보이셔서 내심 걱정을 많이 했습니다."

"괜찮습니다. 아주 좋아요. 힘든 과정이었지만, 많은 것을 깨달을 수 있었습니다. 그것이 제 확신에 변화를 주었습니다."

"혹시 어떠한 변화가 생기신 건지 여쭈어봐도 되겠습니까?"

엘르아잘이 잠시 머뭇거리다 대답했다.

"제겐 하늘과 같은 선생님이 계십니다. 전 그분께 이번 일에 대해

당당히 말씀드리지 못했습니다. 거꾸로 그분의 질문에 제대로 대답도 하지 못했지요. 그것은 아마도 제가 이번 일의 의미에 대해 아직 확신하지 못하는 것이 있기 때문일 겁니다. 형제들의 목숨을 걸고 하는 일입니다. 확고한 확신이 없어서는 일을 진행할 수 없었습니다."

"혹시 싯딤으로 가는 길에 만났던 그분입니까?"

"당신의 예상이 맞습니다. 만약 그분이 돌아오시지 않았더라면, 아니 그날 그분을 그곳에서 만나지 못했더라면 저는 형제들의 목숨을 밟고 안티파스와 함께 죽음의 길로 달려갔을 겁니다. 허나 그분의 존재와 그분의 눈빛이 제가 형제들 하나하나를 바라보게 만드셨습니다."

에밀이 살짝 걱정스러운 목소리로 물어 왔다.

"예디온. 혹시 그렇다면 앞으로 우리는 어떻게 되는 겁니까? 예전처럼 그렇게 살아가야 되는 겁니까?"

"아닙니다. 에밀. 사실 이런 제 생각의 변화로 당신과 앞으로의 일을 상의하고자 찾아온 겁니다."

"어떤 말씀이십니까?"

"지금처럼 로마의 힘이 막강한 상태에서 예전처럼 치고 빠지는 소규모 전투 전략이 어떤 결과를 가져올지 예전에는 이렇게까지 깊게 생각해 보지 못했습니다."

에밀이 이해한다는 듯 고개를 끄덕였다.

"로마나 정규군이 신경 쓰지 않는 작은 마을의 관리들을 대상하는 하는 것이야 어찌어찌 피해 갈 수 있을지 모르겠지만, 저들이 적으로 간주하는 순간, 나는 우리 형제들을 비참한 죽음의 구렁텅이로 몰아

넣는 멍청한 놈밖에는 되지 않겠더군요. 그래서 저는 우리가 가지고 있는 소규모의 전투력에 저들의 이해관계를 이용하는 조금 더 정치적인 방법을 복합적으로 사용해 볼까 합니다."

"우리가 가진 것이 있어야 저들과 정치적으로 협상을 하든, 대립을 해서 원하는 것을 얻어내든 할 텐데요. 저는 상상이 잘되지 않는군요."

"저도 지금 당장은 잘 모르겠습니다. 그러나 꽤 오랜 기간 각 지역의 정보들을 받아 오다 보니, 그들의 이해관계 속에서 어렴풋이 틈이 보이기도 합니다. 대략적인 생각은 무조건 공격하는 것이 아니고, 저들을 교란시키고 대립하게 만들어서 그 틈을 파고 들어가는 전투를 만들어 내는 것입니다."

에밀이 한참 동안 머뭇거리다가 결심이 선 듯 말했다.

"예디온께서도 아시다시피 제가 지금 당신을 따르고 있기는 하지만, 저는 젤롯단원이기도 합니다."

"알고 있습니다. 저번에 헤브론으로 동행할 때 말씀하셨지요. 그런데 그게 왜요? 혹시 어떤 움직임이 있는 겁니까?"

"저희 중에서도 소수에게만 전달된 극비 사항입니다. 예디온께서는 저와 목숨을 함께 하시는 분이니 신중히 말씀드리겠습니다. 조직 내에 저의 신뢰가 걸린 문제이니 절대로 노출되어서는 안 되는 정보입니다."

엘르아잘이 알겠다는 표시로 고개를 끄덕였다.

"갈릴리 쪽 일입니다만, 이번에 우리와 연합해서 거사한다는 지령이 있었습니다."

엘르아잘은 갈릴리라는 얘기에 잠시 놀랐지만 금세 태연한 표정으로 되물었다.

"보통은 서로 정보나 교류하고, 활동은 따로 했었는데 이번에는 특별한 일이 있는 것입니까?"

"저도 자세히는 모릅니다. 우리 남부 5개 도시는 헤브론의 유다님이 조직의 결정 사항을 알려 주시고 행동 지침을 정해 주시는데, 이번에 북부의 결정을 지원하기로 한 모양입니다."

유다라는 얘기에 엘르아잘은 다시 한번 놀랐다. 그가 젤롯인 것은 알고 있었으나, 남부 5개 도시를 총괄한다는 것에 놀란 반면, 그를 생각하면 충분히 그럴 능력이 있는 사람이라는 생각도 들었다.

"북부에서 크게 움직이려 하는 모양이지요?"

에밀은 주변을 살피더니, 고개를 숙여 엘르아잘의 귀에 대고 속삭이듯 말했다.

"최근에 갈릴리 유다님의 혈육인 야이르 님과 그 가족을 안티파스가 살해했답니다. 북부 조직에서 이에 대한 보복으로 티베리아스에 있는 나바테아 상인들을 참수한다고 합니다."

엘르아잘은 심장이 멎는 것 같았다. 참아 보려 했지만 눈 언저리가 부르르 떨렸다. 그러나 그것을 알 리 없는 에밀이 계속 말했다.

"북부 조직 입장에서 안티파스를 직접 노릴 수는 없지만, 상대적으로 안티파스의 후광을 믿고 횡포를 부리고 있는 나바테아 상인들을 공격해서 헤로디아 때문에 가뜩이나 사이가 나빠진 나바테아의 아레타스4세에게 명분을 던져 준다는 전략인 것 같습니다."

엘르아잘은 아무런 말도 하지 못하고 에밀을 멍하니 바라보고 있었다.

"헤브론 유다님의 이야기로는 가이사라에 있는 로마군 본진이 티베리아스로 가지 못하도록 남부에서도 동시에 규모에 맞는 거사를 한다는 겁니다."

엘르아잘의 얼굴이 벌겋게 상기되었지만, 혈기를 간신히 누르며 물었다.

"남부에서는 어떤 계획이랍니까?"

"아직 정해지지는 않았다고 합니다. 이미 북부에서 전략이 결정되었으니, 남부에서 먼저 봉기하면 연쇄적으로 일이 진행되는 것 같습니다."

"그 일은 헤브론의 유다께서 결정하신다고 합니까?"

"그건 아닌 것 같습니다. 그분께서도 자신이 결정할 사항은 아니라고 하셨거든요."

"그렇군요. 그러면 에밀 당신은 이번에 남부 열심당의 작전에 우리 형제들과 함께 참여하자는 의견인 것이군요."

"말씀드리자면 그렇습니다. 헤브론의 유다께서 항상 전투가 가능한 젊은 인원이 부족하다고 말씀하셨거든요. 그런데 최근의 저희 형제들을 보면 남부 젤롯보다 조직적이고 강하다는 생각이 듭니다. 만일 남부의 거사에 우리 형제들이 동참한다면 큰 도움이 될 겁니다."

"그렇군요. 이제야 어떤 상황인지 확실히 이해가 되는군요."

"물론 결정은 예디온께서 하시는 겁니다. 저는 단지 당신에게 이러한 일들이 있다는 정보를 드리고 있는 것입니다."

"너무나 감사한 일이지요. 어떠한 사항이 결정되면 꼭 말씀 부탁드립니다. 그럼 저는 돌아가 소식을 기다리고 있겠습니다."

엘르아잘이 에밀과 작별 인사를 하고 돌아가던 중, 걸음을 멈추고 다시 에밀에게 돌아와 물었다.

"그런데, 에밀. 궁금한 것이 하나 있습니다."

"말씀하십시오."

"젤롯활동은 언제부터 하게 된 겁니까?"

에밀은 기억을 더듬으며 말했다.

"제가 단도 한 자루 쥘 힘이 없을 때니까 열다섯이 막 되었을 겁니다. 그때 헤브론의 유다님을 처음 만났지요. 이쪽 유대에서는 꽤 큰 사건이었는데요. 그때, 유다께서 일을 도모하셨고, 저는 망을 보는 역할이었습니다."

"조직의 규율이 있으니, 제가 더 물으면 안 되는 것이겠지요?"

"그렇습니다. 그분의 안전을 위해 맹세한 것이 있어 더 이상은 말씀드릴 수 없습니다. 이런 이야기도 제가 지금까지 살아오면서 예디온께 처음 드리는 것입니다."

"알겠습니다. 에밀. 사실을 말씀드리자면, 저도 유다 그분과 개인적으로 아는 사이입니다. 그분에게 많은 도움을 받았고, 지금의 제가 있는데 그분의 역할이 그 누구보다 크다고 말씀드릴 수 있습니다. 저도 항상 존중의 마음으로 대하는 분이니 제게 그분에 대한 이야기를 전하셨다 하여 너무 괘념치 마세요. 그만큼 에밀 당신이 나와 우리의 조직을 신뢰한다는 반증이니 저는 너무나 소중하게 당신의 이야기를 들었고, 그 비밀은 제 생명이 끝날 때까지 우리 당사자들 밖으로 새어 나가는 일은 없을 겁니다."

엘르아잘은 그 누구보다 자신에 대해 지속적으로 신뢰해 준 에밀을 꼭 껴안으며 감사의 표시를 했고, 그와 헤어진 후 바로 헤브론으로 발걸음을 옮겼다.

유다를 만나기 위해서였다.

엘르아잘이 찾아오자 유다가 맨발로 뛰어나와 그의 손을 잡았다.

"이 사람. 말도 없이 여기는 어떤 일인가! 어서 들어오게."

엘르아잘을 집안으로 안내한 유다는 엘르아잘이 자리에 앉자 무릎을 꿇은 자세로 그의 손을 잡아 이마에 대며 말했다.

"내 어찌 가족 분들의 일을 말로 위로할 수 있겠는가. 미안하네. 어찌 손을 써 보지도 못했네."

엘르아잘도 같이 무릎을 꿇고 유다의 손을 잡았다.

얼굴에 가져간 유다의 손에 엘르아잘이 이마를 대고 눈을 감았다.

둘은 한참 동안 아무 말 없이 그렇게 있었다.

작은 호롱불이 흔들리는 탁자에 유다와 엘르아잘이 마주보며 앉아 있었다.

유다가 물었다.

"내 얼굴이 보고 싶어 왔냐고 물으면 내가 좀 모자란 사람이 되는 것이겠지?"

엘르아잘이 살며시 미소를 띠며 말했다.

"선생님 얼굴 뵈러 온 것이 맞습니다. 당연히 자주 찾아 뵈어야 하는 것인데 제가 너무 소원했습니다. 용서하십시오."

"그런 말 말게. 요즘 젊은 친구들이 많이 따른다는 이야기를 듣고 있어. 예디온이라는 이름으로 활동한다고?"

"그냥 친목 삼아 세상 돌아가는 이야기나 들을 겸 만나는 겁니다. 저 같은 놈이 무엇을 하겠습니까."

"너무 그렇게만 얘기하지 말게. 나도 듣는 귀가 있다네."

유다는 사람 좋은 표정으로 웃고 있었지만 눈빛은 날카로운 느낌이었다.

엘르아잘은 탁자 위에 손을 모으고 유다에게 물었다.

"혹시 저의 가족 일과 관련해서 모간 형님과 말씀을 나누신 것이 있으십니까?"

유다의 표정이 굳었다. 그의 눈빛은 어떻게 알았냐는 질문을 던지고 있었다.

"이번에 남부와 북부가 힘을 합쳐 진행하기로 한 일 말입니다. 그거 모간 형님과 협의하신 것 아니냐는 말씀입니다."

"어떻게 알았나. 우리 중에서도 몇 명만 알고 있는 일인데. 모간에게 들었나? 그 친구가 얘기할 리 없었을 텐데."

"저와 긴밀히 지내는 이가 남부 젤롯에서 나름 중요한 역할을 하고 있습니다. 신뢰의 문제이므로 그 친구를 밝히지 못함을 용서해 주십시오. 허나 제가 들은 이번 일의 목적이 사실이라면 당사자인 제가 알고 앞장서야 하는 일인데 당신께서 제게 말씀을 해 주지 않으신 이유가 무엇인지 알고 싶어서 이렇게 불쑥 찾아오게 된 것입니다."

유다는 엘르아잘이 불현듯 찾아온 이유를 이제야 알겠다는 듯 고개를 끄덕였다.

유다가 엘르아잘을 바라보고 말했다.

"맞네. 모간을 비롯해서 우리 내부에서 많은 토의를 거친 후 내린 결정이야. 개인적으로 자네에게는 가족사에 대한 일이지만, 우리에게 상징적인 지도자의 혈육과 후손들을 죽이고 티베리아스 남부도로에 내건 것은 열심당 전체에 대한 선전포고나 다름 없는 일이네. 이런 도발에 대응하지 않는다면 우리는 내부와 외부에서 존재의 의미에 대한 질문을 받게 되지. 얼마나 힘이 있는지, 정치적 능력은 어느 정도 되는지, 다음 번에는 어느 정도 행동을 해도 될지, 뭐 그런 것에 대한 질문 말이야."

유다는 엘르아잘의 눈을 빤히 바라보더니 말을 이어 나갔다.

"그런데 조직의 전략을 떠나 모간과 내가 공통적으로 합의한 것이 있네. 열심당 내에서는 야이르 님의 혈육인 자네의 생존 가능성을 낮게 보고 있어. 나인에서 자네가 어릴 적 떠난 후, 한 번도 보지 못했다는 증언들도 있었지만, 진작에 모간이 안티파스를 속이기 위해 자네가 굶어 죽었다는 소문을 퍼트린 것이 주효하기도 했고. 만약 우리 조직에서도 자네의 존재를 알게 된다면 아마도 어떻게 해서든 활용하려고 할 걸세. 자네도 가족의 일이니 평정심이 흐트러져 어떤 결정을 할지 알 수 없을 것이고."

유다가 일어나 엘르아잘의 어깨에 손을 얹고 말했다.

"자네는 더 큰 일을 해야 해. 이번 일은 우리에게 맡기게. 그게 맞네."

"북부의 계획은 대략적으로 알고 있습니다. 남부에서는 어떤 계획을 가지고 계십니까?"

"정말 믿을 수 있는 자들에게만 공유한 정보인데, 자네에게 흘러들어갔다면 내 정보망에도 균열이 있는 것 같군."

"죄송합니다. 허나 너무 염려하지 마십시오. 제게 정보를 준 자도 당신께서 인정한 사람이니 만큼 제가 이번 일에 도움이 될 것이라는 확신이 있었기 때문에 도모한 것입니다. 저 또한 그 사람을 그리 평가합니다. 제가 알게 되기는 했으나 다른 곳으로 비밀이 새어 나가지는 않을 겁니다."

"아니야. 형제들의 목숨이 걸린 일인데. 조금 더 신중할 필요가 있겠어."

유다는 잠시 생각에 잠긴 듯 거실을 돌아다니다가 다시 자리에 앉았다.

"뭐 이렇게 자네가 알게 되었으니 지금 굳이 숨길 필요까지는 없겠군. 총괄적으로 이야기하자면 남부에서는 아직 정확한 계획을 마련하지는 못했네. 북부의 보복이 결정되었고, 결사대가 치고 빠지는 방식이라 안티파스가 대응하기는 불가능한 작전이지. 그러나 북부에서도 한 가지 우려하는 것이 지역 분쟁을 바라지 않는 로마가 북부 사람들을 학살하는 방식으로 나바테아[29]와의 분쟁을 무마시키려 할 가능

---

29 유대 지역 남쪽의 왕국으로 무역을 중심으로 성장, 세력화되었다.

성이 있다는 거야."

"그래서 총독을 가이샤라에 묶어 놓아야 한다는 것이군요."

"안티파스가 자기 손으로 아레타스[30]가 납득할 만한 결과를 만들지 못할 것이 뻔하니, 분명 총독에게 요청하겠지. 그런 요청이 있더라도 남부의 상황 때문에 총독이 쉽게 움직일 수 없는 그런 건을 만드는 것이 이번 작전의 핵심이네. 그건 남부 민중들이 언제든 폭발할 수 있다는 위기감이 총독의 마음을 지배해야 가능한 일이지."

"로마의 발을 묶어 놓고, 아레타스와 안티파스의 분쟁을 유도한다는 것이군요."

"거기까지 가능하다면 우리에게는 최상의 시나리오이긴 한데, 아마도 경제적인 보복에서 끝날 가능성이 커. 로마가 있기 때문이지. 상황이 만들어지고 북부 조직이 거사를 한다면, 아레타스는 경제적 단절로 안티파스에게 보복할 수 있는 명분을 얻게 되는 거야. 그렇지 않아도 이혼당하고 쫓겨난 딸 때문에 화가 잔뜩 나 있는 아레타스가 그냥 넘어가지는 않겠지. 엄청난 돈을 써 대고 있는 안티파스에게서 나바테아 상인들의 무역세가 없어진다면 그 자식 입장에서는 상당한 타격을 입게 될 것이고."

"나바테아와의 무역이 끊어진다면, 북부의 주민들에게도 피해가 되지 않겠습니까?"

"어차피 가난한 민중들은 상관이 없는 일이야. 나바테아와의 무역

---

30 나바테아의 왕으로 자신의 딸인 파살리스를 안티파스와 결혼시켰으나, 안티파스의 정치적인 야망으로 인해 일방적으로 이혼당한 후 적대적인 세력으로 자리 잡는다.

에서 만들어지는 이익은 일부 독과점 상인들이나 관리들이 독점하거든. 그들이 안티파스에게 상납하는 구조라 오히려 갈릴리 쪽 대부분의 사람들은 눈엣가시 같던 나바테아 상인들이 없어지면 아주 좋아할 걸세."

"그렇군요. 그런데 선생님. 질문하나 드려도 되겠습니까?"

"말해 보게. 평소와 다르게 오늘 따라 궁금한 것이 많구먼."

"열심당에서는 안티파스를 직접 제거하는 방법은 고려하고 있지 않은 건가요?"

살짝 미소 짓고 있던 유다의 얼굴에서 웃음기가 사라졌다.

"솔직히 우리와 뜻을 같이하는 형제들이 여러 지역에 퍼져 있기는 하지만 우리는 군대가 아니야. 저들은 무기와 훈련된 군인들로 무장한 세력이지. 반면 우리는 생선을 파는 상인이나 석공들, 짐을 나르는 인부들 같은 평범한 사람들일 뿐이네. 가슴속에 간직한 작은 단도 말고는 아무것도 없는 힘없는 사람들이지. 갈릴리에서의 봉기가 처참하게 실패한 뒤로 우리 형제들의 가슴속에 공포와 무력감이 자리잡은 것도 사실이네. 우리가 할 수 있는 것은 방심한 틈을 타 기습하고 숨는 것이 전부라, 지금의 젤롯으로는 안티파스를 죽이지 못해. 설령 그를 죽이더라도 엄청나게 많은 우리 형제들이 목숨을 내어놓아야 해. 나도 안티파스가 증오스럽지만, 그보다 우리 형제들의 목숨이 더 중요하지 않겠나."

"그렇다면 열심당은 어떤 계획을 가지고 있는 겁니까?"

"하나하나 만들어 나가야지. 우선 이두매 자식들을 고립시키는 것부터 해야 헤. 안티파스처럼 황제의 뒷배를 믿고 있는 놈들을 고립시키고 주변국들과 분쟁을 야기해서 로마 황제로부터의 신뢰를 깨는 것이 시작이야. 그 뒤에 균열된 우리 민족의 힘을 하나로 모아 부역자들을 처단하고 독립을 쟁취해 나아가야 한다고 생각하네."

"그렇다면 이번 일은 전체적인 정세를 유리하게 만들기 위한 시발점 정도 된다는 말씀이시군요."

"그렇지. 나바테아와의 분쟁은 여러 면에서 저들을 분열시키고 힘을 빼 놓는 효과가 있어. 저들이 혼란스러워지면 견제가 느슨해지고 우리의 힘을 하나로 모을 수 있는 기회들이 생기게 될 거야."

"북부와 남부가 힘을 합치는 것이 가능하겠습니까? 서로에 대한 불신이 어느 때보다 뿌리 깊게 자리잡고 있는데요."

"어려운 일이지. 분명 많은 난관에 봉착하게 될 거야. 그러나 불가능한 것만은 아니라고 생각하네. 맛다디아[31]님처럼 민족의 가슴에 불을 지를 수 있는 횃불을 들고 일어나는 선지자가 있다면 우린 예전처럼 하나가 되어 싸울 수 있어. 문제는 오랜 시간 기다렸지만 신께서 그런 선지자를 아직 보내 주시지 않는 것이겠지."

엘르아잘은 유다의 이야기에서 그가 진심으로 하고자 하는 것이 무엇인지 느낄 수 있었다.

그날 밤 엘르아잘과 유다는 늦게까지 호롱불 아래에서 깊은 대화를 나누었다.

---

31 마카비 혁명의 지도자였던 유다마카비의 아버지로 독립 혁명의 시발점 역할을 했다.

18장. 세례 요한

예수아가 돌아오자 쿰란의 분위기가 출렁거리는 느낌이었다.

마치 잔잔했던 호수에 작은 조약돌 하나가 떨어진 것처럼, 소란스럽지 않은 작고 조용한 움직임들이 쿰란 전체에 퍼져 나가고 있었다.

엘르아잘도 예수아가 돌아온 쿰란에 머물고자 하였으나, 많은 사람이 몰리는 다가올 유월절에 안전을 보장할 수 없다는 유다의 조언을 따라 베뢰아의 메드바에서 머무르기로 하였다.

쿰란의 침례지에서 세례를 하던 요한 사제가 요단강 옆 작은 베다니 부근에서 세례를 하기 시작한 것은 엘르아잘이 안티파스를 공격하기 위해 진군했던 그 무렵이었다. 쿰란에서는 정해진 의례를 모두 거치지 않으면 세례를 받을 수 없었으나, 요한 사제는 찾아와 원하는 자들에게 모두 세례를 해 주었다. 이는 공동체 율법을 정면으로 위배한 것이었기 때문에, 쿰란에서는 사제 둘을 보내 요한 사제에게 개별적 세례를 중단하고 공동체로 복귀할 것을 명령하였으나 요한 사제는 이를 거부했다.

공동체는 즉시 요한의 사제직을 박탈하고 그의 세례가 효력이 없음을 선언했지만, 이미 많은 사람들이 베다니로 모여들고 있는 상황을 바꾸지는 못했다.

이전부터 요한 사제와 깊은 관계를 맺고 있었던 벳세다의 안드레아와 요한은 이미 베다니로 와서 그의 세례를 돕고 있었고, 최근 들어 헤브론의 유다 또한 베다니에 머물며 이번 유월절의 중심으로 떠오르고 있는 요한 사제와 몰려드는 사람들의 반응을 지켜보고 있었다.

베다니 세례의 초기에는 갈릴리나 데가볼리 쪽 사람들이 대부분이었으나, 시간이 지날수록 베뢰아, 사마리아, 유대 지역까지 소문이 퍼지며 많은 사람들이 모여들었고, 쿰란과 성전 측 모두 이를 매우 위협적으로 판단하고 있다는 소식이 전해졌다. 특히, 안나스[32]의 수하로 알려진 이스마엘[33]의 가택에서 일하는 지지자가 조만간 베다니에서 사제를 압송해 공의회에서 심문할 것이라고 알려 왔다.

엘르아잘은 베다니에 머물고 있는 유다에게 사람을 보내 성전 측의 움직임 파악과 요한 사제의 안전에 대한 대비를 요청했고, 상당수의 유대 지역 젤롯단원들이 베다니에 배치되었다. 모간을 비롯한 갈릴리 측 단원들도 군중의 곳곳에 숨어들어 만일의 사태에 대비하고 있었다.

여우 같은 안나스가 과거 혁명의 불씨가 될 법한 종교 인사들을 모두 산헤드린 종교 회의에 회부하여 제거해 왔던 일들을 보아 왔던 터라, 만약 이번에도 요한 사제에게 죄를 뒤집어씌우고 연행하려 하면, 폭동을 일으켜 역으로 정치적 권력의 중심을 흔들어 놓을 계획이었

---

32 성전 대제사장 출신으로 현 대제사장인 가야파의 장인이며, 실질적인 종교권력의 중심
33 안나스의 오른팔 격인 수하이고, 차기 대제사장의 후보의 하나로 거론되는 인물

다. 유다는 요한 사제의 드높은 인기가 북부와의 연합작전에 좋은 기회가 될 것으로 판단하는 듯 보였고, 안나스가 현재 가장 강력한 종교 권력자이기는 하지만 공식적으로는 현직 대제사장도 아닌 만큼, 로마나 성전 측에서 그의 측근인 이스마엘을 보호하는 것에도 한계가 있다고 판단했다.

얼마 지나지 않아, 예상대로 안나스의 심부름꾼들이 베다니로 찾아와 요한 사제를 겁박하는 일이 벌어졌다. 그들은 매번 그래 왔었던 것처럼 각종 질문들을 던지며 사제의 실수를 유도하기 위해 노력했다.

사제의 연행이 시도되면 곳곳에서 군중을 흥분시켜 심부름꾼들을 처리하고, 어떻게 해서라도 그들이 가야파가 아닌 안나스의 수하들인 것을 밝혀 내는 것이 작전의 시작이었다. 이후 예루살렘으로 소식이 들어가기 전에 그들을 앞세워 흥분한 군중들과 안나스가 있는 곳으로 쳐들어가려 했다. 항상 그래 왔듯이 민중의 폭동은 헤롯의 아들들과 현 대제사장인 가야파를 상당히 위축시킬 것이고, 이를 통해 다음 계획인 티베리아 공격을 진행하는 데 훨씬 유리한 고지를 점할 수 있었다.

유다는 이 과정에서 엘르아잘에게 요한 사제에 대한 여러 문의를 해 왔다. 그가 과연 민중의 중심에서 혁명의 상징이 될 수 있는 그릇인가에 대한 문의였다.

엘르아잘이 그의 문의에 대해 부정적인 의견을 보내는 과정에서, 예상외로 안나스의 심부름꾼들이 별다른 행위 없이 베다니에서 물러났다.

유다는 여우 같은 자들이 젤롯의 움직임을 눈치챈 것 같다고 판단했다.

그러나 어떤 면에서는 요한 사제의 인기가 아무리 높아졌다 한들, 그가 혁명의 핵심이 될 수 있을지에 대한 확신이 없는 상태에서의 섣부른 봉기가 감당할 수 없는 피해로 이어질 수 있기 때문에 이번 일이 다행인 면도 있었다.

이런 상황에서 엘르아잘도 유다도 쿰란의 어떤 사람도 예상치 못했던 일이 벌어졌다.

예수아가 베다니에 나타난 것이었다.

유다의 전언에 따르면 예수아는 엘르아잘이 쿰란에서 그를 다시 만났을 때처럼 몹시 초췌한 모습이었으나, 사람의 마음을 꿰뚫어 보는 듯한 눈빛과 일반 사람들과는 다른 그의 후광은 참으로 인상 깊은 것이라 했다.

요한 사제도 예수아를 깍듯이 대했고, 예수아의 침례가 이루어진 날 이후의 모든 세례를 중단하고 그와 단둘이 밤새 대화를 나누었다고 했다.

엘르아잘은 유다와 자신의 추종자들을 통해 들어오는 베다니의 소식을 예의 주시하고 있었다.

무엇보다도 예수아의 등장은 엘르아잘의 모든 신경을 날카롭게 했다.

이후, 요한 사제의 가장 헌신적인 지지자였던 요한과 안드레아가 예수아와 함께 움직이고 있다는 소식이 들어왔다.

엘르아잘은 마음이 복잡했다.

지금 자신이 가고 있는 길이 폭풍의 한가운데라는 것은 그 자신도 잘 알고 있는 터였다. 허나, 너무도 사랑하는 사람들이 자신의 눈앞에 있는 거대한 폭풍의 한가운데를 관통하고 있는 듯한 모습은 엘르아잘을 공적인 사명과 사적 애정 사이에서 고뇌하게 만들었다.

그때까지만 해도 엘르아잘은 그 거대한 폭풍이 자신의 눈앞이 아닌 갈릴리의 한 구석에서 휘몰아칠 줄은 상상도 하지 못했다.

19장. 새로운 폭풍

예수아가 떠난 베다니는 여전히 요한 사제에게 세례를 받기 위한 사람들로 북적거리고 있었다.

언젠가부터 요한 사제는 사흘 주기로 요단강 상류 쪽으로 조금씩 장소를 이동해 가며 세례를 주었고, 모간의 전언에 의하면 이는 먼 길을 오지 못하는 자들을 위한 예수아의 의견을 요한 사제가 받아들인 것이라 했다.

유다는 요한 사제와 함께 이동하며 군중의 반응을 살피고 있었으나, 최근에는 요한 사제에 대한 내용보다 예수아에 대해 더 관심이 있는 듯했다.

사실 엘르아잘도 모간을 통해 들어오는 예수아의 활동에 온 신경이 곤두서 있었다.

예수아에게 느끼는 엘르아잘 개인의 믿음과 존경이 한 이유이기도 하겠지만, 예수아의 활동이 가족을 모두 잃은 자신에게는 또 다른 고향이라고 할 수 있는 벳세다를 중심으로 이루어지고 있기 때문이었다. 더구나 요한과 안드레아를 비롯해 사라스와 아론까지 그의 활동에 동참하고 있다는 소식은 엘르아잘을 자리에서 벌떡 일어나게 할 정도로 그를 흥분시켰다.

예수아의 활동은 마치 폭풍과도 같았다.

순식간에 벳세다를 비롯한 주변의 도시에서 수 만의 사람들을 운집시키며 치유와 회개의 설교를 이어 갔고, 그 소식은 다시 사방의 다른 도시로 전파되었다.

유다도 정세 판단을 끝낸 듯, 자신도 갈릴리 북부로 이동해 예수아의 활동을 직접 목도하겠다고 연락해 왔다.

엘르아잘은 모간의 갈릴리 북부 조직을 통해 티베리아스에 정신이 팔려 있던 안티파스의 동태를 파악하고, 에밀을 비롯한 남부 크비어 조직에게는 성전 측 움직임을 지속적으로 알려 달라 부탁했다.

예수아가 이곳에 돌아왔을 때, 엘르아잘은 눈물을 흘리며 감사의 기도를 올렸었다. 그 자신조차도 이유를 알 수가 없는, 그 끝을 알 수 없는 예수아에 대한 그리움을, 자신은 말이나 생각으로 표현하지 못한다는 것이 맞을 듯했다. 그러나 그가 예수아를 따르지 못하고 주변을 맴돌고 있는 것은 그의 안전을 우려한 유다를 비롯한 그의 주변의 만류도 있었지만, 그 자신이 예수아에게 부끄러움을 느끼고 있었기 때문이었다.

예수아가 떠나기 전과 비교하여 엘르아잘의 상황은 많이 변했지만, 그가 던져 놓은 말 한마디에 한 발짝 나아가지도 무엇인가를 깨닫지도 못했고, 그렇기 때문에 예수아에게 거부당했다고 생각하고 있었다.

멀리서 그의 안전을 위해 동분서주하고 있었지만, 반대로 예수아와 함께하고 있는 요한이나 안드레아가 자신에 대해 이야기를 할지 몰라 마음을 졸이기도 했다.

무슨 운명처럼 예수아는 벳세다에 머물렀고, 그에 대한 소문은 이미 남쪽까지 조금씩 퍼져 가고 있었다. 그가 병자를 고친다느니, 기적을 행한다느니 하는 말들이 대부분이었지만, 엘르아잘은 그런 이야기들이 조금도 신경 쓰이지 않았다. 자신을 바라보았던 그의 눈빛을 생각하면 왠지 모를 자책감만이 지금의 자신을 휘감고 있을 뿐이었다.

엘르아잘은 한동안 멍하니 탁자에 앉아 있다가 조용히 자리에서 일어났다. 실내에 있던 간단한 차림 그대로 문을 열고 밖으로 나갔다. 생각에 잠긴 듯 한동안 마당을 돌던 엘르아잘은 마을의 뒷길 쪽으로 발걸음을 옮겼다. 다른 사람이 보면 마을 언저리나 한 바퀴 산보하러 나가는 모양새였다.

길을 떠나기에는 늦은 시간이었지만, 엘르아잘은 터벅터벅 쿰란으로 걸어갔다. 잠을 자지 않고 밤새 걸어도 다음 날 아침에나 도착하는 거리였지만, 그는 집 앞을 산책하듯이 그렇게 길을 떠났다.

밤새 길을 걷는 동안 단 한 번도 쉬지 않았다. 쉴 필요가 없었다. 다리가 아프지도 목이 마르지도 않았다. 해가 뜨기 시작할 즈음 쿰란에 도착했고, 엘르아잘은 예수아가 머물던 토굴로 올라가 사해가 보이던 그의 자리에 앉아 떠오르는 해를 바라보았다.

바람은 시원했고, 서서히 뿌려지는 햇볕은 따뜻했다.

엘르아잘은 눈을 감았다.

그리고, 이곳에서 예수아와 마주했던 그 시간으로 돌아가고자 했다.

돌이켜 보면, 가족과 함께 살았던 철없던 어린 시절을 제외하고,

엘르아잘에게 순간이나마 마음의 평온이 있었던 시간은 이곳에서 있었던 예수아와의 짧은 만남이 유일했다.

한동안 몸을 옭아 매었던 사슬들이 끊어지며 자유로워지는 것을 느꼈다.

그 자유로움 속에서 어렴풋하지만 예수아의 길이 자신의 삶과 다른 방향인 것은 확실이 느낄 수 있었다. 모든 것을 버리고 그를 따르기에는 엘르아잘을 감싸고 있는 가족에 대한 그리움, 적들에 대한 분노, 세상에 대한 미움들이 너무나 질기게 엮어 있었다. 엘르아잘은 자신을 옭아매고 있는 이 모든 것들을 이겨 내기 위한 길을 가야만 했고, 아직은 이런 삶의 모습으로는 예수아를 만날 수 없었다.

해가 중천에 뜨고, 쿰란의 젊은 수도자가 엘르아잘이 이곳에 있는 것을 알아볼 때까지 그는 그렇게 예수아가 앉아 있던 그곳에서 그리움의 눈빛으로 사해를 바라보고 있었다.

점심 의례가 마치는 시간에 사비드 선생을 뵙고 인사를 드렸다.

쿰란 전체의 분위기를 파악하려는 의도도 있었지만, 사비드 선생께 요한 사제와 예수아의 활동에 대해 선생의 의견을 묻고자 함이었다.

선생께서는 이미 요한과 예수아의 활동이 자신들에 의해 제어될 수 없는 큰 파도가 되었다는 것을 인정하신 듯 매우 담담하게 말씀하셨다. 그러나, 요한 사제에 대한 파면은 돌이킬 수 없다는 뜻을 분명히 했다. 이는 그 파도에 쿰란의 정신과 역사가 쓸려 가 버릴 수는 없다는 선생의 의견을 분명히 한 것이었고, 앞으로의 종교적 개혁 운동이나 나아가 독립 혁명에 어떤 식으로든 쿰란은 관여하지 않고 선을 굿겠다는 것을 의미했다. 그러나 쿰란의 전체적인 분위기가 이번 활동에 적대적이지만은 않다는 것을 확인한 엘르아잘은 메드바로 돌아와 그의 지지자들을 만났다.

북부에서 온 소식으로는 안티파스는 최근까지도 나바테아의 아르테스 4세와의 관계 때문에 골머리를 앓고 있는 모양이었다. 자신의 야망 때문에 헤로디아와 재혼했지만, 배신당한 아르테스 4세가 수익성이 높은 사업들에서 서서히 발을 빼자 갈릴리경제가 급속도로 나빠지고 있었기 때문이었다. 안티파스 입장에서 지금 요한 사제나 예수아의 활동에 관심을 가질 여유는 없어 보였다.

허나 남부의 여우 안나스는 요한 사제를 예의 주시하며 수하들을 보내 사제의 동태를 파악하고 있다는 정보가 계속해서 들어왔다. 수 명의 성전 측 수하들이 사흘 단위로 오가며 군중의 반응을 안나스에게 전하는 듯했고, 그들이 기회를 틈타 어떤 모략과 함정을 파고 일을 꾸밀지 모를 상황이었다.

남부의 지지자들은 안나스가 요한 사제에게 몰리는 군중의 수가 조금씩 줄어들고 있는 것에 안도하여 자극적인 행동을 하지는 않을 것이라 말했지만, 엘르아잘의 생각은 정반대였다. 안나스는 상대가 강하면 정도와 신앙을 앞세워 군중 속에 숨어 잔뜩 웅크리고 있다가, 상대의 힘이 빠지면 간사한 수를 써서라도 함정에 몰아넣어 제거하는데 모든 노력을 기울이는 자였다. 엘르아잘의 생각에는 안나스가 요한 사제에게 어떤 식으로든 위해를 가하려 할 것인데, 그 방법이 무엇인지는 알 수가 없어 불안했다.

요한 사제가 사르타바 부근을 지나 살렘 부근에 이르렀을 때 엘르아잘은 유대의 영향력과 안티파스의 지배력에 빈틈이 있다고 판단하여 과거 벧샨이라 불리던 스키토폴리스로 과감히 이동하였다.

스키토폴리스는 데가볼리 영역으로 구분되었지만 갈릴리와 매우 인접해 있고 과거 알렉산더 휘하의 장수들이 서로 이 지역을 놓고 경쟁을 할 정도로 시리아 지역에서는 요충지로 통했다. 그만큼 헤로데의 자식들도 이 지역을 놓고 경쟁을 하던 터였다. 그러나 현재 갈릴리의 안티파스나 남부의 제사장들은 자신의 위치를 유지하는 데 급급한 상황이라 오히려 스키토폴리스는 예전의 긴장감에 비하면 비어 있는 요새나 다를 바 없었다.

엘르아잘은 요한 사제가 이곳까지 올라와서 세례를 행할 것으로 확신했다. 이곳에서 요한 사제로 인한 군중의 움직임을 직접 눈으로 확인하고, 갈릴리 북쪽의 소식을 한시라도 빨리 접하고자 했다. 그럴 수 있었던 것은 이곳 가까이에 엘르아잘이 누구보다 잘 아는 나인성 하류의 강물과 갈릴리 물이 합쳐지는 장소가 있었고, 요한 사제가 세례를 베풀기에 이보다 더 좋은 곳은 없었기 때문이었다.

엘르아잘의 예상과 같이 요한 사제는 더 이상의 북쪽으로 이동하지 않고, 스키토폴리스에 인접한 두 강물이 모이는 곳에 자리를 잡고 세례를 행하였다. 요한 사제에게 세례를 받기 위해 모여든 사람들이 세례 장소와 가장 인접한 이곳에 숙소를 잡거나 끼니를 해결하는 경우가 많아 엘르아잘 입장에서는 주변 정보를 얻기가 더 수월했다.

사제가 갈릴리에 가까운 북쪽으로 이동한 이유도 있겠지만, 초기 남부 베다니 때에 비해 사제에게 세례를 받기 위해 찾아오는 군중들의 수가 눈에 띄게 줄어 있었다. 그 와중에서도 유대인으로 보이는 자들이 지속적으로 사제의 움직임을 관찰하고 감시하는 것을 확인할 수 있었다.

　　허나 사제에게 직접적인 해를 가하지는 않았기 때문에, 엘르아잘 역시도 그들의 움직임을 살피며 예의 주시하는 것 말고는 별다른 행위를 하지는 않았다.

예수시대 레반트

예수시대 레반트 지도

시리아

빌립의 행정구역

데가볼리

사마리아

베뢰아

유대

이두매

나바테아

20장. 모략

　요한 사제는 다시 남부로 이동해서 살렘 부근의 애논에서 몇몇의 제자들과 머물며 세례와 설교를 이어 가고 있었다.

　예수아도 갈릴리 전도에 이어, 예리코와 구브로 등 남부 유대로 이동하여 세례와 설교를 계속했다.

　엘르아잘 역시 요한 사제가 애논으로 이동할 때, 메드바로 돌아와 그를 지지하는 사람들과의 소통을 이어 나갔다.

　예수아가 유대로 이동하기 몇 달 전, 유다가 메드바로 찾아왔다.

　"잘 지내셨습니까? 얼굴이 좋아지셨습니다."

　오랜만에 본 유다의 낯빛이 상당히 밝게 느껴졌다. 예전의 어둡고 날카로운 이미지가 많이 무뎌 진 느낌이었다.

　"그렇게 보이나. 하하. 그러게. 신나게 지내다 보니 그럴 수도 있겠군."

　"그분의 영향인가요."

　"이사람. 훅 들어오는 성깔은 여전하구만."

　"궁금한 것이 많습니다."

　"알겠네. 그래도 먼 길을 왔는데 포도주라도 한 잔 꺼내 놓고 취조를 하게나."

엘르아잘은 유다에게 무례의 용서를 구하고, 급히 포도주와 절인 올리브, 보리빵을 꺼내 왔다.

"그래. 내가 요한 사제에게 가기 전 만난 것이 마지막이었지?"

"그랬죠. 가끔 인편으로 소식을 전하기는 하셨지만, 직접 다시 뵙는 건 그때 이후 처음입니다."

"자네. 예전에 선생과 인연이 있다고 했지?"

"쿰란에서 뵌 적이 있습니다."

"내가 벳세다로 가 선생을 보았을 때, 난 그때 정말 새로운 세상의 희망을 보았다네."

예수아를 표현하는 유다의 눈이 반짝거렸다.

"내가 보기에 선생은 말이야. 뭐랄까. 이걸 어떻게 설명해야 되나. 음…… 단편적으로 얘기하자면 나는 태어나서 그런 사람을 본 적이 없다네. 마치 내가 살아오면서 모세는 어떤 모습이었을까 하고 상상하고는 했는데, 선생이 그런 느낌이랄까!"

"그분과 말씀을 나누어 보셨나요?"

"모간의 친구들이 그분의 제자가 되어 모시고 있어. 요한과 안드레아라고 했던가. 매일 많은 사람들이 선생과 함께 하기를 원해서 식사 자리 한 번 하기가 어렵더군. 다행히 모간의 도움으로 저녁 식사에 초대를 받았다네. 그때 그분을 가까이서 뵐 수 있었지."

"그러셨군요. 어떠셨습니까? 그분과는 어떤 얘기를 나누셨습니까?"

"처음에 벳세다에 도착했을 때는 그저 선생에게 몰려든 수많은 군중만 바라보았지. 정말 엄청난 인파였어. 그분이 행하시는 치유의 능력을 받고자 함이었겠지만, 모두들 그분의 말씀에 더 감동을 받고는 했지"

유다는 목이 마르지 와인을 한 잔 마시고는 말을 이어 나갔다.

"그런데, 저녁 식사에 초대받고 그분을 보았을 때, 난 선생의 말씀에서 우리가 기다리던 분이 바로 이분이라는 걸 확신할 수 있었네."

"한 번 보신 것으로 말입니까?"

"나도 자네가 나의 생각이 성급하다고 의문을 제기하는 걸 이해하네. 아마 나라도 그랬을 거야. 하지만, 뭐랄까 말로 다 형언하지 못하는 무언가를 느낀다면 자네도 생각이 달라질 걸세."

엘르아잘은 지금 유다의 눈빛과 표정, 예전의 그라면 상상하지 못할 그의 들뜬 듯한 말투를 누구보다 잘 이해하고 있었다. 엘르아잘도 예수아와 처음 만난 이후부터 지금까지 그를 떠올릴 때마다 계속 그 상태였으니 말이다.

그러나 엘르아잘은 시치미를 뚝 떼고 궁금한 듯 질문을 던졌다.

"그분이 왕국의 건립에 앞장 서리라는 보장이 있습니까? 아직 그분이 어떤 분인지, 어떤 생각을 하시는지 잘 모르시지 않습니까?"

"맞는 말이네. 나도 그래서 쉽게 선생에게 다가가지 못하고 한동안 주변의 상황만 관찰하고 있었지. 그런데, 그분의 설교에서 나는 확신할 수 있었네. 그분께서는 유대의 어떤 랍비들보다 더 모세의 율법을 중시하시고, 어떤 것과도 타협하지 않으시리란 확신을 할 수 있었네."

"죄송하지만, 제가 아는 그분은 혁명에 동참하실 분이 아닙니다."

"마카베오 혁명 때 맛다디아께서 왕국의 건립을 생각하고 관리를 때려 죽였겠는가! 하지만 그 일을 시작으로 모두가 뜻을 모아 우리의 왕국을 건립한 것이 아닌가! 나는 선생께서 중심만 되어 주신다면 된다고 보네. 나머지는 우리가 일을 만들면 되는 거야. 거대한 파도를 만들어서 그 위에 그분을 추대해 힘을 모으면 되는 것이야."

유다는 확신에 찬 표정으로 목소리를 높여 이야기했다. 예전의 차분하고 약간은 냉소적이던 모습과는 달리 지금의 유다는 힘이 넘쳤고 맑은 눈빛을 하고 있었다.

"그래서 앞으로는 어떻게 하실 생각이십니까?"

"선생께 가까이에서 모시고 싶다고 말씀드렸네. 유대 지역에 밝고, 아는 사람이 많아 도움이 되실 거라 말씀드렸지. 무엇보다 글을 쓸 수 있다 했더니 웃으시면서 알겠다고 하시더군."

"별다른 일은 없었나요?"

"뭐. 특별한 일은 없었지. 모간한테 전해 들은 이야기인데, 안티파스 이놈은 지 마누라 문제 때문에 골치가 아픈지 술만 퍼 마신다고 하고. 아. 그렇지. 선생 주변의 벳세다 놈들은 내가 마음에 들지 않는 모양이야. 별로 반기는 눈치가 아니더군. 뭐 상관은 없다만."

"이해 하십시오. 워낙 외지인에 대한 경계가 심한 지역입니다."

"알고 있네. 그래도 모간을 통해 자네와의 관계를 알아서인지 대놓고 뭐라 하지는 않더구먼. 하하!"

"그럼 선생 곁에선 어떠한 일로 떠나 오신 겁니까."

"응. 갈릴리지역 전도를 마치시면 유대 쪽에도 방문해 주시는 것이 어떤지 말씀을 드렸네. 허락해 주셔서 미리 준비도 할 겸 내려가는 길일세."

"그러셨군요. 그럼 내일 바로 출발하셔야겠습니다. "

"음. 그러게. 술이 들어가니까 졸리기 시작하는군."

먼 길을 달려와서인지 유다는 몇 잔의 포도주에 금세 취해 잠이 들었다.

엘르아잘은 마당으로 나와 한 귀퉁이의 바위에 걸터앉아 하늘의 별빛을 바라보았다.

태어나서 처음으로 다른 사람을 사랑했었다.

사랑이 무엇인지도 몰랐지만, 아마도 자신이 예수아에게 느끼는 감정이 사랑이라고 확신했다.

엘르아잘 자신이 알고 사랑하는 예수아는 유다의 시선과는 다른 사람이었다.

엘르아잘은 세상이 몰고 올 큰 파도가 예수아를 향해 덮쳐 가는 것 같아 불안한 마음이 들었다. 그러나, 지금의 그가 할 수 있는 일은 아무것도 없었고, 언제든 모두를 위험하게 만들 수 있는 자신이 할 수 있는 일이라고는 그저 멀리서 그 흐름을 놓치지 않고 바라보는 것뿐이었다.

다음 날, 유다가 유대로 떠나고, 요한 사제에게 세례를 받고 돌아온 젊은이들이 찾아와 사제의 근황을 전했다. 사제는 여전히 하루의 대부분을 기도와 세례를 베푸는 것에 치중하고 있었고, 해가 중천에 떠 있을 무렵에는 그늘진 커다란 바위 위에서 찾아온 사람들에게 설교하며 그들의 질문에 답하는 시간을 가지고 있었다.

"그래. 자네들이 뵌 사제는 어떤 분이라 생각되나."

"마치 엘로하[34]의 세상에 다녀오신 것처럼 확신에 찬 분이셨습니다."

"확신?"

"네. 저흰 모두 그분의 말씀에 고개를 숙일 수밖에 없었습니다. 지금까지 그 누구도 그분처럼 진실을 얘기하고 행하지 못했지요."

"자네들에게도 이번 일이 좋은 경험이 되었겠군. 그래 사제께서 어떤 진실을 말씀해 주시던가?"

"유대에서 온 사람들이 사제께 문의를 드렸지요. 안티파스가 자신의 조카이자 동생의 아내와 결혼한 것이 옳은 일이냐고요."

"유대에서 온 사람들이? 그래서 사제께서는 뭐라 하셨지?"

"모세의 율법에 어긋나는 것이라 광야에 떠도는 짐승들도 하지 않는 행위라 하셨습니다. 모인 사람들도 모두 동의하며 소리를 지르거나, 고개를 끄덕였습니다."

"이두매의 자식놈들이라 그렇다고 한 사람이 소리를 지르자 모두 웃기도 했습니다."

"그랬군."

이야기를 듣는 엘르아잘의 낯빛이 어두워졌다.

"다녀오느라 고생들 했네. 혹시 돌아가는 길에 삼거리에서 맷돌을 만드는 시몬의 아들 요나한에게 내가 좀 찾더라도 전해 줄 수 있겠나."

---

34 하나님을 나타내는 히브리어

"물론이죠. 선생님께서 찾으신다고 전하겠습니다."

청년들이 돌아가고 엘르아잘은 두 손을 턱에 괴고 깊은 생각에 잠겼다.

사제가 계신 곳이 살렘이라 안나스보다는 안티파스의 동향에 더 신경을 쓰고 있었다. 만약 내가 안나스라면 지금 자신의 수하들을 시켜 사제에게 해를 가하는 일은 아직은 위험하다고 판단할 터였다. 그런데, 왕위 계승 문제로 눈이 돌아간 안티파스를 자극하는 것은 안나스 같은 여우가 충분히 생각해 낼 수 있는 계략이었다.

안나스야 앞뒤를 재며 일을 벌이는 자이지만, 이두매의 철부지 아들은 황제의 뒷배를 믿고 기분대로 행동하는 자이기에 안나스 입장에서는 줄만 잘 치면 꼭두각시처럼 이용할 수 있는 자이기도 했다.

잠시 후, 문을 두드리는 소리가 나고 요나한이 들어왔다.

"저 왔습니다. 찾으셨다고요."

"그렇네. 요한 사제의 문제로 자네와 좀 상의할 것이 있다네."

"무슨 문제가 있으십니까?"

엘르아잘은 요나한에게 자신이 우려하는 상황을 설명했다.

"지금 살렘으로 소식을 전하게. 그곳 형제들에게 예루살렘 출신의 유대인들을 경계하고, 만일 그들이 다시 나타나 사제께 안티파스에 대한 질문을 하면 '가야파는 어떻게 대답하겠는가' 하며 소리지르라 하게."

"알겠습니다."

"그리고, 벳세다로도 인편을 띄워 모간에게 내가 한 이야기를 설명

하고, 티베리아스에서 살렘으로 가는 병사들의 동향을 주시해 달라
전해 주시게."

"그렇게만 전하면 되겠습니까?"

엘르아잘이 고개를 끄덕이자 요나한은 바로 일어나 다녀오겠다는
인사를 하고 길을 떠났다.

21장. 마르코라 불리는 요한

레위인 요셉[35]을 처음 보았을 때 엘르아잘은 알 수 없는 이질감을
느꼈었다.

그것은 쿰란에서 예수아를 다시 만났을 때 느꼈던 일부의 감정이
기도 했고, 어려움 없이 살아온 지역 부호의 아들들을 보면 느끼던 삶
을 대하는 자세 비슷한 것에 대한 다름이기도 했다.

마치 나 자신은 나무의 뿌리에서 물을 빨기 위해 발버둥 치고 있는
데, 그들은 나무 꼭대기의 잎사귀처럼 햇빛을 받고 불어오는 바람이
나 느끼면 되는, 전혀 다른 삶과 인생을 대하는 듯한 느낌이었다.

요셉은 누구나 부러워할 조건에, 유대인 대부분이 흠모할 만큼 유
쾌하고 신실했으며 또 진실을 추구함에 있어 용감했다. 그의 누나인
마리아는 그녀의 집안과 대등한 집안과 혼인하여 예루살렘에서도 부
촌에 위치한 곳에 넓은 집에 거주하고 있었고, 그녀의 아들 요한[36]은

---

35 키프러스(당시 구브로) 출신으로 초대교회 당시 이방인 전도의 선구자 역할을 했으며,
사도로 불렸다. 당시 사도들이 '위로의 아들'이란 뜻으로 '바나바'라 불렀다.
36 '마가복음'을 집필한 것으로 추정되는 인물. 사도 바울과 외삼촌인 바나바를 보좌하며
예수에 대한 기록을 행한 것으로 여겨 진다. 별명은 라틴어인 '마르쿠스' 흔히 마르코라 부
른다.

유독 외삼촌인 요셉(바나바)을 흠모해 그의 일거수일투족을 따라다녔다.

요셉은 바리세인들을 비롯해 유대 지역의 개혁 세력들과도 친분이 두터워 공개적인 자리에서 자연스럽게 엘르아잘과 몇 번의 만남이 있었다. 그런 만남이 있을 때마다 조카인 요한이라는 청년이 항상 곁에 있었다.

이번 베그다 모임에서도 엘르아잘은 그가 요셉에게서 느끼는 약간의 어색함으로 사람들의 중심에서 떨어져 시내가 보이는 창가에서 밖을 바라보고 있었다. 잠시 내린 비에 베그다 시내는 촉촉하게 젖어 있었다. 그 고즈넉한 모습과 불어오는 바람에 실려 온 풀 내음들로 마음이 금방 편안해졌다.

그렇게 혼자만의 시간을 보내고 있을 때, 그가 서 있는 창가 뒤쪽에서 아직은 어린 티를 다 벗지 못한 잘생긴 청년이 호기심 어린 눈빛으로 말을 걸어왔다.

"베그다 거리는 언제 봐도 기분이 좋아지는 것 같죠?"

엘르아잘이 흠칫 놀라 뒤를 돌아보니, 요셉의 조카인 요한이었다.

엘르아잘이 그의 이야기에 동조한다는 듯 미소로 답하고 다시 창밖을 바라보자, 그 청년도 다가와 창에 기대어 밖을 바라보았다. 험한 세상에서의 상처도, 낯선 사람에 대한 경계심도 없어 보였다.

요한이 엘르아잘을 바라보며 궁금한 것이 한가득이라는 표정으로 물어 왔다.

"예전에도 몇 번 뵈었었는데요."

"그랬었죠. 저도 기억이 납니다. 엠마오에서도 외삼촌과 함께 오셨지요."

"기억하시는군요. 그때 말씀을 들으며 저분은 어떤 분일까 하는 생각을 많이 했습니다."

"보잘것없는 것이 간혹 주제 넘는 이야기를 할 때가 있습니다. 너그럽게 생각해 주십시오."

요한이 손사래를 치며 눈이 동그래져서 말했다.

"무슨 말씀을요. 그때 말씀에 감동을 해서 몇 날 동안 가슴이 두근거리는 것이 멈추지 않았습니다. 그때부터 다음에 뵐 기회가 있으면 꼭 인사드리려고 다짐하고 있었는데요."

엘르아잘은 그런 청년을 보며 빙그레 웃음이 나왔다.

조금 가벼워 보이기는 했으나 구김 없이 선한 마음이 그의 말과 행동을 통해 고스란히 드러났다. 마치 벳세다에서 아론을 처음 만났을 때를 연상하게 하는 청년이었다.

몇 번의 짧은 만남이 전부였지만, 요한은 엘르아잘을 꽤 신뢰하고 있었는지 자신과 자신의 가족을 포함한 주변에 대한 이야기를 스스럼 없이 꺼내 놓았다. 아마도 자신을 포장하지 않고 소개함으로써 상대방과의 경계를 풀고 친분을 쌓는 성향인 것 같았다.

엘르아잘은 그의 이야기를 재미있게 들으며 중간중간 질문을 던져 대화를 이어 나갔고, 덕분에 어색했던 마음과 공간이 매우 친근한 분위기로 바뀔 수 있었다.

요한이 꼭 자신의 집에 엘르아잘을 초대하고 싶다는 말을 할 때 즈음, 모임의 종료를 알리는 금속음이 세 번 울렸다. 이 신호는 위험이 감지되었다는 것으로, 이후 개별적인 만남 없이 구성원 모두 각자의 자리로 돌아가야 한다는 것을 의미했다. 모여 있던 사람들은 조용히 자리를 떠났고, 요셉의 조카 요한도 아쉬운 표정으로 뒤를 돌아보며 삼촌을 따라 나섰다. 그런 요한을 바라보며, 자꾸 아론 생각이 나서 자신도 모르게 입가에 미소가 번졌다.

고개를 숙인 채 돌이 듬성듬성 박혀 있는 베그다의 거리를 걸었다.

최근의 복잡한 일들로 인한 것인지, 아무런 생각도 하지 않고 걷고 있는 이 시간이 참으로 편안하게 느껴졌다. 체포의 위험으로 인해 들어오기도 어려웠던 예루살렘의 거리를 이렇게 여유롭게 걷고 있다는 것과 간혹 자신을 알아보며 조용히 눈인사를 건네는 사람들을 바라보며 지난 세월들이 잠시 스치듯 지나갔다

엘르아잘은 걸음을 멈추고 뒤를 돌아 윗도시의 하스모네 궁전 쪽을 멍하니 쳐다보았다.

그리고는 다시 사마리아로 가는 삼거리 쪽으로 발걸음을 옮겨 예루살렘을 빠져나왔다.

22장. 감금

우려했던 일이 벌어졌다.

요나한이 새벽녘에 뛰어 들어와서, 안티파스가 군사를 보내서 요한 사제를 체포하고, 마케루스 요새로 이송했다는 소식을 전해 왔다.

아무런 조치를 취하지 못했던 것은 생각보다 많은 군사가 들이닥친 이유도 있었지만, 모간이 예수아의 유대 지역 전도에 함께 참여하고 있었고, 무엇보다 사제가 군중들을 진정시켰다고 했다.

엘르아잘은 자리에서 벌떡 일어나서 두 손으로 상을 내려쳤다. 요한 사제에 대한 사적인 걱정을 떠나, 이번 일이 가져올 미묘한 균열은 군중의 힘을 두려워하는 모든 세력에게 잘못된 신호를 줄 수 있기 때문이었다.

엘르아잘은 요나한에게 즉시 유대 지역으로 가서 모간에게 예수아를 모시고 북부인 바라네아로 돌아가야 한다는 의견을 전하게 했다.

엘르아잘 자신은 마케루스로 갈 차비를 했다.

우선 사제의 상황을 확인하고, 다른 계획을 세워야 했다.

마케루스로 가는 도중 내내 여우 같은 안나스에게 당한 분노가 치밀어 올랐다. 역습을 당할 수 있다는 것을 눈치채고는 바로 안티파스를 끌어들이는 치밀함이 평생 예루살렘에서 살아온 늙은 여우 같다는 생각을 했다.

마디바에서 지지자 세 명을 만나 그들과 함께 마케루스로 향했다.

마케루스에 도착한 후, 요새에 음식을 공급하는 업자에게 뇌물을 써서 지지자 한 명을 동행시켜 요새 안으로 들여보냈다.

한참을 있다가 밖으로 나온 지지자가 요새의 경비는 생각보다 많이 허술했고, 사제는 요새 내 개방된 토굴에 감금되어 있다는 소식을 전해 왔다. 사제는 별다른 상처는 없었고, 자신을 위해 다른 행위는 하지 말라는 당부를 했다고 했다.

엘르아잘은 마음이 복잡했다.

사제의 체포 소식에 곳곳에서 술렁거리기는 했지만 그뿐이었다.

황제의 비호를 받는 안티파스의 예상치 못한 등장 때문이기도 했지만, 안나스가 쳐 놓은 덫이 대중들이 향수에 젖어 있는 하스모니아 왕조의 딸과 연관되어 있었기 때문에 군중들은 마음껏 분노를 표출하기 애매한 부분이 있었다.

안나스가 쿰란을 제거하지 않은 이유는 쿰란이 성전의 이익과 권위에 반대되는 세력이기는 하지만, 아직은 위협이 될 만한 경쟁자가 아니었고, 쿰란을 지지하는 민중들을 자극했을 때 손실이 훨씬 더 크다는 판단에서였다.

그런데 망나니 같은 안티파스가 현재 쿰란의 이미지를 대표하는 사제를 감금하였으니, 안나스는 이후 민중들의 반응을 보며 대중에 대한 쿰란의 영향력을 재고 있을 것이 뻔했다.

이번 일이 유야무야 넘어간다면, 쿰란을 비롯해 민족 해방을 원하는 남북 조직들에 대한 저들의 공세가 강화될 것이고, 해방 활동이 급속도로 위축되는 것은 시간 문제였다.

메드바로 돌아와서 엘르아잘은 급히 지지자들을 모으고, 그들을 통해 갈릴리와 유대 지역에 요한 사제의 감금에 관한 소문을 퍼트리게 했다.

'요한 사제의 세례를 방해하고 감금한 안티파스의 행동이 신의 뜻을 저버린 것이면 역병에 걸릴 것이고, 머지않아 사람들의 손에 돌에 맞아 죽을 것이다'라는 내용이었다.

일단, 엘르아잘의 생각은 적중했다.

대놓고 나서지 못하던 사람들도 뒷골목과 빨래터에서 누구보다 열심히 소문을 퍼 날랐고, 이러한 이야기는 삽시간에 갈릴리 전역에 퍼졌다. 유대인들의 소문 따위는 신경도 쓰지 않는 로마인들과 달리, 로마에서 자랐다고는 하나 평생 아버지 눈치를 보아 온 안티파스는 이러한 민중의 반응에 속이 편할 리 없을 터였다.

이는 향후 요한 사제의 안전을 담보하는 방편이기도 했지만, 안티파스를 묶어 둠으로써, 안나스가 더 이상 안티파스를 활용해 일을 벌이지 못하게 경계하는 수단이기도 했다.

요한 사제가 감금된 이후, 예루살렘에서도 갈릴리에서도 급작스런 변란과 같은 일은 일어나지 않았다. 마치 곡식과 어업이 풍요로웠던 한 해의 그 계절처럼, 모두들 자신들의 가족과 이웃을 바라보며 하루하루를 살아가고 있었다.

유다는 유대 지역을 떠나 아예 가버나움에 자리를 잡았고, 안드레아도 형을 따라 가버나움으로 이사를 했다는 소식이 들려 왔다.

유다가 유대 지역에서 장시간 자리를 비우자, 그의 빈자리를 엠마오의 사무엘이 대신하였으나, 개인적인 역량의 문제로 인해 유다가 책임졌던 헤브론 부근 다섯 개 지역 조직 내 분란이 심해졌다. 유대의 혁명가들은 가뜩이나 사분오열 되고 있는 조직의 관리를 위해, 유다가 돌아와 역할을 해 주길 원했지만, 당분간 예수아의 곁에 있겠다는 그의 뜻이 너무나 분명해서 번번히 빈손으로 돌아오곤 했다.

유다의 추천으로 헤브론을 포함한 유대 지역 남부의 주요 거점의 관리와 조직의 주요 사안에 대한 결정을 메드바의 엘르아잘이 주관하게 되었고, 그의 정보 조직망은 이를 가능하게 하는 결정적인 역할을 했다. 실제로 예루살렘에서의 회의 결과를 추인하거나, 직접 의사 결정에 참여하더라도 채 하루가 걸리지 않았기 때문에, 우유부단함에 어떠한 결정도 하지 못했던 사무엘에 비해 조직은 급격히 안정되는 추세로 돌아섰다.

지역 조직의 명령 체계가 일원화되고, 대부분의 의사 결정이 엘르아잘을 통해 이루어지면서, 엘르아잘은 칼의 방향을 예루살렘으로 돌려 안나스에 대한 감시와 그를 추종하는 자들을 뒷조사하기 시작했다. 남부혁명세력 내에서도 성전세력에 대한 이러한 일은 전례가 없었지만, 엘르아잘의 청년 조직이 워낙 점 조직 형태로 움직였기 때문에 한동안 남부 열심당 조직 내부에서도 이를 알지 못했다. 단, 유다에게만큼은 개략적인 내용만 알렸다. 이는 추후 유다가 돌아올 것을 대비한 배려 차원이었다.

유다는 성전 세력과의 반목을 반대한다는 뜻을 분명히 전해 왔지만, 엘르아잘은 현 대제사장인 가야파와 안나스를 구별해 대응하겠다는 것으로 유다의 뜻을 꺾어 버렸다.

또한, 이번 일이 티베리아의 나바테아 상인공격의 계기가 되지 못한다는 남부젤롯의 의견을 모아 북부에 전달했다.

평소 같으면 당장 달려와 남부 민중들의 반응을 살피고, 자신의 뜻을 거스른 엘르아잘에게 따졌을 유다였지만, 예수아와 함께 한 뒤로는 갈릴리에서 미동도 하지 않았다.

엘르아잘도 유다의 뜻을 누구보다도 잘 이해하고 있었다.

민족을 해방시키고자 하는 조직의 구성원들이 대부분 민간인들이고 생업을 유지하고 있었으므로, 단결된 민중봉기 외에는 권력과 조직을 가지고 있는 로마와 그의 하수인들을 상대할 수 있는 방법이 없었다.

민중을 하나로 만들기 위해서는 그들을 결집시키고 하나로 묶을 수 있는 지도자가 반드시 필요했고, 이러한 결집이 해방 운동의 필수 요소였기에 지금의 유다는 그 지도자를 찾고, 추대하는 것에 온 힘을 기울이고 있는 것이었다.

지금까지 엘르아잘이 바라본 유다는 폭넓은 지식을 소유하고, 생각이 깊은 만큼 자신에 대한 강한 확신을 가지고 있는 사람이었다. 그러기에 항상 그의 의견을 존중하고 따르는 편이었지만, 이번만큼은 유다의 확신에 동의할 수 없었다. 오히려 어떻게 해서든 그의 의지를 꺾어 버리고 싶을 만큼 불안감이 엘르아잘을 엄습하고 있었다.

23장. 유다 이스카리옷

　유다가 엠마오로 찾아온 것은 유다에게 자신의 뜻을 전한 회신을 한 3주가 지난 뒤였다. 유다의 표정은 매우 밝았고, 기분이 매우 좋은 듯 살짝 들떠 있는 사람 같았다. 엘르아잘을 보자마자 깊은 포옹을 하고, 그의 얼굴을 양손으로 붙잡고 시선을 맞추며 안부의 인사를 건넸다.

　"그래. 어찌 지내셨습니까? 저 때문에 고생 많이 한다 들었습니다."

　"제가 받은 것에 비하면 어찌 고생이라 하겠습니까! 그냥 선생 빈자리나 채울 뿐이지요. 그런데 제발 예전처럼 편안하게 말씀하시면 안 되겠습니까?"

　"그래서는 안 되지요. 머지않아 이 유대의 형제들을 이끄셔야 할 분께 제가 그럴 수는 없지요. 모간하고도 합의를 봤습니다. 그나저나 이제 제 자리는 없으니 돌아오지 않아도 된다고 하던데. 하여간 이 매정한 사람들하고는."

　"누가 그런 말도 안 되는 소리를 한답니까! 다들 당신이 그리워서 하는 농이겠지요. 그래. 갈릴리에서는 어찌 지내셨습니까?"

　유다는 갈릴리 이야기가 나오자 마치 할 말이 산더미처럼 쌓여 있는 사람처럼 엘르아잘의 팔을 끌고 탁자에 앉았다. 그리고는 신이 난 어린아이와 같은 표정으로 이야기를 하기 시작했다.

"제가 예전에도 말하지 않았던가요? 내가 사람 보는 눈은 좀 있다고 말입니다."

"그러셨죠. 저를 처음 보셨을 때에도 모간 형님에게 '이런 놈을 어디에다 써!' 그렇게 말씀하셨죠."

"하하하! 정말 저를 쫓아내실 생각이십니까! 농담이라도 그런 말씀 마십시오."

"반가운 분을 오랜만에 뵈니 저도 모르게 농이 나오는군요. 이런 제 정신 좀 보게. 잠시만 기다리십시오. 마실 것이라도 가지고 오겠습니다."

"아닙니다. 여기 오기 전에 마을 입구에서 목을 축이고 왔습니다."

"그러셨습니까. 그나저나 갈릴리에 계셨던 일을 좀 이야기해 주십시오. 궁금해 죽겠습니다."

"제가 그곳에 좀 오랫동안 두문불출하고 있었죠? 저도 제 자신에게 놀랐습니다. 반기는 사람도 없는 갈릴리에 가서 그렇게 한참을 머물게 될 줄은 몰랐으니 말입니다. 그냥 벳세다에서 선생을 만나만 보고 올 생각이었는데."

유다는 그때의 느낌을 떠올리려는 듯 미간을 약간 찌푸리며 두 손을 펼치듯 벌리고 말을 이어 나갔다.

"벳세다 바닷가 부근의 나무 그늘 아래에서 사람들과 앉아 이야기를 나누고 있는 선생을 처음 보았을 때, 마치 서서히 세상의 다른 부분들이 제 눈앞에서 사라지는 것 같은 느낌 이랄까요. 로마의 폭정도, 어릴 적 제 상처도 모두 사라지고 선생과 저만 덩그러니 남아 있는 기분이었어요."

엘르아잘이 말없이 유다를 바라보자 유다는 살짝 미소를 띄며, 알았다는 듯 고개를 저었다.

"그래요. 평소의 저와 다르다는 것은 압니다. 그러나 이건 선생을 만나 보지 못한 사람들은 절대 이해하지 못하는 겁니다. 그분의 말씀과 미소와 손짓과 그 모든 것이 뭐라 말로 다 할 수 없는, 마치 다른 세계에 있는 듯한 기분은. 뭐랄까. 여호와께서 우리 민족을 이끄시기 위해 보내 주신 분이라는 확신이 드는 그런 것이지요."

"그분이 그러시던가요?"

"아니요. 한 번도 그런 말씀은 하지 않으셨지요. 오히려 갈릴리 어부들이나 저를 높여 대접하시지요. 그러나 느낄 수 있었습니다. 물고기나 잡던 어부들은 몰라도 저는 알 수 있었지요."

"아시고 계시겠지만, 이곳 유대 형제들은 그분을 그리 높게 평가하고 있지 않습니다. 그래서 당신께서 갈릴리에 머무시는 것에 대해서도 이런저런 이야기가 많았습니다."

"하하! 이쪽 사람들 성향을 제가 모르겠습니까! 그러고들 있겠지요. 허나 그건 선생을 만나 보지 못해서 그런 겁니다. 이번 유월절에 선생을 예루살렘으로 모실 생각입니다. 사실 그 일 때문에 상의차 온 것입니다."

"예고도 하지 않으시고 갑자기 오셨기에 생각은 하고 있었습니다."

"이곳 유대의 형제들도 그분을 만나 보면 생각들이 많이 바뀌게 될 겁니다."

"그분은 저희가 이루고자 하는 일에 대해 어떻게 말씀하시던가요?"

"아직 한 번도 우리 민족의 미래에 대해 선생과 이야기를 나눈 적은 없어요. 그러나 선생은 이곳의 그 누구보다 율법에 밝으시고, 역사를 통찰하고 계신 분입니다. 정의로운 분이시니 분명 우리가 목표로 하는 세상에 힘을 보태 주실 겁니다."

"지난 번 안나스에 대한 건은 의견을 따르지 못해 죄송했습니다."

엘르아잘은 예수아에 대한 유다의 확신에 마음이 무거워져 급하게 화제를 돌렸다. 안나스의 이야기가 나오자 밝았던 유다의 얼굴이 조금 어두워졌다.

"성전은 우리 민족 신앙의 상징입니다. 우리를 하나로 묶는 매개체이죠. 모든 유대인들은 태어나면서부터 그것에 대한 자부심을 느끼며 살아갑니다. 성전 세력에게 개인적 탐욕이 없다고 말할 수는 없겠지만 그들의 역할로 인해 총독부가 제어되고 우리의 신앙이 존중받는 부분도 분명히 있습니다."

"저도 잘 알고 있습니다. 제 의도는 최근 성전세력에 대한 힘의 균형이 급속히 무너져 가는 것에 대한 경계입니다. 저희와의 적당한 힘의 균형이 있어야 성전 세력도 자신들의 역할을 제대로 수행할 수 있을 겁니다."

"사제의 감금 때문에 그러십니까?"

"단순히 사제 개인의 신상 문제 때문이 아닙니다. 문제는 그 일이 일어난 이후, 대중의 반응입니다. 아마도 안나스는 쿰란이나 저희를 상대할 아주 좋은 묘수를 찾았다고 생각할 것입니다."

"말씀을 듣고 보니 그럴 수도 있겠군요."

"예수아 그분을 모시고 올 때도 저들은 비슷한 계략을 세울지 모릅니다."

"아직 선생의 명성이 유대 지역에는 널리 퍼지지 않아서 그런 준비까지는 하지 않을 겁니다. 더구나 이번 유월절에 선생이 예루살렘에 방문하는 것은 아는 사람도 몇 없고요."

"그분께서는 이번 요한 사제의 일에 대해서 별다른 말씀은 없으셨습니까?"

"저는 듣지 못했습니다. 사실 선생을 가까이 모시는 것은 벳세다 출신 어부들입니다. 물론 잘 아시지요. 요한이나 안드레아, 야고보입니다. 지금의 저는 선생을 뵙기 위해 찾아오는 사람들이 늘어나는 것만도 감당하기 어려운 상황입니다. 사실 내가 여기서 왜 이러고 있나 하는 생각을 할 때도 많지만, 유대 출신인 제가 선생의 곁에 머물기 위해서 감당해야 할 몫이라고 생각하고 버티고 있는 부분도 있지요."

"예수아께서 그런 역할을 부탁하신 겁니까?"

"그렇지는 않아요. 어떠한 말씀도 하지 않으셨지요. 그냥 돌아가는 상황을 보면서 벳세다 사람들이나 저나 갈릴리 사람들이 알아서 자신들의 역할을 찾아서 하는 것이지요."

"사람들이 많이 찾아온다고 하던데, 그렇게 주먹구구식이면 일 처리가 엉망이겠습니다."

"그렇죠. 처음에는 그런 면도 없지 않아 몇 번이나 난리가 난 적이 있었어요. 주변에서 지켜보던 제가 나도 모르게 뛰어들 정도로 혼란스러웠지요. 그런데 참으로 신기한 건 말입니다. 선생께서는 그런 혼란스런 상황에서 한 말씀도 안 하시는데, 주변에 있던 사람들이 너도 나도 나서서 그런 상황들을 정리하는 겁니다. 저 역시도 마찬가지였고요. 선생은 그저 그분 앞에 병자들을 고치실 뿐이신데 말이에요. 뒤에서 지켜보던 저 역시도 제 자신도 모르게 앞으로 나아가 밀려드는 사람들을 정리하고, 나무 판에 칼로 이름을 새겨 선생을 뵐 순서를 정하고 있더란 말입니다. 그 와중에도 글 비슷한 걸 쓸 줄 아는 사람이 저밖에 없어서 그랬는지 그 모습이 선생 눈에 뜨였던 모양입니다."

"그랬을 겁니다. 대부분 글을 쓸 줄 모를 테니까요."

"그런데 그 이야기를 하다 보니 험담 좀 하고 싶네요. 맨 정신으로는 좀 부끄럽고 술 한잔하십시다."

"물론이죠. 누추한 것이라 선생 취향에 맞을지 모르겠습니다."

"갈릴리에 오래 있다 보니, 이곳 술은 모두 감사할 뿐입니다."

엘르아잘은 창고로 가 가장 좋은 술을 꺼내 유다에게 가져왔다.

"얼마 전 예루살렘의 큰 상인의 아들이 저에게 가져온 것입니다. 제가 가진 것 중에서 가장 좋은 것이니 마음에 들지 않으시더라도 너그러이 이해해 주십시오."

유다는 잔에 술을 따라 향을 맡은 후, 살짝 맛을 보더니 매우 만족한 미소를 띠며 말했다.

"여기에 와서야 마음에 드는 술을 마시는군요. 자. 한 잔 하십시다."

유다는 엘르아잘의 잔에도 술을 가득 붓고는 감사의 표시를 하고 자신의 잔에 술을 모두 비웠다.

유다는 눈을 감고 깊은 한숨을 쉬고는 말을 이어 나갔다.

"나는 선생이 갈릴리를 떠나 유대에 정착하기를 바라고 있습니다."

"그분의 신변에 위험이 있을지 모르기 때문에 그쪽으로 모신 것 아닙니까?"

"그때는 무슨 일이 벌어질지 몰라 그런 것이지만, 이곳 유대의 형제들과 종교 지도자들이 그분을 제대로 만날 기회가 있다면 분명 그분에 대한 선입관이 바뀔 것이라 확신합니다."

"그분은 갈릴리에서도 이름도 없는 나사렛 출신입니다. 이곳의 지도자들이 과연 그분을 인정하려 하겠습니까? 아마도 지금처럼 그분이 자신들의 대체자가 되지 않을까 경계나 하겠지요."

"처음에는 그러겠지요."

"이런 말씀드리기는 좀 죄송스럽지만 사안이 사안인 만큼 집고 넘어갈 필요는 있겠습니다. 사실 제가 요한 사제의 일이 벌어질 때, 선생을 모시고 빌립의 영지로 급히 피신하시라 연통을 넣은 이유는 그 모든 일이 안나스의 움직임에서 시작되었다고 보기 때문입니다."

"안티파스 그 철부지 같은 인간이 저지른 일을 성전과 연결시키는 것은 무슨 정보라도 있기 때문인 겁니까?"

"확실한 증거는 없습니다. 그렇지만 문제가 된 발언이 있던 날, 사제에게 헤로디아[37]의 일에 대해 계속 질문을 던진 사람들이 예루살렘에

---

37 하시몬왕조의 핏줄로 나바테아의 아르테타 4세의 딸과 이혼한 안티파스와 재혼했다.

서 온 자들이라는 첩보가 있습니다. 만약 그게 사실이라면, 갈릴리 전역에 그러한 소문을 퍼트린 주체도 그들일 가능성이 매우 높습니다."

"그래서 그들이 얻는 것이 무엇입니까?"

"안나스는 바리세파보다 쿰란을 잠재적인 경쟁자로 생각하고 있는 듯 합니다. 바리세파도 저희와 뜻을 함께하는 혁명단원들도 대부분 성전을 인정하지만, 오로지 쿰란을 드나드는 사람들만 유월절에도 성전으로 향하지 않고 쿰란으로 가지 않습니까!"

엘르아잘은 잠시 말을 멈추고 유다를 바라보았다. 그에게 있어 유대민족과 성전이 어떤 의미인지 알기 때문에 말을 이어 가기 조심스러웠다.

유다는 계속 이야기하라는 듯 말없이 엘르아잘을 주시하고 있었다.

"지금이야 쿰란이 성전에 비할 바 되지 못하지만, 혹시 쿰란이 사두개파를 대신하게 되면 언제 그곳을 비워 줘야 할지 모르는 일이기 때문이지요."

유다가 잠시 생각하는 듯하더니 입을 열었다.

"잘 아시다시피 저도 쿰란의 사제들을 존경합니다. 지금 성전을 대표하는 사람들과 쿰란의 사제들은 확실히 다른 부분이 있지요. 그건 우리나 다른 랍비들도 마찬가지입니다. 조금씩 다른 면들 때문에 갈등하기도 하고 다투기도 합니다. 그러나 그것은 항상 있어 왔고, 또 혁명에 있어 중요한 핵심 사안이 아닙니다. 우리는 모두 아버지 아브라함의 자식이자, 핏줄로 맺어진 민족 안에 있습니다. 우리의 적은 로마이지 우리의 형제들이 아니라는 이야기입니다. 왠지 모르게 사두개인들을 적대시하시는 것 같아 두려움이 생기는군요."

"제 말씀을 오해하진 말아 주십시오. 그릇에 금이 가 있으면 언젠가 물을 담았을 때 깨어지는 법인지라, 민족 안에서 누군가 자신을 위해 아직 만들어지지도 않은 그릇에 흠집을 내어놓는 것에 대해 우려하는 것뿐입니다."

"우리 민족의 역사가 이루어질 때, 그러한 고충은 항상 있어 왔습니다. 고난을 이겨 내고 모두를 통합한 선지자만이 민족에게 영광의 역사를 안길 수 있었지요. 나는 선생이 그러한 역사를 만드실 수 있는 분이라 생각합니다. 안나스는 강한 힘을 가진 자입니다. 우리는 그와 힘을 합쳐 혁명을 이루어 낼 수 있습니다. 나는 선생을 도와 우리 민족의 역량을 하나로 모으기로 마음먹었습니다."

유다의 확신에 찬 말과 행동에 엘르아잘은 더 이상 논쟁을 이어 갈 수 없었다. 그저 유다가 자신의 신념을 이룰 수 있다면, 지금 자신의 우려는 한낱 기우에 불과한 것이길 바랄 뿐이었다.

"그럼 이곳에서는 어떤 계획을 가지고 계십니까?"

"우선 우리의 형제들에게 선생을 소개하고 그분의 말씀과 치유의 능력을 경험하는 시간을 만들 생각입니다. 그렇게 혁명의 형제들에서 그들의 가족들, 이웃들로 선생을 따르는 사람들이 늘어나게 되면 자연스럽게 바리세인들이나 사두개인들도 선생에게 관심을 가지게 될 것이고, 그들도 그분의 말씀에 귀를 기울이게 될 겁니다."

"그들이 그분을 인정할까요?"

"그들도 모두 유대의 형제들이고 율법 안에 있습니다. 선생 또한 그 누구보다 율법에 밝으신 분이니 학자적인 면에서나 엘로하를 따르는 믿음에 있어서나 통하는 부분이 많을 겁니다. 제가 열심히 가교 역할을 한다면 가능하리라 봅니다."

유다가 술 자루를 들어 엘르아잘의 잔에 따르려 했지만 자루는 어느새 비워 있었다.

"이런, 깊게 이야기를 하면서 마시다 보니 벌써 이걸 다 마셨군요."

"제가 하나 더 내어 오겠습니다."

유다는 이미 충분하다는 듯 손을 내저었다.

그리고는 탁자 아래에 있던 자루에서 파피루스 뭉치들을 꺼내 내려놓았다.

"이게 무엇입니까?"

"아무래도 이것은 당신이 보관하는 것이 가장 어울린다는 생각을 했습니다."

"무엇을 기록한 것이기에."

엘르아잘은 유다의 갑작스런 행동과 그가 가지고 온 파피루스가 어떤 것인지 궁금해 바로 펼쳐 보았다.

"제가 선생 곁에서 이런저런 역할을 하고 있다 보니까 말입니다. 선생께서 그 갈릴리 어부들이나 선생을 뵙기 위해 모여든 사람들에게 여러 가지 좋은 말씀들을 하시거든요. 나도 선생의 식견에 깜짝 놀랄 때가 많이 있는데, 가만히 보니까 이 사람들이 알아들었는지 아니면 알아듣는 척만 하는 건지, 그냥 눈만 껌뻑껌뻑하고 마는 겁니다. 그 인간들 얼굴을 쳐다보고 있다 보니, 갑자기 선생의 말씀을 기록해 놓아야겠다는 생각이 들었지 뭡니까. 그래서 그길로 파피루스를 구하고 내 나름대로 사람들이 얼마나 모였는지, 분위기는 어떠했는지, 선생께서 어떤 말씀을 하셨는지 적기 시작했습니다. 이것이 최근에 정리한 것들인데 선생을 따라 워낙 여기저기 많이 돌아다니다 보니 짐이 되더군요. 정기적으로 가지고 올 테니 좀 맡아 주겠습니까?"

엘르아잘 입장에서는 생각도 못했던 일이지만, 이렇게나마 예수아의 활동을 접할 수 있다는 것에 크게 감동했다.

"정말 대단하십니다. 어떻게 이런 생각을 하셨는지요? 아마도 유다 당신이 아니면 그 누구도 못 할 일일 겁니다."

"예전에 우리 조상들이 구전으로 역사를 전하다가 큰 낭패를 보아 오지 않았습니까! 이제는 그런 시대가 아닙니다. 선생은 우리 민족을 위해 큰일을 하실 분이고, 그분의 말씀을 기록하는 저도 이 일에 큰 자부심을 느끼게 되었습니다. 중요한 일인 만큼 잘 보관해 주십시오. 부탁드립니다."

"물론이지요. 이럴 때 써먹으시려고 저에게 글을 가르치신 것 아닙니까!"

"하하. 그렇지요. 그리고 또 신경 써 주어야 할 것이 있습니다만."

"무엇입니까. 말씀만 하십시오."

"제가 글을 배운 것이 헤브론의 랍비 분들에게서인데. 글의 한계로만 따지자면 유대 방언이 아닙니까. 선생께서는 주로 아람어로 말씀하시고, 헬라어나 유대 방언을 상황에 따라 섞어서 사용하시는데, 저도 워낙 아람어를 말하기는 하니 들을 때는 불편하지 않은데, 막상 쓰

려니까 이게 맞나 싶은 것이 여럿 있습니다. 예디온께서는 히브리어
보다 아람어가 편할 테니 좀 살펴봐 주실 수 있으시겠습니까?"

"그럼 제가 문맥상 유추해서 별도로 표기해 놓았다가 다음에 오실
때 맞추어 보면 되겠군요."

"그렇지요. 제가 바라던 바가 그것입니다. 역시 금방 통하는군요."

"그런데 파피루스 가격이 만만치 않을 텐데요. 이것들은 전부 어떻
게 구하셨습니까?"

"말도 말세요. 이집트 상인 놈들이 얼마나 비싸게 부르는지 강도가
따로 없어요. 사실 선생께 고맙다고 기부를 하는 사람들이 꽤 있어서 세
겔이나 현물이 어느 정도 들어오는데, 그것을 제가 관리하고 있지요."

"그곳 사람들이라고 해 봤자 가난한 사람들이 대부분일 텐데요."

"그렇지요. 열이면 아홉은 거꾸로 밥을 먹어서 보내야 하는 사람들
인데, 간혹 선생께 은혜를 입은 지역 유지들이 찾아와서 큰 기부를 하
고 가는 일이 있거든요. 거기에서 여윳돈이 좀 생깁니다."

"아무리 지역 유지라지만 갈릴리 상황이 뻔한데, 이 비싼 파피루스
를 구할 수 있을 만큼의 기부가 있나요?"

"하하하. 말도 마세요. 안드레아 형이라는 작자가 하도 눈에 불을
켜고 괴롭혀서 동전 하나 마음대로 못 씁니다. 그놈 등살에 세마포
하나 사는 것도 기록을 정확하게 남겨 놓아야 하지요. 그러니 이 비
싼 파피루스야 오죽하겠습니까! 그래도 이것은 내가 양보할 수가 없
어서 선생께 당신의 말씀을 기록하겠다고 하니 허락하시더군요. 그
제서야 그 어부 놈이 입을 다물더군요."

"자금 관리를 혼자 맡아서 하십니까? 현물이든 기부금이든 어느 지역의 누가 어떤 사유로 기부했는지 관리가 되어야 할 테니 머리가 아프실 텐데요."

"그뿐인가요. 현물 중에 바로 쓰지 못하는 것은 시장에서 다시 세겔로 바꾸고 그것을 따로 관리해야 하니 여간 복잡한 일이 아니랍니다."

"그분을 따르는 사람들 중에 세리들도 있다고 들었는데요. 그 사람들이 도움이 되지 않나요?"

"예디온께서는 이곳에 계시면서 모르는 것이 없군요. 어찌 그리 북부 상황을 잘 알고 있단 말입니까! 하하. 그렇습니다. 세리들도 몇 있는데 이자들은 그 동네 사람 이름만 몇 간신히 쓸 줄 알지 나머지 부분은 갈릴리 어부들이나 다를 바가 없는 자들입니다. 자기만 아는 이상한 기호 같은 것으로 표시를 해 오던 버릇이 있어서 체계적으로 관리하는 데는 그다지 도움이 되지 않습니다. 그저 돈만 셀 줄 아는데, 이 일이 그렇게 간단한 것이 아니거든요."

"그러시면 일이 너무 많으시겠습니다. 갈릴리의 여러 지역에서 전도를 하신다고 들었는데요."

"모간이 아니었으면 나도 견디지 못했을지 몰라요. 그 친구가 정말 여러 면에서 물심양면으로 도와주고 있지요. 갈릴리 어부들 중에는 요한이 가장 말이 통합니다. 선생께도 꽤 신임을 받고 있는 친구라 문제가 될 만한 일들이 있으면 그와 상의하고는 하거든요."

"그럼 이 파피루스에는 세부적으로 어떤 것들이 적혀 있는 것입니까?"

"뭐. 조금 더 자세히 설명하자면, 내가 보고 듣는 간단한 것들입니다. 언제 누가 선생을 찾아왔고, 어떤 이야기들을 나누는 과정에서 선생께서 이렇게 말씀하시고, 또 치유하신 것들을 적은 것입니다. 솔직한 심정은 어떤 인간의 뒷담화도 적어 놓고 싶은데 간신히 참고 있는 중이지요. 하하!"

"그러셨군요. 저나 그분을 따르는 사람들에게 아주 귀중한 자료가 될 것입니다. 제가 잘 정리해서 보관하도록 하겠습니다."

"고맙습니다. 당신이 있어 제가 너무 힘이 난답니다. 이곳 일도 맡겨 놓고, 이런 부탁까지 하니 미안하긴 한데, 믿을 만한 사람이 예디온밖에 없으니 어쩌겠습니까. 좀 힘을 써 주십시오."

"물론이지요. 오히려 제가 감사드립니다. 언제든지 기록이 쌓이면 인편으로 보내 주셔도 됩니다."

"좋습니다. 아. 그리고 지금 이쪽을 의지하고 있는 입장에서 말하기는 좀 그렇지만 부탁이다 생각하고 들어 주시겠습니까?"

"말씀하십시오."

"제 생각을 누구보다 잘 알고 계시겠지만, 저는 선생께서 이곳 유대에서 큰 선지자로 인정받아 궁극적으로 우리 민족을 이끌어 주시기를 원합니다. 그러니 저들의 행동이 뜻에 맞지 않더라도, 제발 적을 만드는 행동을 하지 말아 주십시오. 그것이 제 간절한 부탁입니다."

엘르아잘은 유다의 마음을 너무나 잘 이해할 수 있었다.

"너무 걱정하지 마십시오. 저 역시 당신의 뜻을 잘 알고 있고, 존중하고 있습니다."

"많이 취했습니다. 밤도 늦었으니 우리 마당에 가서 바람이나 좀 쏘입시다."

엘르아잘과 유다는 마당으로 나가 나무 옆 작은 바위에 걸터앉았다.

유다는 해가 진 뒤 불어오는 시원한 바람이 아주 만족스럽다는 듯 시원한 미소를 지으며 혼잣말을 하듯 말했다.

"제가 여태껏 살아오면서 요즘처럼 확신에 차 본 것은 처음입니다. 갈릴리에서 멀리 떨어져 있는 이곳에서도 난 선생을 느낄 수 있어 외롭지 않아요. 난 아마도 그분을 사랑하게 된 듯 합니다."

엘르아잘은 그런 유다의 마음을 충분히 알 수 있을 것 같았다.

이미 자신도 예수아를 오래전부터 사랑하고 있었다. 처음에는 그 감정이 관심이나 존경이나 믿음이라고 애써 치부해 왔지만, 그와 떨어져 삶을 살아오면서 그에 대한 감정이 사랑이라는 확신을 가지게 된 것은 그 단어 외에는 이 감정을 표현할 다른 말이 없었기 때문이었다.

24장. 예루살렘

소문은 삽시간에 예루살렘 전역으로 퍼졌다.

솔로몬 행각 수사문으로 들어와 성전의 오른쪽 양문[38]을 통해 나가면 안토니아요새 뒤편에 베데스다못이 있다. 예수아가 이곳에서 행한 이적은 유월절을 맞아 신체의 치유를 바라고 온 병자들의 입을 통해 유월절을 맞아 시리아 전역에서 예루살렘으로 모여든 사람들에게 퍼져 나갔고, 이적 직후 성전에서 예수아를 보기 위해 모여든 대중에게 한 연설은 폭압과 비리에 지친 젊은이들에게 폭넓은 지지를 받는 계기가 되었다.

엘르아잘은 예루살렘에 들어가지 못하고 베들레헴에 있는 에밀의 거처에 머물며 상황을 면밀히 주시하고 있었다.

겉으로 보기에는 유다가 예상했던 것과 같이 예수아의 이번 유월절 예루살렘 방문은 큰 효과를 거두는 것처럼 보였다. 유대 지역의 대중적인 관심을 끌어냄과 동시에 산헤드린 공의회에 소속된 십수 명의 랍비들과도 만남을 가졌다.

그러나 엘르아잘의 눈에는 예수아의 광폭 행보가 계속될수록 이

---

38 성전의 북쪽 문으로 문 왼쪽에 안토니아요새가 있고, 오른쪽에는 이스라엘의 샘이 있다.

번 유월절의 중심에서 밀려난 사두개파와 일부 바리세파 랍비들의 예수아에 대한 적의가 신경이 쓰였다.

유월절이 시작되고 이틀째 되던 날 에밀이 보내 온 보고에 의하면, 공의회 랍비들과의 주선을 위해 노출된 유다에 대한 뒷조사가 시작되었고, 안나스에게 잘 보이기를 원하는 몇몇 랍비들이 예수아를 망신 주는 것으로 공의회 내에서 정치적 신분 상승을 기대하고 있다는 소식도 전해 왔다.

에밀의 말처럼 예수아가 성전에 머무는 동안 사두개인들이 보낸 성전 측 랍비들이 여러 차례 예수아를 공격해 왔다. 그들은 예수아를 율법도 잘 모르는 시골 촌뜨기로 매도하려 하였으나, 그에 대한 예수아의 대처에 랍비들이 꼼짝하지 못하자 평소에 그들의 이중적인 모습을 경멸해 오던 민중들이 더욱더 크게 환호하는 계기만 만들어 줄 뿐이었다.

유월절이 끝나고 예수아 일행이 갈릴리에 돌아간 뒤, 엘르아잘은 헤브론에서 유다와 다시 만났다. 유다는 헤브론에 있던 자신의 거처를 완전히 정리하고 갈릴리로 돌아가려고 했다.

"이곳을 완전히 정리하시는 겁니까?"

"그렇습니다. 더 이상 이곳에 머물 집과 살림살이들이 필요 없을 것 같아요. 오히려 선생과 함께하는데 방해가 되는 느낌입니다."

엘르아잘이 짐을 정리하는 유다를 한참 동안 바라보다가 말했다.

"이번 유월절에 원하는 성과는 얻으셨습니까?"

"그런 편이지요. 선생께서 공의회에 소속된 바리세파 랍비들 십수 명을 만나셨고, 그들이 가지고 있던 선생에 대한 선입견을 없애 주셨다고 판단합니다. 그들도 선생을 따르는 수많은 사람들을 보며 많은 관심을 보였습니다. 선생을 저녁 식사에 초대하는 랍비도 여럿 있었거든요."

"예수께 망신을 당한 랍비들도 여럿 있다고 들었습니다."

"어디에나 그런 사람들은 있는 법이지요. 선생의 인기가 부러웠던 겁니다. 괜한 책을 잡으려다가 오히려 선생의 반문에 대답을 하지 못해 사람들의 웃음거리가 된 일들이 몇 건 있었습니다만, 그래도 전체적으로는 우호적이었다고 판단하고 있습니다."

"그런 시도를 한 자들이 공의회 내에서 사두개인들의 앞잡이 노릇을 하는 랍비란 이야기가 있습니다."

"성전의 지도자들이 아직 선생에 대해 우호적이지 않다는 것은 저도 사실로 받아들이고 있습니다. 그러나 그것을 이겨 내는 것이 중요합니다. 내년까지 산헤드린의 랍비들 중 서른 다섯을 선생에게 우호적인 사람들로 변화시키려고 노력할 겁니다. 그러면 유대 지역의 여론을 선생께 우호적으로 바꿀 수 있어요."

"서른 다섯이라 하심은."

"중앙 산헤드린의 절반입니다. 이 숫자는 상징성이 있어요. 선생께서 가야파와 마주 앉을 수 있는 권한이 주어지는 겁니다."

유다는 확신에 차서 이야기했다.

엘르아잘은 말없이 유다가 짐을 챙기는 것을 도왔다.

아마포에 간단한 짐을 챙긴 유다는 엘르아잘에게 작별 인사를 한 뒤 그렇게 갈릴리로 떠나 버렸다.

25장. 고향

새벽녘에 나인성의 남쪽에 도착했다.

아직 성 안쪽으로 들어가지도 않았지만, 기억 속에 남아 있는 익숙한 냄새들이 그가 태어나 자라 온 고향에 도착했다는 것을 알려 주었다. 엘르아잘은 금세 눈시울이 붉어졌다.

잠시 숨을 고른 뒤, 어릴 적 그가 드나들던 남쪽 성벽의 수풀을 뒤져 돌을 치우자 사람 하나가 간신히 통과할 수 있는 작은 구멍이 드러났다. 조심스럽게 안쪽을 들여다보았다. 다행히 이른 새벽이라 인기척은 없었지만, 자신의 목숨이 달릴 수도 있는 일이기에 엘르아잘은 극도로 조심하며 마을 안으로 들어갔다.

요한에게 가기 전 그렇게 그리워하던 집으로 향했다. 지붕이 무너지고 이미 폐허가 되어 버린 집이었지만, 엘르아잘의 기억 속에는 어머니가 맷돌을 돌리시고, 형과 아버지와 함께했던 모든 곳들이 생생하게 남아 있었다. 그는 부엌으로 가 부서져 버린 맷돌을 품에 안고 한동안 주저앉아 있었다. 냉기만 가득한 차가운 돌이었지만, 어머니의 손길이 남아 있는 느낌에 몇 번이고 쓰다듬었다. 엘르아잘은 힘껏 돌에 박혀 있던 나무 손잡이를 빼내어 품 안에 넣었다. 마땅한 유품 하나 없었기 때문에 어머니의 손때가 묻은 손잡이가 무엇보다 소중했다.

시간이 별로 없었기에, 집에서 나와 요한의 집으로 향했다.

문을 두드리자 머리가 하얗게 새어 버린 요한의 어머니가 나왔다. 경계하는 표정이던 그녀는 장성한 엘르아잘을 보자 눈물을 글썽이며 그를 껴안았다.

엘르아잘과 함께 한 것이 알려지면 그녀의 목숨도 위험하겠지만, 하나밖에 없는 자식의 임종을 앞두고 있는 그녀에게는 아무런 상관이 없는 듯했다.

엘르아잘은 조용히 집 안으로 들어가 요한에게 갔다. 자리에 누워 있던 요한은 기다리고 있었다는 듯 가쁜 숨을 몰아 쉬며 웃으려 노력하고 있었다.

엘르아잘은 엎드려 한참 동안 말없이 요한을 안았다. 오른손으로 그의 머리를 감싸고 귀로 그의 숨소리를 들으며 한참을 울었다. 걷기 시작하면서부터 함께했던 동갑내기 친구와의 마지막 만남이었기에, 부모와 형제를 모두 잃은 가두어 놓았던 그의 설움의 둑이 무너져 내렸다.

뒤에 앉아 계시던 요한의 어머니가 힘없는 목소리로 말했다.

"야고보는 이해해 달라 하더라."

엘르아잘은 일어나 등을 돌리고 눈물을 훔치고는 자리에 앉았다.

"그럼요. 당연하지요. 제가 온다는 것은 어머님께만 알렸는데요."

"내가 이야기했다. 어릴 적 너희들 관계를 생각하면, 언제 다시 셋이 모일 수 있는 기회가 있을까 해서."

"어떻게 잘 살고 있지요?"

"그래. 야고보는 일찍 짝을 찾아서 지금 아이가 하나 있단다. 챙겨야 할 식구가 생기다 보니 이제 더 어른이 된 게지."

엘르아잘은 요한의 손을 잡고 이마를 맞대고 이야기했다.

"요한. 내 친구로 살아 줘서 고맙다. 혹시 엘라께서 너를 부르시더라도 조금만 기다려. 나도 머지않아 그리 갈 테니. 그때도 우리 어릴적처럼 함께하는 거야."

요한은 힘없는 시선으로 엘르아잘을 바라보며 입가에 미소를 만들려고 노력했다.

엘르아잘은 사람들이 회당에 가기 전 마을을 벗어나기 위해 지체없이 요한의 집을 나왔다.

아까 들어왔던 남쪽 성벽의 구멍으로 나간 뒤 다시 돌과 풀로 그곳을 감추고 빠른 발걸음으로 가다라 쪽으로 발걸음을 옮겼다. 위험을 무릅쓴 김에 가버나움에 머물고 있는 안드레아, 요한, 아론, 모두를 만나고자 마음먹었으나, 세포리스와 가나를 지나는 동선은 그의 판단에도 너무 위험했다.

일단, 가다라에서 가버나움으로 사람을 보내 모간과 벳세다에서 만나기를 요청했다. 엘르아잘은 히푸스를 경유해 빌립의 행정구역으로 우회하는 경로를 선택했다. 시간을 맞추기 위해 히푸스에서 하루를 더 머문 뒤 다음 날 저녁 해가 저물 때 즈음 벳세다에 도착했다.

벳세다는 예전과 그대로였다.

무심한 듯 잔잔한 파도는 끊임없이 해안가로 밀려들었고, 물 내음과 나무 태운 냄새가 평온하게 불어왔다.

죽음을 앞에 두고 도착한 곳이 이곳이었고, 아론을 만나 새로운 인생의 고향과도 같았으며, 죽음의 공포에서 도망치듯 떠나온 곳도 이곳 벳세다였다.

엘르아잘의 모습이 많이 변했기 때문에 쉽게 알아보지 못하겠지만, 천으로 얼굴을 살짝 가리고 조용히 부둣가 뒤편 나무 창고로 향했다. 아론을 비롯해 벳세다의 형들과 그의 인생에서 가장 즐거웠던 기억 속의 창고를 한동안 바라보다, 창고 뒤쪽 숲 안에 몸을 숨기고 바다 쪽을 바라보고 있었다. 앞쪽에서 누군가 창고 쪽으로 다가와서 조용히 "마카"라고 말했다. 모간과 약속한 신호였다. 엘르아잘은 창고 앞으로 다가갔고, 서로를 확인한 두 사람은 깊은 포옹을 나누었다. 엘르아잘과 모간은 사람들의 시선을 피하기 위해 다시 숲 안쪽으로 들어가 적당한 평지에 앉았다.

"어찌 지내셨습니까? 건강해 보이십니다."

"나야 잘 지내고 있지. 안드레아와 아론의 집이 가버나움으로 이사를 한 이유도 있지만, 선생께서도 그곳에 머무르고 계셔서 벳세다와 가버나움을 왔다 갔다 하면서 지낸다네."

"아론은 잘 살고 있습니까?"

"하하. 그 녀석. 벌써 애가 둘이나 된다니까. 언제 어른이 되나 했는데, 장가를 가더니 우리보다 훨씬 빠르네."

"그렇군요. 다행입니다."

"녀석도 선생님을 따르고 있지. 내가 아론에게 자네 소식은 중간중간 전하고 있네."

"고맙습니다. 유다께서는."

"하하. 그 사람. 내가 알던 유다가 맞나 싶을 정도로 선생을 따르고 있어. 조직을 다루어 본 경험이 있어서인지 선생을 만나려고 몰려드는 사람들을 통제하고, 살림을 총괄하는 역할을 맡고 있다네."

"그래서 어쩔 수 없이 남부 쪽 일은 제가 맡고 있습니다."

"알고 있네. 유다도 자네가 있어 마음이 놓인다고 하더군. 그 친구도 나름 이곳에서 힘든 구석이 있어서 여유가 없을 거야. 선생의 소문이 삽시간에 퍼지면서 페니키아에서까지 선생을 찾아오는 사람들이 생겨나고 있거든. 살림도 점점 커지는 데다가 자네도 알다시피 그 성격에 여기 벳세다 출신들하고 잘 지낼 수 있겠나. 안드레아 형 시몬이라고 알지? 며칠 전에도 그 형님하고 한 판 붙어서 인상 구기고 다니던 것을 위로해 주려고 같이 술 한잔했지. 벌컥벌컥 마시더니, 저번에 자네한테 한 방 먹었다고 술에 취해서 중얼거리더군."

"그분께는 죄송한 일이었지만, 어쩔 수 없이 제 판단에 대한 존중을 부탁드린 일이 있었습니다."

"나도 그리 이야기했다네. 이곳에서 선생을 따르던지, 남부 쪽 일에 미주알고주알 참견하려거든 돌아가라고 말이야. 그랬더니 피식 웃더군. 하하!"

"안티파스 쪽에서 특별한 움직임은 없나요?"

"그 인간 정신이 나간 것처럼 보여도, 알게 모르게 눈치를 많이 보는 구석이 있어. 헤로디아만 아니었으면 절대 사제를 건드리지 않았을 거야. 자기 야망에 헤로디아는 포기 못 하겠는데, 사제가 그 문제를 건드리니 혹시 여론화될까 봐 일단 사제를 가두어 버린 거지."

"저도 같은 생각입니다."

"그 뒤로는 계속 눈치만 보고 있는 것 같아. 워낙 로마에 아부를 잘하는 데다가, 티베리우스[39]라는 뒷배가 있으니 빌라토스도 함부로 못 하고. 문제는 갈릴리나 바라네아 사람들이 겁이 나는 거야. 시끄러워지면 나바테아를 자극할 수 있거든."

"그래서 여쭈어 뵙는 겁니다. 사제의 문제로 민중들이 분노하고 있기는 하지만, 지금 티베리아 작전을 실행하기에는 위험 부담이 너무 큽니다. 생각보다 남부의 반응이 너무 차분해요."

"그렇지 않아도 저번에 유다가 이야기하더군. 어느새 자네가 알고 쫓아왔더라고 말이야. 남부에서도 몇 명 안 되는 단원들만 공유하던 내용이었는데, 정보망에 문제가 생겼는지 걱정하면서도 자네의 세력이 생각보다 넓게 자리를 잡은 것 같다며 좋아하더라고."

"아닙니다. 저를 너무나 잘 아는 형제 같은 친구가 일의 성사에 도움이 되고자 어렵게 공유한 것입니다. 아무래도 저희와 뜻을 같이하는 단원들 중에 젊은 친구들이 많다 보니, 일이 벌어질 때 강하게 행동하는 부분이 있어서요."

---

39 로마의 2대 황제. 아우구스투스라 불리는 1대 황제 옥타비아누스와는 복잡한 혈연관계로 우여곡절 끝에 황제의 자리에 올랐다. 안티파스가 로마에 머물 때 가깝게 지낸 인물

"옳은 말이야. 지금의 젤롯에게 있어서 혈기 넘치는 젊은이들의 참여가 절실한 상황이거든. 나는 적극 지지하겠네. 유다는 걱정 말아. 내가 알아듣게 잘 설득할 테니."

"북부 젤롯의 분위기는 어떻습니까?"

"우리도 남부에서 올라온 서신을 받고 조금 더 기다리는 쪽으로 의견을 나누고 있네. 로마 하수인이나 성전 측에서 나오는 부정 행위 같은 것으로 촉발되면 좋겠는데 말이야."

"저도 비슷한 생각입니다. 여러 방면으로 알아보겠습니다. 문제는 향후 사제의 상황이 이곳 선생과 형제들의 안전에도 영향을 줄 수 있다는 것입니다. 가능하면 빠른 시일 내에 사제를 석방하도록 여러 방면에서 압력을 가해야 합니다."

"알다시피 헤로디아가 껴 있어서 명분을 찾기가 쉽지 않은 구석이 있어. 뭔가 불이 붙을 만한 건이 필요한데, 눈치 빠른 안티파스가 쥐 죽은 듯 조용히 지내고 있으니 사람들도 좀 지켜보자는 의견이 많다네. 그나저나 쿰란에서는 뭐라 하는가?"

"쿰란에서도 별다른 반응이 없습니다. 세례 문제로 사제와 선을 그은 이후라 더욱 그렇지요."

"그렇겠군. 그래 본론으로 들어가서 오늘 보자고 한 이유는 뭔가."

엘르아잘이 조금 머뭇거리다 대답했다.

"개인적인 일로 고향에 다녀왔습니다."

"나인에 말인가?"

"예."

"이 사람. 자네 선친을 생각해서 신중하게 행동하라고 했지 않나. 거기가 어디라고 가는 거야! 혹시 누가 보기라도 해서 네가 살아 있다는 것이 알려지면, 다시 난리가 난다니까!"

"어릴 적 형제와도 같은 친구가 위독하다는 걸 알게 되었습니다. 이제 부모 형제도 없는 처지라 그 친구가 죽기 전에 얼굴이라도 꼭 보고 싶었습니다."

"아무리 그래도."

"걱정 마십시오. 모두 잠든 새벽에 눈에 띄지 않게 다녀왔습니다."

"그래. 그래서 그 친구는 만났는가?"

"네. 많이 위독해 보이더군요. 뭐라 할 말이 없었습니다."

"그랬군. 내 얘기 너무 서운하게 생각하지 말게. 자네 생각해서 하는 말이니."

"잘 알고 있습니다. 저 또한 제 삶의 무게에 대해서도 깊이 생각하고 있습니다. 지금도 당장 가버나움으로 가서 모두들 만나고 싶은 마음이 들 때도 많지만, 꼭 참고 있는 중입니다."

"미안하네. 세상이 바뀌면 웃으면서 회상할 수 있는 시간이 올 거야."

"그리고."

"그래. 말해 보게."

엘르아잘이 한동안 머뭇거리다 어렵사리 다시 말을 꺼냈다.

"그게. 개인적으로 부탁드릴 것이 있긴 합니다. 혹시, 아래에서 듣기로 선생께서 치유의 기적을 행하신다는 말을 들었는데 사실인가요?"

"사실 나도 깜짝 놀라는 중이네. 그분이 우리가 기다리던 선지자가 아닌가 하고 말이야. 그동안 치유를 하는 자들을 많이 보아 왔지만, 선생은 그들과 차원이 다르다네. 병자들이 선생 앞에서 병이 사라지고 멀쩡해져서 돌아다니는 것을 보면 두 분을 뜨고 있는데도 믿겨지지 않을 정도야."

"그렇군요."

"가만. 자네 혹시……"

엘르아잘은 고개를 들지 못하고 한동안 생각에 잠긴 듯 손을 모으고 있다가 말했다.

"그 친구의 어머니께서 그 친구가 어릴 때부터 홀로 키워 오셨습니다. 아시지 않습니까? 과부의 몸으로 자식을 키운다는 것이 어떤 의미인지를요. 아마도 그 친구가 떠나면, 어머니께서도 삶의 의지를 버리실 것 같은 걸 느꼈습니다. 혹시나 그분의 은혜를 받을 수 있다면 얼마나 좋을까 하는 마음이 생겨서."

모간은 이해하는 표정이었지만 고개를 저으며 말했다.

"선생께서 찾아오는 병자를 마다하시지는 않지만, 가시고자 하는 곳은 누구의 요청도 듣지 않으신다네. 본인이 정하고 우리는 따를 뿐이라."

"그렇겠죠. 여기 저기 요청에 따르자면 한도 끝도 없을 테니까."

"하여간, 요한에게 청을 넣어는 보겠네. 그 친구는 워낙 아끼시는 편이시니."

"고맙습니다. 저는 그럼 다시 남부로 돌아가겠습니다."

"자넬 보면 모두들 기뻐하겠지만, 아직은 때가 이르니 조금만 참게."

"알겠습니다."

"나는 여기 온 김에 세베데 삼촌이나 만나고 가겠네."

"그분은 이사하지 않으셨나요?"

"하하. 말도 말아. 요한하고 야고보까지 선생을 따라 가는 바람에 어깨가 축 처져서 다니시는 것 같더니, 이제는 숙모님까지 가버나움으로 가서서 홀아비처럼 혼자 지낸다네."

"그럼 본인도 그쪽으로 가시지. 왜."

"자신은 벳세다에서 죽겠다고 입버릇처럼 얘기하시곤 했거든. 그 성격에 고집을 꺾기도 창피했을 테니."

"그러셨군요."

"그래. 그럼 조심해서 돌아가고. 남부 쪽을 잘 부탁하네."

"알겠습니다. 저 때문에 먼 길 와 주셔서 고맙습니다."

"고맙긴. 여기가 내 집인데. 가세."

숲에서 나와 모간과 포옹을 한 뒤, 엘르아잘은 조심스럽게 벳세다를 빠져나왔다.

바람결에 잔풀이 흔들리는 언덕 위에서 돌아본 벳세다의 바닷가는 예전 아론의 함박 웃음처럼 엘르아잘에게는 몇 안 되는 행복한 기억이 남아 있는 그대로 변함없이 출렁이고 있었다.

26장. 반목의 시작

엘르아잘은 과감하게 거처를 엠마오로 이동하였다.

예루살렘에서 걸어서 세 시간밖에 떨어지지 않은 가까운 거리였기 때문에 상당한 위험이 있을 수 있었지만, 유대조직 내부의 반목이 심해지는 것을 더 이상 두고 볼 수 없었기 때문이었다.

유대의 중심인 예루살렘보다 사해 건너편 데가볼리에 더 가까운 메드바에 머무르면서는 유대 중심에 몰려 있는 남부 조직 구성원들과 직접적인 만남이 어려울 수밖에 없었고, 이러한 빈틈이 조직 내부의 반목을 제어할 수 있는 기회를 놓치게 되는 원인이기도 했다.

엘르아잘은 엠마오에 머물면서, 수시로 예루살렘이나 베다니, 구브로 등을 다니며 남부혁명세력의 통합을 위해 노력했고, 가끔 남부 핵심 인원들을 예루살렘 동쪽의 올리브산으로 소집해 모임을 가졌다.

유대 조직 내부에서 일어난 반목의 핵심은 폭력이었다.

그 중심에 베들레헴의 '에밀'이 있었다.

에밀은 여전히 친화력이 좋아 주변에 사람이 많았으며, 특유의 강한 신념과 혈기로 몇 번의 자체적인 습격 사건을 통해 유대 지역 젊은 젤롯의 중심이 되어 있었다.

얼마 전 에밀이 주도한 습격 사건으로 욥바에 주둔 중이던 로마군 백부장[40]의 하인이 크게 다치자, 이를 빌미로 수많은 청년들이 끌려가 고문을 당하는 일이 있었다. 엘르아잘과 평소 친분이 있던 바리세파 랍비가 백부장에게 뇌물을 써 유야무야 넘어가기는 했지만, 이 일로 남부 조직 내부에서는 로마의 추징과 억압에 저항하기는 해야 하나 폭력적 행위 없이 종교적 신념과 전통을 철저히 지키는 방식으로 하자는 측과, 로마에 협력하는 자들을 비밀리에 제거해서 적어도 유대 민족 내에서라도 신의 정의를 세워야 한다는 측이 강하게 반목했다.

그라투스[41]에 이어 새로 부임한 빌라토스는 이전 총독들과 마찬가지로 폭력적이고 잔인한 인물이었다. 마치 본보기라도 보여 주려는 듯 부임한 지 얼마 지나지 않아, 세금 납부를 미루고 세리를 폭행한 죄목으로 잡혀 온 사람을 성전 마당 부근에서 쳐죽이고 시체를 일주일 동안 거리에 걸어 놓았었다.

이후에도 몇 명의 사람들이 정치범이나 반역자로 몰려 십자가에 매달렸고 그들의 가족들은 노예로 팔려 나갔다.

이러한 빌라토스의 잔인함은 조직 내부의 혈기왕성한 젊은이들을 자극했고, 그들이 독자적으로 보복 행위를 준비하자 사태의 위험성을 느낀 바리세파 경향의 조직원들이 강하게 반대하면서 조직 내부의 반목은 위험한 수위를 넘고 있었다.

40　로마군의 기본단위 중 하나의 우두머리. 보통 1백 명을 기준으로 해서 백부장이라 부른다.

41　로마의 4대 파견총독으로 주후 15년에서 26년까지 통치했다.

엘르아잘은 조직의 핵심 간부들을 올리브산으로 소집해 의견을 조율하고자 했다.

"이렇게 무기력하게 당하기만 한다면 앞으로 점점 더 저들에게 빌붙는 사람들만 늘어날 겁니다. 신의 뜻을 지키고자 한다면 어떤 방식으로든 그것을 표현해 나아가야 합니다."

회의가 시작된 지 얼마 되지 않아, 에밀이 자리에서 일어나 강한 어조로 이야기했다.

"맞는 말입니다만 문제는 어설픈 보복이 거꾸로 빌라토스에게 빌미만 제공할 수 있다는 겁니다. 벌써부터 가이샤라에 있는 본대의 일부를 이곳으로 옮기려 한다는 얘기가 돌고 있어요."

반대측의 의견도 만만치 않았다.

"로마는 이곳이 시끄러워지는 것을 바라지 않습니다. 우리 입장에서는 이걸 충분히 이용해서 총독을 제어해야 합니다."

"세리나 로마 앞잡이 몇 죽인다고 빌라토스가 겁을 먹겠습니까?"

"어느 정도 희생을 각오하더라도 신의 뜻을 지키겠다는 의지를 나타내야 합니다. 그가 가장 두려워하는 상황은 이곳의 일로 로마에서 그에게 책임을 묻는 것이니, 그런 상황이 올 수 있다는 경고를 해야 합니다."

"그러기 위해서는 얼마나 많은 형제들이 희생되어야 할지 모르는 겁니다. 조금 더 시간을 가지고 정치적인 방법을 찾아봐야 합니다. 우선은 살아남고 후일을 도모하는 것이 현명하지 않겠습니까!"

이야기가 반복되자 조용히 듣고 있던 엘르아잘이 입을 열었다.

"모두들 최근 문제가 심각해지고 있다는 것에는 동의를 하시는 듯합니다. 특히 그동안 로마에서 인정해 오던 성전 자치권을 새로운 총독이 무시하고 있다는 겁니다. 우리의 신앙을 모독하는 행위를 아무렇지 않게 하고 있습니다. 시간이 지나면 정도의 차이만 있을 뿐, 셀류쿠스[42]의 안티우쿠스 에피파네스4세[43]의 폭정과 다를 바가 없게 되겠지요."

모두들 심각한 표정으로 고개를 끄덕였다.

엘르아잘은 그들의 얼굴을 하나하나 바라보며 말을 이어 나갔다.

"우린 과거 마카베오 혁명의 성공을 반추해 보아야 할 필요가 있습니다. 혁명이 왕조의 성립까지 갈 수 있었던 근원은 유대를 포함한 남북의 모든 세력이 맛다디아 님과 그분의 아들이신 유다 님의 지휘하에 하나로 뭉쳤기 때문입니다. 그러나 인정하기는 싫지만 로마의 등장과 셀류쿠스 내전이 아니었다면 혁명의 성공은 불가능했을지도 모른다는 사실을 우리는 인정해야 합니다."

엘르아잘은 자리에서 일어나 잠시 하늘을 바라보다가 조용히 이야기를 이어 나갔다.

"지금은 로마의 시대가 되었습니다. 헬라의 모든 제국들은 로마의 수중에 들어갔고, 저항할 수 있는 국가도 주변에 없습니다. 그러나 세상은 변하기 마련입니다. 그 변화가 왔을 때, 우리는 준비되어 있

---

42 알렉산더의 헬라제국 중 하나로, 레반트 지역을 지배하다가, 로마의 등장과 마카베오 항전을 계기로 몰락의 길을 걸었다.

43 셀류쿠스제국의 황제로 유대교를 철저히 탄압했고, 그로 인해 마카베오 항전을 야기했다.

어야 합니다. 로마에서 내전이 벌어지든, 이집트가 반란을 일으키든 기회가 되었을 때 우린 적어도 지금의 폭정에서 벗어날 수 있는 힘을 키워야 합니다."

바리세파 성향의 단원이 손을 들고 질문했다.

"힘을 키운다는 것이 구체적으로 어떤 행동을 의미하는 겁니까?"

"여러 가지를 의미합니다. 상징적인 행위를 통해서 내부 결속과 혁명의 불씨를 꺼뜨리지 않는 것도 포함이 되지만, 산헤드린 공의회, 나아가 로마인과도 적절한 관계를 유지하는 척하면서 저들의 약점이나 부정을 파악하고, 기회가 올 때까지 조직을 성장시키고 유지하는 것도 해당됩니다."

"그럼 민족의 배신자들에게 하루하루 죽음의 고통을 당하고 있는, 가진 것 없는 청년들에게 무어라고 설명합니까? 나중을 위해서 빼앗으면 빼앗기고, 때리면 맞고, 침을 뱉어도 웃으라고 말해야 합니까? 그렇다면 우리는 저 가련한 젊은 영혼들에게 무슨 의미가 있는 것입니까?"

에밀이 강하게 따져 물었다.

"모두의 생각에 용납하지 못하는 일이 벌어진다면, 산헤드린을 움직일 수 있을 겁니다. 그것은 세밀한 전략과 시기 선택이 필요한 일입니다. 감정적인 활동으로 쉽게 얻어질 수 있는 것은 아닐 것입니다. 그러한 상황이 벌어져 민족의 모든 세력이 우리와 생각을 같이한다면 그것은 황제도 바라는 것이 아니겠지요."

"같은 말을 반복하는 것 같지만, 그럼 이 지옥 같은 수탈을 그냥 당하고만 있으라는 겁니까?"

"직접적 활동을 아예 하지 말자는 것이 아닙니다. 상대의 보복이 커질 수 있는 행위에 대한 신중한 접근을 이야기하는 겁니다. 로마인을 자극하는 상황 같은 것 말입니다. 오히려 로마보다는 배부른 성전 세력이나 지역 유지들에게 적당한 경고 조치를 통해 저들이 민중의 고통을 외면하지 못하도록 해야 합니다."

에밀은 일전의 일 때문에 말문이 막힌 듯했고, 성전 세력에 대한 이야기가 나오자 단원들의 얼굴이 어두워지며 물었다.

"그런데 유다는 왜 갈릴리에 가 있는 것입니까?"

"갈릴리에서 무슨 성스러운 것이 나올 수 있다고 이곳을 내버려두고 무엇을 하고 있냐는 말입니다."

"소문에 치유의 능력이 있다는 수도자를 따르고 있다고 하는데 사실입니까?"

"유다가 갈릴리에 간 이유가 지금 선생의 이야기와 관련이 있는 것입니까?"

한 사람이 유다의 이야기를 꺼내자 모두들 궁금했다는 듯이 질문을 던지기 시작했다.

"지금 우리는 기름 부음을 받은 선지자를 기다리고 있습니다. 그가 우리의 힘을 모아 신의 세상에 합당한 나라를 이루기를 기다리고 있지요. 유다가 갈릴리로 간 이유는 우리의 소망과 같을 것입니다. 그러나 저는 그의 판단에 동의하고 있지는 않습니다. "

"그럼 지금 우리들은 구체적으로 무엇을 해야 합니까?"

"선지자가 올 세상을 준비해야 합니다. 지금 우리의 안에서는 자신의 이익을 위해서 이 일을 방해하고 막으려는 자들이 있습니다. 그들을 적절히 견제해서 앞으로 나타날 선지자가 기름 부음[44]을 받을 수 있도록 해야 합니다."

"그들이 누구입니까? 아까 성전 세력을 말씀하셨는데, 혹시 가야파를 뜻하는 것입니까?"

"안나스입니다."

엘르아잘의 대답에 모두들 입을 다물었다.

"지금 그를 제거하자고 하는 이야기가 아닙니다. 그와 그의 세력들이 자신의 욕망에 사로잡혀 함부로 행동하지 못하도록 제어해야 한다는 것입니다."

누군가 반론을 제기하고 나섰다.

"그래도 그들은 성전을 지키는 버팀목 역할을 하고 있는 분들이 아닙니까! 그들이 방해가 된다니 저는 선생의 말씀을 이해할 수가 없습니다."

"그들이 지금 성전을 지키고 있으나, 나중에 선지자가 성전의 문을 두드릴 때 문을 활짝 열고 그를 마중할 수 있을지 알 수 없습니다. 그때를 위해서 그들이 가지고 있는 열쇠의 일부를 우리가 가지고 있어야 한다는 것입니다."

"말씀이 어렵습니다. 성전 관리의 권한을 빼앗아야 한다는 말씀인

---

44 성스러운 자에게 행하는 의식으로 이러한 사람을 히브리어로 '메시야', 헬라어로 '그리스도'라 한다.

가요?"

"아닙니다. 그들이 너무나 견고한 세력이 되는 것은 막아야 한다는 것입니다. 지금도 안에서는 가야파가 밖에서는 안나스가 형성하고 있는 세력이 정도를 지나치게 강해지고 있습니다. "

"이두매의 자식들보다 성전이 강해지는 것이 우리에게 좋은 것 아닙니까?"

"맞습니다. 허나 그들이 지금 누리고 있는 풍요에 안주한다면, 그들은 언제고 우리의 적이 될 것입니다. 그런 일이 벌어지기 전에 우리는 가능하면 그들과 동등한 입장이 되어야 하는 것입니다."

"어떻게 하면 사두개파와 동등한 입장이 되는 겁니까?"

"그들은 로마와 여호와의 사이에 자리잡고 있습니다. 세금은 이두매의 자식들이 걷고 있으니 로마 입장에서는 사두개파를 잘 구슬리기만 하면 우리를 억누를 수 있다고 생각하는 겁니다. 그런데 만약, 우리가 신앙적으로 봉기를 한다면 로마 황제는 사두개파를 쓸모없는 늙은이들로 생각하게 될 겁니다."

"봉기를 하자는 건가요?"

"아직은 아닙니다. 지금은 그럴 수 있다는 것을 전제로 안나스와 협상을 해야 합니다."

"그러려면."

"그렇습니다. 로마나 빌라토스는 모두 우리 민족이 누군가를 필두로 집결하는 것을 두려워합니다. 그 이유로 쿰란의 요한 사제가 투옥된 것이고, 유다가 갈릴리에 머물고 있는 것입니다."

"그렇지만 갈릴리 나사렛 출신이 무엇을 할 수 있단 말입니까!"

"저 역시 이유는 다르지만 지금 상황에서는 여러분의 의견에 동의합니다."

"결국 계속 기다려야 한다는 이야기군요."

"슬프게도 그렇습니다. 조금만 더 때를 기다립시다. 그 순간이 왔을 때, 쌓아 놓았던 우리의 분노와 희망을 한꺼번에 쏟아 냅시다. 그러기 위해서는 지속적으로 주변에 소식을 전파하고, 젊은 사람들과의 정기적 회동을 강화하십시오. 그들 또한 자신이 혼자가 아니라는 것을 느끼고 있어야 이 엄혹한 시간을 견딜 수 있을 것입니다."

모두 엘르아잘의 이야기에 동의하듯 고개를 끄덕였다.

"그렇지만, 지금의 상황에서 안나스에게 경고의 조치를 하지 않을 수 없습니다. 로마가 반응하지 못할 선에서 안나스가 오판하지 않도록 우리의 힘을 보여 주어야 합니다. 예를 들어 비리를 폭로하는 방식으로 그의 측근을 제거하는 것도 방법이라고 생각합니다."

"누구를 생각하십니까?"

"아직 정해진 것은 없습니다. 지금은 모두들 정보를 교환하면서 논의하는 것이 중요합니다."

밤이 깊어 회의가 끝나 모두 돌아갈 무렵 엘르아잘은 에밀을 불러 세워 조용히 말했다.

"에밀. 조용히 상의할 것이 있으니, 돌아가는 척 하다가 다시 이쪽으로 돌아오십시오."

에밀은 알았다는 듯 고개를 살짝 끄떡이고는 산 아래로 내려갔다.

얼마 정도의 시간이 지나자 어둠 속에서 에밀이 나타났다.

"예디온. 상의하신다는 것이 무엇입니까?"

"아까의 제 이야기에 너무 서운해하지는 마세요. 반대 의견을 가진 단원들과의 불화가 지금의 우리에게 좋을 것이 없어 그런 것이니."

"죄송한 말씀이지만, 저희는 예디온의 의견에 따라 가만히만 있을 수는 없습니다."

"알고 있어요. 에밀. 당신의 활동을 지지합니다. 우리에게 있어 청년들의 참여는 큰 자산이고, 그들은 바리세 성향의 사람들을 좋아하지 않아요. 그 사람들이 원하는 대로만 해서는 우리는 청년들의 외면을 받게 될 겁니다."

"그런데, 아까는 저들을 두둔하시는 것처럼 말씀을 하셨으니, 앞으로 더더욱 반대를 하고 나설 겁니다."

엘르아잘이 에밀의 손을 잡고 말했다.

"에밀. 당신은 나와 여러 고난을 겪으면서 살아왔습니다. 나는 당신이 지역 관리나 세리들을 응징하면서 살아갈 사람이라고 생각하지 않아요. 당신은 민족의 해방과 왕국의 재건을 위한 더 큰 재목으로 쓰여져야 합니다."

에밀은 말없이 엘르아잘을 바라보았다.

"저들의 반대는 신경 쓰지 말고, 민족의 고혈을 빠는 배신자들을 척결하세요. 대신, 당분간은 청년들의 지지를 유지할 수 있는 선에서 영향력이 크지 않은 지역 관리나 그 추종자에 국한하길 바랍니다. 특히, 일을 진행하기 전에 로마 군인들에게 뇌물을 바치거나 연줄이 닿아 있는지 필히 확인하시고요."

"제가 아는 에디온을 생각하면 피라미만 잡고 있으라는 말씀으로는 들리지 않는데요. 다른 계획이 있으십니까?"

"잘 보셨습니다. 예전에 우리가 이야기를 나눈 적 있는 티베리아에 거주 중인 나바테아 상인과 관련된 북부의 계획을 기억하고 있습니까?"

"네. 한동안 조직 내부에서 아무런 말이 없어서 유야무야 지나간 것으로 알고 있는데요."

"남부 젤롯은 그럴 만한 계기가 생기면 그 작전을 활용한다는 정도의 생각을 가지고 있는 것 같지만, 저는 조금 더 적극적으로 추진해볼 생각입니다."

"적극적이라면."

"민중들이 격분할 만한 저들의 비리를 끄집어내어 봉기를 유도할 생각입니다."

에밀이 고개를 숙여 엘르아잘 쪽으로 다가왔다.

"지금 유대 지역의 민중들에게 가장 민감한 것 중의 하나가 왕조에 대한 것입니다. 만약 성전 세력의 일부가 왕조를 모욕하는 일이 발생한다면, 민중들은 가차없이 그들을 처단할 것입니다. 빌라토스는 성전 세력이 민중들의 공격을 받는 일에는 절대 관여하지 않을 것이고요."

"그때, 저희들이 나서면 되겠군요."

"그렇지요. 그때는 바리세파 사람들도 입도 뻥긋 못 할 겁니다. 청년들이 주축이 되어서 민중들을 이끌고 저들을 처단하는 겁니다. 청년들의 지지와 성전 세력의 견제, 그리고."

"북부에서 티베리아를 공략하면 되겠군요."

엘르아잘은 말없이 살짝 웃어 보였다.

"그런데 그럴 만한 건이 있습니까?"

"아직 어떠한 증거도 확보하지는 못했지만, 최근 성전 수비대 부장 중 하나가 성전에서 왕조의 보물 중 얀네우스[45]의 인장을 빼돌렸다는 첩보가 있습니다."

"왕조의 인장을요? 그가 누구입니까?"

"성전 수비대장 중 하나는 안나스의 측근인 구브로출신 다니엘이고, 그의 오른팔인 사무엘의 소행이라는 정보입니다."

"안나스가 개입되어 있다는 말씀이신가요?"

"아니요. 안나스는 그렇게 어리석은 자가 아닙니다. 아마도 다니엘의 단독 행위이겠지만, 어찌 되었든 안나스를 구석으로 몰 수는 있을 겁니다."

"다니엘이 왜 그런 일을 벌였을까요?"

"탐욕이겠지요. 오랜 기간 안나스의 측근으로 있으면서 권력에 취해 있다 보니, 조금씩 대담해졌을 겁니다. 이번에 인장을 훔치기 전에도 여러 번 작은 보물들을 훔쳐 왔을 겁니다."

"그럼 인장은 다니엘의 집에 있는 겁니까?"

"그것까지는 아직 확인되지 않았습니다. 일단 위치가 확인되면 소문을 퍼트리고, 산헤드린에서 논의되도록 공론화해야 합니다. 그러

---

45 BC 103~76까지 하시몬왕조를 다스렸던 왕. 안티파스의 할아버지인 이두매 출신 헤롯 안티파터를 처음 장군으로 임명한 인물이기도 하다.

면, 분명 비밀리에 위치를 바꾸거나 빼돌리려 할 겁니다. 그때 현장에서 붙잡아 안나스를 압박하자는 계획입니다. 안나스는 분명 다니엘과의 연관을 부인할 것이고, 다니엘이나 사무엘이 모든 죄를 뒤집어쓰겠지요. 둘 중 하나는 제거되겠지만, 그 분열 과정에서 중요한 정보를 얻을 수 있을지 모릅니다."

"이 일로 봉기를 일으키는 것이 아닙니까?"

"다니엘이 제거되면 끝나는 건으로 봉기가 발생한다면, 안나스는 분명 가야파를 통해 사과하고 추후 관리를 철저히 하겠다는 것으로 무마하려 들 겁니다. 그렇게 되면 봉기의 원동력이 떨어져서 북부하고 연계하기가 힘듭니다."

"그렇다면."

"그 과정에서 안나스의 약점을 잡아야 합니다. 그의 비리가 공론화되더라도 가야파는 안나스를 잘라 내지 못합니다. 그래야 안나스가 버티고, 그가 버텨야 더 많은 민중들이 분노해 봉기에 참여하게 될 겁니다."

"제가 할 일이 무엇입니까?"

"이번 일을 진행하기 위해서는 믿을 만한 사람들이 다수 필요합니다. 그들의 움직임을 지속적으로 관찰해야 하고, 다니엘의 집에 드나드는 사람들에게 접근해서 정보를 캐내야 합니다. 결정적인 순간 움직일 전투력을 갖춘 형제들도 상당수 필요할 겁니다."

"무슨 말씀인지 알겠습니다. 적당한 사람들로 준비해 보겠습니다."

"정보가 새어 나가면 역으로 당할 수 있습니다."

"명심하겠습니다."

27장. 유혹

왠 사내가 찾아왔다.

엘르아잘이 머물고 있는 위치를 안다는 것은 분명 내부에서 정보가 새어 나간 것이 분명했다. 아마도 최근에 예루살렘 근처의 올리브산에서 회동을 자주 한 것이 문제인 듯했다.

그 사내는 자신을 이스마엘이 보낸 사람이라고 소개했고, 그가 엘르아잘과 만나기를 원한다는 이야기를 전해 왔다. 엘르아잘은 안나스의 오른팔 격인 이스마엘을 이미 알고 있었고, 차기 대제사장의 후보로 이름이 거론되고 있는 인물이 이야기를 전하러 온 자에게 자신의 속마음을 알려 줄 리 없었기에 그 사내에게 별다른 이야기를 묻지 않았다. 그러나, 이스마엘이 자신에 대해 어디까지 파악하고 있는지 알 수가 없었기 때문에 그의 제안을 거절할 수만도 없었다.

엘르아잘은 그의 제안을 받아들여 이틀 뒤 이스마엘의 집에서 그를 만나겠노라 전했다. 어찌 보면 함정일 수도 있었지만, 유대조직 내부에서도 엘르아잘의 출신을 아는 이는 없었기 때문에 위험을 감수하고 그들 앞에 존재를 드러내보기로 했다.

지금처럼 뒤에서 숨어서는 상대방과의 협상은 불가능했다. 또한 지금의 상황에서 예수아의 안전을 위해 안나스로 향하는 통로를 만드는 것이 실보다는 득이 더 많을 것 같았다.

엘르아잘은 인편으로 유다에게 이스마엘의 제안과 자신의 결심에 대한 내용을 전했다. 유다가 이러한 내용을 전해 들었을 때에는 이미 이스마엘과의 만남이 성사된 이후일 것이라 사후 통보나 다름이 없었지만, 엘르아잘 입장에서는 자신에게 어떠한 문제가 발생했을 경우 유다가 즉시 유대 지역으로 복귀해야 했으므로 그에게 정보를 제공할 필요가 있었다.

이틀 뒤 해가 중천에 이르기 전, 성전 부근의 이스마엘 집에 도착한 엘르아잘은 문 앞에서 조용히 서 있었다. 이 문을 들어서면 그동안 숨어 지냈던 도망자 생활의 종료를 의미하는 것이기도 했고, 언제든 저들의 손아귀에서 십자가에 걸릴 수 있는 죽음의 삶이 시작되는 순간이기도 했다.

그러나 엘르아잘의 고민은 길지 않았다. 예수아에 대한 그의 사명을 느끼고 있었기에 오래 주저하지 않고 문을 두드렸다.

문을 연 나이가 지긋한 사내에게 이스마엘과 약속이 되어 있다고 얘기하자 그를 안으로 안내했다. 마당에는 무기를 든 사병이 서너 명 보였고, 건물 입구에서 엘르아잘을 찾아왔던 사내가 나와 그를 안내했다.

많은 장식품들이 즐비한 복도를 지나 거실에 이르자 계단 서너 개의 높은 의자에 앉아 있던 이스마엘이 밝은 미소를 띠며 서둘러 내려와 엘르아잘을 맞았다.

"이리 시간을 내 찾아 주시니 어찌 감사를 드려야 할지요."

이스마엘은 익숙하게 상대방의 환심을 사는 법을 아는 듯, 자신을 낮추는 것에 주저함이 없었다.

그는 엘르아잘에게 자리를 권했고, 엘르아잘을 안내한 사내에게 손가락으로 무엇인가를 지시하고는 상석에 앉았다.

"이쪽에서의 생활이 불편하신 점은 없으십니까?"

'이쪽이라.'

이쪽이라 하는 것은 적어도 엘르아잘이 북부에서 왔다는 것을 이스마엘이 파악하고 있다는 의미였다.

엘르아잘은 그가 사용하는 단어 하나 하나를 놓치지 않았지만 미소를 잃지 않고 답했다.

"워낙 미천한 자이기에 모든 것을 감사히 여기고 있습니다."

"아이고, 이리 겸손하시니 많은 분들이 선생을 따르는 것이군요."

안나스가 아끼는 자라는 것을 증명하듯 이스마엘은 여우같이 대화를 이끌어 나갔다.

이스마엘은 상대방의 생리를 꿰뚫고 있다는 듯, 초면임에도 엘르아잘의 개인 신상에 대해서는 전혀 묻질 않았다. 오히려 자신의 부인과 아이들의 이야기를 떠들며 엘르아잘에게 고민을 털어놓기도 했다.

잠시 이야기를 나누는 동안, 두 사람이 앉아 있는 탁자 위로 거하게 상이 차려지고, 이스마엘이 붉은 수정이 여러 개 달린 병을 들어 엘르아잘에게 포도주를 권했다.

"이집트에서 가져온 것인데 입에 맞으실지 모르겠습니다. 보통은 니

케아 것을 마시는데 이것은 귀한 손님이 오시면 꺼내 오는 것입니다."

충분히 상대방의 인사치레를 용인했으므로, 엘르아잘은 바로 이야기를 꺼냈다.

"이제 제사장께서 저처럼 미천한 자와의 만남을 말씀하신 사유를 여쭈어봐도 되겠습니까?"

이스마엘이 엘르아잘의 얼굴을 잠시 보더니 웃음기를 거두고 자세를 고쳐 앉았다. 의자에 고개를 젖혀 약간은 내려보는 자세로 말을 이야기했다.

"세상이 참 살기 어렵습니다. 우리 모두 하루하루 살기가 버겁지요. 그러나 어찌합니까! 지금은 로마가 세상을 지배하는 시대인 깃을요."

엘르아잘은 무릎에 손목을 모아 얹은 채로 그의 이야기를 듣고 있었다.

"로마의 지배를 받는 모든 지역들은 각 지역에 주어진 세금이나 공물을 그들에게 납부하고 있습니다. 우리도 예외는 아니지요."

"그래서요?"

"모든 지역이 로마 공납을 조금이라도 줄이려고 노력하고 있는데, 이게 쉬운 일이 아니라는 말씀입니다. 이게 정치적으로 굉장히 복잡하게 얽혀 있거든요."

"그 상황은 저도 이해하고 있습니다. 그런데, 지금 그 말씀을 꺼내시는 까닭이 궁금하군요."

"하하하. 알겠습니다. 바로 말씀드리지요."

이스마엘은 젖혀져 있던 허리를 앞으로 숙이고 팔목을 무릎에 기대어 얼굴을 엘르아잘 쪽으로 가까이 가져왔다. 그의 눈빛은 거만했지만 날카롭게 엘르아잘을 훑어보는 것을 느낄 수 있었다.

"저는 모든 일이 때가 있다고 생각합니다. 하시몬왕조의 성립도 이집트의 프톨레마이오스[46]의 확장정책이나 로마의 등장이 아니었으면 불가능했던 것처럼, 지금의 로마 통치에서 벗어나려면 국제적인 상황이 필요하다는 것이지요."

엘르아잘은 이스마엘과의 논쟁의 필요를 느끼지 못했기 때문에 그의 이야기를 조용히 듣고 있었다.

"그 전에 우리는 가급적 로마와 긍정적인 관계를 유지하면서 다른 지역 대비 공납의 양을 줄이는 것이 우리 민족에게 유리한 것이 아니겠습니까! 그러려면 우선 우리 내부가 단결해서 저들에게 빌미를 주지 않아야 한단 말입니다."

이스마엘은 자신의 앞에 있는 잔을 들어 엘르아잘에게 권했고, 엘르아잘이 이를 마시자 옆에 있던 하인이 새 잔을 가져왔다. 엘르아잘은 그 잔에 새로 포도주를 부어 이스마엘에게 권했다. 이스마엘 역시 잔에 담긴 포도주를 모두 마시고 잠시 그 맛을 음미하는 듯하더니 말을 이어 나갔다.

"빌라토스라는 자는 이미 로마에서도 잔혹하기로 유명한 사람입니다. 수많은 전장에서 그가 자신의 영광을 위해서 얼마나 거침없이 행동을 해 왔는지 증명하지 않았습니까! 그도 다른 총독들처럼 어떻

---

46 아프리카 북부 이집트 지역에 자리잡은 헬라제국의 하나로, 과거 레반트 지역을 통치하던 셀류쿠스제국과 경쟁관계에 있었다.

게 해서든 이곳에서 많은 재물을 뜯어내어 향후 자신의 정치적 자본으로 취하려 할 겁니다. 그것에 방해가 되는 것은 무엇이든 무자비하게 처리하려고 하겠지요."

이스마엘은 조금 더 엘르아잘 쪽으로 몸을 가져오며 속삭이듯 이야기했다.

"빌라토스가 우리 쪽에 내분을 일으켜 조금 더 강력한 명분을 만들려고 한다는 이야기가 있습니다. 우리가 그 사람의 농간에 당해서야 되겠습니까?"

"제게 원하시는 것이 있으십니까?"

"다른 것이 아닙니다. 그저 때를 기다리자는 것이지요. 성전을 책임지고 있는 랍비들도 고충들이 많답니다. 정말 속이 썩어 들어가는 심정으로 견딜 때가 많아요. 그렇다고 선생께 이곳에서의 녹녹하지 않은 삶을 놔두고 때를 기다리자고 하기에 면목이 없어서, 제가 개인적으로 고민이 많았습니다."

"고민이라 하심은."

이스마엘이 잠시 주저하는 체하며 손을 이리저리 만지작거리더니 엘르아잘 쪽으로 살짝 더 다가와 조용히 말했다.

"제가 이집트 옥시링쿠스에 농장이 하나 있습니다. 크기가 조금 되다 보니, 경작에 필요한 노예들도 많고 한데, 제가 이렇게 자리를 비워서 그런지 관리가 잘되지를 않아요. 그곳을 경영해 주실 능력 있는 분을 찾고 있었습니다. 제 주변에서 선생을 추천하는 이가 있어서, 혹시 그곳을 맡아만 주신다면 너무나 감사할 것 같습니다. 그 감사의 표시로 그곳 지분의 4할을 드리도록 하지요. 장담하건대 제가 말씀드리는 조건이면 이곳에서 큰 저택을 서너 채 살 수 있는 가치입니다. 더구나 그곳의 농장주로 가시면 수많은 노예들을 거느리시고 오랜 시간 평안하게 지내실 수 있으실 거라 단언합니다."

이스마엘은 실눈을 뜨며 엘르아잘의 반응을 살폈다.

엘르아잘이 아무런 대답을 하지 않자, 이스마엘은 다시 자세를 바로잡았다. 엘르아잘은 이 순간에 어떠한 결론을 내리는 것이 오늘 이스마엘을 만나는 목적에 도움이 되지 않을 것이라는 것을 직감적으로 느끼고 잠시 생각하는 듯한 자세를 취했다.

이스마엘은 조금 더 은은한 미소를 띠며 포도주를 한 잔 따라 엘르아잘에게 권했다.

엘르아잘은 납으로 만든 잔에 담긴 포도주를 단숨에 마시고 크게 한숨을 쉰 뒤 말했다.

"고민해 보고 다음 기회에 답을 드려도 되겠습니까?"

이스마엘은 반색을 하며 엘르아잘의 손을 잡고 말했다.

"그럼요. 편하게 생각해 보시고 말씀하십시오. 저는 오늘 선생을 뵙고, 선생께서 저희 농장을 맡아 주시면 사업이 크게 성공할 것으로 확신했습니다. 간절한 마음으로 선생의 답을 기다리고 있겠습니다."

엘르아잘은 자리에서 일어나 이스마엘에게 인사를 한 뒤 하인의 안내에 따라 그의 집을 나왔다.

한참을 걸어 베그다의 뒷골목에 다다르자 엘르아잘은 골목 벽에 머리를 대고 엎드려 먹었던 것을 모두 게워 냈다. 먹었던 것이 포도주밖에 없던 터라 붉은 피 같은 것이 흘러나왔다. 더 이상 뱉어 낼 것이 없이 알싸한 맑은 액이 나와 온 얼굴이 눈물 범벅이 되어서야 토악질을 멈추었다.

엘르아잘은 이스마엘 집 문을 열고 나오면서, 그의 집 안에서 온몸에 오물을 뒤집어쓴 자신을 느낄 수 있었다. 부와 안위, 원한다면 가능한 쾌락을 이룰 수 있는 기회를 손에 들고 흔드는, 뱀의 얼굴을 한 이스마엘을 꿰뚫어 보았음에도, 목적이 있었다고는 하지만 그가 뿌린 오물을 뒤집어 쓴 자신, 그가 건넨 구역질 나는 핏덩어리를 삼키며 잠시나마 단맛을 느낀 자신의 식도를 깎아 내고 싶었다. 마음 같아서는 돌이라도 들어 당장 내려찍고 싶은 심정이었다.

그는 마치 누군가에게 쫓기는 사람처럼 급한 발걸음으로 거리를 걷다가 일전에 두어 번 방문한 적이 있는 노파의 식당에 들어가 포도주를 자루째 달라고 말했다. 머뭇거리는 노파를 재차 재촉하듯 말하고는 가져온 포도주를 잔에 가득 따라 입안에 들이부었다. 다 마시자마자 다시 잔에 가득 부어 마시기를 서너 번 반복했다. 엘르아잘은 혼자 독기가 가득 서린 눈빛을 하고 포도주에 비친 자신의 얼굴을 바라보았다.

자루에 술을 거의 비울 때 즈음 비틀거리며 일어났다. 노파의 손에 넉넉히 세겔(화폐)을 쥐어 주고는 사마리아로 가는 삼거리까지 혼자 무어라 중얼거리며 걸었다. 자신에게 쏘아붙이고 싶었던, 아버지에게 따지고 싶었던, 예수아에게 묻고 싶었던 여러 이야기들을 마치 미친 사람처럼 허공에 대고 봇물 터지듯 쏟아 내면서 걸었다.

삼거리에 도착하기 전에 왼쪽에 나 있는 작은 산길을 따라 언덕을 올라갔다.

수풀을 헤치고 길이 없는 곳에 다다르자 아무 곳에나 주저앉아 돌을 하나 주워 들고 오른쪽 허벅지를 내지 찍었다. 고통에 얼굴이 일그러졌지만 멈추지 않았다. 다리에서 피가 베어 나오고 느낌이 무뎌졌을 때 즈음 그는 이런 행동을 멈추었다. 그리고는 무릎을 꿇고 흙바닥에 두 손을 대고 엎드렸다.

엘르아잘은 아버지와 어머니, 형과 동생의 얼굴을 떠올리며 이를 갈았다.

28장. 반격

그 어느 때보다 마음이 가라앉았다. 몸을 스치는 작은 바람이 털끝 하나를 스쳐 지나가는 하나하나를 느낄 정도로 그의 신경은 예민했지만 마음은 그 어느 때보다 차분했다.

그의 예상대로 부정한 재물의 이동은 안나스 수하인 다니엘이나 사무엘보다 훨씬 광범위하게 퍼져 있었다.

당연히 성전 안에 보관되고 있어야 할 얀네우스의 인장이 이제 사인이 된 안나스도 아닌 그의 수하의 집에 있다는 소문은 금세 바리세인들을 들끓게 만들었다. 바리세인들을 대표해서 산헤드린에 입성해 있는 자들은 바로 가야파에게 해당 사실에 대한 조사를 요구했고, 그 수가 만만치 않아 가야파도 더 이상 버틸 수 없는 지경에 이르렀다. 가야파 입장에서는 이를 막다가, 다른 보물의 수급이나 측근들의 금전적 착복이 드러날 수도 있는 상황이 도래할 수도 있었기 때문에 최대한 상황을 빨리 정리하는 것이 유리하다는 판단을 할 수밖에 없었다.

엘르아잘의 예상대로 그들은 안나스 수하들의 집을 수색하기 전 내부에서 미리 정보를 흘렸고, 증거를 인멸할 시간을 확보하려 했다.

이미 엘르아잘이 지시한 대로 에밀과 청년 조직의 형제들이 다니엘과 사무엘의 집 주변에서 위장한 채로 철통같이 감시하고 있었고, 그들의 집을 드나드는 사람들을 일일이 쫓아 인장의 이동 여부를 확인했다.

점심 시간이 조금 지날 무렵 에밀의 수하가 소식을 전해 왔다. 다니엘의 집에서 나온 하인 하나를 붙잡아 인장을 빼앗았고, 그 하인은 창고에 가두어 놓았다고 했다.

마당에 앉아 있던 엘르아잘은 무표정하게 고개를 끄덕이고, 한동안 더 앉아 예루살렘 쪽을 바라보고 있다가 벌떡 일어나서 걷기 시작했다.

얼마 후, 다니엘의 집에 도착한 엘르아잘은 거침없이 문을 두드리고, 문을 연 하인들을 밀치고 안으로 들어갔다. 다짜고짜 집 안으로 들어가 다니엘 앞에 서서, 앉은 채로 놀라 바라보고 있는 다니엘에게 차가운 어조로 말했다.

"이 집 하인과 왕조의 인장은 돌아오지 않을 것이오."

당황하던 다니엘의 눈이 커지고, 믿을 수 없다는 표정에서 곧 두려움이 가득한 표정으로 바뀌었다.

"난 당신이 탐욕으로 인해 이런 일을 벌였을 거라고 생각하지 않소."

"아니… 잠깐, 그게 무슨."

"그것이 내가 바로 산헤드린으로 가지 않고, 당신을 찾아온 이유요."

급하게 계산을 하는 듯한 다니엘의 표정은 지금 눈앞에 서 있는 이 사내에게 어떠한 변명을 해도 소용이 없다는 것을 조금씩 인정하는 것으로 변해 갔다. 그러나 그는 인정할 수 없다는 듯 손을 내저으며 말했다.

"아니, 당신은 누군데 남의 집에 함부로 들어와서 다짜고짜 알아듣지도 못할 말을 하는 것이오. 뭔가 오해를 하고 온 모양인데, 자초 지정을 설명해야지 이런 무례한 경우가 있나!"

"다니엘. 나는 요한의 아들 야곱이라는 사람이오. 베그다에 머물고 있지. 지금 내가 당신을 찾아온 이유는 나의 방문 그 자체로 당신과 당신의 가족에게 앞으로 어떠한 일이 벌어질지, 명석한 당신이 이미 이해하고 있다는 것을 알고 있기 때문이오. 두 번 얘기할 필요는 없겠지?"

모든 일에 항상 뒤에서 자신을 노출하지 않던 엘르아잘이 가명을 사용하기는 했지만 이렇게 직접 다니엘의 집에 얼굴을 보이고 자신을 노출한 것은 이스마엘의 제안에 대한 그의 답신이기도 했다.

다니엘은 부들부들 떨면서 엘르아잘을 노려보았다. 그리고는 거친 손짓으로 주변에 대기하던 하인들을 물렀다.

하인들이 물러나자 잠시 생각하는 듯하던 다니엘이 물었다.

"당신은 무슨 목적으로 이런 일을 벌이는 것이오. 감당할 자신은 있어서 이러는 것인가?"

"그것은 내가 직접 이렇게 당신 앞에 얼굴까지 비추었으니, 당신이 재주껏 이 상황을 돌파해 보면 되겠지. 달이 세 번 뜨는 동안의 시간을 주겠소. 그 이후에 당시의 하인과 왕조의 인장은 공의회 마당 한가운데에 던져질 것이오. 수많은 증언들이 함께 쏟아질 것이고, 그 증언들은 전부 당신과 혹은 당신의 심복인 사무엘을 가리키겠지. 그 이전에 상황을 돌이킬 방법은 전부 당신의 선택에 달려 있소."

엘르아잘은 차가운 표정으로 잠시 다니엘을 바라보다가 휙 돌아서서 그의 집을 나왔다. 그리고는 아무일 없었던 것처럼 차분한 발걸음으로 예루살렘 거리를 걸어 다시 아까 그가 앉아 있던 집으로 돌아왔다. 다니엘의 집에서 나올 때부터 그의 수하가 뒤를 따르는 것을 알고 있었다. 그러나 오히려 그를 안내하듯 천천히 걸어와 보란 듯 마당에 앉았다. 단, 이번에는 예루살렘 쪽을 등지고 앉아 사마리아 쪽을 바라보고 있었다.

이틀이 지나고 해가 서쪽 하늘을 붉게 채색하기 시작할 무렵 양 가죽을 파는 요나한의 어린 아들의 안내로 누군가 엘르아잘을 찾아왔다. 다니엘이었다. 며칠 만에 그의 얼굴은 반쪽이 되어 있었다.

엘르아잘은 그가 올 것을 알고 있었다는 듯 자연스럽게 그에게 자리를 권했다.

다니엘은 한동안 말을 하지 못했다.

아마도 제일 먼저 안나스에게 구명을 요청하러 갔다가 철저하게 버림을 받았을 것이었다. 그리고는 그가 알고 있던 모든 연을 동원해서 이 위기를 헤쳐 나갈 방법을 찾다가 선택의 여지가 없어 지금 엘르아잘의 앞에 백기를 들고 앉아 있음이 분명했다.

엘르아잘이 말없이 바라보기만 하자 눈치를 보던 다니엘이 입을 열었다.

"제게 바라시는 것이 무엇입니까?"

"제가 당신에게 바라는 것이 있는 것처럼 보이십니까?"

"바라는 것이 없으시다면 그날 저희 집에 오시지도 않으셨겠지요."

"그렇지요. 그 점은 바로 보셨습니다. 그래. 이스마엘은 무어라 하던가요?"

엘르아잘의 넘겨짚는 질문에 다니엘이 몹시 당황해했다.

다니엘의 입장에서는 엘르아잘이 자신에 대해 어디까지 알고 있는지 알 수가 없어 극도의 공포에 휩싸여 있던 차에, 이번 며칠간 자신의 행적을 훤히 알고 있은 듯한 질문을 받자 패닉에 빠지는 듯한 모습이었다. 더구나 첫 질문에서 안나스가 아닌 이스마엘의 이름이 나오자 더 이상의 협상의 카드가 자신에게 없다는 것을 자각한 다니엘이 포기하듯 대답했다.

"철저하게 모르는 사람 취급을 하더군요."

"혼자 다 뒤집어쓰고 가시겠습니까?"

"다른 길이 있습니까? 저들과 척을 진들 살아날 길이 없다는 것은 그 누구보다 제가 더 잘 압니다."

"인장이 성전의 창고에서 발견된다면 이번 일이 유야무야 수그러드는 것도 가능하겠지요."

다니엘이 깜짝 놀라며 말했다.

"그렇게 해 주신다는 이야기입니까?"

"설마, 세상일이 그리 쉽게 원하시는 대로 된답니까."

"지금 저를 조롱하시는 거라면 그만하십시오. 저도 지금 어떤 일을 벌일지 모르는 상황입니다."

"조롱하는 것이 아닙니다. 제가 당신에게 제안을 드리고자 하는데, 당신이 그 제안을 받아들일 마음이 있는지 확인하고 있는 겁니다."

"어떤 제안입니까?"

"솔직히 말하면 우리가 원하는 것이 당신 목숨이겠습니까? 우리가 당신을 죄인으로 만들어 형벌을 가한들 무슨 의미가 있단 말입니까!"

다니엘은 침을 꿀꺽 삼키며 말없이 엘르아잘의 이야기를 들었다.

"성전 앞뜰을 비롯해서 예루살렘 전역에서 환전과 제사 공물을 거래하는 곳에서는 암묵적으로 수수료를 헌금 형태로 납부하지요."

엘르아잘의 이야기에 다니엘의 눈이 파르르 떨렸다.

"저희는 그 수수료가 여러 경로로 흘러 당신에게 모인다는 것을 이미 알고 있습니다."

"지금 내가 그 돈을 착복한다고 말하고 있는 겁니까?"

"그럴 리가요. 당신은 그 돈을 감당할 만한 위치에 있지 않지요. 난 당신이 이스마엘에게 전달한 돈의 장부를 말하고 있는 겁니다."

다니엘의 얼굴이 심하게 일그러졌다.

"내 마지막 패까지 알고 있는 것을 보면 더 이상 숨겨 말할 것도 없겠군. 이것 보시오. 내가 그 장부를 지금 사용할 것 같으면, 이스마엘에게 문전 박대를 당하지도, 지금 당신을 찾아오지도 않았을 것이오. 벌써 칼을 차고 이스마엘 집 거실에 앉아 있겠지."

"그렇지요. 그러나 이번 일은 이스마엘이 해결할 수 있는 것도 아니지요. 혹시나 그렇게 해서 어떻게든 넘기고 나면 그것으로 끝이겠습니까. 조만간 안나스와 이스마엘이 무슨 수를 써서라도 당신을 제거하려 하겠지요. 안 그렇습니까?"

"그래서 뭘 어쩌자는 겁니까."

"그 장부의 올해 부분만 저한테 넘기세요. 절대 당신에게 해가 되게 사용하지 않을 거라고 약속합니다."

"이봐! 당신의 약속 따위가 무슨 소용인가. 그 장부가 알려지면 제일 먼저 의심받는 것이 나라는 것을 내가 모를 거라고 생각하나?"

"저는 그 일을 세상에 들어낼 생각이 없습니다. 지금 그 일이 알려진다고 해서 우리 민족에게 도움이 될 것이 없죠. 오히려 저 로마 총독에게 좋은 먹이나 던져 주는 꼴이니 될 것입니다."

"그럼 그 장부가 왜 필요한 것이오?"

"단지 안나스를 제어하고자 할 때 필요할 수단으로만 사용하고 싶을 뿐입니다."

"그것으로 안나스를 협박할 셈인가? 그럼 안나스가 나를 가만히 둘 것 같소?"

"내가 그것으로 안나스를 바로 협박한다면 그는 제일 먼저 당신을 의심하겠지요. 그러나 총독이나 안티파스에 의해서 일이 붉어진다면 과연 당신을 먼저 의심할까요? 아니면 이스마엘을 먼저 의심할까요?"

"그게 무슨 말입니까?"

"권력은 끊임없는 의심을 필연으로 합니다. 안나스가 이스마엘을 오랫동안 측근으로 부리고 있지만, 이스마엘의 권력이 강화될수록 그를 견제하는 마음 또한 강해져 왔을 겁니다. 이스마엘도 그런 사실을 잘 알고 있지요. 이스마엘 입장에서도 안나스의 사위가 대제사장으로 버티고 있으니 자신에게 언제 차례다 돌아올지 넋 놓고 기다리고 있을 수만은 없는 노릇이지요. 갑자기 가야파가 다른 사람을 후계로 내세울지 모를 일이고요. 그렇다면 적당한 시기에 뒤통수를 칠 수도 있는 노릇이지요."

자신이 생각하지 못한 이야기에 다니엘은 멍한 표정으로 엘르아잘의 다음 이야기를 기다렸다.

"우린 당신에 대해서 특별한 악한 감정을 가지고 있지 않습니다. 그렇다고 안나스나 이스마엘을 해치려고 하는 것도 아닙니다. 단지 저들의 최근 행위를 볼 때, 저들끼리 서로 견제하는 것이 우리의 활동에 조금 유리한 환경을 만들 수 있다고 판단했을 뿐입니다."

"이 자료는 내가 만들었고 나만 가지고 있는 것인데, 어떻게 의심을 피할 수 있다는 말이오?"

"생각보다 순진하십니다. 장부는 주는 사람만 만드는 것이 아닙니다. 중간에서 전달하는 사람도 나중에 의심을 피하기 위해서 기록을 하게 되어 있어요. 그게 생리입니다. 혹시 이스마엘이 안나스에게 자신의 모든 것을 훤히 드러냈을 거라고 생각하는 건가요? 이스마엘은 대제사장 자리를 노리는 자입니다. 그러기 위해서는 자신만의 세력을 만들어야 하는데, 그런걸 만들기 위해서는 꽤 많은 돈이 들어가는 법입니다. 혹시라도 자신이 중간에 차지한 돈 때문에 문제가 생기면, 당신에게 덮어씌울 자료를 분명히 만들고 있을 것입니다."

"그래도 제일 먼저 나를 의심할 것이 자명하지 않소."

"그렇지요. 분명히 당신이 의심을 받을 것입니다. 그러나 이번 일이 완전히 잊혀질 즈음, 총독의 손에서 일이 시작되었을 경우 당신이 얻게 될 이익이 무엇이지요? 아무것도 없어요. 그런데 안나스나 가야파가 위기에 몰릴 경우 이스마엘의 입장은 다르지요. 그가 대안으로 떠오르게 되면 안나스는 배후로 이스마엘을 의심할 수밖에 없어요. 그러면 당신은 이 모든 일에서 벗어나게 되는 것입니다."

다니엘은 불안함에 얼굴이 일그러졌다.

"이야기를 들어 보니 불가능한 것은 아니지만 너무 위험한 일이오. 내게 조금 더 생각할 시간을 주시오."

엘르아잘이 싸늘한 표정으로 말했다.

"이봐요. 다니엘. 내가 지금 당신에게 제안을 하는 것으로 느끼시오? 참으로 답답한 사람이로군. 내가 말한 기한이 오늘밤까지이고 내일이 공의회가 열리는 날이니 지금 달려가서 장부를 가지고 와야 할 것인데 생각할 시간을 달라니, 내 인내심이 한계에 이르는 것을 느끼게 되는군."

다니엘이 당황해하며 일어나려던 엘르아잘의 팔을 붙잡고 말했다.

"알았소. 알았다니까. 내 그렇게 할 테니까 진정하시오. 그런데 나도 내 목숨이 달린 일이니 하나만 더 물어봅시다. 이스마엘이 안나스에게 전달한 돈의 액수를 모르는데, 내 장부가 무슨 소용이 있단 말이오. 정작 필요한 것은 이스마엘의 장부가 아니오?"

엘르아잘은 팔을 붙잡는 다니엘을 잠시 내려보다가 다시 자리에 앉으며 말했다.

"그렇지요. 결국은 당신이 안전하기 위해서는 이스마엘의 장부가 필요한 것입니다. 그럼 당신의 장부가 왜 필요한지 설명할 테니 잘 들으시오. 우리가 가진 정보에 의하면 이스마엘은 당신을 통해 정기적으로 수금한 금액에서 일정 비율을 제하고 안나스에게 전달하고 있소. 그 비율은 우리가 알고 있습니다. 그러니 당신의 장부를 통해 날짜와 금액을 안다면 이스마엘의 장부야 우리가 만들어 내면 되는 것이지요. 아무도 세상에 꺼내진 장부가 당신에게서 나왔다고 생각하지 않을 것입니다. 왜냐면 금액이 다르니까요. 상황이 전개되어도 이스마엘은 공개적으로 따지지 못할 겁니다. 왜냐면 안나스 앞에 당신을 끌어들이는 순간, 자신이 중간에 착복한 것을 시인하는 것이나 마찬가지일 테니까요. 결론적으로 당신은 이 일에서 쏙 빠지게 될 것이니 너무 걱정하지 않아도 됩니다."

엘르아잘의 설명에 다니엘의 눈빛이 빠르게 변해 갔다. 아무리 머리를 굴려 봐도 현재 상황에서는 엘르아잘의 제안을 거부할 방법이 없을 터였다.

다니엘은 엘르아잘에게 다시 한번 다짐을 받고는 장부를 가지러 집으로 달려갔다.

29장. 또 한 번의 거절

엘르아잘은 미친 듯이 뛰는 가슴을 진정시킬 방법이 없었다.

지금 저 장막 안에는 그가 그토록 그리워했던 예수아가 있었고, 입구의 천을 젖히고 들어가면 바로 그를 만날 수 있을 터였다.

많은 사람들이 밖에서 자신의 차례를 기다리며 이런저런 이야기를 나누는 꽤나 혼란스러워 보이는 그 장막의 입구 앞에서 그는 마치 이방인의 모습으로 외롭게 서 있었다.

엘르아잘은 한동안 그 장막을 하염없이 바라보다가 되돌아서 마을로 내려왔다. 그리고는 넋을 잃은 사람처럼 골목의 한 귀퉁이에 앉아 애꿎은 하늘만 바라보고 있었다.

그는 자신이 이렇게 주저하는 이유를 잘 알고 있었다. 엘르아잘은 흘러가는 구름을 한참 동안 바라보다가 마치 정신이 나간 사람처럼 중얼거렸다.

"난 아직까지도 그 사람을 만날 자신이 없는 건가."

얼마나 시간이 지났을까. 내리쬐던 햇볕이 조금은 약해지고, 슬슬 이곳을 떠나 다시 메드바로 돌아갈 생각을 할 무렵 누군가의 신발이 눈앞에 멈추어서는 것이 느껴졌다.

누구인지 굳이 확인할 의지도 없는 눈빛으로 올려 보자 햇빛에 얼굴이 보이지 않던 그 신발의 주인이 바로 자세를 낮추어 엘르아잘의 손을 잡았다.

"엘르아잘 아닌가! 아니 이 친구가 말도 없이 여긴 웬일이야?"

환하게 웃고 있는 얼굴을 자세히 살펴보니 안드레아였다. 엘르아잘은 안드레아를 말없이 꼭 껴안았다. 그리고는 눈에 살짝 맺힌 눈물을 옷깃으로 닦아 내었다.

"이 친구 여기서 왜 이러고 있는 거야. 바로 근처에 다들 있는데 설마 여기까지 와서 찾지 못한 것은 아닐 테고."

"아닙니다. 그냥 좀 쉬고 있었습니다. 그래도 여기서 형님을 만날 거라고는."

"잠시 시장에 볼 일이 있어서 나왔던 참이었지. 지금 돌아가는 길이야. 자 어서 가세. 모두들 반가워할 거야."

안드레아가 잡아 끄는 손에 엘르아잘은 자리에서 일어나 그와 함께 걷기 시작했다. 걷는 동안 안드레아가 이런저런 그동안의 질문을 해 왔고 엘르아잘도 그에 맞추어 대답을 했지만, 그의 모든 마음속은 이대로 예수아를 만나면 '처음에 뭐라고 인사를 해야 하나, 그를 똑바로 쳐다볼 수 있을까? 그의 말에 뭐라고 대답해야 하나.' 하는 생각만 가득했다.

어느새 길 모퉁이를 돌아 안드레아와 장막 앞에 도착했다.

안드레아가 입구의 천을 열고 들어서며 말했다.

"모두들 보세요. 지금 누가 와 있는지." 하고는 다시 천을 열고 밖으로 나와 엘르아잘의 손을 잡고 안으로 들어섰다.

장막 안에는 십여 명의 사람들이 있었다.

제일 안쪽에 예수아가 있었고 바로 옆에 요한이 앉아 있었다.

"야. 이 녀석아. 어떻게 왔어."

요한이 벌떡 일어나 엘르아잘을 포옹하며 이야기했다.

엘르아잘도 요한을 꼭 안으며 그간의 인사를 건넸다. 그러나 그의 시선은 예수아에게서 떠나질 못했다.

요한이 예수아에게 엘르아잘에 대해 장황하게 설명을 해 대었지만, 예수아는 그저 살며시 미소를 띤 얼굴로 바라볼 뿐이었다.

장막 안의 사람들도 엘르아잘을 궁금한 시선으로 바라보고 있었다. 엘르아잘은 자신을 바라보는 사람들에게 정중하게 인사를 하고 자리에 앉았다.

"그래 어떻게 지냈어? 모간한테 듣긴 했는데, 유대 지역과 데가볼리에서는 이제 거물급 인사가 되었다고 말이야."

요한의 농 섞인 칭찬에 엘르아잘은 더욱 자세를 바로 하고 할 수 있는 한 가장 정중한 자세로 답했다.

"아직 아무런 일도 하지 못하고 있습니다. 다만 저를 아껴 주시는 분들께서 이끌어 주시는 대로 따를 뿐입니다."

"이 친구 겸손 빼는 것은 여전하구먼. 하나도 안 변했어. 그나저나 요한! 야고보는 어딜 간 거야?"

"응. 급하게 해야 할 일이 있어서 가버나움으로 돌아갔어. 일만 처리하고 바로 돌아온다고 했으니, 이틀 후면 오겠지."

한동안 서로의 반가움을 표하고 나서, 안드레아와 요한이 예수아와 장막 안의 사람들에게 엘르아잘에 대해 이런저런 설명을 하고자 했으나 금세 서로의 눈치를 보더니 옛날 벳세다에서 알던 동생 정도로 급히 마무리하였다.

어수선한 시간이 흐른 뒤, 엘르아잘은 요한의 안내에 따라 예수아에게 다시 정중한 인사를 했을 뿐, 그를 향한 어떠한 말도 하지 않았다.

두근거리는 가슴을 잠재우고 최대한 침착하게 행동하려는 엘르아잘과는 달리, 예수아는 갑자기 찾아온 엘르아잘을 볼 때부터 지금까지 편안한 미소만 하고 있을 뿐, 다른 어떠한 감정의 변화도 없는 듯했다. 아니, 엘르아잘로 인한 잠깐 동안의 공백을 메우려는 듯 쉴 새 없이 여러 가지 질문들을 던져 대는 장막 안의 사람들의 이야기를 듣는 것에 열중하는 듯 보였다.

전체적인 분위기는 매우 안정되고 즐거웠다. 사람들이 쏟아내는 질문들과 부탁에 예수아가 간간히 농담을 섞어 가며 이야기했고, 그럴 때마다 장막 안은 웃음으로 가득했다.

엘르아잘은 그 자리에 없는 사람처럼 조용히 앉아 사람들과 예수아의 대화를 듣기만 했다. 그저 그렇게 있는 것 만으로도 너무나 평안하고 행복했다. 그렇게나 그리워하던 사람이었지만 예수아가 던진 질문 하나도 풀어내지 못한 자신의 모습이 부끄러워 나서지도 못하고 주변만 맴돌고 있었는데, 예수아는 그런 엘르아잘의 마음을 이해하는 듯 아무런 질문도 하지 않고 잔잔한 미소로 곁을 허락해 주었다.

어느 정도 시간이 흐르고, 요한이 일어서서 자리를 정돈하는 대사를 하자, 방문객들은 예수아에게 인사를 하고는 모두 장막을 떠났다. 사람들이 나간 후, 장막 안에는 예수아와 요한, 안드레아, 엘르아잘 이렇게 넷이 남았다.

엘르아잘은 계속 예수아를 똑바로 바라보지 못했다.

요한과 안드레아가 예수아에게 엘르아잘에 대해 여러 가지 칭찬하는 이야기를 해 주었지만, 예수아 앞에서 자신을 감싸고 있는 이 부끄러운 감정을 엘르아잘 자신은 주체하지 못하는 듯했다.

그때 예수아가 은은하게 미소 띤 얼굴로 이야기했다.

"내가 놓고 떠나온 자리에서 너의 하늘을 보았는가?"

엘르아잘은 그의 질문에 고개를 숙인 채 최대한 예의를 갖추어 대답했다.

"선생님. 그저 자리만 지키고 있을 뿐, 선생님께서 바라보시던 것을 저는 아직도 보지 못하고 있습니다."

"아직도 지난 세상의 일들이 너의 눈을 가리고 있는 것인가."

엘르아잘은 대답을 하지 못했다.

요한이 예수아와 엘르아잘을 번갈아 바라보다가 말했다.

"뭐야. 아시는 사이였어요? 어떻게 된 거야? 난 그것도 모르고."

안드레아도 신기한 듯 웃으며 말했다.

"엘르아잘. 선생님과 연이 있는 사이였으면 진작에 말을 하지 그랬어. 그런데 언제부터 선생님과 알고 지낸 거냐? 우리랑 있을 때는 한마디도 없었잖아."

엘르아잘은 조금 더 고개를 숙이고 대답했다.

"순간 순간이나마 연으로 따지자면 세월이 깁니다. 그렇지만 선생님을 마음속으로나마 따르게 된 것은 쿰란으로 피신했을 때 인연부터라고 할 수 있습니다."

엘르아잘은 계속되는 대화 중에도 예수아의 눈빛을 통해 그의 의중을 파악하기 위해 노력했다. 그의 시선이 이미 엘르아잘의 내면을 환히 들여다보고 있는 것 같았기 때문이었다.

"그래. 그나저나 연락도 주지 않고 이곳은 어떤 일이야? 무슨 일이 있어서 온 거야?"

"아닙니다. 모두들 너무 보고 싶고 해서 참고 참다가 기회를 봐 온 것입니다."

"이거 엘르아잘 눈빛을 보니 우리를 보고 싶어 온 건지, 선생님을 뵙고 싶어 온 건지 헷갈리네. 하하!"

요한이 유쾌하게 웃었다.

"아론도 시간이 허락되면 선생을 뵈러 오곤 한다. 네가 오는 줄 알았으면 열 일 제쳐 놓고 득달같이 달려왔을 텐데, 나중에 이 소리를 들으면 무척 아쉬워할걸!"

"아론이 혼인하고 아이까지 있다는 이야기를 들었습니다. 그 친구가 달려온다면 저는 혼신의 힘을 다해 도망가야겠지요."

"어라! 그럼 우린 잡혀가도 된다는 거냐? 하하! 이 녀석 그래서 여기 들어오지도 못하고 동네 골목에서 주저앉아 있었구나. 하여간 마음 여린 건 여전해."

엘르아잘의 이야기에 잠시 분위기가 무거워졌지만, 안드레아가 곧장 받아쳐 주는 바람에 모두 웃어넘길 수 있었다.

한동안의 옛날 이야기 같은 대화가 흐르고, 어느 정도 시간이 되어 엘르아잘은 안드레아와 함께 장막에서 나왔다. 요한은 예수아의 곁에 남아야 했기에 엘르아잘과 깊은 포옹을 한 뒤 장막 입구에서 배웅을 했다.

밖으로 나온 안드레아는 잘 아는 집이 있다며 엘르아잘을 잡아끌었다.

마을 어귀에 허름하고 금방 무너질 듯 낡은 집에 안에는 몇 개의 테이블과 의자가 있었으나 내부는 텅 비어 있었고, 안드레아가 들어가자 자다 일어난 듯한 늙은 노파가 아무 말 없이 포도주 두 잔을 따라왔다. 두 사람은 오른쪽 창문 아래쪽에 자리를 잡았다.

"쿰란에서 마지막으로 보고는 처음이지?"

"그러네요. 제가 가장 위험할 때 형이 저를 쿰란으로 숨겨 주셨지요. 지금도 어찌 감사를 드려야 할지."

"나뿐만이 아니고 벳세다의 형제들 모두 그렇게 했을 거야. 만약에 너한테 무슨 일이 있었으면 아마도 아론이 우리 얼굴을 다시는 안 보려고 했을걸. 하하."

"숨어 지내는 동안 모두들 너무 그리웠어요. 밤마다 제 인생에서 형들하고 같이 지냈던 시기가 얼마나 행복했었는지 새기고 또 새기곤 했답니다."

"이것저것 물어보고 싶은 것이 많았는데, 아까는 선생님도 계시고 경황이 없어서 옛날 이야기만 했네. 그래 숨어 지내는 동안 별다른 일은 없었던 거지?"

"모두들 위험을 무릅쓰고 가족처럼 돌봐 주셨어요. 덕분에 지금까지 숨이 붙어 있는 것이지요."

"그래. 그게 다 네가 신의 가호를 받기 때문일 거다. 널 알게 된 시간이 많지는 않았지만, 모두들 아론처럼 너를 아끼니 말이야. 그나저나 혹시 사제의 근황은 좀 알고 있는 것이 있니? 선생님을 따른 뒤로 사제의 소식을 간혹 듣기는 했지만, 체포되신 뒤 어떻게 지내고 계신지 알아볼 방법도 없고 말이야."

"마케루스에 감금되어 계시기는 한데, 개방된 토굴이라 완전히 억압된 환경은 아니에요. 요새 안에서 조금은 이동도 가능하고 식사도 나쁘지 않게 제공된다고 해요. 안티파스도 눈치를 보고 있는 겁니다. 부하들을 시켜 예를 갖추라 한 것으로 보아 조금은 안심이 되지만 워낙 천방지축인 놈이라 저희도 예의 주시하고 있습니다."

"탈출시켜 드릴 방법은 없는 건가?"

"사제 본인이 원치 않으세요. 밖에서도 자신을 구명하기 위한 어떠한 일도 벌이지 말라고 당부하셨습니다. 아마도 일이 커져서 자신으로 인해 사상자가 생기거나, 쿰란에까지 영향이 미치는 것을 원치 않으시는 것 같습니다."

"충분히 그러실 수 있는 분이야. 그렇다고 언제까지 저렇게 계실 수는 없는 일인데. 걱정이군."

"오히려 안티파스 입장에서는 사제가 탈출하기를 바라고 있을지도 모릅니다. 그래서 일부러 경비도 느슨하게 하고 있는 겁니다. 철없는 망나니처럼 보이기는 해도 눈치가 빠른 자입니다. 지금쯤 안나스가 자신을 이용했다는 사실을 깨닫고 있을 겁니다. 자신에게 득 될 것이 없는 일을 길게 끌고 가지는 않을 테니 조금만 더 기다려 보시죠."

"그래야지. 지금은 뭐 별다른 수가 없으니. 그나저나 유다와는 꽤 오랜 기간 친분이 있다지?"

"숨어 지내는 동안 도움을 많이 받았습니다."

"어떤 사람이지? 우리들은 도대체 그 사람의 속내를 알 수가 없어서 말이야. 어떤 때는 괜찮아 보였다가, 또 어떤 때는 이자가 무슨 생각으로 선생의 곁에 머물고 있는지 알 수가 없단 말이지."

"유대 출신이라 그럴 겁니다. 아는 것도 많고 역사적 식견도 높은 사람입니다. 개혁적이지만 우리가 알고 있는 전형적인 유대지파 사람들과 비슷하다고 생각하시면 될 겁니다."

"가끔 사람 돌게 만드는 구석이 있거든. 나는 어느 정도 참아 넘길 수 있는데, 우리 형은 절대 그런 꼴은 못 보는 사람이라 주먹다짐까지 갈 뻔한 일도 있었다니까."

"사실 저도 형님들 성격이나 성향이 유다와는 물과 기름 같기도 할 것 같고, 나름 걱정되는 구석도 있어 처음에는 반대했었는데요. 그래도 그분께서 곁에 두시기로 하신 데에는 이유가 있을 거라 생각합니다."

"그러게. 선생님께서 결정하신 일이니 따라야 하겠지만. 하하. 그거 아냐? 그 성질 불같은 우리 형하고 유다 그 사람 둘이 으르렁거리다가도 선생님 앞에서는 비 맞은 강아지처럼 꼬리를 싹 만다니까. 하하!"

"그래요? 시몬 형님이 그러신다니까 상상이 가질 않는데요? 그런데 저도 형들에게 궁금한 것이 있긴 했습니다."

"그래? 뭔데?"

"형님들은 예수아 그분을 어떻게 따르게 된 겁니까?"

"아! 너는 잘 모르겠구나. 어디 보자. 이거 얘기하자면 좀 복잡하긴 한데."

안드레아는 기억을 더듬는 듯 오른손 검지로 이마를 긁적이다가 얘기했다.

"처음에 선생께서 쿰란으로 오셨을 때, 아니 네 입장에서 보면 돌아오신 것이 되겠구나. 하여간 우리는 여느 때와 마찬가지로 절기마다 쿰란에 들렀었고, 사적으로는 요한 사제를 따르고 있었지. 그런데, 사제께서 갑자기 떠나시겠다고 하시는 거야."

"아무런 말씀도 없으시다가 갑자기요?"

"그렇다니까. 지금에야 두 분을 다 알고 나서 이런 생각이 가능하지만, 그때야 사제께서 갑자기 그런 말씀을 하시니까 나나 요한이나 꽤 많이 당황했었거든."

"두 분께서 무슨 이야기가 있으셨던 겁니까?"

"그런 것 같지는 않아. 왜냐하면 그날 우리가 하루 종일 사제의 옆에 있었거든. 그때까지 우리는 선생을 뵌 적도 없었고 말이야. 그런데 갑자기 사제께서 그러시니까 우리도 놀라서 여쭈어봤지. 갑자기 왜 그러시나. 사비드 선생님하고 상의는 하신 거냐고 말이야."

"그래서요?"

"사비드 선생님께 말씀을 드렸는데, 허락은 하지 않으셨다는 거야.

평소의 사제라면 사비드 선생님의 말씀을 거역하실 분이 아니거든. 그런데, 옷을 갈아입으시더니 바로 길을 나서시더군. 덕분에 우리도 얼떨결에 사제를 따라나섰지. 그길로 곧장 베다니로 가신 거야."

엘르아잘은 지금 안드레아가 말하고 있는 시기가 사비드 선생이 제례 때 상석의 자리를 배려한 날 부근이었다는 것을 금세 기억해 냈다. 자신이 목숨을 던질 전투를 앞두고 마지막으로 쿰란을 찾았던 시기에 요한 사제는 홀연히 떠나갔고, 무슨 운명처럼 돌아온 예수아와 재회를 한 것이었다.

"그럼 사제께서는 그날부터 세례를 시작하신 건가요?"

"무슨! 아무도 없는 냇가에서 무엇을 하겠나. 처음 며칠은 기도만 하셨지. 간혹 바위 위에 올라가서 '회계하라!' 소리는 지르셨지만 특별히 설교 같은 건 하지 않으셨어."

안드레아는 앞에 있는 포도주를 한 모금 마시더니 말을 이어 나갔다.

"그런데 신기한 것은 베다니에 온 지 며칠 안 되어서 쿰란에 있던 수도자 몇 명이 사제를 찾아와 설교를 청하더니 이후에 베델하고 리마에서 사제의 설교를 듣기 위해 사람들이 찾아온 거야. 리마에서 온 사람들이 돌아가고, 그다음 날 요한하고 내가 사제에게 처음 그곳에서 세례를 받았지. 그 뒤로 찾아온 사람들에게 세례를 하기 시작하셨는데, 그 난리가 날 줄은 우리도 몰랐어. 정말 깜짝 놀랐다니까!"

"저도 사제께서 사적으로 세례를 하신다고 해서 깜짝 놀라기는 했습니다."

"우리도 그랬지. 그런데 엘르아잘 너도 느끼겠지만 사제의 그 눈빛

있잖아. 뭐랄까. 부리부리하면서 강렬하고, 또 그때 사제는 유독 강한 신념이 느껴지는 그런 모습이셨거든. 각지에서 모여든 사람들이 사제 앞에서 고개도 들지 못하고 세례를 받고는 했지."

엘르아잘은 안드레아의 이야기가 너무 흥미로워 그에게서 시선을 때지 못했다.

"그럼 예수아께서는."

안드레아는 다시 기억을 더듬는 듯 이마에 주름을 잡고 포도주를 한 모금 더 마셨다.

"사제께서 세례를 시작하시고 석 달 정도 지났을 무렵일 거야. 처음 한 달은 요한하고 내가 번갈아 가면서 사제 옆을 지켰는데, 세배데 아저씨가 워낙 난리를 쳐서 그 뒤로 요한은 벳세다에서 못 내려왔고, 나만 간혹 내려와서 사제를 뵈었지. 사실 쿰란에 계실 때는 명절이 있는 절기에만 뵈었는데, 그렇게 바위 틈새에 작은 오두막을 치고 계시니 여러모로 걱정이 되더라고. 왔다 갔다 하는데도 시간이 많이 걸려서 아예 형한테 사람 하나 구하라고 하고 사제 곁으로 내려와 버렸어."

"시몬 형님이 가만히 계시지 않으셨을 건데요."

안드레아가 호쾌하게 웃으며 말했다.

"맞아. 하하하! 등짝을 세게 내려치더군. 아예 돌아오지 말라며 소리 소리를 지르는데, 그러든지 말든지 하고 다음 날 새벽에 짐을 챙겨 나와 버렸지. 하하! 형이 말은 그렇게 해도 사제를 따르는 마음은 나보다 더 깊은 사람이라. 그때 나 없이 혼자 고생 많이 했을 거야."

"그럼 형님께서 계속 사제 옆을 지키셨던 거군요."

"그런 편이야. 찾아오는 사람들은 점점 늘어나지. 여러 가지 할 일들이 많아져서 그때 계속 사제 옆을 떠날 새가 없었어."

안드레아는 당시 기억을 회상하면서, 마치 신이 난 어린아이와 같은 표정을 하고 말을 이어 나갔다.

"사제에게 세례받는 사람들이 엄청나게 늘어나서 계곡의 평평한 곳에 더 이상 사람이 앉을 자리가 없을 정도였어. 난리도 그런 난리가 없었다니까! 나 혼자서는 더 이상 감당이 안 돼서 넋을 놓고 있었는데, 어떻게 알고 왔는지 모간이 내려왔더라고. 그때 그 녀석 얼굴이 어찌나 반가웠던지 내가 그 못생긴 얼굴에 입맞춤을 했다니까! 정말 내 인생에 그때만큼 그 녀석이 이뻐 보인 적이 없었어. 덕분에 한숨 돌렸지."

엘르아잘은 안드레아의 이야기를 너무나 잘 알고 있었다. 그러나 정보원들에게 전해진 이야기를 안드레아를 통해 직접 들으니 마치 그 당시 베다니의 상황을 직접 바라보고 있는 듯한 느낌이었다.

"그런데 그때 즈음, 레위인들 몇이 와서 사제에게 시비를 걸려고 한 날이 있었거든! 그 일 때문에 나도 좀 날이 서 있었는데, 다행히도 그날은 벳세다에서 우리 형이랑 요한, 사라스까지 모두 내려와 있어주는 덕분에 한시름 놓을 수 있었어. 형이 그때 그 레위인들에게 소리지르고 달려들고 장난 아니었거든."

"그럼 예수아께서 베다니에 오신 다음에 레위인들이 물러난 겁니까?"

"아니야. 레위인 여섯 명이 번갈아 가며 사제를 몰아 부치다가 오후 늦게 자기들끼리 뭐라고 쑥덕거리더니 슬슬 눈치를 보면서 돌아가더라고. 선생께서는 레위인들이 돌아간 다음 날 베나니에 오셨고."

엘르아잘은 순간 자신이 한 실수를 깨닫고 신중하게 안드레아의 눈치를 살폈다. 다행히도 안드레아는 당시 일을 회상하느라 엘르아잘이 예수아가 베다니에 도착한 시기를 어떻게 알고 있는지에 대한 의구심을 품지는 않는 듯했다."

"보통 사제께서 세례를 하실 때, 개인적인 말씀은 하지 않으시는데, 그 날은 누군가 하고 한참 동안 이야기를 나누신 후에 세례를 하시는 거야. 그래서 우리도 유심히 지켜봤지. 그때 물에서 나오시는 선생을 처음 뵈었는데, 난 아직도 그때가 눈에 선명해."

"그럼 형들 모두 그때 예수아 그분을 처음 만나신 거군요."

"그렇지. 그런데 이건 뭐 말로 설명하자니 그때 느낌이 잘 전달이 될지는 모르겠는데, 하여간 자꾸 주변 사람들이 눈에 잘 안 들어오고 그냥 선생님만 보이는 거야. 그 느낌이 하도 이상해서 다른 곳을 쳐다보다가 다시 선생을 봐도 똑같더라고. 이상하지? 나도 뭐라고 정확하게 이야기는 못 하겠다. 하하."

"아뇨. 이해해요. 저도 그랬는걸요."

"그래? 엘르아잘 너도 그랬단 말이야?"

안드레아는 노파에게 포도주 자루를 달라고 하더니 자신의 잔에 한 잔 가득 따랐다.

"그다음 날 사제께서 요한하고 나에게 선생을 따르라고 말씀하셨지. 우린 그길로 선생과 함께했고. 당시 사제께는 모간하고 사라스가 남기로 했어."

엘르아잘은 자신을 여러 차례 거부한 예수아가 요한과 안드레아는 왜 받아들인 것인지 내심 궁금해졌다.

"예수아께서는 형님들이 따르겠다고 하자 뭐라고 하시던가요?"

"뭐 별다른 말씀은 없으셨는데. '무엇을 구하느냐'고 하셔서 머뭇거리다가 사실대로 말씀드렸지. 사제께서 선생을 따르라고 보내셨다고."

엘르아잘은 그 당시 상황이 상상이 가서 살짝 웃음이 나왔다.

"그러니까 받아 주시던가요?"

"그냥 살짝 미소만 지으시더니 뒤돌아서 가 버리시더군. 요한이랑 나랑 어떻게 할까 하다가 어디 머무시는지나 확인하자고 여쭈어봤는데 같이 가자 하시는 거야. 그래서 선생이 머무시는 곳에 가서 하루를 함께 있었지."

"어떠셨어요? 처음 뵙는 분과. 좀 어색하셨겠습니다."

"아냐. 그렇게 어색하지도 않았어. 요한이 평소답지 않게 워낙 말을 많이 하는 바람에 몇 년 알고 지낸 사이처럼 편안했었지. 나도 이런저런 질문도 하고, 선생님 말씀도 듣다 보니 어느새 깊은 밤이 될 정도였어."

"저도 알 것 같습니다. 그분과 함께 있으면 시간 개념이 없어지는 것 같아요."

"하하. 그렇지. 워낙 재미있게 농담을 잘 하시는 데다가, 말씀을 듣다 보면 하루가 지났는지 이틀이 지났는지 모르게 된다니까."

"농담을요? 사실 저는 아까 굉장히 놀랐는데요. 그분이 농담을 하시는 것을 오늘 처음 봤습니다."

"그래? 이상하네. 말씀 중간중간에 하시는 농담 때문에 넋을 잃고 웃은 적이 많았었는데. 지금도 사람들이 선생님 말씀을 들으려 몰려들면 항상 웃음 소리가 끊이지 않아. 그래서 선생님 말버릇이 하나 있는데, 너 그거 아냐?"

"그분께서요? 뭔데요?"

"한참 동안 배꼽이 빠지게 웃다가 꼭 가르치고자 하시는 것이 있으시면 '진실로'를 반복하시거든. 혹시 우리가 농으로 들을까 봐 그러신 게지."

엘르아잘은 자신의 앞에서는 자상했지만 항상 진지했던 예수아를 떠올리며 지금 안드레아가 이야기하는 그의 모습이 잘 상상이 가질 않았다. 잠시 안드레아의 눈을 바라보다가 나즈막한 목소리로 그에게 물었다.

"형님께서는 예수아 그분을 통해 답을 얻으셨습니까?"

안드레아는 잠시 생각에 잠기는 듯하더니 창밖으로 시선을 돌렸다.

"기억나냐? 너랑 예전에 벳세다 항구에 앉아서 했던 얘기. 너나 나나 비슷한 고민을 하고 있었지. 난 여전히 그 답을 찾고 있는 중이다."

그때, 몇몇 사내들이 안으로 들어왔지만 엘르아잘은 신경 쓰지 않았다.

안드레아는 진지한 표정으로 이야기를 이어 나갔다.

"간혹 선생께서 하시는 말씀 중에 어렴풋이 해답이 보이는 듯할 때가 있어. 한번은 가버나움 들판에서 사람들을 모아 놓고 이런 말씀을 하셨는데, 어느 집안에 아버지가 자식 열 둘에게 물고기를 열두 마리

나누어 주셨대. 그런데 자식 하나가 나머지 형제들에게 내기를 하자고 해 물고기를 모두 차지했다고 하셨지. 물고기를 뺏긴 다른 형제들이 배가 고파서 울기 시작하자, 그 욕심 많은 자식은 배고픈 형제들에게 내일 이자를 받는 조건으로 물고기를 조금 나누어 주었다고 해. 다음 날 아버지가 또 열두 마리의 물고기를 주셨는데, 그 욕심 많은 자식이 이자로 물고기의 절반을 뺏어 갔지. 그 모습을 본 아버지의 마음이 어떠했을까 라고 말씀을 하시는 거야."

"대략인 느낌으로는 어떤 말씀을 하시려는지 조금 감이 오기는 하는데요. 그래도 아직까지는 잘 모르겠네요."

"그렇지. 그래서 나도 그렇게 말했어. 잘 모르겠다고. 그랬더니 웃으시면서 말씀하시더군."

안드레아는 아주 즐거운 표정으로 이야기를 이어 나갔다.

"아버지는 매일 자식 열 둘이 모두 먹고살 음식과 잠자리를 주셨지만, 어떤 자식이 배고프고 추운 것은 자식들간의 내기를 하거나 욕심으로 인한 폭력으로 강제로 빼앗았기 때문인 것이다. 그것은 아버지의 뜻도 아니고, 아버지가 원하시는 것도 아니다. 그렇다면 모든 것을 지켜보고 있던 아버지가 그의 생일날 베푸시는 잔칫상에 어떤 아들을 먼저 부르시겠는가?' 하고 질문을 하시는 거야."

"당연히 배고프고 추운 자식들을 먼저 부르시겠지요."

"그래. 나도 이정도 들어서야 어렴풋이 말씀의 의미를 알겠는데, 그게 내가 찾던 답인지 확신이 서지는 않더라고."

엘르아잘은 안드레아에게 듣고 있는 이 예수아의 이야기 속에서

도 마음속 깊이 동의하면서도 한편으로는 수긍하지 못하는 부분도
있었다.

"하지만, 형제들의 것을 빼앗는 자에게 한없이 굴복하는 한, 빼앗
기고 비참하게 죽어 가야 하는 삶이 바뀌는 것은 아니지요. 바꿀 수
있다면 그리 해야 하지 않을까요?"

"나도 아직 잘 모르겠어. 그런데 우리가 힘이 생기면 선생께서 말
씀하시는 세상을 우리가 만들 수 있지 않을까?"

"세상을 바꾸려면 힘이 있어야 하는데, 왠지 모르게 그분께서 생각
하시는 세상을 바꾸는 힘은 지금의 제 생각과는 많이 다른 것 같다는
느낌이 듭니다."

"아직은 잘 모르겠어. 선생을 따르다 보면 조금씩 알게 되겠지. 그
나 저나 내가 오랜만에 너를 만났는데 너무 재미없는 얘기만 하는 것
같다."

"무슨 말씀을요. 저는 저잣거리 이야기하는 것보다, 형님하고 이런
대화를 나누는 것이 더 좋습니다."

둘 사이에 잠시 침묵이 흐르다가, 엘르아잘이 분위기를 바꾸기 위
해 아론의 이야기를 꺼냈다.

"그런데, 아론은 애가 둘이라면서요?"

"그래, 그 녀석 숙맥인 척은 혼자 다 하더니 부뚜막에는 제일 먼저
올라갔지 뭐냐. 지금은 거꾸로 우릴 보면 애도 없는 총각들이라면서
잔소리를 하려고 들지. 하하."

"그 녀석 구김살 없는 건 여전하지요?"

"말해 뭐 하냐! 우리 중에서는 제일 먹고살 만하기도 하고, 그래서 선생을 뵈러 올 때마다 기부도 넉넉히 하고는 한다."

"그럼 아론은 갈릴리에서 그분을 뵌 것이겠군요."

"그렇지. 선생과 벳세다에 머무르고 있을 때 들러서 선생을 처음 뵈었지. 벳세다로는 간혹 오다가, 선생께서 가버나움에 머무르실 때는 거의 매일 선생과 함께했지. '아닐' 아저씨가 잡으러 쫓아다니고 난리도 아니었어. 하하!"

안드레아는 아론 생각만 해도 웃긴다는 듯 한참을 웃다가 엘르아잘의 얼굴을 보고 이내 웃음을 멈추었다.

"그런데 엘르아잘! 너는 얼굴의 그늘이 여전히 가시질 않았네? 이해하기는 한다만 어찌 하겠냐. 잊을 건 잊고 살 놈은 살아야지."

엘르아잘은 고개를 숙이고 안드레아의 이야기에 대답을 하지 못했다.

서로 쌓아 두었던 이러저러한 옛 이야기를 하다가 안드레아가 조심스럽게 말을 꺼냈다.

"엘르아잘. 사실 오늘 우연히 널 만났지만, 너에게 꼭 해야 하는 이야기가 있었다."

엘르아잘은 차분히 자세를 바로 했다.

"모간이 당분간은 너에게 말하지 말라고 했지만, 아무리 생각해도 네가 알고 있는 것이 너도 편할 것 같아서 말이야."

"저의 가족 이야기인가 보군요. 이제 많이 굳세어졌습니다. 말씀하셔도 돼요."

"너도 알다시피 나인 쪽에는 말도 꺼내지 못했고. 모간이 속해 있는 열심당에서 가족 분들의 시신을 티베리아스 인근으로 모셨어. 그일에 아론이 큰 역할을 했다. 관리들에게도 꽤 많은 돈을 썼고, 별도의 석굴을 구해서 너희 가족만 따로 모신 것도 아론이야. 그래도 조심해야 한다. 혹시 네가 나타날지 몰라 첩자들이 배회하고 다니나 봐. 간혹 주변을 확인하고 다니는 모양이야."

엘르아잘은 고개를 숙이고 있다가, 금세 별다른 동요를 느끼지 않는 표정으로 말했다.

"감사한 일이죠. 정말 감사한 일이에요. 쉽지 않으셨을 텐데 시신을 잘 수습해 주셨다니 정말 감사한 일입니다. 언젠가 찾아 뵐 수 있는 날이 오겠지요."

"그래. 조만간 그럴 날이 올 거야."

그날 밤, 그들은 밤늦게까지 이야기를 나누며 방 안에서는 웃음 소리가 끊이지 않았다. 특히 엘르아잘의 우스갯소리와 웃음 소리가 숙소 밖에까지 퍼져 나왔다. 모처럼의 즐거운 시간이었지만, 안드레아는 미소만 띠고 있을 뿐, 더 이상 소리 내어 웃지는 않았다.

밤이 깊어 안드레아는 잠이 들었고 밖은 풀벌레 우는 소리만 가득했으나 엘르아잘은 도무지 잠이 오질 않았다.

그토록 그리워했던 예수아가 지척이 있다는 것에 그는 술이 취하지도 먼 길을 온 피곤함도 느낄 수 없었다. 안드레아의 코고는 소리가 깊은 잠에 빠졌다는 것을 알려 줄 즈음, 엘르아잘은 조용히 일어나

밖으로 나갔다.

별빛은 유난히 밝았고, 밤 공기는 살짝 싸늘함을 느낄 정도로 상쾌했다. 엘르아잘은 숨을 깊게 들여 마신 뒤 하늘을 바라보며 몸 안에 있는 모든 공기를 쏟아 내듯 내뱉었다.

그리고 조금씩 발길을 옮겨 마당을 걸었다. 몇 바퀴 돌다가 문으로 나가 아무도 없는 마을의 골목을 걷기 시작했다. 의도하지는 않았지만, 아니 마음이 시키는 대로 예수아가 머물고 있는 곳으로 발걸음이 움직였다. 허락된다면 오늘 이 순간 조금이라도 그의 곁에 가까이 있고 싶었다.

밤이 늦은 시간이라 길에는 아무도 없었고, 하늘의 별을 바라보며 한참을 걸어 그가 머물고 있는 장막에 다다랐다. 엘르아잘은 장막 옆의 작은 나무에 기대어 앉아 두 손을 모으고 눈을 감았다. 눈은 감았지만 감은 눈 안은 어느 때보다 밝았다. 그 밝음이 신기해서 잠시 눈을 떴다가 다시 감기를 반복했다.

"잠이 오지 않았더냐?"

엘르아잘은 깜짝 놀라 자리에서 벌떡 일어났다.

소리가 나는 곳을 바라보니 마당의 반대편에 누군가의 등진 채 앉아 있는 것이 보였다. 엘르아잘은 순간 그가 예수아라는 것을 알 수 있었다.

"늦은 시간입니다. 아직 깨어 계십니까?"

"나 역시 잠이 오지 않는구나."

예수아의 대답 이후, 한참 동안 아무런 대화가 없었다.

오랜 시간 머뭇거리던 엘르아잘이 조용히 중얼거렸다.

"저는 여전히 당신 곁에 있을 자격이 없는 것이겠지요?"

예수아는 아무런 대답 없이 별빛을 바라보고 있었다.

엘르아잘이 다시 물었다.

"당신께서 말씀하신 길을 알 것 같다가도 다시 세상에 휩쓸려 살다 보면 사람들의 한가운데에서 허덕거리고 있는 저를 발견하게 됩니다. 제가 이 모든 것을 버리고 떠나면 당신을 따를 자격이 되는 것입니까?"

예수아가 등을 진 채 말했다.

"버리고 떠나면 피하는 것이니, 그것은 작은 것이다. 그러나 함께 하며 짐을 나누어지는 것은 조금 더 큰 자이니라. 너는 너의 쓰임이 있어 나의 길을 함께 하지 않는 것이다. 시간이 지나 네가 나의 길을 찾을 때, 너를 인도할 것이니."

아까 안드레아와 마신 술 때문인지 엘르아잘은 용기를 내어 마음속에 묻어 놓았던 질문을 꺼냈다.

"예수아! 제가 힘을 가지려고 하는 것은 빼앗기지 않으려 함도 있지만, 빼앗기는 자들을 돕기 위함이기도 합니다. 가난하고 힘없는 사람들과 함께하기 위해 그것을 가지고자 하는 것이 정녕 잘못된 것입니까? 저는 아직도 당신의 말씀을 깨닫지 못하고 있는 것입니까?"

예수아가 답했다. 그의 목소리는 언제나처럼 차분했고 자상했다.

"소경이 소경을 이끈다면 어찌 되겠느냐? 네가 이끄는 그곳에 저들의 쉴 곳이 있음을 너는 확신하느냐? 네가 이루고자 하는 세상에 저들이 또 다른 칼이 되어 다른 이를 해할 것이니, 지금 네가 들고 있는 그 칼이 불길이 되어 너를 태울 것이다."

엘르아잘은 자신도 모르는 사이에 왼손으로 나무를 잡고 자리에서 일어나며 물었다.

"자신의 부와 욕망을 위해 형제들과 아이들을 죽음으로 내모는 이 세상을 언제까지 지켜봐야 합니까?"

"내가 부유하다는 것은 아버지께서 골고루 나누어 주신 형제들의 것을 차지한 것이니, 그 쓰임이 나를 위하면 강도와 같고, 형제들을 위하면 그것을 차지하지 않은 것과 같은 것이다. 그러니 너는 무엇을 선택하겠느냐? 네가 가고자 하는 세상도 이와 같이 아버지의 뜻이 이루어지는 곳인지를 생각해야 한다."

"선생님이시여. 당신은 어떻게 이 세상의 모든 고난을 이겨 내실 수 있으신 것입니까? 당신께서도 가족이 있으시고, 당신의 몸도 불에 데는 고통을 우리와 같이 느끼실 것 아닙니까?"

예수아가 고개를 돌려 엘르아잘을 바라보았다.

"고통이 두렵지 않은 것이 아니다. 나도 너와 같이 다가올 고통에 두려움을 느낀다. 그러나 아버지께서 나를 사랑하심에 이곳에 보내셨고, 나는 그분이 원하시는 것을 행함에 다시 아버지께 돌아갈 수 있는 것이다. 내 마음이 두려움이라는 안개로 가득할 때, 그 믿음이 햇살이 되어 안개를 걷어 내고 나는 그 빛으로 걸어간다."

"저는 지금까지 그 빛을 보지 못했습니다. 이 삶의 마지막까지 눈 먼 자로 살아갈까 봐 두렵습니다. 저는 언제 깨닫게 되겠습니까?"

"네가 그 답을 얻을 날이 올 것이다. 네 눈물이 성벽의 흙을 적실 때 너는 깨닫게 되리라. 그때 너는 강해질 것이고, 네 마음은 태어난 지 일곱 날이 지나지 않은 어린아이처럼 순수해질 것이다."

언제 예수아를 다시 볼 수 없을지도 모른다는 생각에 엘르아잘은 재차 물음을 던졌다.

"제가 아둔하여 그때에도 길을 찾지 못하고 당신의 가르침이 필요하면 어떻게 합니까?"

예수아가 다시 답했다.

"찾을 때까지 찾기를 멈추지 말아라. 그러나 그때가 되면, 예레미아가 너를 이끌 것이니 확신하게 되리라. 그러니 내 말을 기억하라. 허나 너는 내가 있는 곳에 오지 못할 것 또한 깨닫게 될 것이다."

"저는 당신이 가시는 곳을 향하지 못한다는 말씀이십니까? 너무 잔인한 말씀이십니다. 제 마지막 희망을 꺾지 말아 주십시오. 제가 당신이 있는 곳으로 가려면 어찌해야 합니까?"

예수아가 옅은 미소로 엘르아잘을 바라보며 말했다.

"나와 네가 없어야 한다. 남자와 여자가 없어야 하고, 늙어 죽음을 앞둔 자가 어린아이에게 삶에 대해 물어보듯 슬픔과 기쁨이, 고통과 쾌락이, 삶과 죽음이 너에게서 사라질 때, 네가 한 그루의 나무가 되어 아버지를 바라보며 오직 그분의 사랑으로 충만할 때, 너는 나에게 오게 될 것이다."

"그런 일이 어떻게 가능할 수가 있단 말입니까? 제가 살아왔고, 또 지금도 살아 숨쉬고 있는 이 세상에서 있을 수 없는 일이 아닙니까?"

말을 내뱉은 엘르아잘 자신도 지금 자신의 고집스러움에 놀라면서도, 혹시나 예수아의 기분이 상하지 않았을까 두려움이 앞섰다.

그러나 예수아는 여전한 미소로 대답해 주었다.

"나는 아버지의 세상으로 돌아갈 것이니, 그곳은 분별과 욕망이 없는 곳이다. 그러니 너희들은 나에게 오지 못한다. 저 멀리 세례 하는 요한도 세상에서는 큰 자이나 아버지의 나라에서는 가장 작은 자이니라."

예수아는 한층 더 차분하고 자애로운 목소리로 속삭이듯 이야기했다.

"엘르아잘. 네가 이곳에서 살아가며 지금 네가 찾고자 하는 것에 대해 찾기를 멈추지 말아라. 그러면 너는 이곳이 무엇인지 알게 될 것이고 놀라게 될 것이다. 그 경탄이 지난 후 너의 모든 의문은 사라질 것이며 길을 발견하게 되리라."

엘르아잘은 쭈그려 앉은 채로 고개를 살짝 들어 예수아의 뒷모습을 바라보았다.

평생 짝사랑만 하고 있는 자신은 오늘도 그가 자신에게 전해 준 예언과 같은 이야기 속을 헤매며 애닯게 그를 바라만 보고 있었다. 다시 한번 거절을 당한 것이나 다름이 없었지만, 엘르아잘의 마음은 무척이나 행복함에 젖어 들었다. 그와 함께 이 공간에 같이 숨쉬고 있다는 것 만으로도 형언할 수 없는 행복이 밀려왔다. 차가운 바람 한 줄기가 엘르아잘의 콧등을 스치고 지나갔고, 바람에 흔들리는 그의 머리 결 사이로 여전히 종려나무 풀 내음이 흘러 왔다.

30장. 죽음을 받아들인다는 것

엘르아잘은 망연자실해서 아무 말도 하지 못했다.

사제의 완고한 거절이 아니었다면 진작에 군중들로 압박해서라도 석방을 도모했을 것이었다. 그런데 그 미친놈이 아무도 예상하지 못한 짓을 하고야 말았다.

술을 마시다가 사제를 참수했다는 소식은 메드바에 머물고 있던 엘르아잘에게 먼저 도착했다. 그 소식을 전하러 온 지지자에게 몇 번이고 되묻기를 반복하다가 자리에 쓰러지듯 주저앉고 말았다.

정신을 차려야만 했다. 지금 요한 사제의 일에 나설 이가 그리 많지 않다는 것을 알기에, 제일 먼저 북부의 요한과 안드레아에게 사람을 보내 이 참담한 소식을 알리고, 사제의 시신을 수습하겠다고 전했다. 동시에 쿰란에도 소식을 전하고, 사제의 장례를 허용할 것인가에 대해 사비드 선생의 허락을 구했다.

지체 없이 길을 떠나, 마케루스에 인접한 엘르아잘은 사람 셋을 들여보내 관리인들에게 상당한 양의 드라크마[47]를 쥐어 주게 하고, 사제의 시신을 수습했다. 수레에 싣고 나온 사제의 시신은 머리가 없었으

---

47 고대 그리스의 화폐(은화) 단위

며, 참수 당시 별다른 저항을 하지 않았는지 시신의 다른 곳은 깨끗했다. 허나 머리가 없는 시신을 장례 할 수는 없었기에, 다시 사람을 들여보내 머리를 돌려줄 것을 간구했지만, 거절당하고 빈손으로 돌아나왔다. 또다시 많은 양의 돈을 보내어 어떻게 해서든 찾으려 했지만, 마케루스의 관리인조차 사제의 머리가 안티파스의 술자리로 들어간 이후 어디에 있는지 알 수 없다는 대답만 받아 왔을 뿐이었다.

반나절을 더 머무르며 방법을 간구하다가, 시신의 부패가 심해져 하는 수 없이 머리 없는 시신을 수레에 싣고 쿰란으로 향했다. 덜컹거리는 수레 때문에 시신이 자꾸 한쪽으로 밀려 끈으로 묶은 후, 나무가지를 여러 겹 엮어 보이지 않게 덮었다.

사해 북쪽 고갯길에서 사제의 장례를 허용할 수 없다는 쿰란의 회신을 접했다. 갈 곳을 잃은 엘르아잘은 일단 여리고로 방향을 돌려 그곳에서 장례에 필요한 물품을 구했다.

흉악범이나 정치범이 아닌 사람을 사적으로 살해한 것은 율법에 대한 심각한 위반이었다. 산헤드린의 재판도 거치지 않았고, 관행적으로 행해 오던 총독에 대한 사전 승인도 없었다. 율법과 총독도 철저히 무시했고, 사제를 지지하는 대중들의 눈치 따위는 손톱만큼도 생각하지 않는, 그야말로 자신이 가진 권력에 취해 미친 짓을 하다 쫓겨난 자신의 형과 하나도 다를 바가 없었다.

엘르아잘은 수레에 덮여 있는 나뭇잎을 조금 걷고 사제의 손을 잡았다. 얼음처럼 차가워진 그의 손에서는 생전 사제의 뜨거운 열기를 찾아볼 수 없었다. 식어 버린 사제의 손에 입을 맞추고 자신의 체온을 조금이라도 나누려는 듯 그의 손에 얼굴을 대었다.

사제의 손은 생전 그가 살아온 삶을 대변하듯이 거친 굳은살 투성이였지만, 핏기 없는 그 손은 정직했고 겸손했다. 엘르아잘은 무릎을 꿇고 그의 손에 입을 맞추며 사제에 대한 존경을 표했다.

장례에 필요한 물품을 모두 구하자 지지자들은 사제를 어디로 모실지 문의해 왔다.

잠시 고민하던 엘르아잘은 생전 사제가 가장 많이 세례를 했던 '살렘'에서 장례를 치르기로 결정했다. 안식일 전에 살렘에 도착해야 했기 때문에 지체하지 않고 이동했으며, 요한에게도 추가로 그러한 소식을 전했다.

몇 시간 자지 않고 움직인 덕분에 안식일 전에 살렘에 도착할 수 있었다. 요한과 안드레아도 이미 도착해 있었다. 갈릴리 지역의 전도가 한창이던 차에 비보를 듣고 바로 쉼 없이 달려왔다 했다.

사제의 시신을 본 요한은 그의 시신을 안고 오열했다. 안드레아도 충격에 아무 말도 하지 못했다. 인적이 드문 살렘의 길 모퉁이에서 수레에 실린 시신을 안고 세 사람은 한참 동안 눈물을 흘렸다.

사제의 시신이 도착하기 전, 요한이 미리 알아봐 둔 토굴에 사제를 안장하고, 요한과 안드레아는 밤새도록 사제의 시신 곁을 떠나지 않았다. 엘르아잘도 토굴 밖에 앉아서 머릿속을 떠나지 않는 분노와 절망과 싸우고 있었다.

엘르아잘은 밤을 꼬박 지새우며 자신의 생각과 결심을 정리해 갔다.

아침이 되어서야 사제를 안치한 토굴의 입구를 막고 요한과 안드레아가 나왔다.

"엘르아잘. 모시고 오느라 고생 많았다."

"아닙니다. 안이하게 생각했습니다. 조금 더 압박을 했어야 했는데."

엘르아잘이 고개를 숙이고 흐느끼자 요한이 그의 어깨를 감싸며 말했다.

"사제의 의지셨다. 이렇게 되실 것을 알면서도 그리하신 것이니 우리가 어찌할 수 있었겠냐."

"아닙니다. 이렇게 당하고만 사는 것도 이제는 진저리가 납니다. 아버지도 어머니도, 저의 형제들도, 그리고 사제는 저에게는 아버지 같은 분이셨습니다. 모두 그놈에게 죽음을 당하셨지요. 돌아보면 할 수 있는 일들이 있었습니다. 그저 순간순간에 안주하느라 기회를 놓쳤을 뿐입니다. 저는 지금 제 자신이 너무나 저주스럽습니다."

요한은 말없이 고개를 돌려 사제를 안치한 토굴을 바라보았다.

"전 바로 돌아가겠습니다. 해야 할 일이 있습니다."

길을 나서려는 엘르아잘을 요한이 불러 세웠다.

"엘르아잘. 너무 감정적이 되면 안 돼. 아직 벳세다를 떠나올 때와 달라진 것이 없으니."

잠시 뒤돌아 두 사람을 바라보던 엘르아잘은 고개를 끄덕이고 곧장 발길을 옮겼다.

남부로 향하던 그는 걸음을 멈추고 제자리에서 오랜 시간 움직이지 않았다. 그리고는 결심한 듯 방향을 바꾸어 북쪽으로 움직였다. 사람들의 움직임을 피해 잠을 쪼개 가며 좁은 길과 산길을 주로 걸어서 움직였다.

엘르아잘이 향한 곳은 가버나움이었다. 모간이 알면 난리가 날 일이었지만, 그는 조용히 가버나움에 숨어들었다. 엘르아잘은 그리 어렵지 않게 아론의 배를 찾을 수 있었고, 그의 집과 가족들을 볼 수 있었다.

아론은 변함없이 여전히 건장하고 유쾌해 보였다. 이제 막 걷기 시작한 것으로 보이는 그의 아들은 아버지가 좋은지 안아 달라고 때를 썼고, 자상해 보이는 그의 아내가 그런 아이를 달래고 있었다.

숨어서 그들을 바라보던 엘르아잘의 얼굴에 모처럼 행복한 미소가 번졌다. 고개를 들어 하늘을 향해 짧게 기도를 드리고, 그들의 모습을 담아 두려는 듯 다시 멍하니 바라보던 엘르아잘은 조용히 가버나움을 빠져나왔다.

그리고 그는 쉬지 않고 엠마오로 돌아왔다.

엠마오로 에밀을 호출한 엘르아잘은 자신의 생각을 그에게 전했다.

"에밀. 예전에 티베리아스에서 횡포를 부리는 나바테아 상인들에 대한 처리에 대해 이제 결심을 하려 합니다."

"예디온. 남부 젤롯에서 그에 대해 연락을 받지 못했습니다."

"젤롯의 판단이 아닙니다. 저의 판단입니다."

에밀이 머뭇거리며 말했다.

"독단적으로 움직이시겠단 말씀입니까?"

"시간이 중요한 일이라 신속하게 실행하려 합니다."

"조금 더 자세히 말씀해 주실 수 있으시겠습니까?"

"그러지요. 전체적인 흐름은 알고 계실 것이니 따로 말씀드리지는 않겠습니다."

"예. 티베리아스에서 일을 도모하더라도, 가이샤라의 로마 본진이 북부로 이동하지 못하게 하는 것 아닙니까?"

"맞습니다. 핵심이 그러하지요. 그래서 지금 일을 도모하려 함입니다."

"무슨 일이 있었습니까? 아까 말씀드렸다시피 남부에서는 별다른 소식이 없었는데요?"

"안티파스가 마케루스에서 요한 사제를 처형했습니다."

에밀이 깜짝 놀라며 잠시 말을 잇지 못하다가 되물었다.

"뭐라고요? 요한 사제를요? 갑자기 무슨! 다른 변고라도 있었던 것입니까?"

"술을 마시다 알 수 없는 이유로 참수를 진행했다고 합니다."

"이런 미친놈을 봤나! 이건 명백한 살인이 아닙니까! 재판을 거치지도 않고 사제를 죽이다니요."

"산헤드린도 이번 일에 상당한 모욕감을 느낄 겁니다. 빌라토스는 더욱 그렇고요."

"그렇다면 지금 예디온의 말씀은 남부의 특별한 움직임이 없어도 빌라토스가 갈릴리로 이동하지 않을 거라는 말씀이신 거지요?"

"그렇습니다. 평소 같으며 황제와의 친분을 생각해 빌라토스가 그에 대한 지분 때문이더라도 안티파스를 지원할 가능성이 있었지만, 이렇게 대놓고 자신을 무시한 자를 도와줄 만큼 그는 아량이 넓은 자가 못 됩니다."

"지역 산헤드린도 이번 일에 대해 반감이 상당하겠군요."

"안나스 입장에서는 손 안 대고 코를 풀었다고 생각할 수도 있지만, 결과적으로 요한 사제를 따르는 민중들의 수를 생각했을 때, 예루살렘의 중앙 산헤드린이 철저히 무시당한 것이나 다를 바가 없습니다. 북부를 비롯해 다른 지역의 공회들도 자신들의 입지가 무시를 당했다고 생각할 겁니다. 안티파스가 이렇게 산헤드린의 재판을 무시하고 체포와 살인을 일삼는다면 누가 랍비들과 율법을 존중하겠습니까?"

"그렇겠군요. 목숨보다 권위를 따지는 사람들이니."

"맞습니다. 저의 판단은 그러합니다. 그러나 이 판단이 유지되는 시간은 그리 길지 않습니다. 사람들의 감정이란 그리 오래 가는 것이 아니거든요. 열심당 전체에 이것을 이해시키고 일을 진행하기에는 실기할 가능성이 더 큽니다. 그래서 저는 독단적으로 이것을 진행하려고 합니다."

"예디온의 말씀은 정확하게 알겠습니다. 저번 회군 이후에 일부 형제들이 크비어를 떠나기도 했지만, 실패의 경험이 도움이 된 면도 있습니다. 그동안 훈련도 강화하고 있었고, 강력한 활동을 원하는 형제들이 다수 있습니다."

엘르아잘과 에밀은 이틀에 걸쳐 세부 계획을 세웠다. 비밀을 유지하기 위해 열심당과 연결된 인원은 완전히 배제했고, 엘르아잘은 가이샤라와 예루살렘에 반안티파스 여론을 형성하는 역할을, 에밀과 그가 이끄는 크비어 조직은 타깃으로 설정한 티베리아스의 나바테아 상인 6명의 팔을 자르는 것으로 범위를 한정했다. 에밀은 형제들의 안전을 위해 전원 살해하는 것을 주장했지만, 엘르아잘이 신분이 노출되지 않는 한 그들을 살해하는 것보다는 나바테아로 돌려보내는 것이 효과가 크다는 주장을 굽히지 않았고, 결국 에밀이 이를 수용했다.

엘르아잘은 자신의 정보 조직을 동원해 예루살렘을 제외한 남부각 지역의 산헤드린 랍비들을 압박하기 시작했다. 산헤드린의 재판이 무용지물이 되었으므로 향후 랍비들의 권위가 무너질 것이라는 소문을 퍼뜨리는 것이었다. 평소 거들먹거리는 랍비들에게 거부감이 심했던 조직원들은 사람들이 많은 거리에서 지역 공의회 랍비들에게 이번 일에 대해 질문을 하며 그들이 견딜 수 없는 모욕감을 느끼게 행동하기도 했다. 또한, 총독과 연줄이 있는 인사들을 통해 안티파스가 황제를 설득해 총독제를 없애고, 시리아지역의 관리 권한을 가지려 한다는 이야기가 가이샤라에 흘러 들어가게 하기 위해 총력을 기울였다.

민심도 안티파스가 사제를 체포할 때와는 다르게 급격히 분노하기 시작했다. 지역의 랍비들이 이러한 민심의 변화를 가장 먼저 피부로 느꼈기 때문에 이는 각 지역별로 공론화되기 시작했고, 결국 예루살렘의 중앙공의회 랍비들이 대제사장인 가야파에게 회의 소집을 요구하고 나서는 계기가 되었다.

이때 즈음, 에밀은 32명을 조직해서 북부로 잠입, 상대적으로 방비가 느슨했던 나바테아 상인 우두머리 6명의 팔을 자르고 돌아왔다. 작전의 형태는 예전의 욥바와 비슷했지만, 저항이 심했던 상인 하나는 결국 살해하고 말았다.

이 소식은 순식간에 시리아 전역으로 퍼져 나갔고, 끝없는 폭정과 요한 사제의 죽음에 분노하고 있던 젊은 민중들의 가슴에 불을 질렀다. 곳곳에서 크고 작은 소요들이 일어났고, 세리들이 폭행을 당했으며 권력에 아부하던 지역 유지들의 창고가 불태워지는 일이 발생했다.

남부 열심당은 북부의 독자적인 행위로 판단해 이에 대한 진위 여부를 파악하려 했지만, 당연히 북부에서는 이를 전면 부인했고, 갈릴리에 머무르고 있는 유다가 남부로 소환되어 진위 여부에 대한 증언을 해야만 했다. 유다는 조사 과정에서 엘르아잘의 존재를 노출하지는 않았다. 그러나 그는 이번 사건의 배후로 엘르아잘을 강하게 의심하고 있을 터였다.

마케루스에 머물던 안티파스는 급히 티베리아스로 돌아갔다. 본인이 직접 사건의 진상을 파악하려 했지만, 이미 일은 모두 끝난 상태였고, 엘르아잘의 예상대로 로마의 가이샤라 본진은 조금의 미동도 하지 않았다.

또한, 예루살렘의 대산헤드린 공의회에서 요한 사제에 대한 사적 처형에 대한 비판 성명이 공식적으로 채택되지는 않았으나, 남부 3개 도시와 북부의 지역 공의회에서 개별적으로 재판의 권위를 무시한 반율법적인 행위라며 비난 성명을 발표하는 상황에 이르렀다.

얼마 지나지 않아, 티베리아스에서 나바테아 상인들이 안전상의 이유를 들어 모두 본국으로 철수했다. 이후, 나바테아의 아레타스4세가 시리아 지역과의 모든 교역을 중단한다는 결정으로 자신을 압박하는 상황에 이르렀으나, 안티파스는 어떠한 대응도 하지 못하고 티베리아스 궁 안에서 칩거를 지속했다.

31장. 확산

요한 사제의 죽음 이후, 갈릴리를 비롯한 북부의 상당한 지역에서 눈에 보이지 않는 변화들이 조금씩 일어나고 있었다. 안티파스는 그의 궁에서 한 발짝도 나오지 않고 매일 술과 유흥으로 시간을 보냈고, 주변국의 상인들이 떠난 갈릴리의 경제는 한동안 침체를 겪었다. 겉으로 보기에는 도시와 마을과 그 속에서 삶을 살아가는 대부분의 사람들이 예전보다 더 힘겨운 모습으로 살고 있는 듯했지만, 하루하루를 고통스럽게 살아가던 그들의 얼굴에서 전에 없던 생기가 피어나는 이상한 현상이 벌어지고 있었다.

마을의 한 귀퉁이에서 거적을 덮고 하루의 대부분을 동냥으로 보내던 사람들이 아침 일찍 일어나 아픈 몸을 이끌고 짧지 않은 길을 걷기 시작했고, 눈빛에 희망을 잃고 살아가던 여인들의 얼굴에서 미소가 피어나기도 했다. 아픈 아들을 등에 엎고 그들이 있다는 곳으로 향하는 남자의 얼굴은 오랜만에 아버지의 표정이 되었다.

처음에는 예수아의 치유 능력 소문에 그의 도움을 받으려는 목적으로 전도 현장에 모이던 사람들이 대부분이었지만, 예수아와 벳세다 형제들의 전도가 갈릴리와 주변 지역으로 퍼져 나가면서, 그에게서 희망을 느낀 사람들이 세상을 변화시킬 주체로서 예수아를 따르기 시작한 것이었다.

예수아가 방문하는 지역에는 항상 사람들이 구름 떼처럼 모여들었고, 그를 한 번이라도 본 사람들은 민족의 해방자가 나타났노라고 이야기를 하고 다녔다. 가난하고 힘없어 희망마저 빼앗겨 버렸던 사람들에게 그들이 그렇게 간절히 기다렸던 희망의 불씨는 들불이 되어 번져 나갔다.

그들은 예수아의 설교를 들으며 한없이 고통스러운 현실에서 벗어나 잠시나마 천국의 삶을 경험했고, 그 위로와 희망의 이야기 속에 머물기를 원했다.

벳세다, 가버나움, 게네사렛, 막달라 등 갈릴리 호수 주변의 도시들은 물론, 고라신과 하솔, 두로와 시돈 등 갈릴리 북부 및 페니키아 도시들에도 예수아를 따르는 사람들이 늘어났다. 그만큼 그의 전도는 광범위하게 행해졌다. 체념 속에서 내일이 없는 삶을 살던 사람들에게 미래에 대한 희망이 생기자, 흩어졌던 사람들이 뜻을 모으기 시작했고, 북부의 곳곳에서 예수아를 추대하려는 움직임이 일었다. 그러나 정작 예수아는 그런 움직임이 나타날 때마다 치료와 설교를 중단하고 사람들을 떠나 깊은 산속으로 칩거하기를 반복했다.

벳세다의 형제들도 사람들을 이끌어 주십사 예수아에게 여러 번 요청했으나 번번히 묵살을 당했다.

그러한 예수아의 행동에 가장 애가 탄 것은 유다였다.

유다에게 있어서 지금이 예수아를 통해 자신의 뜻을 관철할 수 있는 절호의 기회였기 때문에, 그는 무리를 해서라도 예수아를 설득하려고 부단히 노력했다. 허나, 예수아는 매번 유다의 이야기를 들은 뒤 오히려 그의 생각이 잘못되었음을 지적하기 일수였고, 그러한 말조차 비유를 통해 행하였으므로, 도무지 이해를 할 수 없었던 유다는 답답함에 상당히 힘들어했다.

저녁이 되어 모두 숙소로 돌아갔을 무렵, 유다가 요한을 찾아왔다.

"잠깐 들어가도 되겠습니까?"

살짝 문을 열어 유다임을 확인한 요한이 들어오라는 듯 문을 마저 열었다.

"오늘 고생 많으셨습니다. 주무실 시간에 어떤 일이십니까?"

"답답한 마음이 들어 잠이 올 것 같지 않군요. 당신과 이야기를 좀 나눌까 해서 와 봤습니다."

"북부 생활이 적응하기 쉽지 않지요? 그래도 당신이 여러 면에서 역할을 해 준 덕분에 이제 좀 체계가 잡혀 가는 느낌입니다."

유다는 바로 본인이 하고 싶은 이야기를 꺼내 놓았다.

"이제는 충분하다는 생각이 듭니다."

"뭐가요?"

"들판에서 몰려드는 사람들을 상대로 전도하는 것 말입니다. 그 사람들에게는 충분히 선생에 대한 지지를 얻었다고 생각합니다."

"예전에 비하면 하루에 수천 명씩 찾아오니 그렇게 볼 수도 있지요. 뭐 다른 생각이 있습니까?"

"저들은 대부분 힘이 없는 가난한 사람들이 아닙니까! 그들을 무시하자는 것은 아니지만, 저들은 자신에게 조금이라도 손해가 된다면 언제든지 등을 돌릴 수 있는 자들입니다. 저는 지금까지 많은 일을 겪어 오면서 힘없는 대중들이 위기의 순간마다 어떤 행동을 해 왔는지 너무나 여실히 보아 왔습니다. 그러니 큰 일을 도모하기 위해서는 선생께서 보다 다양한 계층의 사람들을 만나실 때가 되었다고 생각합니다."

"다양한 계층이라 함은."

"선생께서 우리 민족의 중심으로 우뚝 서기 위해서는 종교 지도자들이나 권한이 있는 관료들의 지지가 밑바탕에 깔려 있어야 합니다. 그러기 위해서 대중의 지지가 필요한 것이지요. 이제 대중의 지지는 어느 정도 확인했으니, 북부의 지역 랍비들이나 관료들에게도 전도의 계기를 만들어야 한다는 것입니다."

요한은 심각한 얼굴로 유다를 바라보다 입을 열었다.

"혹시 선생님께도 그 말씀을 해 보셨습니까?"

"여러 번 말씀을 드렸지요. 그런데 계속 알 수 없는 얘기로 핀잔만 주시니 이렇게 답답한 마음에 찾아온 것이 아니겠습니까! 당신은 항상 선생의 곁을 지키고 있으니 그분의 생각이 어떤 것인지 알 수 있을까 해서요."

요한이 손을 내저으며 말했다.

"제가 선생님의 깊은 속을 어찌 감당할 수가 있겠습니까. 허나 지금까지 찾아오는 사람들에게 하신 선생님의 말씀으로 추정해 보면, 지금 당신이 이야기하고 있는 그런 기준으로 사람들을 바라보고 계시지는 않는 느낌입니다."

"그럼 어떻게 보고 계신다는 거지요?"

"선생님을 만나러 오는 사람을 어떠한 기준으로 구분하시는 것을 본 적이 없어요. 지위가 높건, 돈이 많건, 몸에 병이 있던 간에 관계치 않고 그냥 만나시지 않습니까. 단지 선생님의 말씀을 듣고 믿음을 가지는지 그렇지 않은지만 보시는 것 같아요."

"그러니 우리가 선생을 올바른 방향으로 모셔야 하지 않겠습니까! 언제까지 병자들이나 가난한 사람들에게만 시간을 뺏겨 이대로 주저앉아 버릴 수는 없는 노릇 아닙니까?"

"뭐 구체적으로 생각하고 계신 것이 있습니까?"

"궁극적으로는 유대로 선생을 모셨으면 합니다.

"유대로요?"

"네. 이곳을 버리고 그쪽으로 가자는 이야기가 아닙니다. 단지 선생께서 우리 민족을 이끄실 때 반드시 필요한 사람들이 유대에 많이 있으니 그쪽 사람들에게도 선생을 뵐 수 있는 기회를 조금 더 많이 만들자는 겁니다."

"그렇지만 이전의 몇 번의 방문에도 유대 지역 사람들은 선생님을 인정하지 않고 적대적으로 바라보지 않았습니까."

"전부 그런 것은 아니라고 판단합니다. 상당수 바리세파 랍비들이 선생께 관심을 가지거나 존경하게 된 것도 사실이고요. 그래요. 생각보다 성과가 눈에 보이지 않았다는 것은 저도 인정합니다. 그 점에 관해서는 깊이 생각해 보았습니다만, 돌이켜 보면 그곳 사람들과 만나는 방법이 너무 거칠었던 것 같습니다. 유대 지역의 정치적 지형은 제가 누구보다 잘 압니다. 잘 준비해서 저들이 거부감을 느끼지 않도록 선생을 알린다면 큰 힘이 되어 줄 사람들을 우호적으로 만들 수 있습니다."

요한이 지긋이 유다를 바라보다가 물었다.

"유다. 당신은 선생님이 만드실 왕국에서 무엇을 바라고 있습니까?"

유다가 잠시 멈칫 했지만, 곧 요한의 얼굴을 바라보고 말했다.

"해방이지요. 우리 민족의 해방이요. 로마로부터, 이 지독한 고난으로부터 우리 민족을 해방시키고 예전처럼 민족의 왕국을 건설하는 거지요."

"그러기 위해서 유대의 힘이 필요하다는 이야기인가요?"

"북부와 남부가 하나되어 뭉치지 않으면 절대 왕국의 꿈은 이룰 수가 없습니다. 잘 아시지 않습니까?"

"그렇지만, 선생님께서 세우실 왕국에 유대에서 권력을 누리던 자들의 자리가 있겠습니까? 그것을 잘 알고 있을 그들이 협조하려고 할까요?"

"맞아요. 분명 그런 논점이 존재한다는 것은 인정합니다. 그러나 유대에는 다양한 생각을 가진 종교 지도자들이 많습니다. 제 생각에는 산헤드린에도 절반은 신의 가호를 받아 우리 민족이 독립할 기회가 온다면 기꺼이 자신의 권리를 내려놓을 수 있는 랍비들이 있다고 봅니다. 우선 그들이 선생을 지지해야 유대 전체의 지지를 받을 수 있는 계기가 마련될 수 있지 않겠습니까?"

요한은 잠시 생각하는 듯했지만, 표정만큼은 쉽게 동의할 수 없다는 듯 미간을 살짝 찌푸리며 말했다.

"이곳 사람들은 유대 중심의 왕국에 들어갈 생각이 없습니다. 아니 조금 더 진솔하게 이야기하자면 두려워한다는 편이 맞겠군요."

유다가 답답하다는 듯 숨을 크게 들이마시고 손으로 가슴을 두드렸다.

"여러 번 얘기하지만 선생을 유대에 정착시키자고 하는 이야기가 아니지 않습니까! 그저 세력을 확장하기 위해서 선생의 활동을 조금 더 넓게 생각하자는 거예요. 우리가 한목소리로 말씀을 드려야 선생도 받아들여 주실 것 아닙니까? 저만 이야기하는 것이 소용이 없으니 당신이나 안드레아도 좀 같이 이야기해 달라는 부탁입니다."

요한은 어쩔 수 없다는 듯 고개를 끄떡이기는 했지만, 표정은 그리 좋지 않았다.

"알겠습니다. 안드레아와 상의를 해 보겠습니다. 그렇지만 이곳에도 정신 나간 폭군이 있어 항상 긴장을 늦추지 못하는 상황인데, 유대에서의 선생님의 안전을 보장받지 못한다면 그 뜻을 관철시키기는 어려울 겁니다."

"유대의 랍비들은 율법을 목숨보다 중요하게 여깁니다. 신성모독으로 산헤드린의 법정에 서지 않는 한 그럴 일은 없습니다. 물론 여러 방면으로 안전장치를 마련해야겠지요."

"어떤 안전장치를 말하는 겁니까?"

"지금도 유대에 선생님의 방문을 원하는 민중들이 많이 있습니다.

더구나 유월절에 많은 사람들이 모이기 시작하면 선생을 뵙고자 하는 사람들이 인산인해를 이룰 겁니다. 선생님 주변에 사람들이 많으면 많을수록 그 누구도 선생께 해를 가하지 못할 겁니다."

요한이 일단은 알았다는 듯 살짝 고개를 끄덕이자, 유다는 요한과의 대화에 만족한 듯 살짝 미소를 지으면서 인사를 하고 방을 나갔다.

요한은 그런 유다의 뒷모습에서 한동안 시선을 거두지 못했다.

요한은 곧장 자리에서 일어나 안드레아와 빌립이 머물고 있는 숙소로 향했다.

"요한. 이 시간에 무슨 일이야?"

누워 있던 빌립이 몸을 일으키며 말했다.

"방금 유다가 내 방에 찾아왔는데, 선생님을 유대 지역으로 모실 수 있게 도와 달라 하더군."

"유대로?"

"이번 유월절에 예루살렘을 방문하시면 한동안 유대 지역에서 전도를 하시게끔 우리보고 도와 달라는 거야."

안드레아가 의심 섞인 표정으로 물었다.

"그 사람 무슨 다른 뜻이 있는 것은 아닐까?"

"그건 나도 모르겠어. 유대에서 세력을 확장하고 싶어 하는 것 같은데."

"이쪽은 이만큼이면 되었으니 자기 지역에서도 활동을 하자 그건가?"

"전국적인 지지를 얻으려면 유대 지역에서의 활동이 필요하다고 하더군."

빌립이 아직은 시기상조라는 듯 손을 내저으며 말했다.

"사람들에게 선생님이 많이 알려지기는 했지만, 아직 이곳에서도 특별히 무엇인가를 만든 것도 아니고."

"나도 그렇게 생각해. 선생님께서 우리가 어디로 가자고 한다고 그리 해 주시는 분도 아니고 말이야."

"더구나 그쪽에서 소수로 활동하다가 불안해서 갈릴리로 돌아온 게 한두 번인가. 유대 사람들은 속을 알 수가 없어."

"아무래도 이번 유월절에 무엇인가를 준비하는 눈치야."

"유다 그 사람. 그쪽에서는 꽤 신망이 있는 사람이라며?"

"모간이 그러는데, 유대 지역에서는 해방 세력으로 꽤 오래 활동을 해 왔다고 해. 나름 조직도 탄탄하고."

"글을 쓰는 것을 보면 대단해 보이기는 해. 그런데 그런 사람이 왜 선생님 곁에서 저러고 있는 거지?"

"자기도 뜻하는 바가 있으니 선생님을 모시고 있는 것이겠지. 하여간 이번 유월절에 예의 주시하고 있자고. 그리고 오늘 유다가 한 말은 시몬 형님에게는 들어가지 않게 해. 또 난리가 날지 모르니."

"그러게. 그 형님이 알았다가는 또 멱살잡이를 하려 들 거야. 하하!"

32장. 진군

유다의 계획대로 엘르아잘의 조직에 의해 유대 지역에 예수아에 대한 소문은 널리 퍼져 나갔다.

엘르아잘이 유다의 계획에 동의한 것은 유대 지역에서 예수아의 존재감이 커지는 것이 그의 안전에 도움이 될 것이라는 판단 때문이었다.

관습과 관행은 전통이라는 포장으로 이미 율법화 되어 있었고, 사람들은 관성적으로 이러한 관행을 따르기는 했으나 가난한 사람들과 젊은이들을 중심으로 부정한 관행에 대해 조금씩 반감이 생겨나고 있었다. 그러한 사람들을 중심으로 삼삼오오 모이기만 하면, 예수아의 치유 능력에 대한 이야기나 그가 가난하고 불행한 인생을 살아온 사람들에게 했던 설교들의 내용에 대한 이야기가 길거리를 가득 매웠다.

어떤 사람은 그가 다윗의 씨로 앞으로 로마를 내쫓고 왕조를 세울 거라고 했고, 어떤 사람은 집에 있는 병자를 옮기기 위해 미리 사람들을 사 두기도 했다. 예수아에 대한 소문을 믿지 않거나 의심의 눈초리로 바라보는 이도 적지 않았으나 이미 도시는 나사로를 살린 예수아에 대한 관심으로 가득했다.

유다는 이미 예루살렘으로 내려와서 그 나름대로의 준비를 하고 있었다.

그러나 엘르아잘은 지난번 다니엘의 인장사건 이후, 자신에 대한 이스마엘의 뒷조사가 강화되자 메드바로 이동해 예루살렘 부근의 방문을 자제하고 있는 상황이었다.

자리를 오래 비우기는 했으나, 유대조직 내에서의 유다의 영향력은 어느 정도 남아 있었고, 그를 우호적으로 생각하는 사람들도 꽤 되었기 때문에 준비는 순조로워 보였다.

유다는 예수아가 예루살렘에 입성할 때 민중들의 기대치를 최대한으로 끌어올리고, 이를 기반으로 영향력 있는 랍비들과의 만남을 주선해 그들의 지지를 끌어내려 했다. 산헤드린을 구성하고 있는 바리세파 랍비들의 지지만 이끌어 낼 수 있다면 가야파를 중심으로 하는 성전 세력과 대등한 입장에서 협상도 가능할 것이라고 생각하는 듯했다.

유다의 생각대로 이미 갈릴리를 중심으로 북부에서 상당한 신드롬을 일으킨 예수아가 남부 유대의 포괄적인 지지까지 끌어낼 수 있다면 자연스럽게 중앙 정치의 중심이 될 가능성은 충분히 있었다.

그러나 엘르아잘의 생각은 유다의 의지와는 많이 달랐다.

적어도 엘르아잘이 느껴 온 예수아는 요한 사제보다도 더 유다의 생각에 맞지 않았다. 더구나 평소의 성격과는 다르게 유다가 무엇인가 서두르는 듯한 느낌이 강했고, 이런 인위적인 행위들이 자칫 예수아나 갈릴리 형제들의 안전을 위협하는 상황을 초래할 수도 있는 일이었다.

불안감이 엄습해 오자 엘르아잘은 위험을 무릅쓰고 엠마오에서 유다와의 만남을 청했다. 유다가 엠마오에 도착한 것은 유월절이 시작되기 나흘 전이었다.

"어서 오십시오."

"웬일이십니까. 사람을 보내면 될 것을 직접 이곳까지 오시다니요."

"직접 뵙고 상의를 드려야 할 것 같아서요."

"그래요? 그럼 말씀을 들어 볼까요?"

유다가 미소를 머금은 얼굴로 자리에 앉으며 말했다.

"실은 이번 유월절에 여러 계획을 가지고 계시지 않습니까?"

"그렇죠. 예디온 덕분에 선생의 소문이 이곳 유대에도 쫙 퍼졌으니, 사람들의 기대가 아주 대단합니다. 하하."

"바리세 측 랍비들과도 이야기가 되었는지요."

"이곳에서도 이미 선생을 우호적으로 생각하거나 존경하는 랍비들이 상당 수 있어요. 산헤드린에 소속된 랍비는 대여섯 명과 이야기를 나눈 정도이지만, 선생께서 이곳에 오시고 민중들의 반응이 일어나면 그쪽에서도 앞다투어 선생을 뵙자고 할 겁니다. 이전에 방문하셨을 때와는 상황이 달라요. 보세요! 예루살렘의 모든 사람들이 모이기만 하면 선생에 대한 이야기입니다."

"안나스 동향은 어떻습니까?"

"그 늙은이야 당연히 좋아하지는 않겠지요. 그러나 대중의 힘에는 항상 굴복하고 협상을 해 오던 사람 아닙니까?"

"저는 저들이 무슨 함정이나 파 놓고 해를 가할까 봐 걱정이 됩니다."

유다가 손사래를 치며 말했다.

"걱정 마세요. 아시다시피 유월절에는 로마군도 몸을 사리는 시기 아닙니까. 장담하건대 선생께서 예루살렘을 오시는 날 중 유월절이 가장 안전할 거라고 확신합니다."

"그분께서 바리새 랍비들이나 가야파를 만나 주실까요? 혹시 선생님께 확인은 해 보셨습니까?"

"말씀드려 보지는 못했습니다. 그렇지만 선생께서는 한 번도 가난하고 힘없는 민중들의 요청을 거절하신 것을 본 적이 없습니다. 이곳의 민중들을 보시고, 저들이 절실하게 부탁드린다면 선생도 거절하시지는 않으실 겁니다."

"이미 준비를 해 놓으신 겁니까?"

"믿을 만한 형제들을 훈련시켜 놓았습니다. 대중을 움직이는 것이 저희의 강점 아닙니까! 하하!"

"외람된 말씀이지만, 저는 선생을 그렇게 몰고 가는 것이 바람직해 보이지 않습니다. 아시지 않습니까! 선생께서 단 한 번이라도 민중들의 추대를 허락하신 적이 있으십니까?"

엘르아잘의 이야기를 듣던 유다의 표정이 굳으면서 허리를 세워 조금 거리를 두며 대답했다.

"몰고 가다니요. 오늘은 말씀이 조금은 거북스럽군요. 추대를 받으시라는 이야기가 아니지 않습니까! 단지 그냥 영향력이 있는 사람들도 좀 만나서 그들에게 선생께서 얼마나 신실하신지, 율법을 통달하시고 지켜 살아오심이 그들과 다르지 않다는 것을 보여 주는 것뿐입니다. 우리처럼 선생을 따르고 말고 하는 것은 저들의 자유지요. 그러나 저는 이곳의 랍비들도 선생을 만난다면 분명 그분을 신뢰하게 될 거라고 생각합니다."

"어디까지 생각하고 계신 겁니까?"

"산헤드린 랍비들의 상당수의 지지를 받는다면, 제가 생각하는 그림이 완성되었다고 할 수 있겠지요. 갈릴리와 바라네아, 데가볼리와 베뢰아까지 민중들이 지지하고 있는데, 예루살렘의 대산헤드린까지 선생을 지지한다면 안티파스나 가야파를 넘어서는 새로운 정치 중심이 탄생하는 겁니다. 로마 총독도 쉽게 생각할 수 없는 존재가 되시는 거지요."

"산헤드린 랍비들과는 언제 약속을 잡으셨습니까?"

"유월절 다음 날 성전 뜰에서 자연스럽게 자리를 만들 생각입니다."

"자꾸 말씀드리는 것 같아 죄송합니다만, 일을 진행하시기 전에 선생께 다시 한번 상의를 드리시는 것이 어떻겠습니까?"

엘르아잘의 반복되는 권유에 유다는 언짢다는 듯한 표정을 숨기지 않았다.

"제가 오랜 기간 동안 준비한 일입니다. 예디온께서는 그렇게 걱정이 되시면 관여하지 않으시는 것이 좋겠습니다."

유다의 반응이 생각보다 강하자 엘르아잘은 급히 자신의 뜻을 낮추었다.

"아닙니다. 제가 너무 고집을 부려 죄송합니다. 마음 풀어 주십시오."

유다가 잠시 엘르아잘을 뚫어져라 쳐다보다가 말을 이었다.

"지난번 유대로 불려 내려왔을 때, 전해들은 이야기가 있습니다."

"무엇입니까?"

"남부 열심당에서는 그 일의 배후로 저를 의심하고 있더군요. 성전 쪽에서도 그런 눈초리로 저를 보고 있다고는 했지만 북부에서 일어난 일이고, 정치적인 문제이므로 그냥 넘어간다는 느낌이었습니다."

유다는 눈빛으로 그가 말하는 것이 나바테아 상인습격 건이고, 유다 자신은 그 일의 배후로 엘르아잘을 생각하고 있다는 것을 말하는 듯했다. 즉, 내가 이런 상황에서도 이 일을 추진하는 것이니, 너는 도와줄 것이 아니면 가만히라도 있으라는 이야기였다.

엘르아잘은 아무 말도 하지 못했고, 유다는 그런 엘르아잘의 어깨를 툭 치고는 자리에서 일어났다.

유다는 준비할 것이 많다며 바로 예루살렘으로 떠났다.

엘르아잘은 불안한 마음으로 그의 뒷모습을 바라볼 수밖에 없었다.

유월절을 맞아 예루살렘 성전의 순례객들이 늘어나는 틈을 타 엘르아잘도 예루살렘에 숨어들었다.

예수아의 도착이 임박해질수록 사람들의 기대감은 고조되었고, 고급스러운 탈렛과 허리띠를 길게 늘어뜨린 바리세인들의 표정은 점점 불편함이 역력해 보였다.

안나스는 예상대로 어떠한 반응도 없이 조용했다. 그러나 엘르아잘의 눈에는 잔뜩 웅크리고 기회를 엿보고 있는 맹수의 모습처럼 느껴졌다. 하지만, 제아무리 술수에 뛰어난 자라도 예수아의 인기와 지지가 이 정도라면 안나스가 지금 할 수 있는 일은 거의 없을 것이었다.

엘르아잘의 지지자들은 그가 요청한 대로 예수아 일행의 이동을 최대한 빨리 예루살렘과 주변 마을들에 알렸고, 이러한 소식들은 이야기를 더하며 명절을 맞아 예루살렘에 방문한 각지의 순례객들의 분위기를 더욱 고조시켰다.

예수아 일행이 여리고를 지나 벳바게에 다다르자 도시 안에 머물고 있는 사람들이 그를 보기 위해 이스라엘의 샘과 베데스다못 사잇길에 모이기 시작했다. 엘르아잘은 예루살렘의 북쪽 어문 뒤에 있는 언덕에서 그 광경을 지켜보았다.

각 지역에서 온 순례객들과 예루살렘의 민중들이 다윗의 기적이 다시 재현되기를 기원하며 종려나무 가지를 흔들어 환호하는 것과는 반대로, 안토니아요새 부근의 로마 수비군들과 윗도시 쪽 병사들의 수가 늘어나며 삼엄한 분위기를 자아내었다.

예수아 일행의 등장으로 유월절을 맞이한 민중들은 조금씩 흥분하기 시작했다. 마치 자신들의 조상이 속박에서 해방되었듯이 지금의 예수아가 자신들을 로마에게서 해방시켜 줄 것이라고 생각하는 것처럼 보였다. 그러나 사람들의 고함 소리가 커지고, 모여드는 군중의 수가 늘어날수록, 엘르아잘은 불안한 마음을 억누르지 못하고, 자꾸 윗도시 쪽을 바라보며 지속적으로 상황을 살펴보았다.

안토니아 요새의 로마 수비대가 요새 안으로 들어가서 문을 잠그는 것을 본 엘르아잘은 가슴속으로 손을 넣어 품속에 있는 다니엘과 이스마엘의 장부를 확인했다.

엄청난 인파에 둘러싸인 예수아 일행은 마치 예루살렘을 점령해 들어가는 것처럼 성전으로 향했고, 엘르아잘의 눈에는 그것이 마치 전장의 가장 깊숙한 곳으로 들어가는 예수아의 진군처럼 느껴졌다.

33장. 혼자 가는 길. 그러나 두려움은 생각을 앞선다

유대인들의 민심은 급속도로 나빠지고 있었다.

어제 성전에서 벌어진 일을 이곳 예루살렘의 유대인들은 북부에 의한 유대 침공과도 같이 받아들였고, 모두들 이 사건에 휘말리지 않기 위해 신경을 곤두세우는 듯 보였다.

오늘 아침, 남부 유대 젤롯조직에서는 긴급 회의를 열어 유다에 대한 파문을 결정함으로써 이번 일에 대해 확실하게 선을 그었고, 가야파가 주체한 임시 산헤드린 비공식 모임에서는 종교 재판을 개최할 것과 예수아의 처분에 앞서 이번 일을 공모한 것으로 여겨 지는 유대 출신 유다를 본보기로 삼아 먼저 처리하는 방안이 논의되었다고 전해졌다.

결국 지금의 유다를 지켜 줄 사람은 아무도 없어 보였다. 그의 동지들은 그를 버렸고, 그의 적들은 이번 기회를 놓치지 않을 것이 분명했다.

"일단 오늘 저녁 데가볼리로 피하도록 하시죠."

엘르아잘의 말에 유다가 초점 없는 시선으로 고개를 돌렸다.

"선생도 가신다 하시던가?"

"저는 선생님을 뵙지 못했습니다. 그분께서는 지지하는 민중들이라도 있지만, 당신은 그렇지 않습니다. 저들이 유다 당신을 가늠좌 삼아 먼저 처리한다 하니 지금은 일단 피하는 것이 좋을 듯합니다."

"데가볼리에 간다 한들 무엇이 달라지겠나."

사실 맞는 말이었다. 유다는 데가볼리에서도 안전하지 않았다.

한동안의 침묵이 흐르고, 엘르아잘은 그런 유다를 남겨 두고 조용히 일어나 밖으로 나왔다.

예수아의 이번 성전에 대한 갑작스런 공격으로 성전과 성전을 중심으로 생계와 이익을 공유하던 카르텔이 들끓었고, 관습이 부정당했다고 생각하는 상당수의 유대 주민들이 대놓고 부정적 감정을 표출했다. 다른 지역 출신 방문객들은 이런 급작스런 변화에 적잖이 당황해하는 모습이었다.

성전을 중심으로 막대한 상권을 형성하고 있었던 상인과 지주들은 가야파의 집으로 몰려가 이번 일에 대한 처분을 요구했다. 반면 성전 외각에 머물고 있던 대부분의 방문객들은 이번 일로 인한 변화에 촉각을 곤두세우고 일부는 조금씩 흥분하는 모습을 보이기도 했다.

유월절을 맞아 남북 지역 간 협력이 논의되던 혁명당 내부에서도 격렬한 논쟁이 벌어졌다. 유대 조직에서는 이번 일을 유대 지파의 신성을 무너뜨리려는 북부의 공격이라 간주했고, 다른 남부 도시들의 조직들도 일부 이에 동조하는 분위기였다. 갈릴리 주변 도시들을 중심으로 하는 북부 조직들은 성전의 잘못된 관행을 지적한 것이지 성전 자체를 모독한 것은 아니라는 수세적인 입장만을 고수했다.

이번 성전 사건이 큰 파장을 불러일으키며 지역 세력 간 갈등의 중심으로 떠오르자 예수아를 지지했던 가난하고 힘없는 대중들의 모습은 급속히 사라져 갔고, 힘과 권력을 가진 자들이 예루살렘의 한가운데 모습을 드러내기 시작했다.

가야파의 성전 수비대나 안나스의 사병들이 무기를 소지하고 무서운 얼굴로 예루살렘 곳곳을 돌아다녔다. 가야파는 이것을 로마군의 진입을 사전에 방지하기 위한 치안 관리 사안으로 설명했지만, 예수아를 지지하는 민중들은 그들의 생각을 표현하는 데 두려움을 느꼈다.

도시의 뒷골목에서 숨어 이야기하는 힘없고 가난한 민중들은 고개를 끄덕이는 방식으로 지지의 의사를 표하기는 했으나, 큰길이나 광장에서 소리치는 용기 있는 자는 없었다.

이로써, 예수아는 예루살렘 안의 그 누구도 감당할 수 없는 돌을 도시의 한가운데 던져 놓았다. 그 돌은 불길이 되기도 하고, 잔잔한 파장의 모습으로 도시 전체에 퍼져 나갔다.

예루살렘의 유월절은 유대 지역의 병사들과 도시 밖에 주둔하고 있는 빌라토스의 로마군, 도시의 빈민들, 흥분하기 시작한 성전 방문객들이 뒤엉켜 그 어느 때보다 폭발 일보 직전의 상황으로 치닫고 있었다.

엘르아잘은 이러한 변화의 크기가 자신이 감당할 수 없는 일이라는 것을 직감했다. 자신이 얼마나 보잘것없는 힘으로 이 상황을 제어하려 했는지 뼈저리게 느끼며 무력감에 휩감겨 있었다. 그저 유다의 집 마당에서 하늘의 별을 바라보며 자신이 지금 휩쓸고 있는 큰 파도에 헤매지 않도록 길을 인도해 주십사 기도할 뿐이었다.

그렇게 한참 동안 마당의 한구석에서 기도하고 있을 때, 마을 아래 저쪽에서 몇몇의 사병들이 다가오는 것이 보였다. 엘르아잘은 급하게 창고 뒤쪽으로 몸을 숨겼다.

사병들은 거침없이 유다의 집으로 들어와서 문 앞에서 유다의 이름을 거칠게 불렀다. 그들이 유다의 이름을 몇 번 외치고 문을 열고 들어가려 할 때 즈음, 힘없는 모습으로 유다가 그들 앞에 나타났다.

실패와 죽음에 대한 공포가 이미 그를 지배하고 있는 듯 무언가를 묻는 듯한 그의 몸짓은 부자연스러웠고 손끝은 눈에 보이게 떨렸다.

그리 오래지 않아 유다는 고개를 숙이고 힘없이 사병들을 따라갔다. 그의 발걸음이 마음에 들지 않았는지 사병 하나가 유다의 팔짱을 끼고 거칠게 그를 끌었고, 그는 끌려가는 노예와 같은 형상으로 병사들과 함께 언덕 아래로 사라졌다.

엘르아잘은 유다를 도울 방법이 없었다.

지금 상황에서 그가 직접 유다를 쫓아가기도 무척이나 위험한 일이었고, 유대 조직의 그 누구도 유다를 도우려 하지 않을 것은 불을 보듯 뻔한 일이었다.

엘르아잘은 유다의 집이 내려다 보이는 언덕 위로 몸을 숨겼다.

언제 병사들이 또 유다의 집에 들이닥칠지 모를 일이었다. 그렇다고 이대로 그를 내버려두고 도시를 빠져나갈 수도 없는 노릇이었다.

일단 오늘 저녁은 이곳에서 상황을 살펴본 뒤, 내일 아침 일찍 예루살렘을 빠져나가려 했다.

늦은 저녁, 모두가 잠이 들 무렵 유다의 집에 불이 켜졌다.

엘르아잘은 조용히 집으로 다가가 안쪽을 살펴보았다.

내부는 조용했고, 안쪽의 거실 귀퉁이 의자에 유다의 모습이 보였다.

그는 조용히 아무런 미동도 없이 의자에 앉아 앞쪽 벽을 바라보고 있었다.

엘르아잘은 집을 빠져나와 마을을 한 바퀴 돌며 미행이나 잠복한 병사들이 있는지 확인한 후, 다시 유다의 집으로 돌아갔다.

거실에 들어가서 의자에 앉아 있는 유다의 앞에 무릎을 꿇고 그의 얼굴을 바라보았다. 유다는 얼굴이 하얗게 질려 있었다. 그는 마치 넋이 나간 사람처럼 의자에 앉아 빈 허공만을 응시하고 있었다. 무언가 알 수 없는 말을 계속 웅얼거리다가 분노 서린 눈빛으로 공간을 응시하기도 했다.

엘르아잘은 조용히 그의 곁에 있던 의자에 앉았다.

유다는 옆에 앉은 엘르아잘에게 눈길도 돌리지 않고 "이럴 수는 없어.", "왜 이렇게 됐지?"라는 말만 반복했다.

멍하니 벽만 쳐다보고 있던 유다가 혼잣말처럼 중얼거렸다.

"눈치채지 못했어. 이번에 선생은……"

엘르아잘도 그의 시선과 같은 벽을 바라보고 말없이 유다의 이야기를 들었다.

"이번에 선생은 말씀도 눈빛도 달랐어. 사마리아에서도, 예루살렘에 도착하기 전에도."

유다는 기억을 더듬으려는 듯 미간을 찌푸렸다.

"왜 눈치를 못 챘었을까? 지금 생각해 보면. 그래. 전쟁터에 나가는 사람의 눈빛이었는데…… 그걸 왜……"

"모르겠어. 선생이 원하시는 것이 도대체 무엇인지 이제는 정말 모르겠어!"

한동안 벽을 노려보던 유다가 갑자기 고개를 돌려 엘르아잘에게 물어 왔다.

"선생은 누구지?"

엘르아잘은 초췌할 대로 초췌해진 유다의 얼굴을 보며 그의 마음속에 일어나고 있는 혼란과 갈등을 느낄 수 있었다.

유다는 다시 고개를 돌려 벽을 쳐다보았다.

그런데, 이런 상황에서 빌립이 보내 온 사람이 오늘 저녁 레위인 요셉(바나바)의 누나인 마리아의 집에서 예수아가 그를 부른다는 연락을 전해 왔다. 유다의 얼굴은 흙빛으로 변했다.

엘르아잘은 예루살렘을 빠져나가기로 한 계획을 뒤로하고 유다의 곁에 당분간 남기로 계획을 바꾸었다. 그가 무슨 짓을 할지 가늠할 수가 없었기 때문이었다.

유다가 마당으로 나와 이슬이 채 가시지도 않은 돌 위에 걸터앉았다.

엘르아잘도 조용히 그의 곁으로가 옆자리에 앉아 그에게 오늘 저녁 회동에 참가하지 말 것을 권했다.

"오늘 선생을 뵈러 가는 것은 뒤로 미루시지요. 언뜻 보아도 혈색도 너무 좋지 않으십니다."

유다는 말라 비틀어진 검게 변한 얼굴이었지만 무엇인가 편안해진 얼굴로 엘르아잘을 바라보며 대답했다.

"선생께서 부르시지 않는가. 내가 얼마나 더 선생을 뵐 수 있을 거라고 빠질 수 있겠나."

엘르아잘은 그런 유다를 바라보며 잠시 자신의 눈에 측은함과 설명하기 어려운 적의가 동시에 흐르는 것을 느꼈지만, 이내 그것을 감추고 그를 설득하기 위해 노력했다.

"북부의 다른 분들과 달리 당신은 이미 이곳에서 벼랑 끝에 서 있는 것과 다를 바 없습니다. 잠시 선생의 곁을 떠나 있는데도 무슨 큰일이 있겠습니까."

유다는 한참 동안 엘르아잘의 얼굴을 바라보다가 다시 아침 해가 떠오르는 사해 쪽을 바라보며 길게 한숨을 내 쉬었다.

"제가 어제 어디를 다녀 왔는지 궁금하지 않으십니까?"

엘르아잘은 그의 갑작스런 질문에 깜짝 놀랐지만 아니라고 부정할 수는 없었다.

아무 말 없이 그를 바라보는 엘르아잘을 옆에 놓아두고 유다는 독백을 하듯이 말을 이어 나갔다.

"그 병사들을 따라 이스마엘을 만나고 왔습니다."

"그 파피의 아들 말입니까?"

"그렇습니다. 병사들이 그에게 저를 데려가더군요."

예상대로였다. 그러나 궁금한 것은 안나스의 꼭두각시인 이스마엘이 유다를 바로 풀어 준 것이었다.

유다는 엘르아잘의 생각을 알고 있다는 듯이 말을 이어 나갔다.

"저를 신성모독을 주도한 죄로 산헤드린 재판에 회부하고 죽여 버리겠다 하더군요."

엘르아잘도 유다도 할 말이 없는 듯 한동안의 침묵이 흘렀다.

"저쪽에서는 선생에 대한 처분도 이미 기정 사실화 하고 있습니다."

"이곳을 피하지 않으시려거든 차라리 선생의 곁에 계십시오. 지금 분위기가 아무리 저들의 수중에 넘어갔다 한들 유월절의 대규모 인파가 몰려 있는 이때 선생께 해를 가하지는 못할 것입니다."

유다는 퀭한 눈빛으로 엘르아잘을 돌아보더니 이내 살짝 웃음을 지으며 말했다.

"선생의 곁으로 피하라고요? 이 유대 땅에서 말입니까?"

"지금은 그 방법이 가장 좋지 않겠습니까!"

"그럴 것이라 알고 있었지만, 당신의 말을 통해 들으니 더욱 비참해지는군요."

"너무 그렇게만 생각하지는 마십시오. 유대의 형제들도 시간이 지나면 당신의 진정한 뜻을 알아줄 시간이 올 겁니다."

"그전에!"

유다가 감정이 격해진 듯 소리치며 말했다.

"말해 보세요. 지금 이곳의 형제들은 저를 향해 돌을 들고 있지 않습니까?"

엘르아잘은 유다의 질문에 잠시 그의 시선을 피했다가 다시 그를 바라보고 말을 이어 나갔다.

"그래요. 지금 당신이 말한 것이 틀리다고 하지는 못하겠습니다. 그들은 당신을 북부 연설가의 편에 선 배신자 정도로 생각하고 있어요. 아니 당신이 예수아에게 빠져 유대를 전복하고 북부 중심의 혁명에 앞장서려고 했던 것은 아닌가 의심하고 있습니다."

엘르아잘은 잠시 숨을 고르고 다시 말을 이었다.

"그래도 저들이 지금 당장 몰려와서 당신을 폭행하고, 종교 재판에 세우지 않는 이유가 뭔지 아십니까? 그것은 여태껏 당신이 살아온 삶을 저들도 보아 왔기 때문이에요! 자신들의 판단으로 당신을 재단하기에 당신의 삶이 그리 가볍지 않다는 것을 알기 때문이란 말입니다!"

엘르아잘을 바라보는 건조한 유다의 눈빛에 잠시나마 물기가 번졌다가 이내 사라졌다.

"시간이 조금만 더 지나면 형제들의 오해도 풀릴 겁니다. 그러니 잠시만 피해 계세요."

"저들이 내게 무어라 제안을 해 왔는지 아십니까?"

엘르아잘은 유다의 눈빛과 대답에서 절망이 그의 모든 것을 지배하고 있는 것을 느낄 수 있었다.

"선생의 잘못을 증언하는 것에 앞장서면 목숨은 보장하겠다고 하더군요."

순간 엘르아잘은 숨을 멈추고 자리에서 벌떡 일어날 뻔했지만, 이

내 자세를 바로 하고 유다의 이야기를 들었다.

"저들은 선생도 자신들과 같기를 원하는 것 같습니다. 그러려면 선생의 내부에서 부조리와 배신과 뭐 그런 것들이 나와야 하는데, 아마도 그런 조합을 맞추는 것에 제가 가장 알맞다고 생각하는 것이겠지요."

"그래서…… 그래서 어떻게 하실 생각이십니까?"

"모르겠습니다. 솔직히 죽는 것이 두렵습니다. 아니, 이렇게 실패한 낙오자로 생을 마감하는 것이 두렵습니다. 오랜 기간 목숨을 걸고 만들고자 하는 왕국이 있었는데, 그 시작도 해 보지 못하고 실패자로 끝나는 것이 두렵습니다."

유다는 엘르아잘을 바라보고 떨리는 목소리로 말했다.

"제 입으로 떠들고 다니기는 죽음을 각오하고 살아왔다고 생각했는데, 지금 이렇게 떨리는 것을 보니 저는 내가 생각했던 그런 주제가 못 되는 놈인 것 같군요."

엘르아잘은 유다의 옷자락을 잡고 낮은 목소리로 물었다.

"저들이 마지막에 당신에게 원하는 것이 무엇일까요?"

"상징이지요. 선생의 가장 가까운 곳에서 선생을 배신하는 상징. '보아라. 너희들이 그렇게 훌륭하다고 따르는 이 사람의 가장 가까운 곳의 인간이 그를 배신하고, 고발할 정도로 그도 별수 없는 인간이다.' 뭐 그런 것 아니겠습니까?"

"그래서……. 그리 하실 생각이십니까?"

유다는 한참 동안 말이 없다가 조용히 입을 열었다.

"선생께 마지막으로 부탁을 드려 볼 생각입니다."

"지금 이 상황에 선생께 무슨 말씀을 하시겠다는 겁니까!"

"이스마엘은 이미 가야파와 협의가 되었다면서, 선생께서 성전에서 공개적으로 이번 일에 대해서 본인의 잘못을 인정하고 사과한다면 죽음만은 면할 것이라 제안하더군요."

"유다! 진정 그분께 그 이야기를 전할 생각입니까?"

"말씀은 드려 봐야죠. 이대로 개죽음을 당할 수는 없는 것 아닙니까! 선생은 이곳을 모르십니다. 그래서 그런 행동을 하신 겁니다."

"난 당신이 선생을 사랑한다고 느꼈었는데, 아직도 그분을 잘 모르십니까? 그분이 진정 이곳을 몰라 그리 행하셨다 생각하십니까?"

유다는 엘르아잘의 이야기에 말문을 닫아 버렸다. 한참 있다가 숙였던 고개를 조금 들더니 두 손을 모아 입에 대고 이야기했다.

"사랑했지요. 그 어떤 사람보다 저는 선생을 사랑했어요. 오죽하면 제가 왜 그분께 다가갔고, 함께 하게 되었는지를 잊을 만큼 선생을 사랑하게 되었지요."

유다는 혼란스러운 듯 고개를 저으며 이야기했다.

"모르겠어요. 그분은 우릴 사랑하셨어요. 우리를 이 지옥에서 평화가 가득한 왕국으로 이끌어 주실 분이셨단 말입니다. 가난하고 힘없는 대부분의 민중들을 이끌고, 우리 민족을 하나로 만들어 마카비 혁명과 같은 신의 기적을 이루어 낼 분이 되어 주실 거라 믿었어요. 그분은 분명히 그런 분이셨단 말입니다."

엘르아잘은 유다를 빤히 바라보다가 조심스럽게 입을 열었다.

"그분이 우리와 함께 이곳에 계실 분이시라 보셨습니까?"

엘르아잘의 이야기에 유다가 눈을 크게 뜨고 엘르아잘의 두 손을 거칠게 잡고는 물어 왔다.

"그래요. 당신은 뭔가 알고 계시리라 생각을 하고 있었습니다. 말씀 좀 해 보세요. 도대체 선생은 누구십니까?"

엘르아잘은 유다의 시선을 피하며 대답했다.

"저 같은 것이 무엇이라 말할 수 있겠습니다. 단지 당신이 지금 선생에게 하려 하는 말이 그분에게 아무 의미가 없을 것이라는 것만은 확신할 수 있습니다."

유다는 엘르아잘의 얼굴을 한참 동안 바라보다가 침울한 표정으로 잡고 있던 손을 놓았다.

"그래요. 아무 소용이 없다 그겁니까? 그럼 선생이 원하는 것이 무엇이란 말입니까! 뭐 다 뒤집어엎고 도대체 무엇을 하자는 겁니까! 언제 배신할지 모르는 그 무식하고 힘 없는 갈릴리 어부들 몇 데리고 도대체 무엇을 할 수 있다고 생각하시는 겁니까!"

엘르아잘은 유다를 똑바로 쳐다보고 이야기했다.

"지금 저나 당신은 한곳을 바라보고 있지요. 우린 그 하늘 아래 이상은 바라보지 못합니다. 그러나 선생은 그 위의 하늘, 또 우리가 상상하지도 못하는 또 다른 하늘을 보고 있는 겁니다. 저도 그분이 바라보는 곳을 보기 위해 오랜 시간 고민하고 노력해 왔지만 아직까지 제 눈에는 지금 당신과 같이 바라보고 있는 이 하늘밖에 보이질 않습니다."

유다는 혼란스럽다는 듯 온 얼굴을 찡그린 채 무엇인가 말을 하려 했지만 결국 포기했다.

"저도 이전까지 그분께서 저희와 함께해 주실지도 모른다는 작은 희망이 있었습니다. 할 수만 있다면 내 삶을 그분과 함께하고 싶었지요. 그런데 이번에 저는 확실히 깨달은 것이 있습니다."

"뭡니까. 그것이."

"그분은 우리와 함께 하지 않으신다는 겁니다. 그분은 우리에게 영광과 평화를 주려고 오신 것이 아닙니다. 오히려 불을 던지려 하시는 겁니다. 과거의 우리를 다 불살라 버리고 그분이 인도하는 하늘로 따라올 것이냐, 아니면 남을 것이냐를 선택하라고 강요하시는 겁니다."

엘르아잘의 이야기에 유다가 격분해서 자리를 박차고 일어났다.

"지금 무슨 말을 하는 거야! 이것 봐! 지금의 우리는 엘로하께서 인도하신 대로 율법을 지키며 살아온 아브라함의 아들들이야. 내가 지금껏 싸워 왔던 이유도 진정 그런 세상을 만들어 보겠다고 한 거라고. 그런데 선생이 우리가 살아온 삶을, 우리 율법을 다 불살라 버린다고? 그럼 선생이 신에게 대적이라도 하신다는 건가? 무슨 미친 소리를 하는 거야!"

엘르아잘은 그런 유다가 흥분을 가라앉힐 때까지 그의 시선을 피한 채 조용히 앉아서 기다렸다.

한참 동안 서서 엘르아잘을 노려보던 유다는 다시 자리에 앉았지만 엘르아잘을 쳐다보지는 않았다. 그의 거칠었던 호흡이 조금씩 가라앉을 즈음 엘르아잘은 조심스럽게 다시 말을 이어 나갔다.

"저도 그분이 아브라함의 자손이라는 것을 잘 압니다. 누구보다 율법에 밝으시고 어김이 없이 살고 계시다는 것을요. 그분께서 하시고자 한다면 예루살렘의 모든 사람들이 자신을 따르게 할 수 있을 겁니다. 유다 당신이 바라는 것이 그런 것 아니었습니까?"

유다는 대답을 하지 않았지만 다시 고개를 돌려 엘르아잘을 바라보았다.

"그런데, 제 눈에 선생께서는 그것에 가치를 두고 계시지 않는 것으로 보입니다. 오히려 지금 홀로 전쟁을 하고 계신 것처럼 느껴 집니다."

"무슨 전쟁을 하고 있다는 거야. 누구를 상대로 말이지?"

"모르겠습니다. 확신하지는 못하지만 그런 생각이 듭니다. 예루살렘과 로마, 이방인, 그리고 당신과 나, 이 세상 모두와 싸우고 계신 느낌입니다."

"선생이 무엇 때문에 이 세상 모두와 싸우신단 말인가! 당신은 그분이 행하신 기적을 보지 못해서 하는 소리일 뿐이야. 선생은 말이야. 이 두 눈으로 목도한 내가 얘기하는데, 신의 축복을 받은 사람이 분명해. 그렇지 않고는 내 눈앞에서 벌어진 그 모든 일들을 어떻게 설명할 수 있단 말인가! 그 신의 은혜를 보지 않고서 어찌 그렇게 그분의 의도를 단정할 수가 있지? 당신 말대로라면 선생이 우리 모두와 싸우기 위해 그런 기적을 행하셨단 말인가? 그것이 말이 되나?"

"맞습니다. 전 그분이 행하신 기적을 눈앞에서 직접 본 적은 없습니다. 행하셨다는 기적들을 당신과 갈릴리의 친구들을 통해 들었을 뿐이지요. 제 어릴 적 친구인 요한을 살리셨을 때도, 그분이 아끼셨던 나사로를 살리셨을 때도 저는 그곳에 없었습니다. 그렇지만 말입니다. 전 제 눈으로 보지 않았지만 그분이 어떤 분인지를 믿습니다. 그 믿음으로 제 삶의 아주 오랜 시간 동안 그분을 사랑하며 살아왔습니다. 그런데도 전 지금도 그분의 마음을 읽거나 이해하지 못합니다. 단지 내가 어떻게 해야 그분과 멀어지지 않을지 고민하며 살아갈 뿐입니다. 오랫동안 그렇게 살아온 제 경험으로는 지금 당신은 그분과 반대의 방향으로 가려 한다는 것만은 확실히 알겠습니다."

엘르아잘이 물러서지 않고 강하게 이야기하자 유다가 책상을 내리치며 분노했다.

"확실히 안다고? 무슨 근거로 그렇게 이야기하는 거지? 말해 봐! 혹시 선생과 이야기를 나눈 것이 있었나? 너도 네 부모 형제들을 모두 까마귀 밥으로 만든 저 개망나니 놈을 저주하며 평생을 살아온 놈이 아닌가! 이 땅의 대부분의 형제들이 너처럼 하루하루를 죽음 앞에서 연명하며 살아온 사람들이야. 그 사람들을 이 지옥에서 꺼내겠다는 것이 선생과 반대로 가는 길이라고? 그럼 선생은 로마로 가서 부귀영화라도 누리고자 한다는 거야 뭐야! 지금 네가 하는 말이 무슨 말인지는 알고 하는 거야?"

흥분하는 유다와 달리 엘르아잘은 점점 더 마음이 가라앉으며 아침 호수의 잔잔한 물결처럼 흔들림이 없어지는 것을 느낄 수 있었다.

"죄송합니다. 잠시 가라앉히시지요."

엘르아잘의 사과에도 유다는 쉽게 화를 가라앉히지 못했다. 유다는 일어나 방을 빙글빙글 돌면서 가끔 성난 눈빛으로 엘르아잘을 노려보았다. 그의 이런 불안한 행동은 지금의 자신의 처지와 예수아에 대한 사랑과 분노가 겹쳐진 혼란이 그를 완전히 지배하고 있다는 것을 엘르아잘은 알 수 있었다.

발걸음을 멈춘 유다가 한동안 벽에 얼굴을 기대고 있다가 돌아와서 자리에 앉았다. 그리고는 엘르아잘을 한참 동안 바라보다 크게 한숨을 쉬고는 다시 예의를 갖추어 말했다.

"흥분해서 미안하오. 지금 이 상황을 내 자신이 감당하지 못하는 것 같군. 이해해 주시오."

"제 주제에 어찌 당신을 이해하고 말고 한단 말입니까. 그저 아쉽고 안타깝고 죄송할 뿐이지요."

"부탁할 테니 한 번만 다시 이야기해 주시오. 도대체 지금 내 생각과 선생의 마음이 어떤 차이가 있는 것인지. 엘르아잘 당신이 말한 그 차이가 무엇인지 내가 좀 알아듣게 설명해 줄 수 있겠소?"

엘르아잘은 잠시 생각에 잠기었다가 무언가 적당한 단어를 찾기 힘들어서 말을 쉽게 할 수 없었다. 그냥 피상적인 무엇인가를 설명할 때처럼, 기억을 더듬어 어렵게 유다의 질문에 대답했다.

"제가 어릴 적부터 그분의 곁이 허락될 때마다 전 항상 고민이나 어려움에 처해 있었습니다. 마음이 온통 고통으로 가득했지요. 서러움이나 분노로 세상에 대한 원망이 제 머릿속을 가득 채운 적이 많았습니다. 그런데 말입니다. 그분 곁에 있으면 지겹도록 저를 놓아주지 않던 그분노와 원망이 흔적도 없이 사라지는 겁니다. 그냥 그분의 곁에 있음으로 마치 다른 세상에 온 것처럼 평안해졌어요."

엘르아잘이 기억을 더듬으며 찬찬히 이야기하는 동안 유다도 예수아와의 만남의 기억을 되살리는 듯 아까의 적개심은 사라지고 평온해진 얼굴로 엘르아잘을 바라보았다.

엘르아잘이 계속 말을 이어 나갔다.

"전 지금도 가끔 생각합니다. 혹시 그분은 우리가 살고 있는 이 세상과 다른 엘라의 세상에서 오신 분이 아닐까 하구요. 못된 자식과 불쌍한 자식, 욕심이 많거나 어리석거나 비겁하거나 정의로운 모든 자식을 바라보는 아버지의 마음이라면 그분의 말씀과 행동이 조금은 이해가 되는 순간이 있기도 합니다. 허나 저는 그분을 따르지 못했지요. 저는 못난 자식 된 입장이라 그분 같은 마음을 가지지 못합니다. 제 마음속에 있는 분노와 미움이 없어지지 않는 한 저는 그분의 뒤를 쫓을 수 없었습니다. 그저 주위를 맴돌 뿐이었지요."

"그 말은 이 모든 것이 나의 욕망이라는 얘기인가?"

"당신만의 욕망만은 아닐 겁니다. 저도 그렇고 많은 사람들이 그 욕망 속에서 살아가고 있지요. 그러나 저는 그분에게서 단 한 번도 그런 모습을 느낀 적이 없습니다."

유다는 고개를 푹 숙이고 있다가 모든 것을 체념한 표정으로 한숨을 길게 내쉬었다.

"이제 선생에게 가 보아야겠군."

유다는 멍한 눈빛으로 창밖을 바라보며 이야기했지만, 쉽게 자리에서 일어나지 못했다.

용기가 생기지 않는 듯 인상을 쓰고 한참 동안 의자의 모퉁이를 부여잡고 있던 그가 어느 순간에 벌떡 일어나 문을 열고 나가 버렸다.

엘르아잘은 유다가 나간 뒤 몇 시간 전 그가 그랬던 것처럼 벽을 보고 멍하니 앉아 있었다.

34장. 배신이란 이름의 도주

유다는 마리아의 집에서 행해진 유월절 식사 도중 방을 빠져나왔다.

더 이상의 희망은 없어 보였다.

선생은 유다가 요구한 독대를 거절했다.

이미 유다가 어떤 마음으로 이곳에 참석했는지, 무엇 때문에 독대를 청하는지 모두 알고 있다는 듯 전에는 느껴 보지 못한 시선으로 그를 바라보았다.

그리고는 식사 도중 재앙이 덮칠 것을 예언하며, 유다를 향해 무서우면 떠나라는 듯한 이야기를 했다.

이 와중에 세상 돌아가는 상황에 무덤덤한 갈릴리 촌것들은 모든 것을 집어 삼켜 버릴 불길이 덮쳐 오는 것도 모르고 자리 싸움만 하고 있었다.

다른 사람들은 선생의 말을 이해하지 못했지만, 죽음의 당사자였던 유다는 물에 빠져 허우적거리는 짐승처럼, 죽고 싶지 않다는 생각에 뒤도 돌아보지 않고 그곳을 빠져나왔다.

오늘 선생의 모습에서, 유다는 선생이 유대 전체를 적대시한다는 것과 심각한 상황이 훨씬 더 빨리 다가오고 있다는 것을 확신할 수 있었다. 그에게 닥친 죽음의 공포는 이성, 사랑, 열정, 이런 것보다 훨씬 강력하게 그의 몸을 휘감았다.

그는 곧장 이스마엘의 집으로 향했다. 살아남기 위해서는 일단 그 밖에 생각나는 방법이 없었다.

이스마엘은 높은 의자에 앉아 자신을 다시 찾아온 유다를 내리깔아 보았다.

그는 조소 어린 미소로 그에게 예수아와의 협의 결과를 물어왔고, 유다는 그에게 구명을 요청했다.

이스마엘은 예수아의 공개 사과와 그의 행동에 대한 처벌이 없으면 산헤드린의 토의 방향을 돌리기 어렵다는 입장을 유다에게 재차 강조했다.

유다는 이미 선생에게 협상조차 제시할 수 없는 것을 확인하였기에 이스마엘에게 자신만이라도 이 상황에서 벗어날 수 있는 방법이 있는지 절실하게 요청했고 부정의 뜻으로 고개를 흔들던 이스마엘은 그런 유다를 데리고 몇몇의 하인들과 함께 안나스의 집으로 이동했다.

안나스의 집에 도착하자 그는 기다렸다는 듯 유다를 거실 바닥에 무릎 꿇게 하고 그의 죄를 조목조목 따져 나갔다. 이스마엘은 안나스의 뒤편에 서서 중간중간 귓속말로 무언가 안나스에게 이야기를 했다.

안나스가 말했다.

"유다여! 나는 그대가 우리의 신앙과 전통을 배신할 사람이 아니라는 것을 안다. 단지 잠시 사귀에 정신이 팔려 들이지 말아야 할 자를 이곳 유대 땅에 들이고, 민심을 어지럽히는 데 앞장섰다는 실수를 한 것이다."

유다는 반문하지 않고 그저 고개를 숙이고 있었다.

"너의 처분은 이미 정해졌다. 너는 네 목숨으로 우리의 신앙을 저버린 죄를 씻어야 한다!"

유다가 더욱 고개를 숙여 안나스에게 구명을 청했다.

"잠시 생각이 어두웠습니다. 이 죽음에서 벗어날 기회를 주신다면 그리 하겠습니다."

안나스가 코웃음을 치며 이야기했다.

"벗어날 기회를 달라고? 이번 일이 그리 호락호락한 상황으로 비추이더냐? 이자가 아직 정신을 못 차렸구나. 고통 없이 죽여 달라고 할 줄 알았더니 염치마저 없는 자이구나!"

안나스의 말에 유다는 더욱 겁에 질려 소리쳤다.

"제사장께서는 분명 저를 살릴 수 있는 분이라 생각합니다. 제가 어찌 해야 이 고난에서 벗어날 수 있는지 방법을 알려 주십시오."

안나스는 말없이 유다를 한참 동안 바라보다가 옆에 있는 이스마엘에게 귓속말로 무엇인가를 이야기했다.

잠시 후, 이스마엘이 유다를 보고 소리쳤다.

"예수아란 자를 잡아들이는 데 앞장서라! 그리고 그가 행했다는 기적이 모두 사기에 의한 거짓이었음을 증언하라! 그 길만이 네가 죄를 뉘우치고 용서받을 수 있는 유일한 방법이다."

서슬 퍼런 안나스의 병사들 사이에서 유다가 알았다는 듯 연신 고개를 끄덕였다. 그리고, 자리에서 일어나 거실을 빠져나오는데, 이스마엘이 병사 두 명에게 유다에게 따라 붙으라 손짓을 했지만, 안나스가 이내 제지시켰다. 안나스는 유다의 뒷모습을 바라보며 그럴 필요조차 없다는 듯 비웃음 가득한 미소를 띠고 거만한 손짓으로 병사들을 물렸다.

유다는 정신 없이 안나스의 집을 빠져나와 길을 따라 걸었다.

마치 정신이 혼미한 사람처럼 자신이 걷고 있는지 서 있는지도 구분하지 못하는 사람처럼 비틀거리며 시선은 밤하늘과 땅을 번갈아 바라보았다.

어지러웠다. 속이 울렁거리고 구토가 올라와 벽을 붙잡고 구역질을 하였지만 입안을 맴도는 끈적이는 액체만 뱉어 내고 말았다.

살아야 했다. 아무것도 모르고 죽음으로 치닫고 있는 저들의 배에서 내려 후일을 도모하는 것이 옳은 선택이었다. 해야 할 일이 아직 많은데, 이렇게 허무하게 죽을 수는 없다고 발걸음을 옮길 때마다 자인하고 또 자인했다.

유다는 발걸음을 멈추고 선생을 떠올렸다. 그에게 모든 것을 의탁할 정도로 그를 믿고 따랐지만, 죽음의 사자가 목전 앞으로 다가오자 그는 본능적으로 뒷걸음질을 치고 있었다. 죽음이 두렵다. 무섭다. 살고 싶다는 동물적인 감각만이 그의 모든 것을 지배하고 있었다.

베그다에 있는 거처로 돌아와 창고에 숨었다.

빛 한줄기 들어오지 않는 암흑 같은 곳에서 구석에 몸을 기대고 주변을 두리번거렸다.

이대로 달아날까? 달아나 봤자 금세 붙잡혀 끌려 올 것이 뻔했다.

그렇게 끌려 오면 정말 죽음에서 벗어날 수 없을 터였다. 이스마엘을 믿어도 될까? 안나스가 원하는 대로 증언을 한다면 적어도 죽음에서는 벗어날 수 있는 길이 보이기는 했다.

시간이 얼마나 흘렀을까. 그때, 밖에서 횃불이 번쩍이며 '유다!'라고 고함치는 소리가 들렸다. 불안에 떨며 창고 문을 열고 나가자, 횃불을 든 병사들이 유다에게 다가왔다. 유다는 얼어붙은 듯 그 자리에 서 있었고, 다가온 병사가 그의 팔을 낚아채며 다시 그가 돌아온 방향으로 끌고 갔다.

"안나스 제사장께서 너를 다시 붙잡아 오라 하셨다."

유다는 도살장에 끌려가는 소처럼 두려움에 휩싸여 다시 안나스의 집으로 끌려갔다.

거실에는 여전히 안나스와 이스마엘이 끌려 온 유다를 내려보고 있었고, 아까보다 많은 수의 병사들이 유다를 둘러쌌다.

"유다! 내가 생각을 해 보니 어차피 할 일이니 미루지 말고 바로 하는 것이 맞는다는 생각을 했다. 네놈을 믿을 수도 없고 말이야. 만약 네놈이 그자와 모의하여 도망이라도 치면 수고가 늘어날 것이 아닌가!"

유다는 안나스의 말에 머리가 하얗게 변했다. 당연히 유월절은 피할 것이라고 생각했는데, 이들의 이야기는 지금 선생을 잡아들인다는 것이었다.

이스마엘이 안나스의 오른편에서 소리를 질렀다.

"그자가 지금 어디에 있나?"

유다가 머뭇거리자 더욱 큰 소리로 다그쳐 물었다.

"사지가 찢길 정도로 채찍을 맞아 봐야 정신을 차리겠는가! 어서 그자가 지금 어디에 있는지 말하라!"

안나스의 병사 하나가 유다의 머리를 내려치자 유다의 무릎이 꺾이며 바닥에 쓰러졌다.

유다는 다급히 고개를 들어 말했다.

"아마도 지금 감람산 쪽에 있을 겁니다."

"가서 그자를 잡아 와라. 그리고 그의 거짓에 대해 증언하라!"

유다를 둘러싼 병사들이 그의 어깨를 잡아 일으킨 뒤 거칠게 문 밖으로 밀쳤다. 겁에 질린 유다는 병사들의 손에 끌려 그렇게 성전 솔로몬 행각 쪽으로 향했다. 그 모습을 바라보며 이스마엘이 안나스의 오른쪽에서 속삭이듯 말했다.

"제 생각이 맞을 겁니다. 이번 유월절 기간이 다 지나고 나면 공의회원들이 저 예수아란 자에게 얼마나 넘어갈지 모릅니다. 벌써 열 명이 넘는 회원들이 그를 만났다는 이야기가 있습니다. 그들이 재판에서 반론을 하기 시작하면 결과를 장담할 수 없게 됩니다."

"그래도 지금은 어떤 형태로든 분란이 일어나면 안 돼."

"알고 있습니다. 그래서 오늘밤에 신속하게 일을 끝내자고 제언을 드린 겁니다. 민중들은 이미 끝난 일은 쉽게 포기하는 습성이 있으니까요."

"우리 쪽 회원들에게는 이미 소집 연락을 보낸 거지?"

"벌써 조치해 놓았습니다. 아시다시피 23명만 있으면 공식 재판이 됩니다. 제사장의 은혜를 받은 회원들로 30명 정도 달려오도록 병사들을 보내 놓았으니, 몇 명이 빠진다고 해도 제적 인원을 채우는 것에는 문제가 없을 겁니다."

"바리세 쪽 회원들 중에 어떤 자가 저 갈릴리 촌놈에게 넘어갔다는 것인가. 율법에 대한 믿음이 없는 것들 같으니라고."

"사귀와 요술을 부리는 자라고 하지 않습니까. 믿음이 부족한 자들이기에 그런 술수에 넘어간 것이겠지요."

"저 유다란 자가 나중에 다른 말을 할 수도 있으니 증언할 자들을 충분히 준비해 놓도록 하게."

"살고 싶어 정신이 나간 자입니다. 살 방도가 이것밖에 없으니 말을 바꾸거나 하지는 않을 것입니다. 돈도 조금 쥐어 주라 해 놓았습니다."

"잘했군. 젤롯으로 돌아갈 길을 끊어 놓아야 배신을 하지 않지. 그래도 한 번 사귀에 정신이 나간 것들은 언제 다시 돌변할지 알 수가 없어. 아침이 오기 전에 재판을 마칠 수 있도록 증인들을 10명 이상 준비해 놔."

"알겠습니다. 제사장님."

35장. 공포

예수 시대 예루살렘

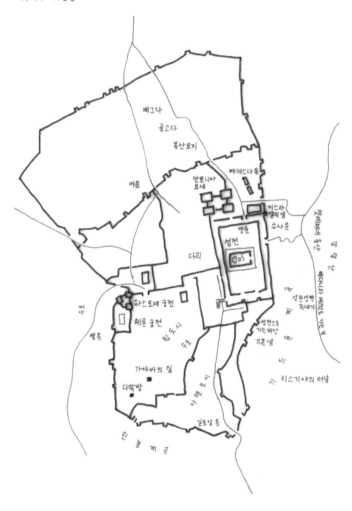

모든 신경이 날카롭게 곤두서 있었다.

소식을 전해들은 모간과 북부의 형제들이 예루살렘 북쪽 외각 마을에서 대기하고 있었으나, 워낙 이런 상황을 예상하지 못했던 터라 그 수가 많지는 않았다.

예수아와 그를 따르는 군중들에 의해 성전 앞 상인들이 모두 쫓겨나는 사건이 벌어지자 남부의 유대인들은 큰 충격을 받았고, 곧 분노했다. 여러 곳에서 논쟁이 벌어졌고, 길거리 한복판에서 아람어를 쓰는 방문객들에 대한 공격이 벌어지기도 했다.

엘르아잘은 예수아 일행이 '수사의 문'을 통과해 예루살렘을 벗어나는 것을 확인하고, 마르코(요한)를 불러 선생의 곁에서 절대 떠나지 말라고 당부를 했다. 혹시 무슨 일일 생기면 자신에게 달려와야 한다고 알려 주었다.

그리고, 모간과 베그다에서 만나 대응책을 논의했다. 도시의 분위기가 심상치 않았기 때문에, 수세적인 방법보다는 이 상황을 역전시킬 반전 카드가 필요했다. 엘르아잘은 당장 이스마엘의 상납 장부를 총독에게 넘기고, 아침나절에 본격적으로 소문을 퍼트리자고 제안했다. 군중들을 몰고 산헤드린 랍비들에게 몰려가 따지기 시작하면 아무리 명절 기간이라도 공론화가 될지 모를 일이었다. 무모한 면이 있었지만, 그래도 그러한 시도는 저들의 주위를 돌리고, 유월절 기간에 예수아를 공격하려는 의도를 위축시키는 것에 분명히 효과가 있을 것이라고 강하게 주장했다.

모간은 주저하는 빛이 역력했다. 차리리 선생을 모시고 이곳을 탈출해 갈릴리로 가는 것에 더욱 무게를 두었다. 이미 예수아의 뜻이 확고함을 알고 있었던 엘르아잘은 시간이 없다며 모간을 설득했지만, 모간과 북부의 혁명 형제들은 엘르아잘의 주장을 받아들이지 않았다. 결국 모간이 요한과 안드레아를 만나 설득하고 북부로 이동하기로 의견을 모았다.

엘르아잘이 쓸데없는 노력에 시간만 낭비하는 것이라고 고함을 지르던 때, 옷이 거의 벗겨진 마르코가 뛰어 들어왔다.

마르코는 헐떡이는 숨을 몰아 쉬며, 하얗게 질린 얼굴로 소리쳤다.

"선생과 게바(시몬)가 끌려가셨습니다!"

엘르아잘은 자리에 털썩 주저앉았다.

모두 멍하니 서로만 바라보고 있었다.

마르코에 의하면 예수아는 베다니로 가는 삼거리 근방에 머물고 있었고, 시몬, 요한과 함께 겟세마네 동산에 계시다가 유다가 몰고 온 병사들에게 체포되어 끌려가셨다는 것이었다.

엘르아잘은 마르코에게 유다가 병사들을 끌고 온 것이 맞는지 여러 번 물었지만 마르코는 분명 유다였다고 답했다.

"이스마엘 집으로 갑시다. 지금 그곳에 계실 거예요. 지금 간다면 그분을 구출해 탈출할 방법이 있을 겁니다."

엘르아잘이 소리쳤지만, 모간과 다른 이들은 아무런 대답을 하지 않았다. 사실 남부의 지리와 정보에 익숙하지 않은 북부의 형제들이 로마수비대가 주둔하고 있는 예루살렘의 지금과 같은 상황에서 할 수 있는 것은 별로 없었다.

엘르아잘은 잠시 자리에 앉아 침착해지려 노력했다.

그리고, 사람들을 보내 '에밀'과 '단'을 비롯한 남부의 형제들을 불러오게 했다. 그들이 비록 예수아에 대한 반감이 있다고는 하지만, 지금 그런 것까지 고려해 줄 여유가 없었다.

예측할 수 없었다. 그동안 엘르아잘이 알고 있던 안나스는 이렇게 무모한 자가 아니었기 때문에, 산헤드린 소집을 공격의 신호로 예상했었다. 그래서 하루나 이틀 정도는 시간이 있을 것으로 여겼는데, 이렇게 급하게 이빨을 드러낼 것이라고는 생각하지 못했다. 유다와 요셉(바나바)의 적극적인 활동 덕분에 적어도 산헤드린의 재판에서는 어느 정도 방어막을 형성해 놓았기에 예수아가 안전하게 북부로 돌아가는 것에는 문제가 없다고 판단했었다. 그런데 지금 안나스는 예전의 그의 처신과 다르게 자신의 안위를 내걸고 모험을 하고 있었다.

남부의 형제들이 도착하자 서너 명씩 짝을 지어 이스마엘과, 안나스, 가야파의 거처로 보내 예수아의 위치를 확인하게 했다. 모간과 북부의 형제들은 여리고 방향에 있는 벳세다 형제들을 사마리아 방향으로 피신시키게 했다. 떨고 있던 마르코는 탈릿을 하나 입혀 당분간 나오지 말라고 당부한 뒤, 집으로 돌려보냈다.

소식을 알아보러 흩어진 남부의 형제들이 현재 예수아가 안나스의 저택에 구금되어 있다는 것과 상당수의 랍비들, 성전 상인들이 그의 집으로 들어가고 있다는 소식을 전해 왔다.

엘르아잘은 급히 창고로 가 바닥을 뜯고 장부를 꺼냈다. 다니엘의 자료를 근거로 이스마엘이 안나스에게 상납한 돈을 기입한 바로 그 장부였다.

그는 장부를 가슴속에 숨기고 허리띠를 세게 매었다.

골목으로 뛰어나온 엘르아잘은 안토니아 요새로 향하다가 잠시 멈추어 섰다. 급한 마음에 일의 순서가 잘못되었다는 것을 느꼈다. 저들의 병사들 사이에 유다가 있었다는 것은 중심에 안나스가 있다는 것이고, 안나스는 결국 산헤드린을 통해서만 예수아를 해할 수 있었다. 그런데도 이렇게 무리하게 병사들을 동원하면서까지 예수아를 공격했다면 안나스가 이미 가야파와 함께 상황을 주도하고 있고, 예상보다 더 빠른 시간에 돌이킬 수 없는 일이 생길 수도 있었다. 지금은 산헤드린에 소속된 랍비들 중에서 예수아에게 우호적인 랍비들을 동원해서 저들의 의도를 파악하는 것이 우선이었다.

그러나 지금 엘르아잘은 사적으로 친분이 있는 공의회 랍비가 없었기 때문에, 온 힘을 다해 가야파의 집 근처에 있는 마르코(요한)의 집으로 뛰었다.

집 앞에서 큰 소리로 '요한'을 연신 부르자 엘르아잘의 목소리를 알아들은 마르코가 겁에 질려 뛰어나왔다.

"마르코. 지금 삼촌이 어디 계시냐?"

"안에서 주무시고 계시는데요?"

"지금 당장 깨워라! 내가 긴히 할 말이 있다. 아니 안내해라! 내가 직접 들어가서 얘기를 해야겠다."

요한은 당황해 하며 엘르아잘을 요셉(바나바)이 자는 방으로 안내했다.

잠을 자던 중 갑작스런 방문을 받은 요셉이 처음에는 불쾌한 표정을 지었지만, 상대가 엘르아잘인 것과 그의 표정을 살피더니 이내 자세를 바로 하고 자리를 권했다.

　　"가야파가 지금 예수아 선생을 체포해 죽이려 하고 있소."

　　요셉은 깜짝 놀라 한동안 아무 말도 하지 못하다가 말을 이었다.

　　"지금이라니요. 이 늦은 밤에 대제사장이 선생을 잡아들였다는 말씀입니까?"

　　"어제 성전 앞에서 있었던 일을 기회로 생각한 모양입니다."

　　요셉은 괴로운 듯 왼손으로 이마를 짚었다.

　　"공의회도 열지 않고 선생을 잡아들였다는 겁니까?"

　　"공의회를 소집하지 않은 것은 물론이고, 성전 상인들과 판권을 가진 자들을 골라 불러들이고 있어요. 이것은 공론화되기 전에 선생을 죽이려고 하는 겁니다!"

　　"알겠습니다. 알았어요! 조금만 침착해 집시다. 이건 말이 안 됩니다. 아무리 대제사장이지만 사적으로 선생을 죽일 수는 없어요. 그것은 심각한 율법의 위반이고 탄핵의 사유가 됩니다. 지금 선생의 신병을 확보한다고 해도 공식적인 산헤드린을 소집해야 재판을 진행할 수 있을 겁니다."

　　"분위기가 심상치 않습니다. 전체 인원은 아니지만 몇십 명의 공의회 랍비들이 대제사장의 저택으로 들어가는 것을 보았답니다. 저들이 왜 이 새벽에 모이는 걸까요?"

　　엘르아잘의 이야기에 요셉의 표정이 심각하게 바뀌었다.

"몇십 명이라고요? 그게 사실입니까?"

"정확하게는 모르겠지만 그렇게 이야기를 들었습니다. 상황이 너무 급박해 보여서 이렇게 도움을 요청드리려고 찾아온 겁니다."

"드문 일이지만, 상황이 어려울 경우 최소 인원으로 산헤드린을 개최하는 전례가 있기는 합니다. 그러나 이런 명절 기간에 그런 전례를 적용한다는 것은 말이 안 되는데."

"안나스는 여우 같은 자입니다. 항상 우리들이 대처할 수 없는 틈을 타서 일을 벌이고는 했기 때문에."

"알겠습니다. 그러니까 지금 제게 찾아오신 이유는 공의회 랍비들을 통해 선생을 구명하자는 것이겠지요?"

"지금 가야파와 안나스를 저지할 방법은 그것밖에 없습니다."

"알았습니다. 지금 당장 제가 친분이 있는 랍비들에게 가서 이를 전하겠습니다."

"한 가지 더 말씀드릴 것이 있습니다."

"뭡니까?"

엘르아잘은 품속의 장부를 꺼내 요셉에게 보여 주었다.

"이 장부는 이스마엘이 안나스와 가야파에게 제공한 뇌물을 기입한 겁니다."

요셉은 깜짝 놀라 장부를 살펴보았다.

"이것을 어떻게 하실 생각입니까?"

"장부는 총독에게 전달할 겁니다. 단지 이러한 것이 있다는 말씀을 랍비들에게 전해 주십시오."

"뜻은 알겠지만 무리하지는 마십시오. 자칫하면 일이 너무 커질 수 있습니다."

"알겠습니다. 그러나, 저들의 행동이 심상치가 않아요. 이렇게 해서라도 저들을 저지해야만 합니다."

"알았어요. 그런데 아까 말씀하신 바로는 지금 랍비들이 안나스의 저택으로 들어가고 있다고 하셨는데, 제 생각에 재판은 가야파 공관에서 이루어질 겁니다. 그곳에 계시면 제가 랍비들과 만난 상황을 제 조카를 통해 알려 드리겠습니다."

"마르코는 안 됩니다. 겟세마네에서 선생이 체포될 때 같이 있었어요. 병사들 눈에 띄면 어떤 일이 생길지 모릅니다."

요셉이 요한에게 질책의 눈빛을 잠시 보낸 뒤 일어나 옷을 입으며 소리쳤다.

"요한! 너는 당분간 집 밖으로 나오지 말아라. 아니 네 방 밖으로도 나오지 말아!"

엘르아잘은 요셉(바나바)과 함께 얼마 떨어져 있지 않은 가야파의 공관으로 향했다. 공관은 불이 꺼진 채로 아무 일이 없다는 듯 조용했다.

"아직 이쪽으로 오지는 않은 모양입니다. 저는 공의회 랍비들에게 이 소식을 전하러 갈 테니, 계속 상황을 살펴주십시오."

"알겠습니다. 부탁드리겠습니다."

분위기를 살핀 요셉은 친분이 있는 랍비들에게 이 상황을 알리기 위해 곧장 아랫도시로 뛰어갔다.

엘르아잘은 그대로 곧장 안토니아요새 방향으로 빠르게 걸어갔다.

늦은 밤이었는데도 안토니아요새의 불은 환하게 밝혀져 있었다.

어문을 지나 가야파의 거처가 있는 윗도시로 사병들과 사람들이 삼삼오오 이동하는 것이 보였다. 안나스가 병사들을 시켜 성전카르텔에 연루된 자들을 군중으로 동원하고 있다는 것은 이후 벌어질 일을 짐작하게 했다.

로마 병사들도 이런 군중의 움직임을 예의 주시하려는 듯 윗도시와 베그다 쪽을 오가며 요새로 드나들고 있었다.

엘르아잘은 주머니에 있는 드라크마를 있는 대로 꺼내 요새 정문을 지키는 로마 병사에게 건네며, 이번 소요와 관련돼 총독께 긴히 드릴 말씀이 있다고 전했다. 다행히 이곳 저곳을 다니면서 익힌 헬라어로 기본적인 대화가 가능했기 때문에 병사는 엘르아잘의 얼굴과 드라크마를 번갈아 쳐다보더니 요새 안쪽으로 소리를 질렀고, 잠시 후 백부장 하나가 나왔다.

"무슨 일로 이 시간에 총독을 뵙겠다고 하는 것인가! 나에게 말하라."

"죄송합니다. 꼭 총독을 뵙고 말씀드려야 합니다. 지금 큰 소요가 일어날 지도 모르는데, 그 이유에 대한 정보를 제가 가지고 있습니다. 제발 총독께 말씀드려 주십시오."

엘르아잘은 연신 고개를 숙이며 애절한 눈빛으로 백부장에게 부탁을 했다.

엘르아잘을 한참 동안 내리 깔아 보던 백부장은 병사들을 시켜 그를 요새 안으로 끌고 들어갔다.

앞 마당에 무릎을 꿇려 놓고는, 요새 안쪽으로 사라졌던 백부장이 한참 있다가 다시 나왔다. 백부장은 거칠게 엘르아잘의 오른쪽 어깨를 잡고 건물 안으로 들어간 뒤, 바닥이 돌로 만들어진 2층 바닥에 다시 무릎을 꿇게 하고는 자신은 벽 쪽에 섰다. 잠시 후 복도 끝 쪽에서 빌라토스가 나오는 것이 보였다. 엘르아잘은 손을 바닥에 대고 엎드린 채로 있었다.

"그래. 이 시간에 무슨 이야기를 하러 왔나?"

귀찮다는 듯 무미건조한 질문이 들렸다.

엘르아잘은 곧장 가슴속에 장부를 꺼내 백부장에게 건네고, 다시 엎드렸다.

"이 장부는 이스마엘이 안나스와 가야파에게 전달한 뇌물을 기입한 것입니다."

빌라토스는 의외라는 듯 엘르아잘을 잠시 살펴보다가 백부장에게 가져오라는 손짓을 했다.

"너는 누구길래 이것을 가지고 있는 거지?"

"저는 요한의 아들 야곱이라고 합니다. 석공쟁이지요. 얼마 전 이스마엘의 집을 고치러 갔다가 훔친 것입니다."

"그럼 도둑놈이 아니냐?"

엘르아잘은 더욱 바짝 엎드려 고개를 숙이고 겁에 질린 척 소리를 질렀다.

"재물에는 관심이 없습니다. 그날 이스마엘의 부인에게 심한 모욕을 당했는데, 그 때문인지 순간 나쁜 마음을 먹었을 뿐입니다."

"그런데 이것을 왜 나에게 가져온 것이냐!"

"저들이 지금 나사렛에서 온 예수아라는 사람에게 죄를 뒤집어씌워 죽이려 하기 때문입니다."

"나사렛 예수아? 며칠 전에 너희들이 그렇게 시끄럽게 환영했던 그자인가?"

"그렇습니다. 그분은 제 생명의 은인입니다. 욕심도 없고 정의로운 분입니다."

"그런데, 가야파가 왜 그를 죽이려 한다는 것이냐! 지금 이 밤중에 시끄러운 것이 그 때문인가?"

옆에 있던 백부장이 빌라토스에게 말했다.

"사실인 것 같습니다. 지금 안나스가 예수아란 자를 잡아들여 심문하고 있다고 합니다."

빌라토스는 짜증이 난다는 듯 손가락으로 미간을 누르며 말했다.

"그 벌레 같은 놈이 다들 자는 오밤중에 이런 일을 벌인단 말이지? 정말 짜증이 나는군. 그런데 그 일과 이 장부가 무슨 연관이 있다는 것인가?"

"그들이 예수아를 잡아들인 것은 그분이 성전에서 환전과 제물의 판매를 죄악시했기 때문입니다."

"그런데?"

"그 장부의 돈은 대부분 성전의 환전상들과 제물을 판매하는 상인들이 상납한 것이라, 저들이 자신들의 이익을 위해 죄 없는 분을 모함하여 죽이려 한다는 것을 총독께 말씀드리려고 이렇게 오게 되었습니다.”

“이 장부가 거짓된 것이면 네 목숨을 걸어야 할 거야!”

“이미 목숨을 걸고 여기까지 온 것입니다. 어찌 총독께 거짓을 말씀드릴 수가 있겠습니까.”

“가두어 놓을까요?”

백부장이 빌라토스에게 물었다.

빌라토스가 한동안 엘르아잘을 내려보다가 손을 내저으며 말했다.

“아니, 오히려 저들이 이자를 모르는 것이 나아. 돌려보내!”

빌라토스는 장부를 가지고 안쪽으로 사라졌고, 엘르아잘은 백부장에게 이끌려 요새 밖으로 끌려 나왔다. 요새 밖에서 연신 굽실거리던 엘르아잘은 탑의 못 쪽을 지나갈 때 즈음 옷 매무새를 다시 하고 주변을 살피기 시작했다.

안나스와 가야파의 사병들이 계속 사람들을 데리고 가야파의 공관으로 향하고 있었다. 아까까지만 해도 불이 꺼져 있던 가야파의 공관은 모든 불이 환하게 커지고 사람들이 모여들어 분주해지고 있었다. 공관 앞에는 소식을 듣고 분노한 지지자들이 걱정스레 찾아오기는 했지만, 사병들에게 막혀 집 안으로는 들어가지는 못하는 듯했다.

엘르아잘이 사람들을 헤치고 안으로 들어가려고 할 때, 뒤에서 누군가가 어깨를 붙잡았다.

“지금 들어가면 이스마엘이 자네도 엮으려고 할 거야.”

모간이었다.

엘르아잘이 뿌리치고 들어가려 하였지만, 모간이 더욱 거칠게 그를 붙잡았다.

"시몬형님이 안에 계시네. 붙잡힌 것은 선생뿐이고, 요셉(바나바) 선생께서 시몬 형님을 데리고 상황을 살피시러 들어가셨으니 조금만 더 여기서 기다려 보세."

엘르아잘은 쓰러지듯 벽에 기댔다.

남부의 형제들이 움직이지 않는 한, 엘르아잘이 이곳에서 동원할 수 있는 힘의 한계는 분명했다.

그는 몰려드는 사람들의 사이에서 애처로운 눈빛으로 공관 안의 변화를 살폈다.

36장. 신성모독이 아니다

"신성모독이다!"

가야파가 자신의 옷까지 찢으며 소리를 질렀지만, 어떻게 알고 찾아온 바리새파 랍비들도 크게 소리를 지르며 분명하게 반대 의견을 피력했다.

"대제사장! 이자에 대한 재판이 과연 이 새벽에 긴급하게 산헤드린을 소집할 정도로 위급한 일입니까?"

"날이 밝은 뒤에, 아니 적어도 유월절 기간이 지난 다음에 공식적으로 재판을 해도 될 것을 무슨 사유로 이렇게 무리한 전례를 들어가면서까지 하는 겁니까?"

"이 새벽에 소집 통보를 받지 못한 공의회원들의 의견은 무시하겠다는 겁니까? 나도 이 새벽에 산헤드린이 열린다는 연락을 공식적으로 받지 못했는데, 지금 이렇게 모여 계신 회원들은 누가 어떤 기준으로 소집한 겁니까! 내가 지금 굳이 대제사장은 원래 산헤드린의 재판장이 될 수 없다는 전례를 이야기하지 않는 것은 그래도 서로에 대한 존중이 유지되고 있다는 신뢰 때문입니다. 이런 식으로 회원들을 무시한다면 이러한 의견을 공식적으로 제기할 수밖에 없어요!"

가야파는 랍비들의 발언이 강해지자 당황한 빛이 역력해지며 오른쪽에 서 있던 안나스와 이스마엘을 바라보았다.

가야파의 눈빛을 받은 안나스가 앞으로 나와 말했다.

"이자가 어제 자신을 따르는 무리들을 이끌고 신성한 성전에서 폭력을 행사한 것은 명백한 신성모독이고 우리의 전통과 율법을 심각하게 위반한 것입니다. 이러한 자를 한시라도 놓아둔다면 명절 기간에 어떤 일들이 벌어질지 가늠할 수가 없습니다. 아시다시피 우리는 큰 변고 없이 이 기간을 넘겨야 하는데, 이런 자가 계속해서 민중들을 흥분시키고 폭력을 조장한다면 로마군과의 마찰도 배제할 수가 없습니다. 한시라도 빨리 이자를 처단해서 민중들을 안정시키고 신성의 지엄함을 공표할 필요가 있습니다."

"맞소! 이자는 신성을 모독했으니, 한 시라도 살려 두면 안 되오!"

"아까 증언들을 듣지 않았소! 자신을 엘로하의 아들이라 칭하니 나는 이것을 입에 올리기도 무섭소."

"이자가 신성을 모독했다는 것은 셀 수도 없이 많은 증언들로 확인했으니, 이 자리에서 돌로 쳐 죽이는 것이 합당할 것이오!"

안나스의 이야기에 그가 동원한 랍비들이 동조하듯 말했다.

그러나 요셉(바나바)에게 소식을 듣고 달려온 랍비들도 의견을 굽히지 않았다.

"증언이라 하는데 앞뒤가 맞는 것이 하나도 없지 않소. 이자는 이렇게 말하는데 저자는 저렇게 말하니 무엇을 증언으로 삼는다는 말인가!"

"다시 말하지만 날이 밝으면 공식적으로 산헤드린 재판을 개최하시오. 70명이 모두 모여 이자를 재판할 것을 대제사장께 공식적으로 제의드리는 바요."

좌중의 분위기를 살피던 가야파가 잠시 안나스와 눈빛을 교환하더니 다시 말했다.

"오늘의 재판은 최소 정족수를 채웠기 때문에 합당하다고 할 수 있소. 나는 이자가 신성을 모독하는 것을 이 자리에서 확인했으므로 지금 이자의 처분에 대한 결정을 여기 계신 랍비 분들에게 묻고자 합니다."

그때, 한 랍비가 말했다.

"세간에 대제사장의 집안 사람이 성전에서 뇌물을 취했다는 이야기가 돌고 있습니다. 혹시 이렇게 무리하게 재판을 진행하는 것이 그와 관련이 있는 것은 아니겠지요?"

가야파가 분노하며 자리에서 일어나 소리쳤다.

"어떠한 자가 그런 거짓을 말하고 다닌다는 것인가? 당신은 그 말에 책임을 져야 할 것이오!"

그 랍비도 지지 않고 소리쳤다.

"그렇다면 이자의 재판과 그 소문에 대한 진실을 공식적인 산헤드린 재판을 통해 따져 봅시다. 어디에서 어떤 증거가 나올지도 모르니!"

가야파는 부들부들 떨었고, 안나스는 당황해서 옆에 서 있는 이스마엘을 노려보았다.

상황이 이렇게 되자, 가야파는 더 이상 회의를 강행할 수 없었고, 정회를 선포했다.

그러나 몇몇 랍비들이 다시 소리를 질렀다.

"정회라니. 날이 밝으면 공의회를 정식으로 개최하자는데 왜 자꾸 고집을 부리는 것이오. 지금은 폐회를 선언하시오!"

가야파는 하는 수 없이 잠시만 휴식 시간을 가지자고 말한 뒤 공관의 뒤편으로 이동했다. 안나스와 이스마엘도 그의 뒤를 따라갔다.

가야파가 화를 내며 말했다.

"장인 어른. 이게 어찌 된 겁니까? 모든 것을 준비해 놓기로 하지 않으셨습니까! 이게 무슨 망신입니까?"

안나스가 조용히 서 있다가 이스마엘을 노려보며 말했다.

"이스마엘. 이 상황이 어찌 된 것인지 설명할 수 있겠나?"

"죄송합니다. 저들이 어찌 알고 찾아왔는지는 저도 모르겠습니다. 누군가 뒤에서 움직이는 자가 있는 듯합니다."

"내 말 뜻은 그것이 아닌데. 저들 입에서 나와서는 안 될 이야기가 어찌 나왔냐는 거야."

이스마엘이 당황해서 어쩔 줄을 모르고 연신 굽실거렸다.

"그것은 정녕 모르는 일입니다. 아마도 넘겨짚어 보려는 술수가 아닐까 합니다."

"넘겨짚어 보려는 자가 저리 당당하게 재판의 안건으로 삼자 하겠는가! 증거라도 가지고 있지 않으면 하기 힘든 행동인데."

이스마엘이 더욱 허리를 조아리며 대답했다.

"맹세코 그럴 일은 없을 것입니다. 믿어 주십시오."

가야파가 짜증이 난다는 듯이 인상을 쓰며 말했다.

"그나저나 이제 어찌한단 말입니까! 밖에 군중들은 더 몰려들고 있는데, 이대로 재판을 강행할 수도 없고."

안나스가 턱에 손을 괴고 잠시 생각에 잠겨 있다가 가야파를 보고 말했다.

"폐회를 선언하게."

"예? 없던 일로 하라는 말씀이십니까? 그럼 저자는 어떻게 하고요. 그럼 이 새벽에 회의를 소집한 저는 뭐가 됩니까?"

가야파가 따지자 안나스가 차분하게 말했다.

"지금 대제사장께서 자존심이 상하신다고 이 장인에게 따지시는 겁니까?"

안나스의 이야기에 가야파가 바로 자세를 바꾸고 대답했다.

"아닙니다. 그럴 리가요. 장인 어른. 그럼 어찌 하실 생각이십니까? 내일 공식 회의를 소집해서 그 자리에서 결론을 내릴까요?"

"생각보다 저자가 깊이 자리를 잡은 것 같습니다. 지금으로서는 더욱 결과를 장담할 수가 없겠군요. 그렇다고 살려 보낼 수는 없습니다. 저자가 살아서 북부로 돌아간다면 어떠한 재앙이 되어서 우리에게 돌아올지 모릅니다."

잠시 고민하던 안나스가 이스마엘에게 말했다.

"사람들을 더 모으게. 재판으로 안 된다면 반역으로 몰아서 처리하세."

가야파가 깜짝 놀라 물었다.

"빌라토스에게 가실 생각이세요?"

"빌라토스도 이 유월절이 치가 떨리게 싫은 자입니다. 지난번에는 황제에게 좋지 않은 소리를 들었다는 소식도 있었고요."

"그렇다고 그가 우리 뜻대로 해 주겠습니까?"

"선택을 하라고 해야지요. 이자를 죽이고 조용히 이 명절을 넘길 것이냐. 아니면 시끄러운 일을 만들어서 로마에까지 소식이 들어가게 할 것이냐. 우리가 그에게 주고 있는 돈도 작은 것이 아니니."

"반역의 증거는 어떤 것으로 하실 겁니까?"

"증거 같은 것은 필요 없어요. 날이 밝으면 저자를 따르는 사람들과 랍비들이 몰려올 거예요. 그러면 모든 일이 허사가 됩니다. 상인들과 그의 수하들을 모두 동원해서라도 총독을 압박해야 합니다. 그가 불안함을 느낄 정도로 많은 사람들이 몰려가면 총독도 결정을 할 수밖에 없을 겁니다. 사람은 원래 편안한 길을 찾게 되어 있어요."

안나스가 이스마엘에게 말했다.

"병사들과 모여 있는 우리 사람들을 보내서 모두 깨우라 하게. 하나도 빠짐없이 이곳으로 모여서 함께 총독 관저로 가야 하네. 그리고 그 유다라는 자는 왜 보이지를 않는가!"

"반 미친놈이 되어서 거리를 돌아다니고 있습니다. 오히려 재판에 방해가 될 듯하여 내버려두고 있습니다."

"그 등신 같은 놈은 쓸모도 없구먼."

안나스가 골치 아프다는 듯 손가락으로 이마를 짚었다.

이스마엘이 밖으로 나가자 안나스가 가야파에게 말했다.

"아무래도 이스마엘이 다른 생각을 하고 있는지도 모르겠습니다. 앞으로 그 앞에서는 말씀을 가려서 하셔야 하겠습니다."

"그가 배신을 한다는 말씀이십니까?"

"사람은 누구나 욕망이 있습니다. 그 욕망에 자신이 삼켜지면 주제보다 큰 걸 탐하기 마련이지요. 그러니 조심해서 지켜보자는 이야기입니다."

37장. 부숴지는 믿음

　빌라토스는 안토니아요새에서 대략적인 상황 보고를 받고, 총독 관저로 돌아와 있었다.

　이곳으로 부임하고 두 번이나 자존심을 굽혔던 그에게 이번 유월절은 그 어느 때보다 짜증이 나는 기간이었다. 그의 아내는 그런 그의 감정을 누구보다 잘 알고 있었기에 어깨를 주물러 주며 최대한 기분을 풀어 주려 노력하고 있었다.

　평생을 군인으로 살며 타협을 모르던 남편의 쇠막대 같은 성격이 적지 않게 이곳 사람들을 자극했고, 그동안 주둔했던 여타 곳과는 다르게 이상하게도 죽기를 각오하고 덤비는 유대인들 때문에 로마에 난처해지는 일이 여러 번 있었기 때문이었다.

　아내는 빌라토스의 눈치를 살피며 그에 귀에 대고 속삭였다.

　"당신 어깨가 단단히 굳어 있는 걸 보니 유대인들이 또 속을 썩이는 모양이네요."

　빌라토스가 짜증 섞인 목소리로 대답했다.

　"쥐새끼들처럼 몰려와서 '찍찍'거리는 소리에 밤새 잠을 못 자겠군. 마음 같아서는 싹 쓸어버리고 싶은데 말이야!"

"쥐들을 죽여 무엇에 쓴답니까. 그냥 먹이나 잘 물어 오게 놔 두시고 오늘은 이곳에서 편히 쉬세요."

"어제 밤에도 제사장이라는 놈이 무슨 일을 벌이는 모양이던데, 그것으로 인해 시끄러워지고 있어. 오늘 불러서 단단히 경고를 해야 되겠어!"

"저는 그저 당신의 마음이 편안했으면 좋겠답니다. 어제 꿈자리도 뒤숭숭했으니 오늘은 놔두시고 나중에 혼을 내세요."

빌라토스는 대답하지 않고 인상을 쓴 채 자신의 몸을 아내의 손에 맡겼다.

그때, 누군가가 문을 두드렸다.

빌라토스가 짜증스럽게 소리를 질렀다.

"무슨 일인가?"

관저의 수비를 맡고 있는 부장이 들어와 목례를 하고 보고했다.

"지금 관저로 제사장과 유대인들이 몰려들고 있습니다. 총독을 뵙게 해 달라고 합니다."

"해도 뜨지 않은 이 새벽부터? 정말 내 인내심을 시험하려 드는군. 그 예의 없는 것들이 무엇 때문이라고 하던가?"

"죄송합니다. 이유는 아직 확인하지 못했습니다. 워낙 많이 몰려와서 먼저 보고 드리려 했습니다. 다시 가서 확인을 하고 오겠습니다."

"됐어! 그래 봤자 '찍찍'거리는 쥐새끼 소리겠지. 말 같지도 않은 것 가지고 귀찮게 하기만 해 봐. 내 오늘 이 제사장이라는 놈부터 요절을 낼 테니까!"

자리에서 일어나는 빌라토스의 어깨를 여자가 감싸며 속삭였다.

"난 당신하고 로마로 돌아갈 날만 기다리고 있어요. 제발 마음을 차분히 하시고 이번에는 조용히 넘어가도록 해 주세요."

빌라토스는 고개를 돌려 여자를 한 번 쳐다보고는 부장을 따라 공관의 입구로 나갔다.

계단 아래에는 이미 백여 명이 넘는 사람들이 몰려와서 웅성거리고 있었고, 제일 앞에는 안나스와 가야파, 그리고 제사장 복장의 몇 사람이 눈에 띄었다.

"무슨 일인가?"

빌라토스가 눈을 내리깔고 귀찮다는 듯 물었다.

가야파가 소리쳤다.

"로마에 반역을 꾀하는 도당이 있어 이리 잡아 왔습니다. 총독의 처분을 청하고자 합니다."

"반역? 무슨 반역을 했다는 것인가?"

"로마에 세금을 내지 말라고 선동하고, 강도들을 모아 폭동을 계획하고 있었습니다."

빌라토스가 주변을 살펴보다 묶여 있는 예수아를 보고 말했다.

"저자인가?"

"그렇습니다. 저자는 자신을 왕이라 칭하고 총독의 권위에 도전하려 했습니다."

이스마엘이 예수아를 가리키며 소리를 높여 외쳤다.

"저자는 너희들이 며칠 전에 크게 환영하며 이곳에 들였던 자가 아닌가! 그런데 이제는 저 몰골로 만들어서 내게 끌고 와서는 반역을 했다고?"

이미 엘르아잘에게 이야기를 들어서 상황을 알고 있던 빌라토스는 가야파의 의중을 떠보기 위해 물었다.

"너희들은 이미 예전에도 여러 번 너희 법정에서 죄를 처벌하지 않았더냐! 저자가 죄가 있다면 너희의 법정에서 처리하라!"

가야파가 당황해하자, 안나스가 다급하게 소리를 질렀다.

"총독이시어. 저희의 법정은 반역의 죄를 다스리지 못합니다. 로마에 반역한 죄는 오로지 총독께서만 심판하실 수 있습니다."

뒤돌아서던 빌라토스가 짜증이 난다는 듯 안나스를 노려보더니 옆에 서 있던 부장을 시켜 예수아를 데려오게 했다.

공관 안쪽 복도에서 예수아와 한동안 이야기를 나눈 빌라토스는 다시 군중들이 모여 있는 공관 입구로 나가다가 멈추어 서서 예수아에게 물었다.

"너는 왜 저들과 다르지?"

예수아는 빌라토스를 바라보고 있었으나 대답은 하지 않았다.

다시 군중들 앞으로 나온 빌라토스가 소리쳤다.

"이자는 갈릴리에서 온 자다. 그 지역은 안티파스가 책임지고 있고, 마침 그도 이곳에 와 있으니 그에게 데려가 처분을 받도록 하라!"

안나스가 급히 앞으로 나가 소리쳤다.

"저자가 갈릴리 출신이기는 하나 이곳에서 체포되었기 때문에……"

그러나 빌라토스는 그런 안나스를 무시하듯이 그대로 들어가 버렸다.

이스마엘이 동원한 군중들은 웅성거리며 어찌할 바를 몰라 안나스와 가야파만 쳐다봤다.

가야파가 다급히 물었다.

"어찌해야 합니까? 여기에서 계속 이러고 있을 수도 없고, 조금 있으면 공의회를 열자고 난리들을 칠 텐데요."

안나스의 표정에 난처함이 역력히 드러났다.

"저 여우 같은 자가 돈은 받아 쳐 먹고 책임질 일은 교묘하게 피해 가려고 하는구나."

한동안 고민하던 안나스가 말했다.

"지금은 방법이 없습니다. 저자를 끌고 안티파스에게 가 보는 수밖에요."

안나스와 가야파 무리들은 예수아를 끌고 다시 윗도시에 있는 안티파스의 궁으로 향했다.

윗도시로 향하는 안나스의 얼굴은 불안한 기색이 가득했고, 가야파와 이스마엘, 그리고 그들과 함께하는 무리들 역시 비 맞은 양마냥 처량하게 보였다.

안티파스의 궁에 도착한 가야파가 만나기를 청했지만, 병사들은 그가 자고 있다며 문을 열어 주지 않았다. 궁 앞에서 삼십 분가량을 속절없이 기다리던 안나스와 가야파는 모욕감에 얼굴이 붉게 달아오르고 있었다.

반면, 궁 안에서 이 모습을 바라보던 안티파스는 그들을 비웃듯 조롱했다.

"저 늙은 여우가 이번에는 무슨 술수를 부리려고 여기까지 찾아왔는가! 내가 한 번은 당해도 두 번 당하지는 않겠다. 아니 저번에 저놈에게 당한 것을 돌려주어야 직성이 풀리겠다."

그러던 와중에 그의 궁인 중 하나가 그들이 누구를 끌고 왔는지 알려 주었고, 안티파스는 세례 요한이 환생한 것으로 여겼던 사람에 대한 궁금증이 생겼다.

안티파스가 궁의 입구를 지키는 병사를 불러 명령했다.

"다른 놈들은 모두 밖에 세워 놓고, 그들이 끌고 왔다는 자만 데리고 와 보거라!"

안나스와 가야파가 같이 들어가려 하였지만 저지되자 한참 동안 실랑이를 하던 그들은 어쩔 수 없이 그들이 주장하는 죄목을 써 놓은 천을 예수아의 목에 둘러놓고, 예수아만 안으로 들여보냈다. 그리고 그들은 문 밖에서 소리를 지르며 반역의 죄인을 죽이라고 요구하였다.

그러나 얼마 지나지 않아 안티파스가 옷을 갈아입은 예수아와 함께 문을 열고 나와 소리를 지르던 무리 앞에 섰다.

안티파스는 조소 어린 눈빛으로 안나스를 내려다보며 말했다.

"너희들이 이자를 죽이라고 하는데, 나는 그가 반역을 했다는 증거를 찾지 못했다. 너희들이 언제부터 반역에 그리 관심이 많았는지는 모르겠지만, 너희들이 원하는 것이 있거든 너희들의 손으로 직접 하거라!"

안티파스가 예수아를 밀쳐 안나스 무리에게 보내고, 재미있다는 듯 웃으면서 궁 안으로 들어갔다. 거실 의자에 앉은 안티파스는 수행을 하는 자에게 한껏 비꼬는 투로 말했다.

"저 늙은 여우가 저자를 죽이고 싶어하나 본데, 저렇게 처량한 꼴로 돌아다니는 것을 보니 마음대로 되지 않는 모양이야. 아마도 빌라토스 역시 그의 청을 들어주지 않은 것 같군. 그자가 마음에 들게 행동하는 것은 이번이 처음이 아닌가!"

반면, 안티파스 궁 앞에 모여 있던 안나스 일행은 처지가 더욱 곤궁하게 되었다. 안티파스 역시 예수아를 죽이기를 거부하면서 이제는 달리 떠오르는 방법도 없었다.

"그냥 산헤드린에서 처리할까요?"

가야파의 말에 안나스가 버럭 화를 내었다.

"지금 저자를 그들의 손에 뺏기면 다시는 막을 수 없게 돼! 그렇게 되면 네가 가진 것을 상당히 내어놓아야 할 거야!"

안나스의 경고에 가야파가 움츠러들며 볼멘소리를 내었다.

"그럼 이제 어떻게 합니까? 이자를 그냥 죽여 버릴 수도 없고요."

"다시 총독에게 갑시다. 그 방법밖에는 없는 것 같으니."

"총독에게 다시 가자는 말씀이십니까? 빌라토스가 아까 분명히 거절한다고 하지 않았습니까?"

"사람들을 더 끌어모으십시오! 사생결단의 각오로 그를 만나야겠습니다."

이스마엘과 가야파의 수하들, 그리고 성전 상인들이 흩어져 사람들을 두 배로 끌어모았고, 안나스는 그들을 이끌고 다시 총독관저로 향했다.

　관저 앞이 소란스러워지자 아까와는 다르게 안토니아 요새에 머물던 로마 수비군들이 무장을 한 채 몰려온 사람들을 둘러쌌다.

　이유도 모르고 불려 온 사람들이 겁에 질려 소란스러워지자, 안나스가 앞으로 나와 소리질렀다.

　"총독을 뵙게 해 주시오. 그에게 긴히 드릴 말이 있소."

　계단 위에서 빌라토스의 수비 부장이 나와 안나스와 몰려든 사람들을 향해 소리쳤다.

　"총독께서 오늘은 너희들을 만나지 않겠다고 하신다. 말씀드릴 것이 있거든 내일 다시 찾아오거라."

　안나스가 급하게 허리를 숙이고 계단을 뛰어 올라가 수비 부장에게 조용히 말했다.

　"총독께 성전의 로마 세금에 대해 긴히 말씀드릴 것이 있습니다. 그리 좀 전해 주시오! 내 여기서 기다리고 있을 테니."

　수비 부장이 안나스를 밀쳐 내려 했지만, 안나스가 급히 부장의 손을 잡으며 말했다.

　"총독님뿐만 아니라 부장께도 내 성의를 잊지 않을 것이오. 부장께도 도움이 되는 이야기이니 제발 말씀만 전해 주시오."

　애절하게 부탁하는 안나스를 내려다보던 수비 부장이 다시 내실 쪽으로 들어갔다가 곧 문을 열고 나와서 안나스에게 들어오라는 손짓을 했다.

　안나스가 종종걸음으로 내실로 들어가 의자에 앉아 있는 빌라토스 앞에 섰다.

빌라토스는 불쾌한 표정으로 쳐다보고 있었고, 안나스는 급히 허리를 숙이고는 말했다.

"무례를 용서하십시오."

"무례인 것은 아는가? 내 인내심이 어디까지 너희들을 허용할 것이라 여기나!"

"총독께서 이전의 그 누구보다 저희 민족에게 아량으로 대해 주시는 것을 잘 알고 있습니다. 그래서 저희도 열심히 총독과 황제께 보답하고자 노력하고 있는 것입니다."

"이 분란을 일으켜 내 심기를 건드는 것이 보답이란 말인가?"

안나스는 더욱 허리를 굽히고 말했다.

"그럴 리가 있겠습니까. 오히려 더 큰 분란을 잠재우기 위해 노력하고 있는 중입니다. 그러던 와중 제 능력이 모자라 이렇게 총독께 도움을 받고자 하는 것입니다."

"내가 손 안 대고 코를 풀려고 하는 네 계산을 모르는 줄 알고 그 세치 혀를 놀리는 것이냐?"

"아닙니다. 총독, 아시다시피 저자는 갈릴리 출신으로 이미 북부에서 열심당 무리들과 상당한 세력을 만든 자입니다. 그런 자가 이곳까지 나타나 예루살렘을 포함한 남부의 랍비들을 포섭하고 있습니다. 만약, 이곳의 랍비들까지 저자의 편으로 넘어간다면, 예루살렘의 질서는 무너질 것이고, 강도들이 득세하여 로마에 대항할 것입니다."

"저자가 반역을 주도했다는 증거가 있나?"

"저자의 반역을 증언할 사람이 여럿 있습니다."

"보나마나 네놈이 동원한 쓰레기들이겠지. 증거를 가져오지 못할 것이면 다시는 이 문제로 나를 찾아오지 말거라. 만약 또 이런 분란을 일으키면 다른 가문 놈들이 네 직을 수행하게 될지도 모른다."

안나스가 무릎을 땅에 대고 엎드리며 울먹이듯 말했다.

"총독! 저희가 총독께 보답하기 위해 얼마나 노력하고 있는지 잘 아시지 않습니까! 부디 아량을 베풀어 주십시오."

빌라토스가 비웃으며 말했다.

"네놈이 보내 오는 그 푼돈 말이냐? 내 이번에 확인해 보니 네놈이 성전에서 걷어들이는 것이 비하면 아주 보잘것없는 수준이더구나!"

안나스는 얼굴이 창백해졌다.

그러나 그는 평생을 성전의 정치판에서 보내 온 노장답게 재빨리 머리를 굴리기 시작했다. 오전에 가야파의 공관에서 바리세 측 랍비들이 주장했던 것들이 그냥 떠보는 것이 아니라는 것을 직감할 수 있었다. 어디에선가 장부가 존재했고, 그 문서가 흘러 나간 것이 분명했다. 그것이 총독에게까지 들어갔다면 이는 돌이킬 수 없는 문제가 될 것이었다.

"성전을 관리하는 것에는 많은 자금이 필요합니다. 허나, 총독께 더욱 정성을 다하기 위해 세 배로 보답할 것을 약속드립니다. 이 늙은 것의 성의를 내치지 말아 주십시오."

"돈을 더 받고 저자를 죽여 달라는 것이냐?"

안나스는 아무 말도 하지 못하고 고개만 숙이고 있었다.

"좋다. 허나 이것은 내가 저자를 죽여 주는 것에 대한 보답이 아니다. 내 저자를 다시 한번 심문해서 그의 죄를 찾아보겠다. 허나 죄가 없다면 처벌하지 않겠다."

안나스는 잘못하면 자신이 이제껏 쌓아 올린 부와 권력이 하루 아침에 무너질 수 있다는 불안감에 몸을 부들부들 떨었다.

한편, 공관 앞에서는 이스마엘이 부하들을 시켜 분주히 움직이고 있었다.

"상인들에게 전해라! 오늘 저자를 죽이지 못하면 기존의 상인들은 모두 자격을 박탈할 것이라고! 목숨을 걸고 총독에게 반역의 죄를 외치라 해라!"

이스마엘과 안나스의 부하들이 동원된 상인들과 그들의 하인들을 독려하며 뛰어다니자, 자신의 기득권에 눈이 돌아간 자들이 로마 병사의 창을 두려워하지 않고 소리치기 시작했다.

"십자가에 못 박으시오!"

"반역자에게 사형을 선고하시오!"

그때, 안나스와 빌라토스가 계단 위에 나타났고, 군중들을 둘러싼 로마 병사들이 창으로 조여 오자 좌중은 다시 조용해졌다.

빌라토스는 두 배로 늘어난 군중들을 보며 순간 쓴웃음을 지었다.

빌라토스는 안나스를 밀쳐 계단 밑으로 내려가게 했고, 부하들을 시켜 예수아를 끌고 오게 했다.

그는 다른 것에는 관심이 없었다. 오로지 예수아의 세력이 어느 정도인지 파악하려 했다. 만일 예수아를 죽일 경우 그를 지지하는 자들이 소요를 일으킨다면 그것도 골치 아픈 일이었기 때문이었다.

빌라토스가 몇 차례 같은 질문을 반복했지만, 예수아는 그의 의도와는 다르게 자신을 더욱 혼란스럽게 만들었다. 예수아에게 적용할 죄가 없다는 것은 확실했지만, 지금의 빌라토스에게 그것은 중요하지 않았다.

예수아를 통해 정보를 얻는 것이 어렵다고 판단한 그는 수비 부장을 불러 예루살렘의 분위기를 파악하려 했다.

수비 부장은 공관에 몰려온 사람들 말고는 다른 소요 상황은 아직 없다고 보고했다.

38장. 인간들은 언제나 그런 선택을 한다

엘르아잘은 '탑의 못' 옆에서 베그다 쪽을 바라보고 초조하게 서 있었다.

요셉(바나바)이 열심히 랍비들을 설득한 덕에 새벽 임시 공의회는 막을 수 있었지만, 지금 안나스의 의도는 너무나 분명했다. 총독과 안티파스를 오가며 정치적인 죄목으로 예수아를 죽이려 하고 있었다.

새벽 내내 '크비어' 형제들과 예루살렘을 방문 중인 지지자들을 설득해서 사람들을 모아 오라고 독려했다. 안나스가 상인들과 그들의 카르텔에 속한 자들을 동원하여 총독을 압박하고 있다면, 이쪽에서도 예수아를 지지하는 사람들을 동원해 맞불을 놓아야 했다.

그러나 다시 돌아온 지지자들은 기대에 훨씬 미치지 못하는 수의 사람들과 함께였다. 예수아가 예루살렘에 입성할 당시 종려나무 가지를 흔들며 '다윗'의 환생으로서의 열렬한 지지를 보냈던 그 수많은 사람들은 하룻밤 사이 모두 사라지고 없었다.

그랬다.

그들은 원래 함께 싸울 생각이 없었다.

그저, 승리하고 있는 자가 몰고 있는 배에 함께 올라타고 싶었을 뿐이었다.

예수아는 그들이 원하는 방향으로 배를 몰지 않았고, 사람들은 패배한 듯 보이는 예수아의 배에 함께 오르기를 거부하고 눈치를 보며 숨어 있었다.

에밀이 돌아왔다.

"예디온. 거리를 돌며 외치고 독려해 보았지만, 대부분 집에서 나오지 않습니다. 북부에서 온 사람들이 모여 있는 곳에도 가 보았는데 상황은 비슷합니다."

엘르아잘은 고개를 숙였다. 아무리 고민해 봐도 그들을 설득할 방법이 생각나지 않았다.

일단 얼마 되지 않는 사람들을 이끌고 총독관저로 향했다.

이미 관저의 입구는 로마수비대가 출입을 막고 있었고, 소식을 듣고 찾아온 여인들과 몇몇 사람들이 안의 상황을 살피기 위해 노력하는 것이 보였다. 관저 입구 왼쪽에 요셉(바나바)이 서 있었다. 엘르아잘은 급히 그에게 다가갔다.

"사람들을 모으지 못했습니다. 아마도 지금 상황을 두려워하는 것 같습니다."

엘르아잘의 말을 듣고 요셉이 하늘을 보며 한숨을 쉬었다.

"안의 상황은 어떻게 되고 있습니까?"

"선생을 죽이라 외치고 있습니다. 물러설 기미가 보이지 않습니다."

"공의회 랍비들은 어찌 되었습니까! 산헤드린을 소집하기로 했습니까?"

"날이 밝으면 공식적으로 소집을 요청하기로 하기는 했지만, 저들도 상황을 살피는 눈치입니다. 아직 선생께 확실히 우호적인 랍비들이 많지 않기 때문이겠지요."

공관 안에서 강도들의 우두머리를 죽이라는 고함 소리가 터져 나왔다.

"총독을 막아야 합니다. 지금의 상황을 정치적으로 몰고 가게 되면, 선생과 함께했거나 지지했던 사람들도 위험해질 수 있어요."

"방법이 없습니다. 방법이. 산헤드린까지만 가면 어떻게 해 보겠는데, 지금은 이렇게 무기력하게 있어야 한다는 것이 너무 답답하군요. 그런데 아까 새벽에 빌라토스를 만나신다고 하지 않으셨나요? 그 일은 어떻게 되었습니까?"

"총독에게 장부를 넘겨주었습니다. 이스마엘이 가지고 있을 장부와 날짜와 금액이 거의 일치할 것이니 저들 사이에서도 의심이 싹트겠지요. 그것이 빌라토스에게 작은 영향이라도 미쳐야 할 텐데요."

"지금은 할 수 있는 작은 것이라도 최선을 다해 봐야 합니다. 저는다시 회원들을 만나 보고 오겠습니다."

요셉은 굳은 표정으로 아랫도시 쪽으로 향했다.

공관 안쪽에서는 간혹 군중들이 외치는 고함 소리와 로마 병사들의 쇳소리가 뒤섞여 불안한 기운이 아침을 가득 메우고 있었다.

"나는 이자에게서 반역의 증거를 찾지 못했다."

빌라토스가 군중들을 바라보며 외쳤다.

성전의 이권 욕심으로 가득 차 있던 상인들은 죽기를 각오한 듯 목이 터져라 외쳐 댔다.

"반역의 수괴를 죽이시오!"

"십자가에 못 박으시오!"

공관 앞마당을 가득 매운 사람들이 수그러들지 않고 소리를 질러 대자, 빌라토스는 짜증이 올라오면서도 일을 무난히 마무리하기 위한 고민에 빠졌다.

지금 군중들이 원하는 대로 힘없이 묶여 있는 저자를 죽이는 것은 쉬운 일이었으나, 아직 그를 죽였을 때 다른 소요가 일어나지 않을 것이라는 보장을 확인하지 못했기 때문이었다.

잠시 생각하던 빌라토스가 외쳤다.

"나는 너희들이 보는 앞에서 이자를 매질할 것이고, 가두겠다. 너희들은 너희의 재판으로 증거를 삼고 저자의 죄를 청하라. 그러면 그때 처분을 결정하겠다."

빌라토스가 다시 한번 이 일의 책임을 산헤드린으로 돌리자 이스마엘이 급히 외쳤다.

"저자는 황제를 모욕했습니다. 지금 저자를 죽이지 않으면 로마에 대한 불충을 저지르게 되는 것입니다."

황제의 이야기가 나오자 몹시 화가 치민 빌라토스가 이스마엘을 향해 채찍을 들려 했지만, 군중들이 '로마에 대한 불충이요!'라고 따라 외치자 이내 마음을 가다듬고 행위를 멈추었다.

그는 다시 한번 수비 대장을 불러 예루살렘 시내에 대한 분위기를 물었다.

수비 대장은 별다른 움직임이 보이지 않는다는 보고를 반복했다.

빌라토스의 고민을 지켜보던 공관의 한 부장이 조용히 다가와 그의 귀 가까이에서 넌지시 말했다.

"몇 달 전에 베델에서 가이샤로 가는 공물을 습격하다가 잡힌 놈이 있습니다. 조사한 바로는 유대 지역 저항 세력 안에서는 꽤 영향력이 있는 놈이라 합니다. 그놈과 저자를 놓고 저들에게 선택하게 하십시오. 둘 다 반역자라 하나, 하나는 증거가 충분하고, 저자는 별다른 증거가 없으니 저들도 더 이상 총독을 귀찮게 하지 못할 겁니다."

빌라토스가 듣다 보니 꽤 괜찮은 생각이었다.

"그자의 이름이 무엇인가?"

"바라바'라는 놈입니다."

"모여 있는 저것들도 알고 있는 놈인가?"

"저들 사이에서는 꽤나 유명했던 놈이라고 들었습니다."

"그놈이 지금 어디에 있나?"

"아직 안토니오 요새에 가두어 놓고 있습니다."

"끌고 와라!"

부장이 바라바를 끌고 오자, 빌라토스가 다시 군중의 앞으로 나가 말했다.

"내가 오늘 너희들의 명절을 맞아 특별한 사면을 행하려 한다. 여기 너희들이 잘 안다는 바라바라는 자가 있다. 이 바라바와 저기 있는 예수아라는 자 중에서 너희들이 하나를 고르면 그자를 방면할 것이다."

예상치 못한 총독의 제안에 군중들이 술렁거렸다.

안나스는 금세 빌라토스의 의도를 눈치채고 아무 말도 못 하고 있었다. 빠져나갈 수 없는 덫이었다. 바라바를 선택하는 순간 로마의 저항 세력과 공식적으로 한패가 되는 셈이었기 때문이었다.

그때, 뒤에서 누군가가 소리를 질렀다.

"바라바요! 바라바를 석방해 주시오!"

안나스가 놀라 뒤돌아보았지만, 이미 사람들이 뒤섞인 광장에서 소용없는 짓이었다.

한 사람이 '바라바'를 외치자 군중들이 너도 나도 소리를 질렀다.

"바라바를 석방하시오!"

"바라바를 선택하겠소! 그를 풀어 주시오."

안나스가 서둘러 저들을 말리라는 손짓을 했지만, 이미 어쩔 수 없다는 것을 깨닫고 포기한 듯 뒤돌아섰다.

공관 안에 바라바의 이름이 울려 퍼지자, 빌라토스도 적잖게 당황했다. 그리고 손가락으로 안나스를 가리키며 눈을 부라렸다. 안나스는 빌라토스를 보지 못하고 고개를 숙였다. 허나 돌이킬 수 없는 일이었다.

빌라토스는 계단 오른쪽에 준비된 항아리에 손을 씻으며 말했다.

"이 모든 것은 너희들이 바란 바요. 너희들이 선택한 것이다. 그 모든 책임도 너희들이 지어야 할 것이다."

그리고는 손을 닦은 천을 계단 아래쪽으로 던져 버리고 공관 안으로 사라졌다.

계단의 한쪽 끝에서 예수아는 자신을 죽이라고 소리치는 사람들을 바라보고 있었다.

39장. 후회

이제 죽음이 두렵지 않아졌다.

오히려 살아 있는 것이 죽음보다 더 고통스럽다는 것을 숨을 내쉬는 매 순간 느끼고 있었다. 지금 눈을 깜빡이고 침을 삼키고 있는 자신이 그 어떤 존재보다 더럽고 추하고 구역질이 나게 느껴졌다. 목숨보다 중요하게 여겼던 자신의 인생의 목적들은 하찮은 돌덩어리처럼 길거리에 버려져 있었다.

무언가를 먹을 수도, 마실 수도 없는 시간이 한동안 흐르고, 유다의 모든 생각은 죽음으로 이 고통에서 벗어나는 것이 유일한 방법처럼 느껴졌다. 죽음이 현실이 되자, 비로소 그가 그토록 믿었던 모든 것들의 실체가 보이기 시작했다.

신의 섭리에 인간이 섞어 놓은 욕망의 슬러지들이 그의 온몸을 끈적거리게 뒤덮고 있었고, 유다는 그 끈적이는 것들을 몸에서 떼어놓기 위해 몸부림쳤다.

거리를 뛰어다니며 광인처럼 부르짖는 그에게 그 누구도 동정 어린 눈길조차 주지 않았다. 가난하고 힘없는 이에게는 예수아를 배신한 배은망덕한 인간으로, 조금이라도 사회적 지위가 있다는 사람들에게는 유대를 배신한 배신자의 비참한 말로 정도로 보일 뿐이었다.

유다는 예수아의 죽음의 순간에 예루살렘 외각의 토굴 안에서 머리를 토굴의 벽에 기댄 채 숨어 있었다. 그가 마지막 날 보았던 선생의 의지처럼 선생은 어떠한 행위도 하지 않고 그를 휩쓸고 지나간 비참한 죽음을 받아들였다.

유다의 머릿속에서 선생이 그에게 했던 이야기가 떠나가질 않았다.

"유다여, 두렵다면 가서 네가 하려고 했던 일을 행하라."

선생은 유다가 도망가려는 것을 허락했고 굳이 그를 붙잡지 않았다.

그리고 밀고자로 돌아온 자신을 평생 한 번도 느껴 보지 못한 측은한 눈빛으로 바라보았다.

그 눈빛과 선생의 마지막 말이 머릿속에서 떠나지 않으면서 유다는 반복적으로 왼손으로 그의 목을 긁었다. 그의 손톱이 살점을 파고들어 피가 흐르는 것도 느끼지 못했다.

모든 것이 한계에 다다랐다고 느껴질 즈음 유다는 자신도 알 수 없는 괴성을 지르며 마치 문둥병에 걸린 광인처럼 울부짖었다.

다음 날 유다는 엘르아잘이 기다리고 있는 집으로 돌아왔다.

엘르아잘은 그를 죽이기 위해 준비한 단검을 굳이 꺼내지 않았다.

이미 유다는 죽은 것이나 다름없는 상태가 되어 있었기 때문이었다.

유다는 집에 들어와 방으로 들어가 버렸다. 무엇인가를 계속 중얼거렸지만 무슨 말인지는 알아듣지 못했다.

다음 날 아침, 엘르아잘이 집 옆 밭으로 나갔을 때, 유다는 이미 밭 한쪽 끝의 고목에 목을 메고 죽어 있었다. 누가 그랬는지는 모르겠지만 유다의 왼쪽 옆구리를 칼로 찔러 내장의 일부가 밖으로 흐르고 있었다. 누군가 유다를 죽이고 목을 매어 걸어 놓은 것인지, 아니면 목을 매어 죽은 유다의 몸을 칼로 찌른 것인지는 알 수 없었지만 엘르아잘은 크게 놀라는 기색 없이 나무로 기어올라 유다의 목을 지탱하고 있는 줄을 그를 죽이려 했던 칼로 잘랐다.

땅으로 떨어진 유다의 몸이 터지면서 내장이 쏟아져 나왔고, 엘르아잘은 무표정하게 나무에서 내려와 그의 옆쪽 땅을 파기 시작했다.

썩은 고깃덩어리가 되어 버린 유다는 눈을 감지 못하고 자신을 묻기 위해 땅을 파고 있는 엘르아잘을 바라보고 있었다. 엘르아잘은 그런 유다의 눈빛을 멍하니 바라보다가 다시 고개를 돌려 땅을 팠다.

어느 정도 묻을 만한 깊이의 구덩이가 생기고, 그의 시신을 밀어 넣었다.

구덩이에 떨어진 옆으로 누운 자세로 팔이 꺾여 있었지만, 엘르아잘은 그대로 흙을 덮어 버렸다. 흙을 덮다가 주머니에서 칼을 꺼내 유다의 시신 위로 던져 놓고 마저 흙을 덮었다.

한동안 고목나무 옆에 앉아 하늘을 바라보던 엘르아잘은 무표정하게 자리에서 일어나 그길로 길을 떠났다.

그는 쿰란을 향해 터벅터벅 발길을 옮겼다.

40장. 기록

엘르아잘은 집으로 들어와 바닥의 천을 걷고 나무판자를 치웠다. 비밀스런 공간에 숨겨 놓았던 파피루스 묶음들을 조심스럽게 꺼내 천에 넣고 감싸 묶은 후, 탈릿(외투) 속으로 숨겼다. 마음이 급해서인지 매듭이 잘 묶이지 않았다.

마르켈리우스의 병사들이 언제 들이닥칠 지 모르는 일이었다.

집안의 모든 것은 그대로 놓아둔 채, 파피루스만 들고 밖으로 나왔다.

그대로 일단 여리고 쪽으로 발걸음을 옮기다가 잠시 멈추어 서서 생각에 잠긴 엘르아잘은 다시 발걸음을 돌려 '뱀의 못' 쪽으로 향했다. 이대로 여리고 쪽으로 움직여도 추격을 피할 수 있을지 모를 일이었기 때문에 가슴에 품고 있는 파피루스를 그대로 들고 갈 수 없었다.

지금 생각나는 사람은 마르코밖에 없었다.

위험한 일이었지만, 다른 사람을 시킬 수도, 그럴 시간도 없었다. 가야파의 집 부근을 돌아 요한의 집에 다다르자 엘르아잘은 작은 돌을 들어 그의 방에 여러 개를 던졌다.

곧이어 2층에서 요한이 밖으로 얼굴을 내 밀었고, 엘르아잘은 손가락을 입에 대며 조용히 나오라는 손짓을 했다. 문이 열리자 벽 안쪽으로 몸을 숨기고, 탈릿 안쪽에 숨겨 놓았던 파피루스를 그에게 주었다.

"선생님. 이게 뭡니까?"

"주님의 말씀을 기록한 것일세. 무엇보다 소중한 것이니 반드시 지켜야 하네."

말씀의 기록이라는 말에 요한이 파피루스 뭉치를 가슴에 꼭 끌어안았지만, 워낙 겁이 많은 청년이라 얼굴은 금세 하얗게 질리기 시작했다.

"이것이 있다는 사실은 이 세상에 아는 사람이 없어. 자네가 숨기고 있다면 어느 누구보다도 안전할 것이라는 판단을 했네."

"6년 만에 갑자기 나타나셔서 이 중요한 것을 저에게 주시면 어떠합니까? 그래도 누가 보기라도 하면. 이것을 제가 감당할 수 있을까요?"

요한은 주변을 두리번거리며 말을 이어 가는 사이에도 이빨을 덜덜 떨었다.

"누가 보더라도 이것이 그분의 말씀인지 알지 못할 것이네. 그러니 너무 걱정하지 말게."

"이건 선생님께서 기록하신 겁니까?"

요한의 질문에 엘르아잘은 잠시 머뭇거리다 그의 어깨에 손을 얹고 말했다.

"유다일세. 자네의 외삼촌이나 갈릴리 형제들이 이 사실을 안다면 당장 불사르려 하겠지만, 이것은 그의 생각을 적은 것이 아닐세. 그냥 주님의 곁에서 그분의 말씀을 잊지 않기 위해 기록한 것일 뿐이야."

유다라는 말에 요한의 표정이 더 혼란스러워지는 듯했다.

엘르아잘은 어깨를 잡고 있던 손을 당겨 요한을 꼭 껴안고 속삭이듯 이야기했다.

"마르코. 지금으로선 그분의 말씀을 기억하는 사람도 얼마 남지 않았고, 앞으로 어떤 일이 있을지 알 수도 없네. 그래서 이 파피루스가 나에게는 무엇보다도 소중한 이유일세. 시간이 지나면 내가 다시 찾으러 올 테니 그때까지만 잘 숨겨 놓고 있으면 되네."

요한은 불안한 듯하지만 그래도 마음을 굳힌 듯 고개를 끄덕였다.

"다시 말하지만, 절대 삼촌에게 이야기해서는 안 돼. 자네만 알고 있어야 한다는 말이야."

엘르아잘은 다시 한번 요한에게 다짐을 받고는 주변의 동태를 살피고 조용히 예루살렘을 빠져나왔다.

41장. 유대 반란

이제는 돌이킬 수 없는 상황이 되었다.

흥분한 민중들은 예루살렘으로 모이지 말라는 경고에도 유월절의 신념을 버리지 않았다.

북부와 해안가 도시에서 벌어진 처참한 패전은 수를 헤아릴 수 없는 난민을 낳았고, 피할 곳이 없었던 그들도 예루살렘으로 흘러 들어왔다.

엘르아잘을 따르던 혁명 조직들은 젊고 급진적인 이들의 선동으로 급속히 재편되며, 곳곳에서 암살과 약탈이 벌어졌다.

에밀의 아들인 예히암이 가장 과격한 시카리[48] 조직의 주축으로 활동했는데, 그가 메나헴의 휘하로 들어가 반란 세력을 이끌고 마사다 습격과 무기고 약탈에 성공했다는 소식이 들려 왔다.

예루살렘 내에서는 제사장이었던 하나니아의 아들 엘르아잘이 이방의 제사를 금지하면서 전쟁을 기정 사실화했다.

민중들은 예루살렘과 그 주변에서 얻어진 몇 번의 승전 소식과 종교적 혁명에 들떠 길거리로 쏟아져 나왔다. 그들은 소리를 지르고 노

---

48 열심당 소속의 암살단원. 단검을 가슴에 숨기고 부역자들을 공격했다.

래를 부르며 행진을 했고, 많은 수의 젊은이들이 혁명 조직에 들어가 싸우기를 원했다.

이미 오랜 기간 동안 혁명의 욕구와 로마의 힘을 경험했던 엘르아잘은 여러 차례 정치적 행보를 메나헴과 하나니아의 아들 엘르아잘에게 요구했지만 모두 묵살당했고, 급진파들이 득세한 혁명 조직 내에서도 점점 밀려나고 있었다.

메나헴은 '유약한 피를 이어받았다'며 엘르아잘을 공개적으로 비판했고, 그의 이야기를 전혀 들으려 하지 않았다.

9월 아그리파 2세의 2천여 기병과 예루살렘 혁명군이 피비린내 나는 전투를 벌인지 6일째 되던 날, 마사다에서 돌아온 예히암의 부대가 기병대의 후방을 교란하면서 전세가 뒤집히기 시작했다. 지형상 기병대의 움직임이 자유롭지 않은 상태에서 게릴라전을 펼치는 예히암의 부대와 예루살렘 혁명군의 본진이 밀고 내려오자 기병대는 패퇴하기 시작했다.

예루살렘에 갇혀 있던 로마 수비군 메틸리우스의 부대는 마지막 희망이었던 아그리파 2세의 기병대가 패퇴하자 엘르아잘에게 사람을 보내 협상에 나서 줄 것을 부탁해 왔다.

엘르아잘은 고민 끝에 메틸리우스를 만나기로 하고, 그들이 갇혀 있는 안토니아 요새 쪽으로 향했다.

혁명군의 상당수가 아직 엘르아잘에 대해 존경심을 표하고 있었으므로, 그가 요새로 접근하는데 제지하는 사람은 없었다.

요새에서 만난 메틸리우스는 불안함이 역력해 보였다.

엘르아잘을 보자마자 로마 수비군에 문제가 생기면 안티오키아에 있는 갈루스의 본진이 이곳을 학살할 것이라며 엄포를 놓다가 이내 자신의 처지를 떠올렸는지 입을 닫고 엘르아잘에게 자리를 권했다.

엘르아잘은 메틸리우스가 어느 정도 진정되는 듯하자 조용히 입을 열었다.

"로마 본진이 오면 아무래도 아그리파의 기병과는 비교가 되지는 않겠지요."

"내 말이 그것입니다. 지금 이 상황에서 우리를 죽인다면 그것은 로마에 선전포고를 하는 것과 다름이 없어요! 모두 죽고 싶은 것입니까?"

"이곳을 장악한 대다수의 사람들은 죽음을 목전에 두고 있다가 흘러 들어온 이들입니다. '어차피 굶어 죽든지, 살해당해 죽든지 죽음만 기다리고 있었는데, 이렇게 된 바에야 싸워 보기라도 하자!'라는 생각이었다가 지금은 연이은 승전에 모두 흥분해 있지요."

"여자와 아이들까지 있는 이 오합지졸로 어디까지 이길 수 있다고 보는 겁니까!"

"지금 저들은 깊이 생각하는 것을 멈춘 상태입니다. 약탈한 것으로 내 자식을 배불리 먹일 수 있어서 좋고, 적을 죽임으로써 죽임을 당한 가족과 형제들의 복수를 해서 속이 시원한 것입니다. 지금 밖으로 나가 저 사람들에게 미래를 생각해서 자중하라는 이야기는 공허한 울림이자 적과 내통한 배신자의 목소리일 뿐이지요."

"그러나 저들을 이끄는 지도자들은 생각이라는 것을 좀 해야 할 것이 아닙니까!"

"그래서 제가 지금 당신을 만나고 있는 것이 아닙니까! 저라고 당신과 이렇게 앉아 있고 싶겠습니까? 그러나 이대로 큰 일을 당할 수는 없으니 서로 방법을 찾아보는 수밖에요."

"당신이 할 수 있는 일이 무엇입니까?"

"그전에 당신이 할 수 있는 것이 무엇인지 나를 설득해야지요! 내가 구명을 위해 노력할 만큼 당신이 살아 돌아가면, 저 불쌍한 사람들을 위해 무엇을 할 수 있는지 나를 설득하는 것이 먼저입니다."

메틸리우스는 더 이상 말을 이어 가지 못했다. 자신들의 죽음이 불러올 파장으로 겁을 주는 것 말고는 딱히 다른 생각을 하지 못한 것이 분명해 보였다.

엘르아잘이 메틸리우스를 보며 말했다.

"만약 여기서 살아 나간다면, 곧장 안티오키아로 달려가서 갈루스에게 이곳의 상황을 내전이라 보고해 주시오. 그리고, 혁명 세력 내에도 협상이 가능한 자들이 있으니, 전쟁을 통한 몰살보다 협상을 통해 내전이 안정되는 것이 향후 로마에도 이득이라고 설득해 주시오."

"그렇게 하겠소!"

"내가 당신의 말을 믿을 방법이 있을까요?"

"나 역시 당신의 말을 어찌 믿고 이곳을 나간단 말이오! 허나 지금은 서로 방법이 없으니 믿는 수밖에요."

"그럼 당신은 무슨 수로 우리를 이곳에서 탈출시켜 줄 수 있다는 말입니까?"

"메나헴이나 엘르아잘 벤 하나니아가 성격이 불같고 호전적이기는 하나 많은 이들의 지도자입니다. 그들 또한 정세를 읽고 전략을 펼치기 때문에 지금의 세력으로 어디까지 일을 도모할 수 있을지 고민이 있을 것입니다. 그들을 만나 적어도 시간이라도 벌기 위해서 당신들을 살해하는 것은 전혀 도움이 되지 않는다고 설득해 보겠습니다."

"당신이 성공한다면, 나 역시 적극적으로 갈루스를 설득할 것입니다."

"당신이 살아 돌아가는 것 자체가 갈루스에게는 우리의 의지를 담은 편지 같은 것입니다. 그러나 당신의 입을 통해 이곳의 상황과 정보가 상당 부분 전달되겠지요. 내분이 안정되고 협상의 기류가 생길 때까지 피바람이 불지 않게 시간을 벌어 주시면 됩니다."

엘르아잘은 요새를 빠져나와 곧장 메나헴을 만나러 갔다.

메나헴은 여전히 떨떠름한 표정으로 엘르아잘을 바라보았다.

"그래. 오늘은 무슨 일로 오셨는가?"

"로마 수비대 건으로 상의를 하러 왔습니다."

"왜? 메틸리우스 그자가 자네에게 살려 달라고 하던가? 그런다고 내가 집안에 가두어 놓은 돼지들을 풀어 줄 성싶은 건가? 웃기는군."

"맞습니다. 그자가 제게 구명을 요청하더군요."

"쓸데없는 소리나 지껄일 거면 돌아가게. 난 바쁘네."

"이번에 이기기는 했지만, 수백이 죽고 부상자도 상당합니다."

"그래도 굶어 죽은 사람은 하나도 없네. 그것은 자네가 걱정할 문제가 아니야."

"아그리파는 이길 수 있었어도 로마 본진은 이야기가 다릅니다."

"아그리파를 이길 수 있다고 말한 사람도 없었어. 그래도 우리는 승리했지."

"세포리스의 일을 반복하실 겁니까?"

"내 인내심에도 한계가 있네. 한 번만 더 그 일을 꺼내면 자네라도 가만히 두지 않을 거야!"

"저들을 죽이면 갈루스는 움직이지 않을 수 없습니다. 로마에서도 그에게 책임을 물을 테니까요. 당신도 그것을 알고 있기 때문에 아직까지 저들을 살려 두고 있는 것 아닙니까!"

메나헴은 입을 닫고 엘르아잘을 노려보았다.

"예루살렘 안에 여자와 아이들이 절반입니다. 지금은 내전으로 한정해서 헤롯의 자식들에게 죄를 묻고 로마와는 적당히 협상의 창구를 열어 두어야 합니다. 그래야 살길이 생깁니다."

"그래서 저들을 어떻게 하자는 것인가!

"저들을 살려 안티오키아로 보내는 것 자체가 갈루스에게 로마와의 전쟁의 목적이 없다는 것을 알리는 상징이 됩니다. 로마 입장에서도 전쟁보다는 아그리파에게 죄를 묻는 것이 훨씬 이득이라는 것을 메틸리우스가 증언하기로 했습니다."

"그자가 그렇게 하리란 보장이 어디 있지? 순진하기는."

"보장은 없지요. 그래도 최소한 저들에게 전쟁의 명분은 쥐어 주지 말아야 합니다. 저들이 안티오키아에서 출발하는 순간 이 일은 되돌릴 수 없게 되는 것입니다. 아그리파의 손에 우리를 때려잡을 무기를 쥐어 줄 생각이십니까?"

"그러나 이 일은 나 혼자 결정해서 될 문제가 아니야. 하나니아 아들놈의 병사들이 우리보다 수가 많기 때문에 어떤 일이 벌어질 지는 알 수가 없지."

"제가 그 사람과도 이야기를 나누어 보겠습니다."

메나헴의 숙소에서 나온 엘르아잘은 다음 날 엘르아잘 벤 하나니아의 거처로 찾아갔다.

좀 더 젊고 거친 성격이었던 하나니아의 아들은 엘르아잘의 이야기에 불같이 화를 내며 그를 비난했지만, 결국 자신은 모르는 일이라며 모든 책임을 엘르아잘에게 떠 넘기는 선에서 합의를 볼 수 있었다.

엘르아잘은 메틸리우스를 만나 협상 결과를 전했다.

메틸리우스가 몇 번이고 의심하며 되물었다.

"정말 당신의 말을 믿어도 되는 것이겠지?"

"적어도 예루살렘을 장악하고 있는 두 지도자의 허락은 받았습니다. 남은 것은 당신의 역할이겠지요."

"이곳을 벗어나 본진과 합류할 수 있다면 내 군인의 명예를 걸고 당신과의 약속은 지킬 것이오. 그러나, 저들이 약속을 지킬지 계속 불안한 마음이 드는군."

"어떤 변수가 있을지 저도 당신에게 장담하여 말할 수는 없습니다. 단지, 메나헴과 엘르아잘 벤 하나니아가 당신들의 이동을 묵인하기로 했다는 것을 확인했고, 이를 이곳에 있는 대부분의 사람들에게 알렸습니다. 선택은 당신들이 해야 합니다. 이곳에 계속 이러고 있을지. 아니면 저 문을 열고 돌아갈지. 이 이상의 신의 뜻이겠지요."

한참 동안 고민하던 메틸리우스가 조심스럽게 말했다.

"언제 나가면 되겠소."

"새벽에 빠져나가는 것이 아무래도 안전하지 않겠습니까!"

"로마군이 쥐새끼처럼 새벽에 도주하란 말인가. 그럴 수는 없소. 부하들과 함께 평생의 치욕거리가 될 것이오."

"그럼 아침 해가 뜨면 가십시오. 날짜는 사흘 후 즈음이면 될 것 같습니다."

"알겠소. 그렇게 하겠소. 혹시 내가 살아서 로마로 돌아가게 되면, 훗날 당신에게도 이러한 관용을 베풀 것이오!"

엘르아잘은 메틸리우스의 인사를 뒤로한 채 요새를 빠져나왔다.

사흘 후, 이른 아침 나절부터 로마군의 탈출을 구경하기 위한 사람들이 베데스다 못과 어문 사이로 모여들었다. 그들은 로마수비대가 지나갈 사마리아 방향의 길에 침을 뱉으며 소리를 질렀다. 몰려든 사람들이나 무기를 든 혁명군 모두 로마 병사들을 찢어 죽이고 싶은 서로의 마음을 너무나 잘 알았기 때문에 그 누구도 질서 유지에 대한 발언이나 행위를 하지 않았다.

엘르아잘은 메나헴에게 다가가 상황의 위험성을 재차 설명하고, 병사들로 하여금 질서 유지를 위해 통제를 강화해 달라고 재차 요청했다. 메나헴의 지시로 병사들이 도로 진입을 통제하자 일촉즉발의 분위기는 조금씩 안정되는 듯했다.

날이 밝고 새벽에 맺힌 이슬이 사라질 무렵, 엘르아잘은 요새에 사람을 보내 출발신호를 전달했다.

안토니오 요새의 문이 열리고, 로마 수비대가 모습을 드러냈다.

2열로 줄을 서서 나오는 수비대는 굳은 표정이 역력했다. 대부분 자신들을 노려보는 군중들의 시선을 피해 고개를 숙이고 걸어 나왔다. 잠시 후 말을 탄 부장들이 나타나고 그 뒤로 메틸리우스가 모습을 드러냈다.

멀리서 이 모습을 지켜보던 엘르아잘은 숨을 멈추고 다시 확인하기 위해 눈을 질끈 감았다 다시 떴다. 메틸리우스 뒤편으로 로마군 깃발을 든 병사가 그를 따르고 있었기 때문이었다.

미친 짓이었다. 비록 평소처럼 군열의 맨 앞은 아니었지만, 포로의 신세로 퇴각이나 다름없는 이 마당에 군의 깃발을 쳐든다는 것은 이를 지켜보고 있는 분노한 군중들을 어떤 식으로 자극할지 모를 일이었기 때문이었다.

역시나 군중들이 조금씩 동요되며 소리를 지르고 침을 뱉었고 무언가를 던지기 시작했다. 질서를 유지하기 위해 도로에 배치된 메나헴의 병사들도 몸으로는 군중들을 막고 있었지만, 고개를 돌리고 로마군을 향해 욕을 내뱉고 있었다.

걱정스런 눈빛으로 모든 상황을 지켜보던 그때, 엘르아잘의 시선에 성벽 쪽에 모여 있는 군중들이 들어왔다. 묘한 이질감을 느낀 엘르아잘은 성벽 쪽을 좌우로 바라보며 그곳의 군중들을 살펴보았다. 다른 곳과 달리 침착한 모습의 성벽 쪽 군중들 안에는 여자들이 보이지 않았다. 그리고 왼쪽 성벽의 위쪽에 예히암이 있었다.

엘르아잘은 다시 급한 걸음으로 메나헴에게 가서 손가락으로 성벽 쪽을 가리키며 소리쳤다.

"저쪽을 보시오. 저기 성벽 쪽을요. 왜 저곳에 예히암과 그의 병사들이 몰려 있는 겁니까?"

엘르아잘이 가리키는 성벽 쪽을 바라보던 메나헴의 표정도 조금씩 굳어 갔다.

메나헴이 근처의 부하들을 시켜 성벽 쪽으로 보내려던 그때, 성벽 왼편에서 한 명이 밀려나와 로마군에게 달려들었고, 이에 놀란 로마 병사가 방패로 그를 내리찍는 모습이 보였다. 처음에는 무슨 상황인지 이해하지 못하던 군중들이 급속도로 흥분하며 소리를 지르고 돌을 들어 퇴각하는 수비대에 던지기 시작했다.

성벽 쪽에서 퇴각하는 행렬이 막히자 당황해 하던 로마수비대가 전열을 가다듬기도 전에 성벽의 좌우에서 고함을 지르며 무기를 든 사람들이 뛰어나와 수비대를 공격하기 시작했다. 그러자 약속이나 되어 있었던 것처럼 곳곳에서 "로마 놈들을 살려 보내지 마라!", "형제들의 원한을 갚자!"라는 고함 소리가 들리며 무기를 든 남자들이 튀어나왔고, 가뜩이나 흥분해 있던 군중들은 누가 말릴 겨를도 없이 도로로 쏟아져 나왔다. 일이 이렇게 되자 질서를 유지하기 위해 배치되었던 메나헴의 병사들도 로마 수비대를 공격하기 시작했다.

엘르아잘은 자리에 주저앉았다.

퇴각하던 수비대가 모두 사살되는 데에는 그리 오랜 시간이 걸리지 않았다. 도로는 피로 물들었고, 사람들은 수비대의 시체를 밟고 소리를 질렀다. 도로 중간에 칼끝에 끼워져 하늘로 들어 올려진 메틸리우스의 머리가 보였다. 그는 눈을 크게 뜨고 입을 벌리고 있었다.

엘르아잘은 두 손으로 얼굴을 감싸고 크게 숨을 내쉬었다.

이제 모든 것이 끝났다. 이곳 예루살렘에 모여든 저 가련한 사람들에게서 죽음을 비켜 가게 하기 위해 자신이 할 수 있는 일은 더 이상 없었다.

그는 하늘을 바라보며 중얼거렸다.

"주님. 저는 이제 어디로 가야 합니까!"

말을 잇지 못하던 엘르아잘은 힘없이 고개를 떨구고 이미 늙고 지친 몸을 힘겹게 일으켜 아주 천천히 감란산 쪽으로 걸어갔다.

42장. 그의 뜻

회의장 분위기는 침울하기 이를 데 없었다.

모두 다가오는 죽음을 두려워하고 있음이 분명했다.

갈 곳 없는 사람들이었다.

집안에 시카리가 있다는 이유로, 아니면 무지막지한 조세를 버티지 못했다는 이유로 굶어 죽거나 노예로 팔리기 싫어 도망친 가련한 이들이었다.

그렇게 살길을 찾아 여자들과 어린아이들을 데리고 흘러흘러서 예루살렘으로, 결국은 이곳까지 오게 된 사람들이 다가오는 죽음에 떨고 있었다. 아니, 로마군의 잔혹함을 오랜 시간 보아 온 그들은 인간이 겪을 수 있는 가장 고통스러운 죽음이 그들을 기다리고 있다는 것에 죽음보다 더한 공포를 느끼고 있었다.

아무도 말이 없었다. 남자들도, 아이들을 품에 안고 무슨 대책이라도 세워 보라는 눈빛의 여자들도 말이 없었다.

아주 긴 시간이 흐르고 회의장의 중간에서 힘없는 중얼거림과 같은 목소리가 새어 나왔다.

"새벽에 넘어올지도 몰라요."

모두 그 목소리를 듣기는 했지만 뒤돌아보는 사람은 없었다.

"성벽 바로 아래까지 왔어요. 망루 하나면 넘어올 수 있는 곳까지."

"저놈들은 우리를 살려 두지 않을 거예요. 여자고, 아이들이고. 강간하고 배를 갈라 죽이겠지요."

여자들은 아이들을 안고 흐느껴 울기 시작했다.

회의장이 울음바다가 되었을 때, 수비대장 시몬이 일어나 소리쳤다.

"나는!"

그는 격정에 말을 잇지 못하고 잠시 심호흡을 하고 다시 외쳤다.

"나! 아론의 아들 시몬은!"

시몬은 그의 아내와 아이들을 바라보며 잠시 감정을 주체할 수 없는 듯 다시 말을 잇지 못했지만, 곧 마음을 다잡고 크게 소리를 질렀다.

"나는 싸우겠다! 내 생명이 다할 때까지 저놈들의 목에 칼을 쑤셔 넣어 여자와 아이들을 지킬 것이다!"

"나도 성벽에서 죽겠소! 저놈들과 칼을 맞대고 싸우다 죽는 것이 내 인생의 마지막이 될 것이오!"

"나도 싸우겠소!"

시몬의 용기에 다른 사내들도 일어나 전의를 다지며 소리를 질렀지만, 그것은 승리를 위한 결의라기보다는 절망에 질린 사람들의 도피에 가까웠다.

엘르아잘은 조용히 자리에서 일어나 그를 바라보는 눈빛들을 뒤로한 채 회의실 밖으로 나왔다.

그리고, 문 밖의 돌 무더기를 등에 기대고, 힘없이 주저앉아 고개를 뒤로 젖힌 채 긴 한숨을 내쉬었다.

그는 별빛을 바라보며 나지막한 목소리로 무엇인가를 중얼거렸다. 노쇠한 그의 목소리는 그 어느 때보다 간절함과 슬픔이 묻어 있었다.

그때, 문이 열리고 형제와 같은 사내의 아들 시몬이 나와 조용히 그의 곁에 앉았다. 반짝이는 별빛을 바라보고 있는 두 사람의 곁으로 시원한 바람이 불어왔다.

"선생님. 무엇을 생각하고 계셨습니까?"

별빛을 바라보고 옅은 미소를 띠고 있던 엘르아잘이 말했다.

"저들을 위해 내가 할 수 있는 것이 남아 있는지를 묻고 있었네."

"그러셨군요."

시몬은 그런 엘르아잘을 바라보며 슬픈 미소를 띠어 보였다.

"답을 주시던가요?"

"날 지금까지 지탱하게 해 주신 분께서 예전에 이런 말씀을 하신 적이 있다네. 아마 자네도 아버지에게서 그분에 대한 이야기를 자주 들었을 것이야."

"아버지에게서 예수아 선생님에 대한 이야기를 많이 들었습니다. 그분의 이야기를 들려주실 때마다 요한 아저씨의 이야기도 빼지 않으셨지요."

엘르아잘은 아론이 어린 시몬을 품에 안고 예수아의 이야기를 들려주는 모습이 상상이 가서 자신도 모르게 눈시울이 붉게 충혈되었다. 촉촉히 넘쳐 나는 눈물을 참기 위해 이를 지긋이 물고 하늘을 바라보았다.

"요한 형님을 마지막으로 본 것이 3년 전이구나. 벳세다의 형제들 모두 주님을 따라 그분의 길을 가고, 마지막 남은 형제를 뵈러 에베소로 길을 걸었었지. 시몬아. 그 형님께서 너를 유독 이뻐하셨단다. 잘 웃던 너를 품에 안고 내려놓으실 줄을 몰랐었지. 내가 마지막에 형님을 뵈었을 때에도 네가 어떻게 컸는지 몇 번을 물으시더구나."

시몬은 격식을 내려놓은 엘르아잘의 회고에 감정이 북받쳐 오르는지 엘르아잘의 왼손을 잡고 고개를 숙인 채 울먹이듯 물었다.

"아저씨도 잘 지내시지요?"

엘르아잘은 하늘의 별을 바라보며 말했다.

"세상의 기준으로는 어떨지 모르겠지만, 난 그 형님께서 기쁨 속에 사시는 것을 느꼈단다. 손을 마주잡고 말씀하시는 눈빛에서 주님의 세상에 대한 확신을 보았지. 그리고 농담처럼 말씀하시는데, 먼저 간 형님들보다 오히려 자신에게 가장 큰 과제를 주셨다며 투덜거리시더구나."

둘은 잠시나마 죽음의 상황을 잊고 미소를 지을 수 있었다.

시몬이 바닥의 흙을 손으로 쓰다듬으며 조용히 물었다.

"선생님의 스승께서 주신 답이 무엇인지 여쭈어도 되겠습니까?"

엘르아잘은 아주 오래전 일을 회상하듯 그리움에 가득 찬 눈빛으로 별빛을 바라보았다.

"그분께서 새벽녘에 오늘처럼 반짝이는 별빛을 바라보시면서 내 미래에 대해 말씀하신 적이 있으셨단다. 그 말씀이 이러하셨지. 네 눈물이 성벽을 적실 때 예레미아가 너를 인도할 거라고 말이야."

시몬은 말없이 엘르아잘의 이야기를 들었다.

"이제 시간이 얼마 없는데, 난 아직도 그의 인도만 기다리고 있다니. 이 얼마나 모자란 늙은이란 말인가."

한참 동안 엘르아잘을 바라보던 시몬이 조용히 물었다.

"시간이 얼마 남지 않은 것이겠지요?"

엘르아잘은 대답하지 않았다.

"선생님. 내일이 마지막이 되더라도 여자들과 아이들을 지키기 위해 용감히 싸우다 죽고 싶습니다. 그런데 저희는 로마군을 잘 알지 못합니다. 그들이 어떤 방식으로 전투를 벌이는지, 혹시 저희가 파고 들어갈 약점 같은 것은 없는지 말입니다. 선생님께서는 많은 경험이 있으시니 혹 제게 조언을 해 주실 것이 없으시겠습니까?"

하늘을 바라보고 있던 엘르아잘의 입에서 마치 책을 읽듯 건조한 목소리가 흘러나왔다.

"창고 벽을 뜯어내 돌과 나무를 서쪽 성벽 쪽으로 옮기라 하게. 나무는 끝을 날카롭게 다듬어 두고."

"얼마나 옮겨야 할까요?"

"할 수 있는 한 많이 쌓아 놓으라 하게."

"어떻게 쓰여질지 여쭈어봐도 되겠습니까? 창고를 만든 돌은 전투가 벌어지면 던지기에는 너무 무겁습니다."

엘르아잘이 시몬은 바라보고 말했다. 그의 표정은 변화가 없었다.

"저들은 공성탑을 끌고 올라와 싸우려 할거야. 우리도 성벽 위로 올라가 싸워야 할 테니 밟고 올라설 것이 필요하고."

"그렇겠군요."

"그리고, 우리가 공성탑의 병사들과 싸우는 동안 뒤에서는 투석기를 사용할 거야. 날아오는 돌이야 막을 수는 없겠지만, 성벽이 버텨줄지 모르겠군. 만약 성벽이 뚫리면 임시로라도 막을 돌과 나무가 필요하다네."

"알겠습니다. 선생님. 그렇게 준비하겠습니다."

엘르아잘은 힘없는 목소리로 급하게 일어서 회의장으로 돌아가려는 시몬을 불러 세웠다.

"지금은 바람이 서쪽으로 부는 계절이니 놈들의 탑에 불을 지르게."

수비대장 시몬은 말없이 고개를 끄덕이고 회의장으로 뛰어 들어갔다.

엘르아잘은 서쪽 성벽에 몸을 기대고 밤을 지새웠다.

아침 해가 막 떠오르려고 할 때부터 공성탑을 만들 나무들과 투석기가 옮겨지기 시작했다.

서쪽 성벽 바로 아래까지 나무를 매고 올라온 상처 투성이 유대 포로들은 로마 병사들의 창과 채찍을 맞아 가며 공성탑이 만들어야 했다. 성벽 위에서 이를 지켜보던 사람들은 분노와 두려움으로 이를 갈거나 벽에 기대어 기도를 드렸다.

여자와 아이들은 회의장으로 모이게 했고, 여자들의 손에는 단검이 하나씩 쥐어졌다. 마지막까지 싸우든, 아니면 아이들과 함께 자살을 하든 그것은 어미의 몫으로 남겨졌다.

공성탑이 완성되고 전투가 시작되기 전 로마 병사들은 자신의 성기를 꺼내 보이며 자신들이 앞으로 어떻게 이곳을 유린할지를 알려 주었다.

기세를 올리던 로마 병사들의 함성 소리가 사방에 울려 퍼지기를 두세 번 하더니, 공성탑이 성벽에서 열 보 정도까지 접근하는 것을 기점으로 전투가 시작되었다.

로마군은 공성탑에서 화살과 창을 쏘아 대며 사다리를 타고 올라가려는 병사들을 지원했고, 성벽 위에서는 돌과 끝을 뾰족하게 깎은 긴 나무 막대로 올라오는 병사들을 저지하기 위해 힘썼다. 가까이 올라온 로마군에게는 칼을 들고 달려들었다.

모두 여자와 아이들을 지키기 위해 두려움을 이기고 용감하게 싸웠다. 성벽 위의 사람들에게는 돌아가거나 도망칠 곳이 없었기에 목숨을 아끼는 사람은 없었다. 그러나 전투가 격심해지고 시간이 지나면서 부상자가 늘어나기 시작했다. 특히, 투석기에서 날아오는 돌에 맞아 즉사하거나, 파편에 부상당하는 사람들이 늘어나면서 전세는 조금씩 기울고 있었다.

전투가 한참이던 서쪽 성벽의 왼쪽 아랫부분이 투석기에서 날아온 돌에 맞아 무너지자, 로마군들이 그곳으로 달려들었고, 침입을 저지하기 위해 차마 눈을 뜨고 볼 수 없는 참혹한 백병전이 벌어졌다. 병력의 차이는 많았으나 무너진 성벽의 크기가 크지 않아서 성벽은 쉽게 뚫리지 않았다.

그때, 바람의 방향이 서풍으로 강해지자, 수비대장 시몬의 지시로 준비된 기름 항아리가 공성탑 쪽으로 던져졌고 곧이어 불을 붙인 막대와 천으로 감싼 불붙은 돌덩어리를 던져 공성탑에 불을 질렀다.

나무로 만든 공성탑은 불어오는 강한 바람에 순식간에 불에 휩싸였고, 위에 있던 로마 병사들은 불길에 괴로워하다가 아래로 추락했다. 공성탑이 불에 타오르자 사다리를 타고 올라오려던 로마 병사들도 주춤하기 시작했고, 성벽 위의 상황은 조금씩 역전되는 듯했다.

그러나, 성벽 아래쪽 무너진 부분에서 로마군이 몸을 방패로 감싸고 긴 창을 이용해 밀고 들어와 순식간에 사망자와 부상자가 늘어나며 조금씩 밀리기 시작했다.

시몬은 공성탑 쪽에서 싸우던 사람들 절반을 아래로 보내 미리 준비해 둔 돌과 나무를 무너진 성벽 쪽으로 던져 넣게 했다. 창으로 밀고 들어오던 로마군도 큰 돌이 날아들며 구멍이 막혀 가자 조금씩 뒤로 물러났다. 로마군의 기세가 꺾이자 나무 판자로 구멍을 막고 다시 그 뒤에 돌을 쌓아 버팀목으로 사용했다.

해가 저물어 들 때까지 서쪽 성벽의 곳곳에서 처절한 전투가 벌어졌고, 이미 성벽 위에서 로마군을 막던 사내들은 절반 가깝게 죽거나 큰 부상으로 쓰러져 있었다.

저녁이 되어 바람의 방향이 바뀌자 로마군도 성벽 구멍에 기름을 뿌리고 불을 질렀다. 불은 바람을 타고 막아 놓았던 나무와 판자에 옮겨 붙었고, 쌓아 놓은 돌 틈 사이로 시커먼 연기가 피어 올랐다.

더 이상 막을 돌도, 나무도 없었다. 모두 너무 지치고 힘들었지만,

악에 바쳐 칼을 들고 구멍을 비집고 들어올 창과 로마군을 기다리고 있었다.

그때, 성벽 위에서 로마군이 언덕 아래로 내려가고 있다는 소식을 전해 왔다.

모두 긴장의 끈이 놓이지 않았는지 한동안 무너진 성벽 뒤에서 칼을 들고 서 있다가 하나둘 자리에 주저앉았다. 사람들은 거친 숨을 몰아 쉬기만 할 뿐 서로 아무런 말을 하지 않았다. 소식을 전해 들은 여자들은 눈물을 흘리며 손에 쥐고 있던 단검을 내려놓았고, 겁에 질린 아이들은 그런 엄마의 품에서 잠시도 떠나려 하지 않았다.

로마군이 언덕 아래로 내려가고, 남편과 아들을 잃은 여인들은 그들의 시신 위에 엎드려 오열했다. 그러나 살아 있는 사람도 죽어 버린 사람도 잠시 시간의 차이만 있을 뿐 다를 것이 없었다.

상당수의 부상자들도 그 정도가 심해 아침을 보지 못할 가능성이 높았다.

누가 모이라고 하지도 않았는데, 사람들은 모두 회의장으로 모여 들었다. 남자들은 고개를 들지 못했고, 여자들은 아이들을 품에 안고 울음을 삼켰다.

엘르아잘은 조용히 일어나 회의장을 나왔다.

그 누구도 말을 하지는 않았지만, 지금 저들이 느끼고 있을 공포와 두려움, 슬픔과 체념의 감정이 그의 심장을 저리듯 찌르고 있었기 때문이었다.

분명, 내일 해가 뜨면 실바는 다시 공성탑을 세우고, 저 무너진 성벽을 통해 이곳을 유린할 것이었다. 이곳에 있는 저 가련한 사람들에게는 더 이상 대항할 인원도, 힘도, 의지도 없어 보였다.

엘르아잘은 조용히 동쪽 성벽으로 걸어가 반짝이는 사해를 바라보았다.

"이제 마지막입니다."

그의 시선은 마치 공간 속의 누군가를 바라보듯이 초점이 없었다.

"저희의 죽음은 주님의 세상을 이루기 위한 먼지와도 같은 것일 수 있으나, 저와 저 가련한 자들에게는 세상의 전부입니다."

"두려운 것은 이 못난 제가 저들까지 잘못된 죽음의 길로 인도한 것은 아닐까 하는 죄스러움입니다."

엘르아잘은 고개를 떨구었다.

곧 다가올 죽음에 대한 두려움은 없었으나, 저 회당 안에 모여 있는 아이들의 철없고 두려움에 가득 찬 눈빛이 그를 더 없이 두렵게 하였다.

두 무릎 사이에 고개를 깊이 파묻고, 정수리 위로 두 손을 모은 채로 나지막이 중얼거렸다.

"제발 길을 깨닫게 해 주소서. 다가올 죽음을 맞이할 수 있는 주님의 진리를 알게 하시어, 저 가련한 자들이 고달팠던 삶의 마지막에 당신의 사랑 안에 있게 하소서"

성벽에 기대어 지친 듯 물기마저 말라 버린 엘르아잘의 시선에 세상은 변함없이 아름답고 평화롭게 빛나고 있었다.

갈색 대지 사이로 저 멀리서 모여 살고 있는 푸른 나무들과 일렁이며 반짝이는 사해, 그리고 수없이 많은 밤하늘의 별빛들은 그 어느 때보다 더 없이 아름다웠다.

엘르아잘은 그 아름다운 모습을 숨이 끊어지기 전에 조금이라도 가까이 그의 눈에 담으려는 듯 성벽 위로 올라가 한참을 바라보았다. 그의 몸은 금방이라도 성벽 아래로 떨어질 듯 위태로워 보였다.

그는 쉬어 가는 목소리로 혼잣말을 하듯 조용히 말했다.

"저는 아직도 당신을 사랑하는 것 같습니다. 이 아름다운 풍경에서도 당신이 계셨던 그곳 하나하나가 느껴지니 말입니다."

예수아를 처음 만났을 때, 그의 뒷모습과 흔들리는 낡은 탈릿에서 느꼈던 잊지 못할 신비로운 감정이나, 예수아와 함께 했던 모든 순간들을 잊지 않으려는 듯 그는 애처로운 시선으로 여전히 아름다운 세상을 바라보았다.

너무나 아름답게 반짝이는 세상의 모습을 바라보던 엘르아잘의 눈빛이 잠시 흔들리는 듯하더니, 얼굴이 굳어 가며 눈이 점점 커졌다.

그는 믿을 수 없다는 듯 숨을 멈추고 자신의 눈에 들어오는 그 아름다움을 바라보며 말문을 잊지 못했다.

"설마…"

엘르아잘은 자신도 모르게 '설마'라는 말을 여러 번 반복하며 벌린 입을 다물지 못했다.

한동안 혼란스러움에 멍하니 있던 그는 뒷걸음질치며 땅에 주저앉고 말았다. 그는 커질 대로 커져 버린 눈동자로 하늘의 별과 무너져 가는 거친 성벽과 흙을 움켜쥔 자신의 손을 번갈아 가면서 쳐다보았다.

그리고는 정신이 나간 사람처럼 혼잣말을 중얼거렸다.

"그랬군요. 그랬던 것이었어요. 이제야 당신이 왜 그리 말씀하셨는지 알겠습니다."

그는 울먹이며 고개를 들어 다시 밤하늘을 바라보았다.

"이제야 그 의미를 알겠습니다. 이곳이 어디인지, 당신이 왜 그리 하셨는지."

"포기하지 말고 찾으라 하셨지요. 이놈의 삶이 다 하기 전에 찾을 거라 하셨지요. 제가 당신의 말씀을 깨달을 때, 예레미아의 인도를 받으라 하셨지요."

한참 동안 머리를 땅에 대고 정신이 나간 사람처럼 피어 오르는 흙먼지를 모두 마시며 알 수 없는 말을 중얼거리던 그는 결심한 듯 고개를 들었다.

"이제야 제가 어디에 있는지 알겠습니다. 그리고 지금 제가 행해야 할 당신의 사랑이 무엇인지 알겠습니다."

그는 일어나 무릎의 흙을 털고 정성껏 옷 매무새를 가다듬었다. 그리고 사해 쪽을 바라보고 성벽에 머리를 기대고 한참 동안 기도를 드렸다. 그리고 그는 쿰란이 있는 방향의 성벽에 입을 맞추고는, 정제된 자세로 뒤로 돌아 조용히 회의장 쪽으로 걸어가 문을 열고 안으로 사라졌다.

다음 날, 아무런 저항이 없음에 머뭇거리던 로마군이 성벽을 넘어

왔을 때, 그들을 기다린 것은 곳곳에 가지런히 죽어 있는 1천여의 시신이었다.

실바는 창고에서 붙잡은 늙은 노파에게서 엘르아잘의 마지막에 대해 들을 수 있었다.

노파는 그의 마지막 연설은 신념에 가득 차 있었고, 사람들을 바라보는 그의 눈빛은 자애와 사랑이 가득했다고 전했다.

부속서 1

나는 영혼인가 세포덩어리인가

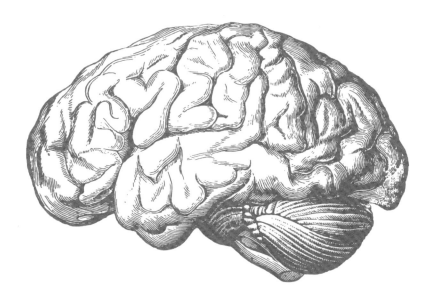

우리에게 '영혼이 있느냐 없느냐', '신의 세계가 존재하느냐 아니냐'의 논점은 지금 우리 사회를 구성하는 약속, 도덕, 종교 등 모든 것의 근원적인 시작점이다.

개미굴이 있다.

여왕은 쉴 새 없이 알을 낳는다.

그녀의 옆에는 그녀를 정성껏 돌보는 역할에만 매진하는 개미들이 있다. 그리고 알을 관리하고, 부화된 개체를 돌보는 보모 역할을 하는 개미, 대외 활동으로 먹이를 구하는 것에 인생을 바치는 개미, 그 개미굴 안에서는 나름 근육을 자랑하는 오로지 싸움만 하는 파이터 개미도 있다.

산 중턱 개미굴 옆에 앉아 '이상한 나라의 엘리스'에 나오는 토끼마냥 엄청 바쁜 척하는 이런 개미들을 바라보고 있자면, 마치 원시시대 인간들도 이들과 비슷하지 않았을까 하는 상상을 하게 된다. 굴속의 여자들은 아이를 돌보고, 대부분의 남자들은 먹을 것을 구하러 다녔을 것이다, 아마도, 가장 거칠고 힘이 센 남자들은 동굴에 머물며, 다른 동물들의 공격으로부터 무리를 지켰을 가능성이 높다.

단지, 개미와 인간의 차이는 집단을 구성하는 각각의 개체가 나를 위해서 집단을 배신할 수 있느냐, 그렇지 않느냐의 차이다.

지금의 유인원 무리가 살아가는 모습에서 유추할 수 있듯이, 인간 사회의 개체인 우리 개개인은 생존을 위한 수단으로써의 집단과 사회의 가치가 중요할 뿐이다. 즉, 높은 확률로 개인의 생존과 안전이 집단의 그것보다 훨씬 우선 시 된다.

그에 비해, 개미는 각 개체의 생존과 이익 여부와 관계없이 집단의 화학적 명령에 완벽하게 종속되어 활동한다. 마치 인간의 몸 속에 각자의 역할을 수행하는 세포들의 움직임처럼 말이다.

그렇다면, 시선을 조금 바꾸어 지금 내 옆에서 열심히 살아가고 있는 이 개미 집단을 하나의 생명체로 바라보아 보자.

이름을 '순이'라고 붙여 보겠다.

'순이'의 몸은 조금 특이해서, 적혈구들을 산으로 보내 나무들이 만들어 낸 신선한 산소를 담아 오게 할 수 있고, 위장 세포들은 밭으로 보내 보리 알갱이를 물어 오게 할 수 있다. 백혈구들은 '순이'를 노리는 약탈자들과 싸우기 위해 서슬 퍼렇게 보초를 서고 있다. 소화액은 위장 세포가 가져온 식자재를 구성원들이 먹기 좋은 시럽으로 만들고, 인슐린은 배달을 담당한다. '순이'의 세포들은 각자의 생존 여부나 이익을 보는 것에는 완벽에 가깝도록 관심이 없다.

오로지 '순이'의 안위만을 위한 명령을 따를 뿐이다.

작은 하나의 개체에서 시작하여, 거대한 무리를 이룬다는 것도 인간인 나와 '순이'는 비슷하다.

단 하나의 차이는 누가 움직이느냐다.

인간은 구성원들을 철저히 집안에 가두어 놓고, 집 전체를 움직여 생존 활동을 하는 반면, '순이'는 집을 고정시켜 놓고 최소한의 관리 인원만 집안에 남겨 둔 채 나머지는 생존 활동을 위해 외부로 내보낸다. 위장 세포의 일부가 돌아오지 못해도 어쩔 수 없다. 대부분의 세포들은 생존에 필요한 물품들을 획득해서 무사히 돌아올 것이고, 확률상 '순이'가 생존하는 대세에는 영향이 없을 것이다.

이렇게, 인간인 나와 '순이'를 비교한 이유는 과거 수많은 세대들을 거쳐 가며 인간이 가진 궁극의 궁금증. 즉 '나는 무엇인가', '나는 어디에서 와서 어디로 가는가', '영혼이란 존재하는가'에 대한 이야기를 유식하다고 하는 사람들의 말투에서 벗어나 조금은 가볍게 풀어 보기 위함이다.

수천 년 동안 인간이 풀어내지 못한 어려운 문제이니만큼, 이렇게 복잡하고 잠이 솔솔 오는 철학적 관념에 접근하기 위해서 우리가 지금까지 우리 머릿속에 고정된 생명의 근원에 관한 여러 관념의 허리띠를 스트레칭 하듯이 풀어내는 약간의 준비운동 같은 것이 나름 도움이 되기 때문이기도 하다.

'영혼.'

이 단어를 읽는 순간, 혹자는 '귀신'을, 누구는 '내 몸을 조정하는 존재'를, 그리고 누구는 책의 표지로 손을 옮기며 덮어 버릴 준비를 하고 있을 것이다.

그러나, 전 세계 인구의 약 85% 정도가 그리스도교에서 샤머니즘에 이르기까지 어떤 형태든 종교를 가지고 있고, 그 대부분이 '영혼'과 '사후세계'를 믿고 있다고 하니, 이 존재는 단순히 유튜브의 미스터리 채널 정도에서 다루기에는 철학적으로 우리의 삶에 너무 중요한 단어로 이어져 왔다.

우리가 '영혼'이라는 개념을 생각하는 시작은 이 지구상에 '생명체'로 태어나 살아가다가 어느 순간 다른 동물들처럼 먹고, 싸고, 번식하는 것이 모든 의미의 전부라는 것을 인정하지 못하는 것에서 비롯된다.

배고픔과 추위, 언제 죽을지 모르는 공포 속에 살아가다가, '이런 괴로운 인생 말고, 다른 무언가가 있지 않을까?'라는 간절한 바램에서

'나는 누구인가', '죽음이 나의 모든 것의 끝인가' 등 기초적인 철학적 질문들이 생겨나기 시작했다.

우리도 단세포일 때를 비롯해서 5살 이전의 일들은 거의 기억하지 못한다. 대부분 '철학'이니 '영혼'이니 이런 것에는 관심 없이 복잡하고 신기한 이 세상을 강물에 쓸려 가듯 살아가다가 인생의 단맛, 쓴맛을 어느 정도 보고 난 다음에야 좀 철학적인 시선으로 삶을 되돌아보곤 한다.

그럼, '영혼'에 대해 생각해 보기 전에, 영혼의 토대가 되는 생명의 형태와 범위 정도는 폭넓은 시야로 볼 수 있어야 영혼이 무엇인지 본격적으로 생각해 볼 수 있을 것이다.

우리가 살고 있는 이 행성에는 헤아릴 수 없이 수많은 형태의 생명들이 존재한다. 아주 작은 하나의 세포로 살아가는 것에서 수조 개의 세포들이 집단을 이루어 사는 거대 생명체에 이르기까지, 움직이지 않는 것에서 움직이는 것까지, 오로지 햇빛과 물, 약간의 유기질로만 신체를 만들어 사는 생명부터 다른 생명체의 몸을 빼앗아 자신의 신체를 성장시켜 사는 생명까지 그 종류와 수는 우리가 상상하기도 힘든 정도이다.

그중에서 자신들만이 신의 선택을 받아 영혼이 있다고 주장하는 인간이라는 생명체는 어디에 속하는 것일까?

앞에 기술한 조금은 거친 구분으로 보았을 때, 우리는 수십조 개의 세포들이 집단을 이루고, 다른 생명체의 몸을 빼앗아 자신의 세포를

늘이거나, 이러한 약탈 행위를 통해 얻은 원료를 산소와 발화시켜 그 힘으로 움직이는 생명체 중 하나이다. 세상을 창조하신 신의 입장에서 보았을 때, 뭐 그렇게 합리적이거나 정의로운 생명체는 아닌 것으로 보인다.

그렇다면, 강아지는 영혼이 없을까? 코끼리와 참치, 곰벌레와 은행나무는 영혼이 있을까? 하물며 포도상구균과 박테리아는 어떨까? 우리가 영혼이 있다면, 저들도 영혼이 있어야 하지 않을까?

이러한 이기적인 우려 때문에, 미물이라고 부르는 저들과 같아지기를 거부하는 인간이 생각해 낸 것이 '의식화된 영혼'이다.

다른 생명체들은 '영혼이 없다'라고 말하기에는 조금 찔리는 부분이 있어서, 저들이 영혼이 있는지 알 수는 없지만 인간의 영혼은 저들의 그것과는 다른, 무엇인가 고귀하고 고차원적인 것이라는 생각이다. 학교에서 공부 잘하는 애들 중에 이런 애들이 꼭 하나씩 있기는 하지만, 보통은 친구들에게 눈총을 받는 것처럼, 다른 동물들도 인간이 좀 재수 없을 것 같기는 하다.

그러니, 생명과 영혼의 관계를 조금 더 객관적으로 바라보기 위해서는 생명을 바라보는 인간의 편협한 시선과 관념에서 벗어날 필요가 있다. 아까 잠시 이야기했던 '순이'처럼 말이다.

무엇인가 독립적으로 움직이면 그것이 독자적인 생명체라고 간주했던 오래된 과거의 시선에서 벗어나, 상상할 수도 없을 만큼 다양한 생존 방식으로 존재해 온 그들을 폭넓은 시선으로 바라볼 필요가 있다. 생명과 영혼은 서로 떼어놓고 생각할 수 없는 관계이므로, 생명에 대한 다양한 시각은 영혼의 존재를 확인하는 것에 도움이 된다.

우리는 '영혼'의 존재를 믿기에 '신'의 존재도 믿으며, 많은 이들이 철학과 종교를 삶의 중심에 두고 살아왔다. 대부분의 세상 속에서 평범한 인생을 살아온 우리들은 삶이 풍요롭고 건강할 때는 신에 대한 믿음이 잘 생기지 않는다. 하지만, 죽음이 다가오거나 그럴 나이가 되면 '내가 죽어서 어떻게 되나', '정말 지옥이라는 것이 있나'라는 불안감에 살아온 자신의 모습을 돌아보고, 도무지 천국에 갈 자신이 없다는 것을 확인하고는 독실한 종교인이 되곤 한다.

그것은 삶을 마감해 죽은 이후에도, 지금 우리가 '나'라고 생각하는 존재가 '영혼'의 모습으로 전환되어 지금 우리가 겪고 있는 고통과 기쁨을 모두 느끼게 될 것이라는 믿음과 불안에서 시작한다.

그럼, 영혼을 어떻게 정의해야 할까!

우리가 영혼이라 부르는 것은 '인간이 자신의 인생을 살아오면서 얻은 수많은 경험들과 정보들로 인해 형성된 '나'라는 독특한 '의식'이 자신을 구성하는 모든 세포들의 연합과는 별도의 '독립적인 개체'라고 생각하는 판단'이라고 딱딱하게 표현할 수 있겠다.

즉, '영혼'은 '의식'이라는 총괄 업무를 담당하는 인간의 장기가 다른 신체 부위들과 같은 취급을 받는 것을 거부하고, 독자적인 무엇인가를 표방하여 '불로초'를 먹고 영생을 얻은 버전이라 할 수 있다.

그렇다면 한 발 더 깊이 들어가서, 인간의 '의식'이란 무엇인지 반드시 정확하게 확인할 필요가 있다. 그리고 모든 생명체는 의식이 있는 것인지 아니면 인간에게만 있는 것인지도 나름 판단해 보자.

'의식'이란 무엇일까?

나의 '의식'은 지금 지구상에서 살아 숨쉬는 '나'라는 몸의 모든 행위를 통제하는 소프트웨어이자, 몸에 일어나는 모든 사건의 영향을 받는 존재이다. 쉽게 풀어 보면, 내 몸이 앞으로 갈지, 뒤로 갈지, 먹을지, 싸울지를 결정하는 주체이기도 하고, 몸이 뜨거운 물에 데이거나, 추운 곳에 머물거나, 맛있는 것을 먹거나, 높은 곳에서 떨어질 때, 그 모든 고통과 즐거움을 고스란히 느끼는 존재이기도 하다.

손가락이 바늘에 찔릴 때, 우리는 "참으로 안된 일이지만, 그것은 손가락에 일어난 불행이므로 유감을 표한다."고 예를 갖추는 것으로 사건을 마무리하지 못한다. 바늘이 손가락을 찌르는 순간, 사건이 발생한 손가락의 세포들은 신경 회로를 통해 이를 급히 뇌에 전달하고, 뇌보다 사건 현장에 가까이 있어 이 사건을 먼저 인식한 '팔 근육'이 미리 설정되어 있는 '무조건 반사'라는 매뉴얼에 따라 손가락을 급히 후방으로 이동시킨다. 그리고, '팔 근육'보다 조금 늦게 소식을 접한 뇌는 극심한 고통이라는 감각 신호를 전달받고, 그의 기분과 고통을 얼굴 근육으로 전달해 주변의 개체들에게 표현한다.

그런 이후, '왜 이런 사건이 벌어졌지?', '내가 뭘 잘못했나?' 등의 판단을 하고는 사건을 수습하기 위한 가장 합리적인 방법을 찾기 시작한다.

이러한 매커니즘 속에서 의식을 바라보는 사람들의 해석은 크게 두 가지로 나뉘어졌다.

과학으로 대표되는 물질주의에 기반한 이들은 '인간의 의식'을 '집'

을 움직여 생존 활동을 하기 위한 구성원들의 화학적 전기 신호의 산물로 국한한다. 수많은 인간들이 모여 하나의 생명체처럼 움직이는 군대가 전군의 위치와 상태, 이동 및 전투, 식량 등 모든 데이터를 실시간 중앙에 집결시켜 지휘관이라는 존재의 컨트롤에 일사 분란하게 움직이는 것처럼, 인간의 몸을 구성하는 모든 세포들이 각자의 상황을 전기 신호의 형태로 뇌라는 컨트롤 타워로 전송하고, 뇌가 이를 분석, 생존에 가장 유리한 결정을 하는 각종 패턴을 우리가 '의식'이라는 독립적인 무엇인가가 있는 것으로 착각하고 있다는 주장이다.

반대로 인간의 의식과 영혼의 존재를 믿는 이들은 육체를 뛰어넘는 의식이라는 존재가 소멸되지 않는 에너지와 같은 것으로 존재하며, 육체로 대표되는 물질과 연결되어 있고, 물질의 형태가 소멸되는 것과는 별개로 지속적으로 존재한다고 믿는다.

인간이 궁극적으로 확인하기를 원하는 이 두 가지 주장은 오랜 기간 동안 복잡하고 어려운 단어들(유물론, 관념론, 이원론, 일원론)을 만들어 내며, 매일 먹고살기 위해 바쁘게 뛰지 않아도 되는, 있는 집안 자식들의 여유 넘치는 '유희 속 망상' 정도로 자리잡아 왔다.

역사적인 관점에서 두 집단의 양상을 훑어보면, 사람들의 증언에 의지할 수밖에 없었던 근대 이전의 시대에는 임사체험이나 환각 같은 경험이 증거의 대부분이었기에, 영혼은 존재하며 신의 세계도 존재한다는 사상(이원론적 관념론 계열)이 인간 사회에 통용되었다고 할 수 있다.

그러나, 근대 이후에, 인류가 빛과 전기(전자)를 알아 가기 시작하고, 뇌의 방어 체계를 뚫고 들어갈 수 있는 화학 구조물을 발견하면서 그 흐름이 바뀌기 시작했다. 인간의 의식이라는 것이 몸을 구성하는 세포들이 뇌에 보내는 전기 신호와 뇌의 반응에 밀접한 관련이 있다는 실험 결과가 여러 차례 발표되었고, 이를 근거로 영혼이 있다고 확인할 수 없다는 주장(일원론적 유물론)이 현재 많은 이들에게 정설로 받아들여지고 있는 상황이다.

즉, 옛날에는 아는 것도 별로 없고, 사는 것은 힘들고, 세상은 무섭고 해서 '신'을 믿었고, 요즘은 세상에 대해서 꽤 많이 알게 되었고, 배도 좀 부르고, 나를 납득시킬 만한 논리도 없는 것 같고 해서 '신'을 잘 믿지 않는다는 이야기이다.

자, 그렇다면 역사적으로 사람들이 의식과 영혼에 대해 어떻게 생각해 왔는지 살펴보았으니, 다음은 그러한 이야기들을 몇 개의 가설로 나누어 검토해 보자.

중요한 기준은 우리의 모든 생리적 환경이 소멸되었을 때, 우리의 의식화된 영혼이 존재하는지 확인할 수 있어야 두 주장 중 어느 것이 진리인지 알 수 있고, 인류 역사상 철학과 종교가 지금까지 완벽하게 설득하지 못한 신의 세계를 증거할 수 있다는 점이 될 것이다.

이를 위해 아래의 3가지 조건으로 의식과 영혼의 존재에 대해 나누어 생각해 보자.

1. 영혼과 의식은 같은 존재이고 동시에 소멸한다. 인간의 의식은 생명 현상이 고도로 복잡해진 전기 신호일 뿐이고, 생명 운동의 소멸로 전기 신호가 끊기면 의식도 사라진다. 우리가 영혼이라고 느끼는

존재는 의식이 동물 기능의 범주를 넘어서며 발생한 개념으로 의식의 과대망상과 같은 것이다. 따라서 의식이 소멸되면 영혼도 소멸한다. (일원론,유물론)

2. 영혼과 의식은 같은 존재이나 영혼은 소멸하지 않는다. 현실에서는 육체라는 물질을 사용하는 의사 결정 주체이며, 물질 세계의 한계에서는 의식의 형태로, 연동하던 육체가 소멸하면 영혼의 형태로 신의 세계에 존재하게 된다. 의식에 저장된 기억이나 지식과 같은 정보는 영혼에도 똑같이 전달, 적용된다. (전통적인 이원론, 관념론)

3. 영혼과 의식은 다른 존재이다. 영혼은 우리가 자신을 '나'라고 인지하는 모든 정보와는 관계가 없다. 그 정보는 '의식'에 한정되어 있다. 영혼은 의식을 구성하는 정보는 공유하지 않고 완전히 다른 개념으로 존재한다.

위의 3가지 구분을 생각해 보기 위해, 우선 우리가 의식이라고 느껴지는 존재의 위치부터 확인해 보자.

발, 다리, 둔부, 허리, 팔, 목 등 신체의 대부분을 부위별로 마취를 하던, 아프지 않게 잘라 내던, 어떻게든 가동을 중단해 보면, 우리의 의식은 변함없이 이 변화를 목도한다는 것을 확인할 수 있다. 즉 이 부분들에는 우리가 의식이라고 판단하는 존재가 없는 것이다.

아주 오래전, 프랑스의 단두대에서 목이 잘린 사람이 짧게는 수 분까지 눈의 움직임을 통해 자신의 의식이 존재함을 공유했으나, 그 이후 혈액 공급이 끊어진 상황에서, 더 이상 뇌에서 전기 신호를 처리하지 못해 의식 저하 현상이 발생함을 확인했던 일이 있었다. 잔인한 사람들 같으니라고.

따라서, 의식이 존재하는 위치는 머리, 특히 그 안의 뇌일 가능성이 가장 높다.

일단 모두가 알고 있는 의식의 물리적 위치를 재확인 해 알아보았으니, 이후, 진행해야 할 몇 가지 사고 실험에 대해 기준을 설계해 보자.

우선, 의식을 제거해 보아야 한다.

그리고, 의식이 제거된 상태에서 영혼도 같이 제거되는지, 아니면 영혼이 별도로 존재함을 증명할 수 있는지 살펴보아야 한다.

마지막으로, 의식이 제거되는 환경과 임사체험처럼 영혼의 존재를 확인했다는 사례자들의 경험 및 당시의 환경이 동일한지를 확인해야 한다.

그렇다면, 우선 인간이 자신의 의식이 사라지는 경험을 하는 경우는 어떤 것들이 있을까?

첫 번째, 깊은 잠을 자는 상태를 예로 들 수 있다. 모든 인류가 매일 경험하는 것이라 이해와 자료를 구하기에 더없이 좋은 예다. 깊은 잠을 자면 호흡과 기초대사 등 자율 신경계에서 조절하는 신체 활동을 제외한 나머지 시스템은 모두 휴식에 들어간다. 우리가 매일 경험하는 이 시간에 과연 우리의 영혼은 실존하는 것일까?

우리의 영혼이 육체와 별개로 존재하는 것이며, 단지 물질 세계에서 육체를 활용하는 것이라면, 육체의 활동이 중단되는 그 상황에서도 영혼은 개별적 주체로서 활동할 수 있는 것이 아닐까?

이 질문에 과거 이원론자들이 근거로 제시해 왔던 것이 바로 '꿈'이다.

우리의 모든 신체 조직은 깊은 수면을 취하고 있을 때 운영을 중단하고 있지만, 주기적으로 의식의 주체인 뇌의 일부 조직이 활동하면서, 신체의 각 조직들이 보내 오던 전기 신호를 자체 생산해서 창조적인 오감 활동, 즉 꿈을 꾼다. 경우에 따라 실제 활동 시 전달되는 전기 신호와 비교되지 않을 정도의 엄청난 스케일과 선명도 등 물질 세계에서는 경험할 수 없는 오감의 극한을 느낌으로써, 영혼으로서의 우리 의식의 존재를 확신하기도 한다.

이에 대한 반론으로, 일부 과학자들은 꿈을 생존을 위한 인간의 경계 시스템의 일종이라고 본다. 즉, 고대 인류 사회에서 잠을 자고 있는 시간은 오감으로부터 시스템이 차단되므로, 천적의 공격이 있을 경우 대처하는 것이 불가능했다. 그래서 주기적으로 감각에 연결시키는 시스템, 즉, 뇌의 보조 기억장치(해마)만 일부 가동하고 주기적으로 신경계에 연결시켜, 다가오는 천적의 소리, 냄새 등을 파악했고, 용도를 다한 꿈 데이터는 잠이 깬 즉시 삭제함으로써 뇌를 청소하는 기본 개념을 유지했다는 가설이다.

실제로, 수면 시간에 4~5회에 주기적으로 반복되는 램수면 상태에서 대부분 꿈을 꾸며, 그러한 상태에서는 신경계가 연결되고, 따라서 꿈을 꾸는 당시의 소리나 냄새, 촉각에 따라 꿈의 내용이 영향을 받는

다. 인간의 꿈이 경계의 용도로만 해석되기에는, 왜 그리 비효율적이게도 엄청난 데이터를 생성해 다양한 상황과 환경, 스토리를 만들어 내는지에 대한 해석으로, 뇌의 시각 피질 가소성(시각 기능이 뇌를 차지하는 영역)을 확보하기 위해서라던가, 생존 확률을 높이기 위한 뇌의 '자가 연습 상태'라고 주장하고 있다.

즉, 현실에서는 한 번의 판단 미스가 죽음이라는 결과로 초래되기 때문에, 꿈속에서 여러 가지 상황을 설정하고 '위기의 탈출', '사랑의 실현', '음식의 확보' 등 다양한 환경에서 올바른 선택을 하기 위한 가상 훈련을 하며 신체의 오감 중 유일하게 운동 신경계의 영향을 받아 수면 중 차단해야만 하는 시각에 관련된 뇌의 영역을 확보하기 위한 것이라는 주장이다.

우리가 간혹 블록버스터급 꿈을 꿀 때, 장시간 이어지는 엄청난 스케일과 나뭇잎에 묻어 있는 이슬까지 표현하는 세부적인 배경 묘사, 출연진들의 심리에 따른 표정 변화 등 영화 〈아바타〉를 능가하는 영상과 스토리 전개를 경험하면, 도대체 이 많은 데이터들이 어디에 저장되어 있다가 이번 꿈에 불러들여졌는지 불가사의할 때가 있다.

인간의 억눌린 욕구가 원인이 되고, 뇌의 저장 기법 중에서 화면을 통째로 저장하는 고도로 발전된 기법이 이를 실현한다고는 하나, 우리가 경험상 한 번도 본 적이 없는 강력한 해상도의 화면을 뇌가 어떻게 자체적으로 재창조하는지에 대한 의문은 아직까지 명확하게 해결되지는 못하고 있다.

또한, 인간의 의식이 본능과 이성이 조합된 결과물이라고 본다면,

꿈의 세계는 이성보다는 본능이 지배한다고 볼 수 있다. 꿈의 세계는 논리와 계산, 계획이 존재하지 않는다. 돌아가신 아버지가 거실에서 라면을 끓여 드셔도, 흰 수염 고래가 하늘을 날아가도, 조선 수군이 미사일을 발사해도 우리는 꿈속에서 이를 자연스럽게 받아들인다. 이는 잠을 자고, 꿈을 꾸는 동안에는 우리의 뇌 속에 이성적 판단을 하는 조직은 활성화되지 않는다는 것을 반증한다. 따라서, 영혼이 본능으로만 채워진 존재라면 우리가 꾸는 꿈을 영혼의 활동이라고 말할 수도 있을 것이다. 그리고 우리가 꾼 꿈의 내용을 꿈이 깬 상태에서도 일부 기억하게 되므로, 의식과 영혼은 정보를 공유한다는 가설도 가능하다.

그러나, 이러한 꿈이라는 현상이 깊은 수면 단계가 아니라 신경계와 연결되는 낮은 수면 단계에서 발생한다는 점에서 영혼의 활동이라기보다 뇌의 기능적 활동이라는 점에 더 무게가 실린다.

두 번째, 우리가 아직 정확한 원리는 밝혀 내지 못했지만, 경험을 통해 알아낸 일정한 화학 물질로 뇌의 전기 신호를 차단하면 비로소 우리의 의식이 사라지는 것을 경험할 수 있다. 지금도 수많은 병원에서 이루어지는 전신 마취 환자의 사례를 통해 간접적으로 확인할 수 있을 것이다.

전신 마취와 같은 화학작용(GABA 수용체 활성)을 통해 뇌 안에 전기 신호 수집을 담당하는 뉴런의 역할을 억제한다고 하면, 인간의 '의식'은 높은 확률로 사라진다.

전신 마취를 경험한 대부분의 사람은 마취 시간 동안 '나'라는 개념이나 '의식', '꿈' 등 모든 것이 완벽하게 사라지는 경험을 하게 된다.

다시, 'GABA'의 활동을 억제하면, 뇌 안의 전기 신호는 조금씩 활성화되고, 인간의 '의식'은 돌아온다. 당사자가 느끼기에는 아무 것도 없다가 전기 신호가 살아나면서 마치 꺼진 모니터의 화면이 켜지듯, 저 깊은 어둠 속에서 갑자기 '나'라는 의식이 확대되며 생겨나는 느낌이다.

세 번째, 인간의 뇌 가장 안쪽 부분에 위치한 조직(클라우스트룸)의 전기 자극으로 육체적 모든 기능은 유지한 채 의식만 제거할 수 있다는 것이 밝혀졌다. 소리 내어 책을 읽고 있는 사람의 뇌 속 클라우스트룸에 전기 자극을 가하면, 그 사람은 마치 화면이 정지되듯 모든 움직임과 활동을 멈춘다. 잠시 후, 전기 자극을 중단하면 움직임을 멈추기 전 단계로 돌아가 그 행위를 이어 나간다. 당사자는 클라우스트룸에 전기 자극이 가해진 시간 동안 자신이 움직임을 멈추고 모든 오감에서 들어오는 데이터를 처리, 다시 행위를 위한 명령 체계를 수행하지 못했음을 인지하지 못한다. 즉, 그 시간 동안 '나'라는 의식이 사라진다.

학자들은 '클라우스트룸(수도원, 폐쇄)'이라 이름 붙인 이 조직을 컴퓨터의 CPU 같은 역할일 것이라 추측한다. 신체의 각 세포들에 연결된 신경계(뉴런)를 통해 각종 정보들이 뇌로 전달되고, 이는 활동에 의미 있는 데이터로 1차 가공된다. 이 가공된 정보들이 클라우스트룸으로 전달되어 인간이 의식이라 간주하는 고차원의 복잡한 정보로 전환되고, 이 정보들의 처리 결과가 뇌의 명령 체계로 다시 각 세포들로 전달, 의식적 행위가 일어난다는 것이다.

이렇듯, 현대의 인간은 우리가 의식이라고 부르는 그 존재를 인위적으로 사라지게 할 수 있다. 그렇다면, 인위적으로 우리의 의식이 사라진 동안에, 영혼은 어디로 간 것일까?

만일, 우리의 의식이 영혼의 형태로 존재하는 것이고, 살아생전 취득한 모든 정보를 유지하는 존재라면, 인위적 중지 행위를 당했을 때, 모든 정보를 가진 독립적 영혼이 이 세계이든, 다른 세계이든 정보 활동을 이어 나가야 한다. 마치, 심정지나 뇌사 판정을 받은 꽤 많은 사람들의 임사체험처럼 생전의 정보를 유지한 자신의 의식(영혼)이 어두운 동굴을 지나 밝은 빛으로 간다든지, 이미 사망한 가족을 만나 재회를 한다든지 하는 행위들 말이다. 그러나, 이와 같은 의식 제거 상황에서 임사체험과 같은 경험을 하는 사람은 거의 없다.

의식과 영혼이 동일한 존재이고 정보를 공유한다면, 의식이 중지되거나 소실되었을 때, 영혼이 발현되어 활동하고, 다시 의식이 활성화되면 영혼의 상태에서 취득한 정보들이 의식 상태로 전달되어야 한다.

그러나, 앞서 살펴본 의식이 중단되거나 소실되는 환경에서 영혼의 활동 정보가 전달되는 사례가 거의 없다는 것은 위의 3가지 가설 중 '1'번, 즉 '영혼은 없다'에 무게가 실린다는 이야기이다.

그렇다면 의식이 제거되는 환경과 임사체험처럼 영혼의 활동을 경험했다는 사례자들의 당시 상황이 동일한 환경인지를 확인해 보자.

돌아보면, 의식제거 행위들은 그 과정에서 모두 뇌에 지속적인 산소 공급을 하고 있다는 것을 알 수 있다. 잠을 잘 때나 클라우스트룸에 전기 자극을 할 때도 심장 박동과 호흡을 통해 뇌에 산소를 공급하고, 전신 마취 시에도 폐에 관을 삽입하는 인위적인 방법을 통해 산소를 공급한다.

의식 제거 행위는 생명 현상은 모두 유지한 채 정보 계통만 차단하는 것이라, 산소와 에너지원이 모두 중단되는 죽음과는 동일하게 볼 수 없는 것이 사실이다.

이러한 차이로 인해, 죽음에 이르렀을 때 인간이 겪는 여러 현상들을 의식 제거 상황에서는 겪지 않는 것이고, 따라서 이러한 실험 결과들이 영혼의 존재를 부정하는 근거가 될 수 없다고 주장하는 이들도 있다.

인간의 의식은 인간의 몸을 구성하고 있는 세포들을 통한 물리적 관측 행위에 필연적으로 의존한다. 인간의 눈은 빛과의 상호작용, 다른 세포들은 전자기적 상호작용을 통해 외부에서 전달된 변화들을 신경세포를 경유하여 뇌에 전달하고, 의식 활동은 산소와 에너지를 활용해서 전자기적 정보들을 처리, 재생산함으로, 상호작용을 벗어나는 의식 활동은 불가능하다고 할 수 있다. 따라서, 인간의 의식은 절대 에너지의 세상을 관측할 수 없다.

별의 질량 붕괴에 의해 발생되는 막대한 에너지가 우주 전체를 팽

창시키는 원천이라고 가정할 때, 우리는 그 엄청난 에너지의 극히 일부인 빛 에너지의 상호작용만 관측할 수 있는 것처럼 말이다.

즉, 우리가 자신을 '나'라고 인식하는 모든 정보 집합체는 입자 세계에 국한되어 있다. 그러나, 상호작용과 관측 행위가 중단되면, 입자 세계는 사라진다. 관측 행위가 중단된다는 것은 '죽음'을 뜻한다.

최근 거대 유기물의 이중슬릿 실험 성공이 증명한 것처럼, 우리를 구성하고 있는 모든 물질이 동시에 파동의 형태로 중첩되어 있다면, 우리는 죽음을 통해서만 에너지의 세계를 접할 수 있다.

이러한 세계관의 진화는 상기 가설의 '2와 3'을 근거로 하고 있다.

상기 가설 '2'와 '3'의 차이는 의식이 저장, 축적, 분석 및 재생산 해왔던 정보를 영혼과 공유하느냐 그렇지 않느냐이다. 상기 '2'의 주장은 영혼과 의식은 같은 존재로 영혼이 의식의 정보도 모두 공유한다는 것이고, '3'의 주장은 영혼은 존재하나 의식의 정보는 공유하지 않는다는 것이다.

그렇다면, 우리의 뇌 속 정보들은 죽음 이후 세계에서도 유지되는 것일까?

살아 있을 때 의식화된 정보들이 죽음 이후의 영혼에도 변함없이 유지된다면, 우리가 임사체험이라 불리는 경험들이 논리적으로 합리화된다. 죽음의 너머에서 오래전 가족이나 지인을 만나고, 예수와 신을 대면하는 체험은 의식 활동을 통한 경험적 정보가 유지된다는 것을 전제로 하고 있기 때문이다.

우리의 의식에 쌓인 정보는 경험을 바탕으로 하며, 그 정보들은 뇌

속 세포들의 배열 형태로 유지된다. 즉 물질적인 구성 방식으로 정보를 저장한다는 것이다. 그렇다면, 에너지로만 구성되는 '영혼'의 상태에서 정보는 어떠한 형태로 유지되는 것일까?

어떤 이들은 '아카식레코드'와 같이 영혼의 상태에서도 정보를 저장할 수 있는 무언가가 존재한다고 주장한다.

그러나 혹시, 현재 내가 가지고 있는 이 수많은 정보들은 물질을 구성하고 있는 상태에서만 존재하는 것은 아닐까? 죽음 이후에는 우리의 모든 정보나 기억은 사라지고 또 다른 개념의 내가 존재하는 것은 아닐까?

이 세상에서 모든 물질은 대부분의 상태에서 그 형태만 변화할 뿐 질량은 보존되는 것처럼, 관측되지 않는 상태에서의 해당 물질의 파동도 형태가 유지되는 것이라면 우리는 한 가지 가정이 가능해진다.

생명 현상이 유지되는 동안, 생명체의 활동과 이로 인해 획득한 정보는 그 생명체의 고유의 의식을 만들어 내고, 죽음을 통해 생명체의 물리적 형태는 변화하지만 질량은 유지되는 것처럼, 죽음 당시까지 형성되어 온 고유의 의식이 만들어 낸 파동의 형태는 죽음 이후에도 동일하게 유지된다는 가정을 해 볼 수 있다.

이러한 가정이 가능하다면 물질 세계의 질량이 보존되는 것처럼, 중첩되어 있는 에너지 세계의 파동도 보존되어야 한다. 이렇게 보존된 고유의 파동이 우리가 영혼이라고 생각하는 존재가 아닐까?

생명체의 죽음 이후에 영혼이 의식의 정보를 공유하는지는 확인할 수 없으나, 적어도 각 생명체의 고유의 파동이 유지되는 것이라면,

우리는 죽음 이후에 모든 것이 끝나는 것은 아닌 어떤 방식으로든 신의 세계를 접하게 된다는 실마리가 된다.

만약, 우리가 천국이라고 상상하는 고통과 슬픔, 시기와 미움이 없는 사랑과 신의 축복만이 가득한 평온한 곳이 그에 합당한 파동만 진입이 가능하다면, 예수께서 천국에 들어가기가 얼마나 힘든지에 대해 설명하신 말씀을 조금은 이해할 수 있을 것이다.

아직까지 우리는 의식이나 영혼에 대해 진리라고 말 할 수 있는 확실한 발견은 하지 못하고 있다. 그저 지금까지 주장되는 여러 내용들을 분석해서 가장 합리적이고 가능성 높은 사고 실험을 해 볼 수는 있고, 우리의 철학이나 신앙이 그러한 사고 실험에 합리적으로 부합하는지 고민해 볼 수는 있다.

우리에게 '영혼이 있느냐 없느냐', '신의 세계가 존재하느냐 아니냐'의 논점은 지금 우리 사회를 구성하는 약속, 도덕, 종교 등 모든 것의 근원적인 시작점이다.

그만큼 이 문제는 중요하다.

부속서 2

진화와 카르마

세월이 아무리 흐르고 세대가 바뀌어도 기성 세대라고 불리는 정도의 노화를 겪고 있는 사람들은 항상 먹고 사는데 바쁘다. 인생을 돌아보고 삶의 의미를 통찰할 시기에, 그런 시간들을 사치라 느낄 정도로 요즘 시대의 '노땅'들 역시 매일매일 바쁘게 살아가고 있다.

이런 정신 없는 삶을 살아가고 있는 그들에게 뜬금없이 '진화'를 어떻게 생각하느냐고 질문을 던지면 뭐라고 대답할까?

아마도 말씀하시기 좋아하는 옷소매에 먹물 깨나 묻히셨던 분들은 생명체가 오랜 기간 변화하는 환경에 적응하기 위해 조금씩 시도한 변신 정도로 이해하고 있을 것이다. 우리 몸에 있는 맹장처럼 살아가기에 쓸모없어진 부위는 줄이거나 없애 버리고, 생존에 유리한 방향으로 신체를 변화시키는 것 말이다.

그러나, 지금의 새로운 세대들은 '진화'의 방식에 대해 조금은 다른 해석을 더 신뢰하고 있다. 환경에 적응하기 위해 개체가 변이하는 것이 아니라, DNA의 교배를 통한 무작위적 불특정 변이 발생과 자연선택의 결과로 해석하고 있는 추세이다. 쉽게 말해, 한 세대를 살아가는 우리가 '나'라고 느끼는 존재의 필요나 선택에 의해 진화의 방향이 결정되고 이를 몇 대에 걸쳐서 서서히 변화시킴으로써 '생존과 번성에 유리한 선택을 하는 것이 아니라, 그냥 두 DNA의 교합 과정에서 발생하는 일종의 예상치 못한 사건에 의해 돌연변이가 탄생하고, 그 변이가 변화하는 환경에 유리한 상황이 되면 번성, 그렇지 못하면 도태된다는 것이다.

더 풀어 보면, '이번에 낳은 막내 아들이 나를 닮지 않고 털이 너무 많아서 마누라를 의심했는데, 가만히 보니 마누라도 닮지 않아서 병원에서 바뀐 것이 아닌가 의심했다가, 유전자 검사 결과 우리 새끼가 맞는다는 결과를 받아 들고 어리둥절하고 있었는데, 갑자기 빙하기가 찾아와서 털 많은 막내만 살아남았다.' 뭐 이런 식인 거다.

좀 더 학문적인 근거를 가진 예를 들어 보면, 사람들이 아프리카와 같은 햇빛이 강한 지역에서 주로 생활하였을 때, 피부에 멜라닌 색소가 많은 이들(흑인)이 자외선으로부터 세포를 보호할 수 있었기 때문에 번성하였다. 그 와중에서도 멜라닌 색소가 없는 하얀 피부의 돌연변이가 주기적으로 생성되었지만, 해당 환경에서는 적응이 어려웠으므로 당연하게 도태되었다. 그러나, 무리의 번성으로 활동 지역이 넓어지면서 일조량이 적은 북반구로 밀려난 사람들 중 흑인들은 체내에 흡수되는 일조량 부족으로 각종 질병에 시달리며 그 수가 줄어 갔고, 반대로 멜라닌 색소가 적은 돌연변이(백인)들이 적은 일조량에 적응하며 번성할 수 있었다. 이와 비슷한 추론과 증거들은 여러 지역에서 다수 발견된다.

이와 같이 우리의 필요에 의해 진화의 방향이 결정되었는지, 아니면 무작위적 돌연변이 발생에 의해 진화의 방향이 결정되었는지에 대한 해석의 차이는, 진화를 '자아와 의식이 주도하느냐', 아니면 '생명의 설계자가 주도했느냐' 라는 굉장히 중요한 논거를 남긴다.

결론적으로, 나는 후자(돌연변이론)가 더 가능성이 높다고 생각한다.

만약, 우리의 필요에 의해 진화의 방향이 결정되기 위해서는 번식을 하기 전 내 몸이 미세하게라도 변화의 방향을 결정하고 이를 유전자에 적용해서 후대에 전달해야 하는데, 우리 신체의 구조 상 이러한 자체 유전자 변형은 효율적인 면에서도 가능성이 매우 낮다.

그러나, 유전자 교합에 의한 돌연변이는 외부 환경이나 유전자 내부 사정의 엄청나게 많은 변수로 인해 얼마든지 다양한 형태로 발생할 수 있으므로 자연 선택에 의한 진화의 가능성이 충분히 있다고 할 수 있다. (우리의 자아가 유전자 변이에 미치는 영향이라는 것은 앞으로 교합할 유전자의 선택 정도로 볼 수 있다.)

이러한 방식의 생존을 위해서는 필수 조건이 하나 있다.

내 DNA와 최대한 다르고, 현재의 환경에 가장 유리한 DNA와 교합하는 것이다. 그래야만, 근 단기 환경 변화에 적응하기 유리한 변이를 생산할 수 있다. DNA의 입장에서 최대의 목적은 존재이며, 번성은 이를 담보해 주고, 변이는 일종의 보험 역할을 한다. 번성하기 위해서는 현재 환경에 가장 유리한 DNA와 교합해야 하고, 예측 불가능한 환경 변화에 멸종을 피하기 위한 변이의 생산을 위해서는 나와 최대한 다른 DNA와 교합해야만 한다.

우리는 이것을 '이성에 대한 사랑'이라고 말한다.

수렵시대에 여자는 힘이 세고, 날쌘 남자에게 사랑을 느꼈을 것이다. 농경 시대 이후에는 도구와 사회화가 발달하면서 수렵시대의 기본적인 남성상이 존재하면서도 도구의 사용이나 지적 능력의 정도가 생존에 영향을 미쳤을 것이고, 이러한 점이 선택의 기준점으로 부각되었을 것이다.

여러 면에서, DNA는 교합의 상대를 찾을 때, 현재의 환경에 가장 유리한 개체를 우선 선택하고자 하는 경향이 있다. 그 이면에, 자신과 가장 다른 개체를 찾는 경향도 동시에 존재한다.

100%는 아니지만, 현재에도 우리가 사랑에 빠지는 상황을 돌이켜보자. (근거 데이터는 없다. 그냥 각자의 경험에 비추어 보라)

잘생겼다고 여겨지는 생김새, 두뇌의 발달, 재물적 능력, 배려의 정도 등 집단 생활에 유리한 조건들이 상대방에게 호감을 느끼는 기준이 된다. 반면, 이러한 기준하에, 내성적인 사람은 외향적인 사람에게 호감과 사랑을 느낄 가능성이 높다. 신체 조건이 좋지만 두뇌 활동에 민감하지 않은 사람은 지적이거나 센스가 풍부하고 유머러스한 사람에게 높은 확률로 관심을 보인다. 돈이 없는 사람은 돈이 많은 사람에게, 키가 작은 사람은 키가 큰 사람에게, 눈이 작은 사람은 눈이 큰사람에게 호감을 느낀다.

운명적인 사랑!

맞다. 그 운명이라는 것은 나를 만든 설계자가 오랜 시간 동안의 경험을 바탕으로 지정한 기준이다. 우리의 자아는 설계자와 별다른 관계 없이 독립적인 존재처럼 보이지만, 커다란 운명의 틀 안에서 설계자의 구도하에 움직이는 존재이다. 지금의 내가 가진 형태도, 내 삶을 결정짓는 중요한 행동 패턴도 이미 '설계자'에 의해 오랜 시간 동안 계획되어진 틀 안에서 이루어지고 있는 것이다.

그렇다면, 진화로 표현되는 인류의 생존 역사 과정에서, 지금을 살고 있는 우리는 어떠한 존재일까? 과연, 내가 세상의 중심이며, 내 의식이 우주의 전부일까? 내가 이 우주와 지구라는 행성에서 수십만 년 동안 살아 움직였던 '생명'이라는 존재 내에서 어떠한 위치에 있고, 어떠한 존재인지 생각해 볼 필요가 있다.

나무는 계절에 따라 잎을 펼치고 꽃을 피우며, 그것들의 역할에 따라 땅으로 돌려보낸다. 그리고, 그 존재들은 다시 나무로 되돌아가 그의 일부가 된다.

우리가 '나'라고 생각하는 의식의 주체를 나뭇잎이라고 가정해 보자.

나무의 시간과 나뭇잎의 시간은 다르다.

나뭇잎의 입장에서 자신을 개체화할 때, 그는 줄기의 한 모퉁이에서 태어나 6개월 정도의 짧은 삶 동안 그 위치에서의 햇살과 바람이 자신의 전부처럼 느껴진다. 그곳에서 진실에 가까운 삶의 의미와 존재의 이유를 알아차리는 것은 불가능에 가깝다. 내가 왜 이곳에 매달려 있는지 아무리 생각하고 둘러보아도 그가 보고 느낄 수 있는 세상의 범위에서는 해답을 찾거나 생각해 내기란 무척이나 어려운 일일 것이다. 햇빛이 좋은 날 기쁘고, 물이 제공되지 않으면 괴롭다. 가을이 되면 왜 죽어야 하는지, 죽은 다음에는 어디로 가는지 두려움과 고뇌에 빠지게 된다. 그러나, 알 수 없는 운명과도 같은 힘에 의해 열심히 물을 먹고 햇빛을 받아 광합성을 하다가 결국 시간이 되면 모든 의문을 품고 땅으로 떨어진다.

그러나, '의식'의 주체를 나무로 옮기면 비로소 그 해답에 다다를 힌트를 얻게 된다.

'운명'은 나무의 시간 안에 주어진 방식이자 수단이다. 나무는 나뭇잎의 탄생의 이유와 햇빛을 받는 즐거움, 물을 끊는 고통, 그리고 그의 죽음에 대해서도 모두 알고 있다. 아니 그 모든 계획을 세운 자가 그다. 그렇다고 그가 전지전능한 것은 아니다. 그 또한 살아가는 한 생명일 뿐이다.

또 다른 시각에서 현재 세상에 존재하는 생명체들의 존재 방식을 살펴보자.

한 고립된 공간이 있다고 가정하자. 그 공간 안에는 식물들과 초식 동물들만 존재한다. 그 생태계가 유지되기 위해서는 식물의 개체 수와 초식 동물들의 개체 수가 일정 비율로 유지되어야 한다.

좀 더 현실적으로 같은 공간 안에 식물들과 초식 동물, 육식 동물이 혼재 되어 있다고 가정하자. 식물의 비율과 초식 동물의 비율은 일정하게 유지되면서, 육식 동물과 초식 동물의 비율도 일정하게 유지된다. 이를 위해, 각 생명군들은 번식량을 통해 일정하게 그 비율을 유지한다.

마치 사자와 톰슨가젤과 초원이 서로 계약이라도 한 듯 그 비율을 절묘하게 유지한다.

모든 생명은 죽음을 두려워한다. 죽고 싶지 않다.

진화의 목적이 생존이라면, 모든 생물들은 강한 근력과 독성과 공격력이 강화된 변이들을 생산하고, 이를 통해 생존경쟁에서 승리하는 방향으로 진화를 선택하고자 하겠으나, 앞에서 말했듯이 '우리'의 소망은 '진화'에 반영되지 않은 듯하다.

이러한 계약은 '우리'가 한 것이 아니다.

아까는 '나무'를 '인류'라는 개별 '종'의 확장된 개념으로 설명하였으나, 이를 다시 확대해 볼 필요가 있겠다.

'나무'는 하나의 생명 '원점'에서 시작된 근원적인 존재다.

뿌리의 역할과 줄기, 껍질, 나뭇잎, 꽃들이 각자 생을 살며 나무라는 존재를 이루어 가듯이, 지상의 모든 생명은 각자의 존재를 이루어 하나의 '생명'을 이어 간다. 누가 사자가 되고, 누가 톰슨가젤이 되는지는 그들의 선택이 아니다. 그들의 의지를 반영한 '근원적 생명'의 선택이며, 후에 기술하겠지만 이는 이 책의 주제와 간접적으로 연결된다.

일반적인 생명 집단에서 상위 포식자로 자리잡기 위한 확률은 하위 포식자 집단보다 떨어진다. 즉, 상위 포식자 집단으로 갈수록 동일 레벨의 경쟁에서 도태될 가능성은 높지만, 일단 경쟁에서 승리하면 개체가 타 개체에게 죽임을 당하는 확률은 낮아진다. 즉 High Risk High Return이다.

그에 반해, 하위 포식자 집단으로 갈수록 존재를 위한 경쟁의 위험성은 낮아지지만, 상위 포식자에 의한 개체 수 손실이 발생하고, 이를 상쇄하기 위해 생산되는 개체의 수를 늘리는 방향을 택하게 된다. 즉, 생태계의 피라미드 구조가 형성되는데, 나는 이것이 각 개체군의 선택이 아닌 근원적 생명의 설계에 따른 것으로 생각한다.

뜬금없어 보이는 얘기를 좀 하자면, 성장기의 나는 꽤나 가난한 삶을 살았다. 물질적으로 육체적으로 강자들에 둘러싸여 내 욕망에 한참 모자란 삶을 살다 보니, 기존 사회의 공정하지 못함에 분노했고,

세상의 논리를 거부했다.

한마디로 좌파적 성향이 다분했다.

나는 하이에나의 뒷다리를 물어 버리고 싶은 톰슨가젤이었기에, 내 욕망을 따라 사바나의 맹수 출몰 지역을 어슬렁거렸고, 하루가 멀다 하고 치타나 표범, 개코원숭이들에게 물리거나 쥐 터지기 일수였다. 매일 밤, 하늘을 보며 톰슨가젤로 태어나 힘없는 다리를 가진 자신과 이런 세상을 만든 신을 원망했었다. 혹시 톰슨가젤도 1천 마리 정도 모이면 사자 무리 하나 정도는 상대할 수 있지 않을까 하는 허황된 생각도 했었지만, 대부분의 가젤들은 저 멀리 사자의 울음 소리만 들려도 본능적으로 모두 도망쳐 버렸다. 욕망에 사로잡혀 있었던 나는 매일 밤 풀을 씹으며 맹수들을 물리치고 모든 초식 동물들이 평온하게 살 수 있는 세상을 만들기 위해 기회를 노리고 있었다.

아마도, 이 사회의 물질적 주류에 포함되지 못한 다수의 젊은이들은 이와 비슷한 생각을 해 왔거나, 그러한 과정을 한 번은 거쳤을 것이라 생각한다. 저자의 선대들은 대학에 숨어 '프롤레타리아 혁명과 사회주의'라는 형태로 사자와 톰슨가젤이 평화롭게 사는 세상을 꿈꿨으며, 저자 세대들은 '자본주의하에서 상대적 빈곤 해소'라는 경제적인 면에서의 비슷한 개혁을 꿈꿨었다. 그러나 세상은 꿈쩍도 하지 않았고, 그렇게 바뀌지 않는 커다란 벽 앞에서 슬픔과 분노의 하루 하루를 술로 보내던 나에게 인도라는 포장이 덜된 날것의 철학이 가득한 문명을 접할 기회가 있었다.

처음 눈에 들어온 것은 당연하게도 카스트제도였다.

'세상에 뭐 이따위 것이 아직도 남아 있나!', '인도인들은 아직도 수천년 전의 미개한 문화를 깨지 못한 것인가!'라는 비난과 조소를 던지며, 난 너무도 쉽게 그들의 문화를 내 기준에서 재단하고, 이해해 보려 하지 않았다. 프랑스 혁명 이후의 대다수 인류는 그러한 미개한 문명으로부터 벗어났다고 자의하고 있었기 때문이었다.

그러나, 어떠한 계기를 통해 종교적 신념이 자리잡고, 그를 확인해 가는 과정에서 3천 6백 년 전 '베다'의 시작과 그들의 사상, 그리고 '카르마'에 기초한 '카스트'의 의미를 다시금 고찰할 수 있는 시간을 가지게 되면서 나는 그동안 내가 얼마나 설익은 생각에 고립되어 있었다는 것을 깨달을 수 있었다.

모든 종교가 창시 이후, 구성원들에 의해 변형, 단순화의 과정을 거치곤 하는 것처럼, '베다'도 많은 역사적 변형을 겪었다. 간단히 인도의 계급 기준인 '카스트'의 개념에서만 보자면, '우파니샤드' 시대에 약화되었던 '카스트'가 '바가바드기타' 시대에 다시 주요 교리로 자리를 잡는 과정을 보인다. 즉, 그들도 이 문화에 대해 사회적 고민이 없었던 것은 아니라는 것이다.

과거 지금의 인도 지역으로 이동하며 토착 세력인 드라비다족과의 충돌을 통해 세력을 확장하던 고대 아리아인들에게 종교는 생존의 규율이자, 모든 구성원들이 높은 확률로 안전하게 삶을 유지하는 것에 그 목적을 두고 있다고 추정한다. 그들의 통찰력은 자연의 방식을 고찰할 수 있었으며, 생존을 위해 서로 끝없는 살육을 저지르기보다, 개체 수 합의를 통한 생존 방식을 도입한 것으로 판단했다. 생존을 위한 살육이라는 원죄의 토대 위에서, 사자는 사자이고, 톰슨가젤은 톰슨가젤이며, 수풀은 수풀일 때, 그 모든 구성원들이 가장 안전하고 확실히 삶을 영위할 수 있다는 경험이다.

이러한 개념은 톰슨가젤이 '왜 나는 사자에게 먹혀야 하는가?', '나는 잡아먹히기 싫다!'라는 의문과 소망을 품지 않는 것을 전제로 하며, 풀이 '왜 나는 톰슨가젤에게 뜯겨야 하는가!' 라는 분노와 혁명 의지가 없는 것을 전제로 한다. 그냥, 그것을 의식조차 하지 않은 채 운명으로 받아들이고, 개체 수 비율만 유지한다면, 모든 구성원이 공멸하는 것을 막고, 자연적 방식으로 생존할 수 있다는 논리이다.

그러나, 인간의 의식은 동물과 다르기에 톰슨가젤의 역할을 해야 하는 존재들의 '죽기 싫다', '빼앗기기 싫다'라는 생각을 머릿속에서 지우고, 운명으로 받아들이게 하기 쉽지 않았을 것이다.

이러한 문제들을 논리적으로 해결한 교리가 '윤회'이다.

개체의 궁극적 요구인 '공정'을 교리에 포함하되, 이를 '후불제'로 전환함으로써 현실적으로는 잘 이해시키기 어려운 '자연개체론'을 강제할 수 있었던 것이다.

공동의 생존을 위한 '자연개체론'의 '개체 수 합의'를 가장 합리적인 선으로 보았을 때, 그 규정을 어기려는 시도는 반대로 가장 강력한 '악'이 된다. 실제로 인도에서 카스트 제도의 계급 변동이나 계급 파괴 행위는 '절대 악'으로 간주된다.

그러나, 현대의 우리는 이것을 쉽게 받아들이기 어렵다.

세상에 벌거벗고 태어나서, '사람 위에 사람 없고, 사람 아래 사람

없다'라는 개념으로 부자이든, 권력자이든 모든 인간은 평등한 것이 아닌가.

그러나, 이러한 우리 사회에도 비슷한 비율의 포식 레벨이 존재한다.

선진화된 민주주의 국가에도 버젓이 신분에 의한 물질적 착취가 이루어지고, 한 국가 내에서도 카스트 제도만큼 드러나 보이지는 않지만, 분명한 물질적, 사회적 계급과 그 비율은 존재한다. 단지, '공정'의 개념을 '후불제'가 아니라 '공정하다는 착각'으로 변화시켰을 뿐이다.

인류는 꽤 오랜 시간 '신분계급'이라는 약속을 통해 포식레벨의 개체 수를 정의하고, 계급 간 이동을 철저히 제한함으로써 공멸을 막고, 생존을 유지해 왔다.

이러한 방식은 친생태적이고, 친자연적인 것이라 적용이 용이하였으나, 인류의 문화적 기술이 발달하면서 자연계에서 발생되지 않는 특이 사항들이 생기기 시작했다.

바로 먹고사는 것에 어려움이 없었던 가장 높은 계급의 수적 증가이다. 모든 생명은 물질적인 풍요가 이루어지면 그다음 밀려오는 번식 욕구를 참을 수 없는 것이니 이는 항상 모든 세대와 사회에 필연적인 문제였다.

자연계에서는 이동의 한계로 인해 동일 레벨 간 개체 수가 증가하면, 상위레벨 증가와 동일레벨 간 경쟁이 동시에 발생되어 길지 않은 시간에 원래의 개체 수로 돌아온다. 최상위레벨의 개체 수 증가는 동일레벨간의 살육을 통해 그 수가 정리된다.

예를 들어 설명하면, 식물이 자라기 좋은 따뜻한 날씨와 풍부한 우기가 몇 년간 지속되어 먹이가 풍부해진 톰슨가젤의 수가 급격하게 증가하면, 이를 뒤따라 사자의 개체 수도 증가하여 톰슨가젤은 그 수가 줄어들게 된다. 톰슨가젤의 수가 줄어들면 먹이 경쟁에서 밀린 사자나, 사자 동족간 살육을 통해 다시 사자의 개체 수도 원래대로 돌아온다.

초기 인간 사회도 이러한 방식을 택했다.

식량이 풍부하고 기온이 안정된 시기에 피지배 계급의 수가 늘어나면 자연스럽게 지배계급의 수도 증가하였고, 반대의 경우가 발생하면 지배계급도 서로간의 살육을 통해 그 수를 정리해 나갔다. 이는 오랜 기간의 경험적인 학습을 통해 이루어진 생존을 위한 필연적인 행위였다.

허나, 인류의 문명이 그 능력을 배가하면서, 활동 범위가 확대되고 최상위 계급의 번식 욕구와 하위계급의 신분상향이동욕구가 늘어남에 따라 그들의 욕망을 해소할 다른 방법을 모색하게 되었다. 이러한 욕구의 팽창은 문명 간 침탈과 확장을 통한 신분질서 재정립으로 귀결되었다.

하나의 사회가 4개의 계급으로 이루어져 있다고 하자.

최초 최상위 계급의 수는 100으로 운영되다가, 어느덧 문명의 발달과 의술의 진화로 인해 200으로 개체 수가 늘었다고 하자. 예전에는 자신의 자리를 지키기 위해 내부경쟁 개체를 죽임으로써 다시 개체 수를 100으로 회귀시켰다면, 어느 순간부터 이들은 하위계급의 개체 수를 확대시키는 방법을 생각해 냈다.

하위레벨의 개체 수를 확대하는 방법은 2가지가 있다.

하나는 번식을 통한 방법이다.

최상위계층의 개체 수가 2배로 증가했으니, 모든 하위레벨도 각각 2배씩 증가하면 될 문제다. 그러나, 여기서 문제에 직면한다.

바로 자원 생산량이다.

기존의 개체 수는 해당 지역의 자원생산량에 최적화되어 설계되었으니, 무턱대고 개체 수만 늘릴 수는 없는 노릇이었다.

그래서 고안된 것이 침략이다.

이 방식은 최상위포식계급의 개체 수 확대욕망과 하위계급의 신분상향 욕망이 모두 만족한다.

다른 문명을 침략함으로써 생포된 개체 수는 최하위계급으로 대체되며, 기존계급들은 모두 상향 조정된다. 두 문명이 합쳐진 만큼 자원확보량도 늘어나며, 이를 통해 침략에 성공한 문명의 모든 계급은 만족한 결과를 도출해 낼 수 있었다.

우리가 기억하는 가장 대표적인 문명이 '로마'이다.

아이러니하게도, 이러한 문명침탈행위는 자연계에서 최상위포식레벨로 자리매김하던 인류의 전체 개체 수를 어느 정도 유지하게 하는 주요한 이유가 된다. 자연계 전체로 보면, 인간이라는 최상위포식그룹이 자연계와의 합의를 지키기 위한 일종의 자정작용처럼 보였을 것이다.

그러던 중 인류는 지금 우리가 '중동'이라 부르는 땅에서 태어난 가난한 한 청년을 통해 수천 년 동안 이어져 온 방식을 버리고, 새로운 시대로 안내되었으며, 이후 인류는 전체 개체 수가 기하학적으로 증가하는 새로운 세상을 경험하게 된다.

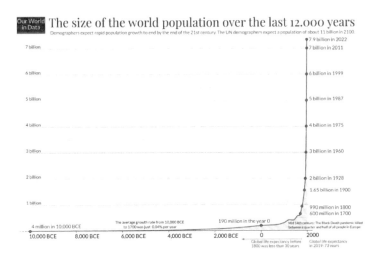

출처 :Ourworldindata

이것이 뜻하는 바는 무엇인가!

지금의 인류는 확실히 지난 수만 년 동안 이어져 왔던 지구상의 계약에서 벗어나 있다. 어떤 시선에서 보자면 이는 인류의 멸종이나 생명군의 공멸로 가는 징후로 관찰할 수 있고, 또 다른 시선에서 보자면, 인류에게만 주어진 어떠한 약속의 증거라고 볼 수도 있을 것이다.

지금 이 시대에 지구라는 행성에서 발생되어서 하루라는 시간을 살아가는 우리 개개인이 한 번 정도는 인류라는 생명의 나무에서 어떠한 의미를 지닌 존재인지, 그 생명의 나무는 왜 존재하게 되었으며,

어디를 향해 인도되고 있는지 생각해 보는 것은 어떨까.

카페에 앉아 커피 한 잔 마시며 잔잔한 오후의 공기 속에 이러한 상념이 결과를 얻는 날, 우리는 가지지 못한 것에 대한 소외감, 내가 지금 잘 살고 있는 것인가에 대한 막연한 두려움, 다가오는 죽음에 쫓기는 고통에서 벗어날 수 있을 것이다.

부속서 3

과학이라는 명상

그는 이론 물리학자다.

아니, 아직 그를 물리학자로 인정하는 사람은 거의 없었다. 지겹도록 계속되던 가난과 사람들의 배척에서 비롯된 무기력은 한동안 그의 모든 열정을 꺾어 놓은 듯 보였다. 그도 그럴 것이, 아무도 보지 못하는 그의 머릿속에서 망상처럼 떠오르는 궁금증들은 그에게는 너무나 매혹적인 것이었고, 시간이 지날수록 그가 사람들 사이에서 말하는 대화의 주제는 그들의 관심사와는 동떨어져 있었다. 그 또한 세상 사람들이 관심을 가지는 유명인의 사생활이나 부자가 되는 방법 따위에는 관심이 없었다.

뮌헨의 루이트폴트 김나지움에서 생활하던 때 일이었다.

유클리드 기하학을 강의하던 교사에게 원론에 가까운 질문들을 끝도 없이 해 대는 바람에 교사가 잔뜩 화가 나서는 "자네 질문은 도무지 이해할 수가 없네. 이제 그만 수업을 방해하는 행동을 멈추게! 조금 더 책을 읽고 와서 정리된 질문을 하도록!" 하는 공개적인 핀잔을 듣기도 했다.

이미 3년 전부터 유클리드 기하학의 철학적 접근과 공리에 푹 빠져 있었던 그였지만, 세련되지 못하고, 저돌적이기까지 한 그의 질문들은 당시 교사들의 반발을 불러일으켰고, 수학과 물리 외에는 눈에 띄는 성적을 내지 못했던 그를 공부 못하는 '엉뚱한 놈'으로 매장시키는 이유가 되었다. 그나마, 그의 일반적이지 않은 생각에 동의해 주는 친구들이 몇 있어서 방 안에 틀어박혀 사는 생활만은 면할 수 있었다.

어느 날 그의 절친인 '한스'가 찾아왔다.

"알베르트. 요즘도 교사들 사냥놀이 즐기고 있나?"

"농담하지 마. 그렇지 않아도 유급당할지 몰라 몸 사리고 있는데."

"하하. 네가 몸을 사린다는 사실을 학교에서 아는 사람이 있을까? 엄청난 뉴스인데?"

"그냥 인정하고 외우라고만 하니 잘 안돼서 그 이유를 물었을 뿐인 데 말이야."

"아마도 과거 10년 동안 이곳 김나지움에서 너 같이 집요한 놈이 없었던 게지. '에베렛'하고 내기했다. 네가 '거너' 선생 두 손 들게 하나, '거너'가 널 낙제시키나 말이야."

"한스. 장난하지 마라. 그렇게 되면 정말 아버지가 학비를 끊을지 도 몰라."

"알았다. 임마. 그런 위기 속에도 고집을 꺾지 않는 친구에게 경의 를 표한다. 그나저나 너도 여기서 고생하지 말고, 아버지 따라 파피 아로 가지 그래?"

"그러게. 학교에서 허락만 해 준다면 이곳을 떠나고 싶기도 해."

"아버지에게 편지를 써 봐. 방법이야 찾아 보면 많아. 내 친구 '리온'도 의사 소견서를 이용해서 스위스로 갔거든."

"그래? 정말이야? 나도 가능할까?"

그렇게 '한스'와 이야기를 마친 후 얼마 되지 않은 겨울, 그는 친구의 조언대로 아버지를 졸라 의사 소견서를 제출하고 이탈리아로 이주했다. 이후, 몇 개의 학교를 거치면서, 독일 왕국 시민권을 포기하고 스위스로 간 이후에도, 그의 상황은 그리 달라지지 않았다.

졸업 후 한동안 경제활동을 하지 못했던 그의 삶은 무척이나 궁핍해졌고, 아버지도 사업이 실패한 터라 도움을 받을 수도 없는 노릇이었다.

그렇게 끝없이 이어질 것만 같았던 가난에 시달리던 그에게, 3년 전부터 특허청에서 받고 있는 고정적인 월급은 학업 동료와도 같았던 연인과의 결혼을 가능하게 해 주었고, 이제 막 태어난 아들을 키우기에 너무도 소중한 생활의 안정을 가져다 주었다.

더구나, 이 시기 운영되기 시작한 장거리 철도 운행 때문에, 거리가 먼 지역별로 시간에 대한 규칙이 필요해진 세상은 이를 전기적, 기계적으로 만드는 방법을 고민하게 되었고, 이에 대한 특허를 평가하던 그의 부서는 그에게는 더없이 훌륭한 직장이었다. 가끔 '자갈자동분석기' 같은 기계적 특허가 그를 곤란하게 하기도 했지만, 그 외의 분야는 그의 물리학적 상상력을 자극하기에 충분했다. 그만큼 아버지를 졸라 이곳에 넣어 준 '그로스만'에게는 큰 빚이 있었다.

그는 식사를 하는 시간이 아니면, 자신의 사무실 책상을 벗어나는 법이 없었다. 항상 같은 자세로 앉아 있었는데, 그를 오랫동안 보아 온 사람만이 그의 왼팔 위치에 따라 그가 업무를 보고 있는지, 아니면 망상에 가까운 생각을 하고 있는지 간신히 구분할 수 있을 정도였다.

여태껏 세상의 여러 곳에서 그래 왔던 것처럼, 그는 자신의 업무에는 빈틈이 없었지만, 여전히 동료들이 만족할 만한 친화력은 보여 주진 못했다. 지금 보여 주고 있는 이 정도의 친화력이 그에게는 더없이 소중한 이 직장을 지키기 위해 혼신의 힘을 다하고 있는 결과였다.

오늘도 그는 서둘러 오전 업무를 정리하고, 점심 식사를 하러 나가는 동료들에게 완고한 거절의 의사를 전한 채, 그에게 주어진 조금의 여유 시간을 즐기려 했다. 왼손 검지 손가락으로 책상 모서리를 반복적으로 두드리는 것이 일종의 예식과도 같은 신호였다.

그는 머릿속에 정리된, 오랜 시간 증명된 과학적 사실들을 하나씩 꺼내어, 그의 상상 속 아주 편리한 실험실에서 이리저리 돌려보는 것을 무척이나 즐거워했다.

두뇌의 실험실에 빠져들수록, 현실에 남아 있는 그의 육체는 낡은 의자에 기대어 앉아 흑판 한 귀퉁이를 멍하니 바라보는, 영락없는 망상가의 모습처럼 보였다. 창밖 분수대의 물줄기 때문인지, 눈은 간혹 깜박이고 있었으나, 그의 '의식'은 이미 '상상'이라는, 막대한 자본과 인력, 시간을 대체할 수 있는 수단을 활용해 인류가 한 번도 상상하지 못했던 역사상 가장 거대한 실험 프로젝트를 진행하고 있었다.

'툭툭!'

그때, 누군가 그의 어깨를 건드렸다.

그는 잠시 멍하게 자신을 바라보며 미소 짓고 있는 중년 남자의 얼굴을 쳐다보았다.

"오전에 우리 부서에서 넘겨진 특허는 검토가 끝났나?"

그는 화들짝 놀라 다급하게 책상 위의 서류 뭉치를 뒤적거렸다. 옆 부서 팀장인 '리암'이었다.

'리암'은 성격이 깐깐하고 완벽을 추구하는 편이라 부서원들에게는 공포의 대상이었으나, 자신의 요구를 만족시키는 상대에게는 꽤나 친절한 편이었다. 그는 왼손을 내밀고 있는 '리암'에게 서류를 건네고는 살짝 눈인사를 했고, '리암'은 꽤 만족스럽다는 표정으로 그를 내려 보고는 돌아섰다. '리암'의 뒷모습을 바라보는 그의 눈빛에 '지금은 점심 시간이란 말이야'라는 원망이 섞인 듯했다.

'리암'이 문을 닫고 나가자, 아무도 없던 사무실은 다시 정적에 휩싸였다. 이 작은 사무실 안에 움직이는 것이라고는 그와 창문으로 들어오는 '빛'뿐이었다. 그는 잠시 창문 쪽을 바라보다가 그곳을 통해 들어오는 빛을 쫓듯이 시선을 건너편 책상에서 왼쪽 벽으로, 다시 천장으로 향했다.

'빛'은 그렇게 그에게 잠시 인사하듯이 사무실을 둘러보고는 다시 창문 밖으로, 복도 쪽으로 달아나 버렸다. 그는 책상에서 잠시 손을 모으고 생각에 잠겨 있다가, 몸을 일으켜 창문으로 향했다. 베른의 5월 날씨는 여전히 우중충했다. 그는 그런 우중충한 날씨를 마음에 들어 했다. 그의 가슴속에 남아 있는 우울함을 세상을 창조한 그 어떤 존재가 살포시 감싸 주는 그런 느낌이었다.

그는 분수대 광장과 그 속에서 바쁘게 움직이는 사람들을 그냥 관조적으로 바라보았다. 무언가를 위해 바쁘게 움직이는 사람들은 쏟아지는 빛의 입자들 속에서 각자의 방향으로 자유로이 이동했다.

그는 다시 책상으로 돌아와 의자를 뒤로 젖히고, 눈을 감았다. 그리고, 잠시 멈추어졌던 실험을 다시 시작했다.

수조 원짜리 우주선 여러 대가 각종 측정 장비와 연구 인력을 태운 채로 그가 돌아오기만을 기다리고 있다가 그의 도착과 동시에 분주히 발사 준비에 들어갔다. 그는 곧 전 우주선들을 인류가 한 번도 가 보지 못했던 우주공간으로 발사시켰다. 그중 몇 대의 우주선은 그 누구도 상상하지 못했던 엄청난 가속도를 가지고 있었고, 심지어 그중 한 대의 우주선에 그 자신이 탑승하기도 했다. 모든 우주선들은 태양 쪽으로, 혹은 그 반대 방향으로 움직이며, 그의 계획을 착실히 실행했다.

그는 절대자의 시선에서 모든 실험들을 지켜보았고, 그로 인해 도출된 실험과 결과물들은 그의 논리와 가설에 어긋남이 없어 보였다. 머릿속의 우주로 빠져 들어가 버린 그의 얼굴은 미간을 약간 찌푸리고 있었지만, 입가에는 미소가 머금어 있었다.

그는 평온했고, 행복해 보였다. 하지만, 이런 그의 행복은 그리 오래가지 않았다. 동료들이 어느새 왁자지껄 소리를 내며 문을 열고 들어와 환하게 불을 켰다.

그는 아무 일도 없었다는 듯 서류를 보는 시늉을 했지만, 그와 동갑내기인 '요나스'가 어느새 그의 어깨에 손을 올리고 장난스러운 표정으로 내려다보고 있었다.

"알베르트!"

그는 말없이 '요나스'를 올려다보았다.

"오늘 먹은 라클렛이 얼마나 맛있었는지 알아?"

그는 멋쩍게 웃으며 다시 서류를 보려 했지만, '요나스'가 더욱 얼굴을 들이밀며 이야기를 걸어왔다.

"내일은 꼭 너하고 점심을 먹으러 가야겠어!"

'요나스'의 장난스런 표정에 자신도 모르게 웃음이 나왔지만, 그는 알았다고 고개를 끄덕일 뿐 다른 대꾸는 하지 않았다.

사무실은 다시 소란스러워졌다. '루카스'는 올해 '언더우드'에서 들여온 타자기를 유난스레 정신 없이 두들겨 댔고, '폴'은 촛대처럼 생긴 전화기에 소리를 지르기 시작했다. 옆방 '로랜드'는 어느새 '사라' 책상에 반쯤 걸터앉아 특유의 느끼한 미소를 보내고 있었고, 팀장인 '닉'이 비스듬히 기대 앉아 그런 '로랜드'를 불만스런 표정으로 쳐다봤다.

사무실 분위기가 어수선해질수록 그 속에서 그는 점점 전혀 다른 세상에 사는 존재처럼 느껴졌다. 손과 눈으로는 이미 익숙해진 서류들을 처리하고 있었지만, 그의 의식은 사무실과 목성 사이의 어딘가에 머물고 있었다.

그렇게 정신 없이 오후 시간이 지나고, 어느새 퇴근시간이 되자, 그는 매일 그렇듯이 제일 먼저 책상을 정리하고, 필요한 서류 몇 장을 가방에 넣은 뒤, '닉'에게 눈인사를 하고 사무실을 빠져나왔다. 사무실은 아직도 소란스러웠지만, 그의 정시 퇴근에 익숙해진 동료들은 당연하다는 듯 아무도 그를 신경 쓰지 않았다.

집에 돌아온 그는 '한스'를 안고 누워 있는 '마리치'의 이마에 키스를 한 뒤, 곧바로 거실 옆 그의 서재로 향했다. 문을 닫고 책상 옆에 가방을 놓아둔 채 의자에 기대어 앉자, 비로소 그는 마음에 평화를 느낄 수 있었다. 그는 그대로 눈을 감았다. 아까 점심 시간에 금성 부근에 놓아 두었던 우주선으로 돌아가야 했다.

다행이, 우주선들은 측정되었던 데이터들을 저장한 채 그를 기다리고 있었다. 우주선들의 상태를 확인하고, 위치를 재지정하여 다시 출발시켰다.

문제는 '빛'이었다.

'빛'은 그에게는 신앙과도 같은, 세상을 논리적으로 증명하는 길에 반드시 거쳐가야만 하는 현상이자, 황홀할 정도로 신비스럽고 아름다운 존재였다. '빛'이 무엇인지 알 수만 있다면, 이 세상이 운영되는 궁극적인 원리에 성큼 다가갈 수 있다고, 그는 믿고 있었다.

그는 우주선에 앉아 물끄러미 지구를 바라보았다. 저 작은 별의 한 구석에 앉아 고민하고 있는 자신과 바쁘게 살아가는 수 많은 생명들이 보였다. 지구는 초속 460m/s로 자전을 하고 있었고, 그와 동시에 초속 30km/s로 태양의 주위를 돌고 있었다. 태양 또한 이와는 비교도 안될 속도로 은하를 회전하고 있을 가능성이 높았다. 우리가 속해 있는 은하 또한 우주의 어딘가를 돌거나 이동하고 있을 것이었다.

그런데 빛은 이런 모든 상황을 무시하고 있었다.

마치 자신들은 전혀 다른 세계의 존재들인 것처럼 그가 속해 있는 세상의 논리를 따르지 않았다.

고민에 빠져 있던 그는 '빛'이 우리가 지배당하는 법칙에서 벗어나 있다고 가정해 보았다. 그리고, 그 가정이 틀리지 않았다는 것을 증명해 보기로 했다.

등속 좌표계에서의 실험은 어느 정도 결과가 전송되기 시작했는데, 가속 좌표계에서의 실험 결과가 혼란스러웠다. 그는 일단 가속 좌표계의 모든 우주선의 실험을 중지시켰다. 머리가 지끈거려 손가락으로 미간을 누르던 그의 눈에 이제 흑판에 끄적거렸던 스톨레토

프[49]의 산식이 들어왔다.

"이런…. 오! 신이시여…"

자신도 모르는 사이에 낮은 신음이 새어 나왔다.

광전효과에 대한 이론실험결과와 등속 좌표계에서 보내 온 우주선의 실험 결과에서 '빛'은 더욱 정체를 모호하게 하고 있었다. 우주의 등속 좌표계에서 전자기파의 성질을 보이던 '빛'이 일정 파장 이상에서는 입자가 되어 전자를 쳐내고 있었으니 말이다.

과학자로서 신의 이름에 기대어 그저 타인이 강요하는 순종에 무기력하게 살 바에야 신이 우주를 창조한 방식을 찾아 나서고, 그 지혜를 통해 신의 세상에 다가가는 것이 그의 종교이자 철학이었다. 그러한 그의 시선에, 신의 세계와 물질 세계를 넘나드는 유일한 존재이자 열쇠가 '빛'이었다.

인간을 비롯한 지구상의 모든 생명은 태양이라는 별에서 보내 오는 빛의 산물이자 또 다른 모습이었고, 그 빛은 태양의 질량이 일부 붕괴되는 과정에서 발생한 에너지의 또 다른 모습처럼 보였다.

'조금만 더… 조금만…'

방금 수성을 지나 태양의 언저리에서 멍하니 그 빛 덩어리를 바라보던 그의 의식은 그를 무심히 지나치는 빛 알갱이들을 애처롭게 바라보았다. 조금만 더 바라보고 생각해 보면 풀릴 것 같던 '빛'은 '너 따위는 관심도 없다'는 듯 조금의 힌트도 주지 않은 채 지나쳐 버렸다. 마치 눈을 가리고 장난꾸러기 꼬마를 찾는 것처럼 지난 몇 년간 잡힐

---

49 1905년 노벨상을 받은 아인슈타인의 광전효과 논문의 시초가 된 러시아의 물리학자

듯 잡히지 않는 신의 사령은 그를 애타게 했다.

빛보다 빠르게 지구로 돌아온 그의 의식은 한참을 찡그리던 그의 몸을 일으켜 창가로 향하게 했다. 창밖 수많은 물질들에 부딪힌 빛 알갱이들이 그의 눈을 스치고 지나갔다.

그때는 그도 알지 못했다.

그의 머릿속에서 벌어지는 생각들이 얼마 되지 않아 인류 전체를 지구라는 행성의 밖으로, 그리고 신이 세상을 만든 원리에 한 발짝 다가서게 할 것이라는 것을.

같은 시간, 지구 반대편인 인도 남부 퐁디셰리에서는 '오로빈도'가 반얀나무 아래 작은 디딤돌에 걸터앉아 특유의 촉촉한 눈빛으로 바다 저편을 바라보고 있었다.

무척 더운 날씨였지만, 간혹 불어오는 바람은 그의 콧수염을 흔들 정도로 만족스러웠다.

'라훌'은 '오로빈도'가 있는 곳에서 그리 멀지 않은 바위 위에 생선을 널고 있었고, '마시'와 '시밤'은 나무구루에 걸터앉아 말다툼을 하고 있었다. 아마도 '시밤'의 혼인 문제 때문인 듯했다.

오로빈도가 앉아 있는 주변으로 꽤 많은 사람들이 삶의 한순간을 살아가고 있었지만, 그 누구도 오로빈도를 방해하려 하지 않았다. 그를 의식하지도, 무시하거나 말을 걸려 하지도 않고, 그냥 그가 자연의 일부인 것처럼 자신들의 삶을 살아갈 뿐이었다.

그의 눈앞에 펼쳐진 바다는 언제나 그러했던 것처럼, 인간의 삶과는 다른 시간의 세계에 있는 존재 같았다. 그런 바다 위의 하늘은 무한한 세상의 섭리를 모두 품은 듯 바다와 하나가 되어 그에게 밀려왔다.

오로빈도는 숨을 크게 들이쉰 뒤 살며시 눈을 감았다.

신이 인간에게 허락한 시대인 '베다'에서 '꾸란'까지 기적 같은 가르침을 살피고 또 살피다 보면, 그는 어느새 물질이면서 물질이 아닌, 생명이면서 영혼일지도 모르는 존재가 되어 있었다.

바람에 보리수 나뭇잎이 흔들리는 소리, 바다가 일렁이는 모습, 습기가 가득했던 바위가 햇빛에 말라 가는 냄새가 그의 머릿속을 빙글빙글 돌다가 이내 사라져 버렸다.

몸이 느끼는 모든 것이 거의 사라져 갈 때 즈음, 그렇게 세상 것들과의 인연을 조금씩 멀리하며 그의 마음을 담고 있던 육체와도 서로를 바라볼 수 있게 되자 그는 한없이 자유로운 상태가 되었다.

여태껏 그의 눈이 한 번도 보여 주지 않은 황홀한 빛의 입자들이 수도 없이 그의 옆을 스쳐 지나갔고, 그 빛을 따라 돌아본 그의 시선에 바위에 앉아 있는 그의 몸이 보였다.

매우 작게, 그리고 가지런히 쪼개진 그의 몸 안의 세포 하나 하나에 지난 수천 년 동안 모아진 정보가 수도 없이 쌓여 있었다. 모두 숨겨진 것처럼, 단번에는 알아볼 수 없는, 그러나 열심히 그리고 간절히 살펴보다 보면 너무나 자연스럽게 귓가에 속삭이듯 전해 오는 그 정보들은 그를 '진리'라는 한곳으로 안내하고 있었다.

바람결에 들려오는지, 아니면 자신의 내면에서의 소리인지 알 수 없는 어떤 속삭임에 그의 의식은 과거 어떤 곳으로 인도되었다.

그곳은 붉은 노을이 차분하게 세상을 감싸고 있었고, 나무는 우거졌으며 작은 냇물이 흐르고 있었다. 새 소리 가득한 숲의 한 모퉁이에 나무 줄기로 엮어 만든 움막들이 보였고, 그리 멀지 않은 곳에서는 커다란 뿔을 가진 소들이 풀을 뜯고 있었다. 아이들은 나무와 돌멩이를 가지고 이리저리 뛰어다니고, 여인들은 그런 아이들을 바라보며 무엇인가를 열심히 손놀림 했다.

오로빈도는 시냇물 한 켠에 발을 담근 채, 한동안 그들을 바라보았다.

저 멀리 사내들이 사냥한 무엇인가를 나무에 꿰어 메고 오는 것이 보였다. 그들은 삶을 유지하기 위해 최소한의 살육을 했고, 살해당한 생명에게 죄스러움을 담은 제를 지냈으며, 필요한 것 이외에는 구하지 않았고, 구한 것에는 남김이 없었다.

오랜 시간 전해진 조상들의 경험은 지혜와 율법이 되어 후대들이 잘못을 반복하는 일이 없도록 했다.

그들을 지켜보던 오로빈도의 입가에 자신도 모르는 새 미소가 새어 나왔다. 마치 그가 찾던 무엇인가의 일부를 찾은 듯 행복한 기분이었다.

그러나, 얼마 지나지 않아 숲의 한쪽에서 하얀색 연기가 피어 오르더니, '괴로움에 살던 이'들이 찾아와 '지혜로운 이'들을 살해하기 시작했다.

'괴로움에 살던 이'들은 그들이 항상 그래 왔듯이 자신들이 존재하기 위한 너무나 자연스러운 살육을 시작했고, '지혜로운 이'들은 작은 저항조차 하지 못한 채 모두 비참하게 죽어 갔다.

'지혜로운 이'들은 신의 버림을 받은 것처럼 울부짖음과 두려움에 가득 찬 눈물 속에서 갓 태어난 아이까지 죽어 갔다.

살육의 현장을 생생하게 지켜보던 오로빈도는 그 처참함과 잔인함에 경악했고 혼란스러웠다.

'왜일까?'

진리가 가르치는 곳으로 향하는 존재들은 대부분 고통과 비참한 죽음 위에 놓여 있었다. 존재하기 위해서는 죽여야 하는 원죄에서 벗어나려는 노력은 다시 원죄의 희생물이 되어 이 세상에서 사라져 갔다. 그것은 결혼식의 의례처럼 당연한 듯 보였고, 누군가의 요구처럼 느껴지기도 했으며, 속임수처럼 그를 괴롭혔다.

살육의 비참한 전쟁터에서 돌아온 그의 눈에는 여전히 푸른 바다가 잔잔한 물결을 일으키고 있었고, 산들 바람이 그의 뺨을 스쳐 지나갔다. 그러나, 오로빈도는 그 바다에 빠진 듯이 숨을 헐떡이고, 산들 바람에 베인 듯 고통에 얼굴을 일그러뜨렸다.

'이런…. 오… 신이시여…'

낮은 신음 소리와 함께 아직 찾지 못한, 아니 영원히 찾을 수 없을 것 같은 진리의 무게에 고개를 떨구었다.

"괜찮으십니까?"

한 손에 죽은 생선을 들고 있는 '아밋'이 걱정스러운 눈빛으로 쳐다보고 있었다. 오로빈도는 '아밋'과 죽은 생선의 눈을 번갈아 가며 쳐다보고는 한동안 대답을 하지 못했다.

"편찮으시면 제가 댁으로 모셔다 드리겠습니다."

"아니. 괜찮네. 고맙네 '아밋'. 조금만 더 있다 가겠네."

오로빈도는 혼란스러움이 가득한 얼굴에 억지로 미소를 띠우고는 괜찮다고 손짓했다.

'아밋'이 머뭇거리다 자리를 뜨자, 오로빈도는 팔을 뒤로 젖히고 한동안 하늘을 바라보다가 눈을 감았다.

이 세상의 누구나 그랬던 것처럼, 먹고 마시고 편안함이라는 육체적 쾌락을 추구하고 살았고, 그 쾌락이 점점 더 지속적이고 강해질 수 있도록 사회적 지위를 얻기 위해 노력했다. 그것을 위해 다른 사람에게 해를 가하거나 하지는 않았지만, 적어도 세상 사람들이 정당하다고 인정하는 범위 내에서는 열심히 그 자신을 위해서 살아왔다.

그런 그의 눈에 힘 없고 나약한 고국의 사람들보다 합리적인 영국인들이 세상의 원리에 가까이 있는 듯 보였고, 그 원리에 다가가기 위해 영국으로 건너갔었다. 솔직히 그는 영국인이 되기를 원했다. 그래서 그들과 동화되기 위해 노력했다. 영국인들도 그를 나쁘게 대하지는 않았다. 지금 생각해 보면, 아마도 식민지에서 온 유색인종 청년이 쓸모가 있을 것이라 생각했던 것 같았다.

그러나, 영국인들이 파헤치는 물질의 세계에 다가가면 다가갈수록, 인도에서 온 젊은 청년은 그 자신이 진리에서 멀어지고 있다는 불안감에 휩싸여 갔다.

그것은 물질을 추구하는 그들의 파괴적 본성에서 기인했고, 그 본성은 이미 오래전 그의 선조들이 버린 것이었기 때문이었다.

그 불안함이 하나의 의심에서 시작해서 걷잡을 수 없이 그의 정신을 휘감아 버린 어느 날, 오로빈도는 영국의 모든 것을 버리고 다시 인도로 돌아올 수밖에 없었다.

인도에 돌아온 그의 눈에는 이전에는 보이지 않았던 뺏고 빼앗기는 슬픔, 가난과 죽음, 욕망과 탐욕이 벌거벗고 거리를 활보하는 것이 보였다. 그리고, 머나먼 타국에서 찾아 헤매던 삶의 진실이 아주 오래전부터 이곳에 있었다는 것을 느낄 수 있었다.

그는 도시에서 바다가 보이는 남부 해안 마을로 삶의 거처를 옮기고 바위에 앉아 명상을 했다. 그는 이 세상을 창조한 신에 대한 확신이 있었다. 그리고, 그 신이라고 불리는 존재의 창조의 방식. 즉 '진리'를 찾아 헤맸고, 그 '진리'에 따라 자신의 삶을 완성하는 것이 그가 원하는 전부였다. 허나, 진리는 그가 다가갈 때마다 그 모습을 바꾸었으며, 그의 명상이 깊어지면 깊어질수록 더더욱 가늠할 수 없는 크기로 다가왔다. 마치 그 자신이 코끼리의 발톱을 바라보고 있는 개미처럼 느껴지기도 했다.

오로빈도는 눈을 뜨고 자리에서 일어났다.

천천히 바닷가 길을 걸으며 자신을 둘러싸고 있는 세상을 바라보았다. 아름답게 일렁이는 주변의 모든 사물 속에서, 그를 둘러싼 고통과 죽음을 떠올렸다.

오로빈도는 걷던 걸음을 멈추고 하늘을 바라보았다.

그리고 그의 간절한 마음을 담아 신에게 물었다.

'신이시여. 도대체 이곳은 어디입니까?'

냄비 속의 예수와 신

ⓒ John Marcus, 2024

초판 1쇄 발행 2024년 11월 11일

지은이	John Marcus
펴낸이	이기봉
편집	좋은땅 편집팀
펴낸곳	도서출판 좋은땅
주소	서울특별시 마포구 양화로12길 26 지월드빌딩 (서교동 395-7)
전화	02)374-8616~7
팩스	02)374-8614
이메일	gworldbook@naver.com
홈페이지	www.g-world.co.kr

ISBN   979-11-388-3690-6 (03230)